재무회계이론

제3판

반선섭·박창래·여은정

머리말

본서는 2013년에 초판이 발행되었고, 2017년 제2판이 출간된 바 있는 『재무회계이론』의 제3판에 해당한다. 본서 제1판의 근간이 되는 책은 2011년에 출간된 『IFRS 시대의 회계이론』이다. 『재무회계이론』 제1판은 『IFRS 시대의 회계이론』의 어려운 부분을 과감히 삭제하고 문장을 쉽게 다듬어 다시 집필한 것이며, 4년 전 발간된 제2판은 당시의 개정 회계기준 및 예시 등을 첨가하여 수정 발행한 것이었다.

그동안 회계이론이 개설된 경영학과나 회계학과의 수업에서 꾸준히 교재로 채택되어 수강생과 교수자에게서 좋은 반응을 받아왔다. 본서는 회계이론의 근본적인 목적, 회계현상에 대한 설명과 예측의 필요성 및 그 과정을 비교적 쉽게 이해할 수 있게 하였으며, 재무제표나 현행 회계기준에 입각한 회계처리 학습과 문제 풀이 및 암기 위주의 회계학 수업에서 벗어나 회계이론의 다양한 관점을 접해 볼 수 있고, 주요 회계문제들에 대해 긍정적 측면과 부정적 측면 모두를 생각해 보는 양방향적 사고를 할 수 있게 하여 회계적 마인드를 성장시킬 수 있다는 긍정적 평가를 받아 왔다. 이는 저자들의 집필 취지와도 부합되는 결과라고 생각된다. 이러한 평가에 기초하여 제2판 출간 이후 회계환경의 변화와 강의현장에서 제시된 여러 수정·보강 사항을 반영하여 제3판을 발간하게 되었다.

제3판에서 수정·보강된 주요 내용은 다음과 같다.

첫째, 제3판은 최근까지 개정된 회계기준의 내용을 반영하여 수정하였다. 제Ⅱ부 "개념체계와 현행회계실무"가 변화된 회계기준에 기반하여 대폭 수정된 부분인데, 구체적으로는 제5장 “개념체계”를 2019년 12월 최종 공표된 개념체계에 기반하여 수정하였다. 개정된 개념체계에서는 측정, 표시와 공시, 제거 등 새로운 개념이 도입됐으며, 자산과 부채에 대한 정의 및 인식이 새로 쓰였다. 그리고 측정의 불확실성, 미이행계약, 실질의 우선 등 표현이 명료화되었다. 따라서 이러한 개정내용을 모두 반영하여 수정하였다. 그 외에 2019년부터 새로 적용되는 리스기준의 변경내용도 수정하였다. 그리고 개정된 용어 및 관련 내용은 본서의 전반적인 부분에 모두 반영하여 전체적으로 수정하였다.

둘째, 최근 주요 이슈로 대두되고 있는 ESG 경영 및 회계에 관련된 내용을 제3장 “회계적 관점에 관한 이론” 부분에 추가하여 좀더 현실적이고 실무적인 측면의 현행 기업회계 관심사에 근접할 수 있는 내용으로 보강하였다. 구체적으로는 본서에서 다루고 있는 TBL보고 및 환경적 · 사회적 성과의 측정과 유사한 개념으로서 ESG 회계에 대하여 그 의의, 세계적인 추세, 우리나라 기업들의 공시 현황 등에 대한 내용을 기술하였고, 비재무적 정보의 표준화가 필요한 현업의 이슈를 독자들이 이해할 수 있도록 설명하였다.

셋째, 제3판은 제2판의 체계와 내용을 전체적으로 유지하면서 다소 어렵고 불필요하다고 여겨진 장(제2판의 제2장 “회계이론의 구분과 형성”)을 과감히 삭제하였고, 관련 내용 중 필요한 내용만을 제1장에 옮겨 간략히 기술하였다. 또한 본문의 내용 중 다소 이해하기 어렵거나 애매하게 기술된 내용을 이해하기 쉬운 문맥으로 교체하려고 노력하였다. 그리고 이러한 수정내용들에 근거하여 각 장의 익힘문제도 모두 수정 · 보완하였다. 그리고 제Ⅲ부 “실증연구” 부분은 학부 수업과정의 관심범위와는 거리가 있으나 이론발달과 이론에 근거하여 연구가 어떻게 진행되고 있는가를 소개하는 측면에서 본서에 포함시켰다. 이 부분은 대학원 수업에서 활용할 수 있을 것이다.

마지막으로 본서를 출간하는 데에는 그동안 저자들의 강단인 강릉원주대학교에서 회계이론을 수강한 학생들의 도움이 컸다. 이들에게 고마운 마음을 전한다. 특히, 회계이론 수업을 통해 학부에서의 회계학이 대학원 이상에서 회계학을 전공할 때의 내용과 차이가 있음을 깨닫게 되었고 졸업 후 대학원에 진학하여 회계학을 연구하고 싶다고 한 학생들에게 감사를 표현하고 싶다. 그리고 끝으로 오랫동안 늘 한결같이 본서의 출간을 지원해 주신 신영사의 권영섭 사장님과 편집부 박지영 국장님을 비롯한 임직원 여러분들께 깊은 감사의 말씀을 전한다.

아름다운 동해 바다가 있는 강릉에 위치한 강릉원주대학교에서 만나 본서의 집필을 함께하며 동고동락한 저자들의 노력이 독자들에게 회계이론에 대해 좀더 쉽게 접근할 수 있고 회계에 대하여 더 발전된 측면에서 흥미를 가질 수 있는 기회가 되는 데 도움이 되었으면 하는 바람이다.

2021년 8월

저자 일동

차 례

제 I 부 회계이론 입문

제 1 장 회계의 본질과 회계이론

제 2 장 회계규제와 기준설정

제 3 장 회계적 관점에 관한 이론

제 4 장 측정이론과 회계측정시스템

제 II 부 개념체계와 현행회계실무

제 5 장 개념체계

제 6 장 재무상태요소의 정의와 인식

제 7 장 재무상태요소의 측정과 분류

제 8 장 이익의 개념과 측정

제 9 장 수익의 본질과 인식

제10장 비용의 본질과 인식

제 III 부 실증연구

제11장 자본시장연구

제12장 회계정책에 대한 실증적 회계이론

PART

I

회계이론 입문

CHAPTER 1

회계의 본질과 회계이론

1. 회계의 본질
2. 회계이론의 개요
3. 회계이론의 역사
4. 주요 회계이론

회계란 무엇인가? 회계이론이란 무엇인가? 그리고 둘간의 관계는 어떠한가? 하나의 학문에 대해 정의를 내린다는 것은 그리 쉬운 일이 아니다. 과거에는 회계가 기술 또는 기법이라는 이유로 독립된 학문으로 인정하지 않으려는 경향도 있었다. 하지만 과학적 방법론의 정립과 개념체계 및 연구의 발전으로 보다 일관된 학문분야가 되었다. 본장에서는 회계의 정의와 역할에 대해 살펴보고, 회계에 대한 다양한 견해와 회계이론의 본질에 관해 알아본다. 그리고 마지막 부분에서는 회계이론의 역사에 대해 설명하기로 한다.

1. 회계의 본질

1.1 회계의 정의

회계는 실무와 밀접한 관련이 있다. 이러한 관련성은 인간이 사업(business)을 하기 시작하면서부터 회계의 필요성이 제기되었으며 사업활동의 발달과 더불어 회계가 발전되어 왔다는 데 기인한다. 따라서 회계는 인간과 조직의 활동을 잘 기록하고 요약하는 방법에 초점을 두게 되었다. 이러한 측면에서 회계는 인간이나 조직의 활동을 기록하고 요약하는 기술(기법)로 정의된 바 있었다. 미국공인회계사회(American Institute of Certified Public Accountants : AICPA)는 「회계용어공보 제1호(Accounting Terminology Bulletin No. 1)」에서 회계를 다음과 같이 정의하였다.[1)]

> "회계는 최소한 부분적으로는 재무적 특성을 가진 거래나 사건을 의미 있는 방법으로 화폐적 단위에 의해 기록, 분류, 요약하고 그 결과를 해석하는 기술(art)이다."

미국공인회계사회의 회계에 대한 위의 정의는 회계의 대상을 최소한 부분적으로는 재무적 특성이 있는 거래나 사건으로 한정하고 있으며, 화폐단위로 표시된다는 점을 강조하고 있다. 따라서 회계의 범위를 회계실체(조직이나 개인)의 활동 중 화폐로 측정할 수 있는 재무적 성격의 거래나 사건으로 한정하고 있다. 또한 회계를 실무에서 일어나는 회계실체의 활동을 기록, 분류, 요약하여 그 결과를 해석하는 기술로 정의하고 있다. 이는 회계를 체계적인 이론을 형성하기보다는 자료를 다루는 방법이나 기술로 보고 있으며, 회계의 산출물의 이용보다는 산출물의 창출을 더 강조하고 있다.

이러한 한계를 극복하기 위하여 새로운 회계의 정의가 나타났다. 새로운 회계의 정의에서는 회계의 산출물을 이용한다는 측면을 강조하여 의사결정의

1) AICPA, "Review and Resume," *Accounting Terminology Bulletin No. 1*, New York: AICPA, 1953, par. 5.

개념을 도입하였다. 미국회계학회(American Accounting Association : AAA)는 「기초적 회계이론에 관한 보고서(A Statement of Basic Accounting Theory : ASOBAT)」에서 회계를 다음과 같이 정의하고 있다.2)

> "회계란 정보이용자가 사정에 정통한 판단이나 의사결정을 할 수 있도록 경제적 정보를 식별 · 측정 · 전달하는 과정이다."

위의 정의에서 미국회계학회는 '경제적'이란 의미를 한정된 자원과 관련되어 선택이 이루어지는 모든 상황과 관련된 것이라 하고, '측정'에는 회계방법의 선택(예, 평균법이나 선입선출법 등)을 포함하는 것이라 하였다. 이 정의에 의하면 회계에는 정보의 선택과 의사결정에의 영향이라는 두 가지 특징이 포함된다. 즉, 회계는 회계처리방법의 선택과 회계의 산출물로 제공되는 회계정보의 선택 문제, 선택된 정보의 제공이 한정된 자원의 효율적 배분에 도움을 주는지에 대한 판단과 제공된 정보이용자의 의사결정과 관련된 것으로 보고 있다.

이전의 정의와는 달리 미국회계학회에서는 회계를 재무적 거래나 사건만을 다루는 것이 아니라 자원의 합리적 배분에 도움이 되는 회계정보의 내용과 산출방법에 대한 판단을 다루는 것으로 정의하였다. 이 정의는 회계를 의사결정과 정보의 산출이라는 측면에서 바라본 것으로, 회계를 기술이 아니라 정보창출활동으로 간주하였다.

이후 회계에 대한 정의는 좀더 발전되어 회계를 계량적 정보(quantitative information)를 제공하는 용역활동으로 바라보게 되었다. 미국공인회계사회의 회계원칙심의회(Accounting Principles Board : APB)는 회계를 다음과 같이 정의하고 있다.3)

> "회계는 용역제공활동이다. 회계의 기능은 여러 가지 대체안 중에서 합리적 선택을 하는 경제적 의사결정에 유용하도록 주로 경제실체들의 재무적 성격을 띤 계량적 정보를 제공하는 것이다."

---

2) AAA, *A Statement of Basic Accounting Theory,* Evanston, IL: AAA, 1966, p. 1.

3) APB, "Basic Concepts and Accounting Principles Underlying Financial Statements of Business Enterprises," *APB Statement No. 4,* New York: AICPA, 1970, par. 40.

위의 정의는 회계를 정보, 특히 재무적 성격을 띤 계량적 정보를 창출하여 제공하는 용역제공활동(service activity)으로 간주하고 있다. 회계를 의사결정과 관련된 다양한 정보 중에서 재무적 정보에 초점을 둔 계량적 정보를 창출하는 활동으로 보고 있다. 이러한 정의는 회계를 의사결정에 유용한 계량적 정보를 주로 제공하는 것으로 보아 이전의 정의보다 회계의 역할과 산출물이 무엇인가에 대해 좀더 명확히 하였다.

이처럼 회계는 기술 또는 용역제공활동 등으로 정의되고 있는데, 이러한 정의는 회계가 산출물의 창출방법을 내포하고 있다는 것을 의미한다. 즉, 회계는 특정 영역에서 유용한 것처럼 보이는 일련의 산출물(회계정보)의 창출방법을 다루고 있음을 시사하고 있다. 회계가 유용하게 이용되는 영역은 재무보고, 조세 결정과 계획, 외부감사, 자료처리 및 정보시스템, 원가 및 관리 회계, 국민소득회계, 경영 컨설팅부분 등이다. 이러한 회계영역은 경제환경의 변화에 따라 확장되었는데, 현재에는 국제회계, 행동과학회계, 사회경제회계(socio-economic accounting), 정부회계, 비영리회계 등과 같은 새로운 영역에서 유용하게 사용되고 있다. 실무에서의 노력과 연구활동의 결과로 회계는 새로운 영역들을 개척하고 있으며, 앞으로도 회계는 더욱 성장하고 성숙해질 것으로 기대된다.

1.2 과학으로서의 회계

회계는 실무를 떠나서는 상상하기 어렵다. 회계는 조직, 특히 기업의 경제활동을 체계적으로 파악하여 정보를 창출하고 활용하는 과정을 포함한다. 이러한 배경에 따라 앞에서 살펴본 것처럼 회계는 '기술'이라는 측면을 강조하는 견해와 '용역제공활동(정보창출활동)'이라는 측면을 강조하는 견해가 있었다. 회계를 기술로 보는 견해는 회계가 발달되어온 실무적 측면을 강조한 것이라 할 수 있다. 반면, 회계를 용역제공활동으로 보는 견해는 회계가 정보의 창출과 활용, 즉 의사결정과 관련된 인간의 행동을 다룬다는 점을 강조한 것이라 할 수 있다. 이러한 견해는 20세기 후반에 들어와 회계의 사회과학적 측면을 강조하는 견해를 반영한 것으로, 논리적 설명과 과학적 방법에 근거한 이론의 정립을 추구한다. 이러한 두 가지 견해는 회계를 기술로 볼 것인지 아니

면 사회과학의 한 분야로 '과학(science)'의 범주에 넣을 것인지에 대한 논의를 불러왔다.4)

회계를 기술로 보는 사람들은 회계를 공부하는 목적이 훌륭한 상인이 되기 위한 회계적 기능을 습득하는 데 있으며, 회계에 대한 법적 접근이 정당화될 수 있다고 주장한다. 반면, 회계가 과학이라고 주장하는 사람들은 전통적인 발생주의 회계가 추구하였던 이용자의 정보요구라는 회계의 목적에 부응할 수 있도록 회계의 측정모형을 교육하고 회계의 영역과 변화의 원동력에 대한 기본적 사고를 제공해야 한다고 주장한다.

회계에 대한 견해는 기술에서 용역제공활동으로 발전되었으며, 이러한 과정에서 회계를 사회과학의 한 분야로서 과학의 범주에 포함시켰다. 회계는 본질상 실무에 기초하고 있으므로 현재에도 이러한 두 측면이 혼재되어 있다고 할 수 있다. 그러나 이론과 과학은 회계를 공부하는 사람들에게 회계실무를 더 잘 이해할 수 있게 하며, 실무의 변화에 더 잘 대응할 수 있게 한다. 그리고 이러한 능력은 결국 더 좋은 정책결정을 하게 한다. 이와 같은 측면에서 현재 회계가 사회과학의 범주에 포함된다는 점에 이의를 제기하는 학자는 없다. Mautz의 다음 주장은 회계가 사회과학의 범주에 속한다는 것을 잘 나타내 주고 있다.5)

> "회계는 사회적 집단인 기업의 활동을 다루고 있다. 회계는 또한 사회적 결과를 가져오고 그 결과 사회적 관계에 영향을 미치는 거래 및 기타 경제적 사건과 관련된다. 그리고 회계는 사회적 의미를 내포하는 행위에 참여하는 인간에게 유용하며, 의미 있는 지식을 창출한다. 따라서 회계는 본질적으로 정신활동이다. 이러한 측면에서 볼 때 회계는 사회과학이다."

회계를 사회과학의 한 분야로 보는 견해는 회계학계의 연구환경에 영향을 미쳤으며, 실무와 학계의 구분을 가져와 서로간의 분열을 초래하기도 하였다. 회계에 대한 접근방법에 실무와 학계 간에 차이가 있더라도 회계는 사회과학의 범주로 간주되어 발전하고 있으며, 이러한 발전의 성과는 실무와

---

4) W. F. Stuhldreher, "Accounting: Art or Science," *Federal Accountant*(June 1973); R. A. Sterling, *Toward a Science of Accounting*, Huston: Lawrence, 1979.

5) R. K. Mautz, "Accounting as a Social Science," *The Accounting Review*(April 1963).

학계 두 영역이 서로 상호작용하는 데 공헌하고 있다. 실무계와 학계의 소통과 완충 역할은 회계학 발전에 중대한 영향을 미친다.

1.3 의사결정에서 회계의 역할

정보이용자의 경제적 의사결정의 핵심 문제는 어떻게 하면 희소한 자원을 여러 활동(경쟁적인 대안)에 효율적으로 배분하여 최대의 효용을 얻을 수 있느냐 하는 자원배분 의사결정에 관한 문제라 할 수 있다. 그런데 인간의 욕망은 무한한 반면, 사용할 수 있는 자원은 한계가 있다. 따라서 주어진 여건하에서 최대의 효용을 얻기 위해서는 희소한 자원을 효율적으로 사용하지 않으면 안 되는데, 이를 위해서는 정보의 활용이 필수적이다.

개인은 그의 소득을 현재 재화를 구입하거나 용역을 제공받기 위해 소비할 것인가 아니면 미래에 보다 많은 소비를 위해 은행에 저축하거나 주식, 채권 또는 부동산 등에 투자할 것인가에 대한 의사결정을 해야 한다. 기업의 경영자는 기업의 한정된 자원을 상품의 구입이나 설비자산의 취득, 종업원의 교육훈련, 광고활동 또는 연구와 개발활동 중 어느 항목에 지출할 것인가에 대해 의사결정을 해야 한다. 정부도 국민의 세금으로 거두어들인 자원을 국방비 지출, 고속도로 등 사회간접자본의 확충, 공무원의 봉급 인상, 저소득층의 복리후생비 중 어느 항목에 지출할 것인가에 대한 의사결정을 해야 한다.

이상의 각 경우에 있어서 의사결정은 각 대안으로부터 기대되는 수익과 이와 관련된 위험에 의해 이루어진다. 경제적 자원의 소유자들은 대부분 위험회피적이다. 즉, 보다 많은 위험을 감수할 때에는 보다 많은 수익을 요구하게 된다.

어느 개인이 은행에 정기예금을 하면 연 6%의 이자를 받을 수 있다고 하자. 한편, 그 사람이 은행예금 대신 삼성전자 주식을 취득할 수도 있다고 하자. 주식투자로 인한 수익은 주식을 보유하고 있는 기간 동안의 배당금과 주식가격의 상승으로 구성될 것이다. 미래의 배당금과 주식가격의 상승은 삼성전자의 경영성과뿐만 아니라 실업률, 이자율, IT산업의 경쟁상태 등 일반 경제상황에 의해 영향을 받을 가능성이 크다. 따라서 삼성전자 주식에 투자하여 기대되는 수익은 은행에 정기예금으로 예치하는 것보다 더 불확실하여 위험이 크다는 것은 자명하다. 그러므로 개인투자자들이 회사의 주식에 투자하도록 유인하기 위해서는 투자수익률이 적어도 연 6%보다는 클 것이라는 확신을 주어야 한다. 즉, 주식투자로 인한 수익률이 연 6%를 초과한다고 기대되는 경우에 한해서 기업들은 개인투자자들로부터 주식발행을 통한 자금조달이 가능할 것이다.

자금을 필요로 하는 기업들은 투자자들에게 각기 상이한 수익과 위험을 가져다주는 투자대안을 제시하며, 투자자들은 이 투자대안들을 평가하여 투자에 임한다. 따라서 투자자들은 투자대안을 평가할 수 있는 정보를 요구한다. 회계의 주된 역할 중의 하나는 투자대안과 관련된 기대수익과 위험을 평가하는 데 유용한 정보를 정보이용자에게 제공하는 것이다. 이는 회계정보가 자원배분에 관한 합리적 의사결정과 관련이 있다는 점을 암시하고 있는 것이다.

1.4 회계에 대한 다양한 견해

사회과학자로서 회계이론가들은 각자 자신들의 관점에서 회계를 설명한다. 회계이론가들이 가지고 있는 회계에 대한 견해에 따라 그들이 수립하는 회계이론은 차이가 있다. 따라서 회계이론을 이해하고 이론의 발전과정을 파악하려면 회계에 대한 여러 견해를 이해할 필요가 있다. 회계에 대한 견해, 즉 회계의 본질적 특성에 대한 규명은 회계이론가들마다 약간씩 차이가 있다.[6] 여기에서는 Godfrey 등의 견해를 중심으로 설명한다.

- 역사적 기록으로서의 회계 : 회계를 역사적 기록으로 보는 견해는 회계가 실체의 거래에 대한 신뢰성 있는 기록을 제공하는 것과 관련 있다고 주장한다. 이 견해는 회계가 특정 시점에서 기업의 가치를 제공하는 역할을 하는 것이 아니라 단지 기업과 관련된 거래에 대한 신뢰성 있는 기록을 제공하는 것이라고 본다. 회계를 역사적 기록으로 보

6) Riahi-Belkaoui는 회계의 본질에 대한 견해를 11개로 구분하고 있다. A. Riahi-Belkaoui, *Accounting Theory*, 5th ed., Thomson, 2007. 그리고 Godfrey 등도 11개의 견해로 구분하고 있으나 그 내용은 일부에서 차이가 있다. 여기에서는 일부만 소개하기로 한다. J. Godfrey et al., *Accounting Theory*, 6th ed., Wiley, 2006.

는 견해는 회계가 신중성(보수주의)과 객관성 및 일관성의 가정에 기초하고 있다고 본다. 그런데 이 견해의 기초가 되는 신중성은 거래의 평가에 있어서 기업의 재무구조를 견고하게 하는 방향으로 회계처리를 하도록 한다. 이것은 정확하고 신뢰성 있는 역사적 기록을 제공하는 견해와는 서로 상충될 수 있다. 또한 신중성은 이익을 증가시키는 일부 거래는 인식하지 않는 반면 이익을 감소시키는 일부 거래를 인식하도록 하여 같은 특성의 거래를 서로 달리 취급하여 일관성과 모순될 수도 있다.

- 언어로서의 회계 : 경영자는 회계를 통하여 다양한 기업의 이해관계자들과 의사소통을 한다. 이러한 관점에서 회계는 기업의 언어로 표현되기도 한다. 회계는 기업활동의 결과인 거래를 기업의 성과와 재무적 상태를 나타내는 용어와 숫자로 변형시키며, 여러 원천으로부터 획득한 자원이 어떻게 사용되었고, 실체가 과거에 어떠한 경제적 거래를 수행하였는지를 알려주는 언어의 역할을 한다. 이 견해에서는 회계를 회계정보이용자들이 이해할 수 있도록 경제적 사건과 거래를 변형시키는 데 사용되는 언어로 본다.
- 기업 내 정치적 수단으로서의 회계 : 이 이론은 회계시스템은 이해관계자집단의 가치와 요구를 반영하고 지지하는 것이라고 추정한다. 그리고 회계정보는 기업정책을 실현시키는 하나의 수단으로 사용되어진다고 주장한다. 예를 들어 예산이나 외부보고를 기업정책의 기준으로 사용할 경우, 경영자는 특정 부서나 지역이 다른 부서나 지역보다 더 효율적으로 운영되고 있다는 것을 보여주기 위해 회계보고를 사용할 것이다. 그리고 회계보고를 이렇게 사용하면 효율적으로 운영되는 것으로 보이는 부서나 지역에 더 많은 자원이 배분될 것이다. 이처럼 기업 내 정치적 수단으로 회계를 보는 관점은 기업의 이해관계자집단의 정치적 과정을 해결하거나 특정 이해관계자집단의 이익을 반영하는 것으로 회계를 바라보고 있다.
- 경제적 재화로서의 회계 : 회계를 경제적 재화로 보는 입장에서는 회계가 기업성과에 영향을 주는 정보 집합 중 한 부분으로서의 역할을 하는 것으로 간주된다. 기업의 성과에 영향을 주는 정보는 거시경제, 정치, 조세, 기타 정보 등과 같이 폭넓은 정보 집합으로 구성되는데,

회계는 이러한 정보 집합의 한 부분으로 간주된다. 기업성과에 영향을 주는 정보 집합으로서 회계정보의 산출에는 비용이 소요된다. 그리고 회계기준은 누가 비용을 부담하고 누가 회계정보의 혜택(효익)을 누릴 것인지를 정하게 된다. 따라서 경영자는 자신들의 이익을 위하여 회계기준에 대하여 찬성 또는 반대의 로비를 하게 되고 정보비용을 최소화시키는 회계기준을 선택하려고 한다. 반면 소유주와 채권자는 경영자가 자신의 이익을 위하여 자원을 사용하는 행동을 감시하고 통제할 능력을 증가시키는 회계기준을 만들려 할 것이다. 즉, 경영자와 소유주 및 채권자는 회계를 경제적 재화로 보고 이 재화의 창출 비용과 그 재화의 활용으로부터 발생하는 효익이 자신들에게 가장 유리한 방향으로 결정되도록 회계기준을 정하려고 할 것이다.

- 마술(magic)로서의 회계 : 이 견해에 의하면 회계는 합리성과 체면의 허울을 가진 것으로, 그 내부에서 회계담당자는 마술사의 재주에 비교할 수 있는 능숙한 회계상의 속임수를 수행하고 있다고 주장한다. 이러한 방법으로 회계 마술사들은 사실이 아닌 것을 사실인 것처럼 보이게 하는 재무제표를 만들 수 있다. 이 견해는 회계가 회계보고서의 이용자를 속이는 수단이라고 주장한다. 이 견해에 의하면 기업이 망하여 더 이상 숨길 수 없을 때까지 기업의 상태를 숨기는 데 회계기법이 사용된다고 주장한다.

회계를 긍정적으로 보기도 하고 부정적으로 보기도 하는 이러한 다양한 견해는 회계의 본질과 중요성에 대하여 서로 상충되는 해석을 제공한다. 뿐만 아니라 회계기준이 어떻게 개발되었으며 장래에 어떠한 방향으로 발전될 것인가에 대하여 상충된 시각을 제공한다.

2. 회계이론의 개요

2.1 이론의 개념과 본질

아침에 나뭇잎에 맺혀 있는 이슬은 왜 둥근 모양일까? 재고자산의 원가흐름 가정을 변경하여 보고되는 당기순이익이 변동하게 되면 기업의 가치(주가)는 어떻게 될까? 그리고 그 이유는 무엇인가? 이러한 문제에 대한 해답을 찾기 위하여 우리는 물리이론과 회계이론을 살펴보게 된다. 이론은 발생한 현상에 대하여 나름대로 설명하거나 예측한다. 그러나 모든 이론이 권위를 갖는 유용한 이론이 되는 것은 아니다. 그렇다면 이론은 무엇이며 이론을 유용하고 권위 있게 하는 것은 무엇인가? 회계이론과 회계의 관계는 무엇인가?

이론이라는 용어는 여러 가지로 사용된다. 따라서 이론이라는 용어는 여러 의미를 가진다. 이론(theory)에 대해 일부에서는 '일반화를 추구하는 연역체계에 의한 서술'이라고 정의하는 반면, 다른 쪽에서는 '실제 세계에서의 관찰 결과를 설명하는 데 사용되는 개념의 집합'으로 정의하기도 한다. 국립국어원의 「표준국어대사전」에서는 이론을 다음과 같이 정의하고 있다.

> "사물의 이치나 지식 따위를 해명하기 위하여 논리적으로 정연하게 일반화한 명제의 체계"

미국회계학회에서는 이론을 다음과 같이 정의하고 있다.[7)]

> "(이론은) 연구영역에서 표준으로 삼을 수 있는 일반적인 틀을 형성하는 가설, 개념, 그리고 실제적인 원칙들의 총체적인 집합이다."

이론은 신념(믿음) 혹은 주장의 기초가 되는 논리적 추론이라고 할 수 있다. 그러나 이론이 유용하고 권위를 가지려면 그 주장이 광범위하게 받아들여져야 한다. 이론이 수용될 만한 것인가는 다음에 의하여 결정된다.

---

7) AAA, *A Statement of Basic Accounting Theory*, Evanston, IL: AAA, 1966, p. 1.

- 실제 현상을 얼마나 잘 설명하고 예측할 수 있는가? 물론, 모든 이론이 예측능력을 가져야 하는 것은 아니다.
- 얼마나 잘 체계화되었는가?
- 이론의 내용이 얼마나 수용될 수 있는 것인가?

이론의 목적은 설명과 예측에 있다. 따라서 이론의 기본적인 목적은 미래의 행동에 대한 지침을 충분히 제공할 수 있을 만큼 체계적으로 축적되고, 조직화되고, 검증된 지식체계를 갖추는 것이다.

이러한 측면에서 Hendriksen은 이론을 '관심영역에 대한 일반적인 준거체계(framework of reference)를 형성하는 가설적이고 개념적이며 실용적인 원리들의 논리정연한 연결'로 정의한 바 있다. 이러한 정의는 회계이론을 ① 회계실무를 평가하는 일반적 준거체계를 제공한다는 측면과, ② 새로운 실무와 절차의 개발을 이끄는 일련의 광범위한 원칙의 형태로 나타나는 논리적 추론이라는 측면으로 구분할 수 있다.[8] 따라서 회계이론은 실제 세계와 동떨어지지 않아야 한다. 회계이론의 주요 목적은 현재의 회계실무를 설명하고 실무를 개발하기 위한 기준을 제공하는 데 있다.

2.2 회계이론의 특징

회계학은 수학이나 물리학 같은 학문과 비교할 때 그 역사가 짧다. 회계는 이론보다는 기업활동이나 거래를 기록하기 위한 도구로서 개발되었다. Pacioli[9]가 소개한 복식부기는 회계처리과정의 기록에 관한 방법을 소개하고 있을 뿐 기록방법의 근본적인 기본원리에 대하여는 설명하고 있지 않다. 자연법칙과 달리 회계는 인간행위의 도구이며 인간의 요구를 충족시키기 위해 고안되어 사용되어 왔다. 즉, 회계는 심사숙고하여 체계적인 사색을 통해 발전된 측면보다는 실무적인 요구에 의하여 발전된 경우가 많다. 그리고 회계는 문제가 발생하고 그것을 해결하기 위하여 개발된 것이 많다. 따라서 회계는 구조적

8) E. S. Hendriksen, *Accounting Theory*, 4th ed., Richard D. Irwin Inc., 1982, p. 1.

9) Luca Pacioli(1445~1517)는 이탈리아의 수학자, 프란치스코 교회 수도사다. 복식부기의 개발자로 근대회계의 탄생에 지대한 역할을 한 것으로 평가받는다(위키백과사전).

이고 체계적인 방법으로 발달되지 못한 측면이 있다.

이러한 발달 배경은 회계실무에 있어서 일관성이 결여되는 문제를 발생시켰다. 일관성이 결여된 회계실무의 예는 이익의 결정이나 자산의 평가에서 나타난다. 즉, 이익의 결정에 미실현손실은 즉시 인식하고 미실현이익은 실제 이익이 실현되는 시점까지 인식시점을 연기시키는 전통적 실무를 들 수 있다. 일관성 결여의 또 다른 예로는 자산의 평가에서 일부 자산은 공정가치로 평가하는 반면, 다른 자산은 취득원가로 표시하는 실무를 들 수 있다. 일관성의 결여는 같은 성격의 거래가 재무제표에 포함되는 경우와 그렇지 않은 경우가 발생하기도 한다.

회계는 또한 회계환경을 구성하는 사회구성원의 정보요구나 법률 또는 조세당국의 정보요구 등과 같은 현실적인 문제를 해결하기 위한 과정에서 발달하기도 하였다. 최근에 옵션형태로 제공되는 경영자보상에 대한 정보요구의 증가에 따라 경영자보상을 공시할 것을 요구하게 되었다. 우리나라의 경우 그룹기업에 대한 국민의 관심이 증가하면서 연결재무제표 이외에 결합재무제표의 작성을 요구하는 회계기준을 제정한 바 있다.[10]

실무에서 발생한 문제의 해결이나 회계환경의 영향에 의한 회계의 발전은 회계이론의 개발 목적을 주로 회계정보의 수요자와 공급자의 행동을 설명하는 데 두었다. 이러한 상황에서 나타나는 일관성 결여의 문제를 해결하기 위하여 서로 비슷한 회계사상을 일관된 방법으로 다루기 위한 개념체계(conceptual framework, 혹은 이론적 틀)가 개발되었다. 그러나 개념체계는 실무에서 일어나는 비일관성의 문제를 완전히 해결하지는 못하였다. 때때로 개념체계는 비일관성을 해결하기보다는 비일관성을 정당화하거나 지지하는 데 이용되기도 하였다. 그리고 개념체계는 너무 일반적인 지침을 제공하고 있어서 개별적인 거래나 사건에 대한 회계처리방법을 명확히 규정하는 데에는 한계가 있다.

---

10) 우리나라의 기업회계기준에서는 결합재무제표를 요구하였으나 K-IFRS에서는 이에 대한 규정이 없다.

2.3 회계이론의 목적 및 중요성

회계이론의 목적은 관찰된 실무를 설명하고 관찰되지 않은 미래의 실무를 예측할 수 있는 일련의 원칙들과 이들간의 관계를 파악하는 데 있다. 회계이론은 이러한 원칙들과 원칙들의 관계를 설명하고 연결시킴으로써 새로운 실무와 절차를 이끌 수 있는 지침을 제공해야 한다. 회계이론은 기업이 여러 회계처리방법 중 왜 특정한 회계처리방법을 선택했는지를 설명할 수 있어야 하며, 다양한 회계처리방법 중 특정 방법을 선택하는 기업들의 속성을 파악하여 회계처리방법의 선택에 대한 예측을 할 수 있어야 한다. 더 나아가 회계이론은 기업들로 하여금 이론에 근거한 일관된 회계실무를 수행할 수 있도록 지침을 제공해야 한다. 회계이론이 설명과 예측 및 지침을 제공할 수 있기 위해서는 개인의 신념에 기초한 회계이론이 회계연구를 통하여 검증되어야 하고 검증된 이론은 실무에서 수용되어야 한다.

현대 경제에서 회계가 차지하는 역할을 볼 때 일반화된 회계이론의 개발은 매우 중요하다. 우리는 수요와 공급에 의하여 자율적으로 규제되는 시장을 하나의 특징으로 하는 자본주의 사회에 살고 있다. 그런데 자원은 한정되어 있어서 개인이나 집단의 모든 욕구를 충족시키기에는 부족하다. 자본주의 사회에서 회계는 조직이 한정된 자원을 어떻게 활용하였고, 조직은 어떠한 자원을 소유하고 있으며, 그 자원에 대한 청구권은 어떻게 되어 있는지를 보고하는 역할을 한다. 즉, 회계는 자원의 효율적인 배분을 위하여 중요한 역할을 하고 있다. 따라서 자원의 효율적인 배분을 위한 보고의 기준이 되는 회계실무를 설명하고 예측하며, 회계실무의 지침을 제공하는 회계이론의 개발은 매우 중요하다.

3. 회계이론의 역사

회계기록은 수천 년 전부터 세계의 여러 곳에서 발견되었다. 이것은 인류 역사의 모든 단계에서 인간의 노력과 성취에 대한 정보를 요구하였다는 점을 의미한다. 1915년에 발견된 Zenon의 파피루스(papyrus) 사본에는 BC 3세기경 Apollonius 지방의 건설 프로젝트, 농업활동, 그리고 사업운영에 대한 약 30년간의 정보가 기록되어 있다. Zenon의 파피루스는 그리스 지역에 BC 5세기경부터 정교한 회계시스템이 존재하였으며, 이 시스템은 그리스의 무역과 영토 확장을 따라 점차 지중해 동쪽과 중동지방으로 확산되어 갔다는 것을 보여준다.[11)]

그 후 유럽의 중심국이었던 로마는 정교한 기록을 유지하였지만 숫자를 알파벳 문자로 표기하여 구조화된 회계시스템을 개발하는 데 한계가 있었다. 정확한 기록의 필요성이 대두된 것은 이탈리아를 중심으로 무역과 상업이 활발해진 르네상스 시기(13~15세기)였다. 이탈리아 상인들은 아랍의 숫자 시스템을 도입하여 사용하였다. 이것은 현재 우리가 사용하고 있는 복식부기 시스템의 발전을 가져왔다. 그러나 복식부기 시스템이 공식화된 15세기 이전에는 회계실무의 바탕이 되는 이론에 대한 기록이 거의 없다.

3.1 이론 전 시대

복식부기가 발달하는 기간 동안 회계의 주요 관심은 실무에 있었다. 현재 우리가 알고 있는 것과 같은 복식부기 시스템을 처음으로 기록한 책은 1494년에 Pacioli가 쓴 「Summa de Arithmetica Geometria Proportioni et Proportionalità (대수, 기하, 비 및 비례 총람)」이었다. 그러나 Pacioli는 복식부기에 대하여 충분히 기술하지는 않았다. 다만 당시에 나타나고 있던 회계기록의 실무와 아이디어를 격식에 맞게 공식적으로 기술하였을 뿐이다.

손익계산서와 재무상태표는 1600년대에 나타나기 시작하였다. 초기에 재무제표를 구분하게 된 동기는 자본에 관련된 정보를 얻기 위한 것이었다. 일정 기간이 지나면 청산하는 독립된 벤처 형태의 기업이 성행하던 상황에서 회계는 초기의 투자자본이 기업의 청산시점에서 어떻게 변화되었는지에 초점을 두었다.[12)] 따라서 당시의 회계는 재무상태표가 강조되어 재무상태표상

11) H. P. Hain, "Accounting Control in Zenon Papyri," *The Accounting Review*(October 1966), p. 699.

12) 이 시대의 기업형태는 일정한 목적을 위하여 자금과 인력을 모집하여 기업을 형성한 다음 일정 기간 동안 사업을 영위한 후 청산하는 형태가 일반적이었다. 예를 들어 유럽에서 생산된 공산품을

의 자료를 정확히 하기 위해 다양한 노력을 기울인 반면, 비용과 이익에 관한 자료는 부차적인 것으로 간주되었다.

Pacioli 이후 300여 년 동안 회계는 실무를 정교하게 하는 데 초점을 두었다. 이 기간 동안 회계이론에 대한 주장들이 종종 대두되었지만, 19세기 초에 이르러서야 체계적 관점에서의 회계이론이 대두되었다.

3.2 일반과학이론 시대(1800년대~1950년대 중반)

독립된 벤처 시대가 마감되고 계속기업 조직이 나타나게 되면서, 기업의 자본은 정해진 기간 없이 기업이 생존하는 한 계속 투자되었다. 이러한 기업 형태의 변화는 새로운 회계시스템을 요구하였다. 기업의 수명이 길어지고 투자된 자본이 청산되는 정해진 기간이나 조건이 없어진 상황을 반영하여 기업활동의 결과를 정기적으로 기록하고 보고하는 회계시스템에 대한 요구가 나타나기 시작하였다. 이처럼 19세기에는 부기가 회계로 확장되었으며 소유주의 최초 투자액에 이익과 손실을 가감한 결과 나타나는 순재산(net worth, 또는 富)의 개념이 생겨났다.

19세기의 회계발전에 영향을 미친 또 다른 요인은 영국에서 탄생한 주식회사제도이다. 기업은 공동기업의 형태에서 주식회사의 형태로 진화하게 되었다. 주식회사는 소유주의 유한책임, 소유와 경영의 분리, 주식의 양도가능성이라는 이전과는 다른 특징을 가진다. 이러한 변화는 기업 외부의 많은 이해관계자들을 탄생시켰고, 그들을 위해 기업활동에 관한 정보를 제공할 필요가 생겼다. 이러한 필요는 기간별 보고의 필요성을 대두시켰으며 자본과 이익의 구분을 요구하였다. 그런데 상당수의 공동자본기업이 파산하고, 이로 인하여 채권자들은 커다란 손해를 보게 되었다. 그 결과 영국에서는 채권자를 보호하고 보수주의 회계를 강조하는 법률을 제정하게 되었다. 19세기 중반 영국에서 법의 규제를 받는 주식회사가 탄생함에 따라 회계기준의 개발이

지중해 건너 중동지방에 판매하고 그곳에서 동양의 향료와 같은 상품을 구입하여 다시 유럽으로 돌아와 판매한 후 청산하는 기업과 같이 특정 목적이 달성되면 청산하는 단기간의 기업(모험기업 ; 벤처기업)이 일반적이었다. 따라서 벤처에 참가한 투자자들의 관심은 초기투자액(초기자본)이 사업완료시점(벤처의 청산시점)에서 어떻게 되었는가에 초점을 둔다. 즉, 변동과정(손익)보다는 기업의 청산시점에서 투자자들의 몫(기말자본)에 관심을 둔다.

촉진되었으며, 주식회사 경영자의 부적절한 행동으로부터 주주와 채권자를 보호할 수 있는 법률이 제정되었다.

1930년대까지 회계이론의 개발은 임의적이었으며 체계적이지 못했다. 단지 특정 실무를 정당화하는 데 필요한 이론들이 대두되었을 뿐이다. 그러나 1800년대의 회계이론의 발전은 당시에 존재하던 회계실무를 정식으로 교과서와 교과과정에 포함시키게 하였다. 대규모 자원에 대한 소유와 경영의 분리와 함께 나타난 급격한 기술발달은 관리회계 및 재무회계 정보의 요구를 증가시켰다. 미국과 영국에서의 사유기업 확대와 철도망의 구축 등은 상세한 회계정보와 향상된 회계기법을 요구하게 되었다. 즉, 자산의 장기적 특성에 의거하여 감가상각과 같은 회계실무가 발전된 시기가 바로 이 기간이었다.

조세법의 도입과 주식회사와 같은 새로운 조직형태의 기업이 탄생하면서 발생한 여러 문제들은 기업에 대한 재무보고 요구와 같은 정부규제를 증가시켰다. 더욱이 정부와 기업의 경제정책 결정이 회계수치에 기초하여 이루어지기 시작하였다. 이 시기에는 경제이론이 괄목할 만한 발전을 하였으며, 발전된 경제이론은 회계정보를 요구하기 시작하였다. 이러한 발전은 주로 영국에서 이루어졌다. 회계환경의 변화는 회계담당자들이 새로운 문제에 어떻게 대처하며 왜 특정한 회계처리방법을 선택하게 되었는가를 설명할 수 있는 이론의 발전을 가져오는 자극제가 되었다. 그 후 회계이론 발전의 주도권은 영국에서 미국으로 옮겨가게 되었다.

일반과학이론 시대에서 대부분의 회계이론은 실무의 설명과 관련된다. 이 시기에는 회계실무를 설명하고 새로운 실무를 개발하는 전반적인 체계를 개발하는 데 초점을 두었다. 회계이론은 주로 실증적 분석의 기준에 의하여 발전하였고, 자연과학의 연구방법이 자주 이용되었다. 실증분석은 단지 논리에만 의존하기보다는 실제 세계의 관찰에 의존한다. 그리고 관찰된 것에 근거하여 이론이 개발된다. 회계실무가 어떻게 이루어져야 하는지가 실증분석을 통하여 개발되었다. 즉, 기업이 실제로 어떻게 회계처리를 하고 있는지에 기초하여 이론이 개발되었다. 회계이론은 모든 회계문제에 대한 전반적인 체계를 제공하는 것을 목표로 하였고, 그 이론이 실증을 통하여 개발되었기 때문에 이 시대를 일반과학이론 시대(general scientific period)라 부른다.

일반과학이론 시대에는 괄목할 만한 여러 성과가 나타났다. 1936년 미국회계학회에서는「A Tentative Statement of Accounting Principles Affecting

Corporate Reports」를 발표하였고, 1938년에 미국공인회계사회는 회계원칙을 독립적으로 분석하여 「A Statement of Accounting Principles」를 출판하였다.[13] 동시에 미국공인회계사회는 회계절차위원회(Accounting Procedure Committee)를 탄생시키고 일련의 「회계연구공보(Accounting Research Bulletins : ARB)」를 발표하였다. 여기에는 용어에 관한 내용과 당시 실무에서 가장 문제가 되고 기업과 회계전문가들이 가장 관심을 갖고 있는 주제를 다루었다. 이것은 당시의 일반적으로 인정된 회계원칙의 역할을 수행하였다. 이와 같은 활동은 회계원칙에 대한 산발적인 접근이라는 문제를 야기시켰다. 이런 문제를 극복하기 위해 미국공인회계사회는 1959년에 회계원칙심의회(Accounting Principles Board : APB)를 발족시키고 회계연구의 책임자를 임명하였다. 이에 의하여 회계기준을 제정하는 업무는 회계절차위원회에서 회계원칙심의회로 이관되었다.

전체적으로 일반과학이론 시대에는 현존하는 회계에 초점을 두었으며 실무를 설명하기 위하여 보급된 이론들은 더욱 상세하고 복잡하게 되었다.

3.3 규범이론 시대(1950년대 후반~1960년대)

일반과학이론 시대 이후 회계학자들은 최선의 회계실무를 위한 규범을 추구했는데 이 시기를 규범이론 시대(normative period)로 분류한다. 이 기간에 연구자들의 관심은 회계가 '어떻게 되어야 하는가(what should happen)'였으며, 실무에서 회계가 '실제로 어떻게 실행되고 있는가(what actually happen in practice)'에는 관심을 덜 기울였다. 규범이론 시대가 시작되기 이전에도 자산의 적절한 평가, 소유주 지분에 대한 적절한 평가, 인플레이션의 영향을 어떻게 평가에 반영할 것인가와 같은 기초적인 규범적 연구가 진행되기는 하였으나 규범적 연구는 이 시기에 본격적으로 이루어졌다.

규범이론 시대의 주요 이론적 논점은 회계정보의 측정과 보고에 있어서 이상적인 방법이 무엇인가에 대한 것이었다. 따라서 이 시기에는 회계정보의 기록과 보고를 위한 실무보다는 측정에 관심을 가지게 되었다. 측정에 관한 논의는 많았지만 회계처리에 있어서 여러 가지 이상적인 방법 중 어떠한 방

13) 이는 Sanders, Hatfield, Moore 등이 저술하여 SHM회계원칙으로 부르기도 한다.

법을 선택할 것인가에 대한 명확한 결정이나 선택은 이루어지지 않았다. 예를 들어 취득원가에 의한 자산평가의 문제점이 지적되었지만 이를 대체하는 회계처리방법의 선택은 이루어지지 않았다.14) 따라서 이 시기에도 회계실무에서는 취득원가에 의한 자산평가가 이루어졌다.

규범이론가들은 객관적이고 이상적인 입장을 견지하였으며 명확히 규정된 목적을 달성하기 위한 방법을 구체화하였다. 규범이론가들은 명확히 규정된 목적을 달성하기 위하여 어떻게 해야 하는지에 대한 규정을 정하였다. 규범이론 시대의 회계이론의 초점은 가격변화가 자산평가 및 이익계산에 미치는 영향에 관한 것이었다. 이러한 연구는 당시에 경험한 인플레이션의 영향을 가치평가에 어떻게 반영할 것인가에 대한 것과 관련된다고 할 수 있다.

규범이론 시대의 연구는 두 부류, 즉 취득원가회계에 대해 비판하는 부류와 개념체계 지지자 부류로 나눌 수 있다.15) 취득원가회계에 대한 비판 부류는 인플레이션이 있는 경우 취득원가에 의한 자산의 평가 및 비용의 인식은 시가를 충분히 반영하지 못하기 때문에 재무상태나 기업성과를 올바로 반영하지 못한다고 주장한다. 따라서 회계정보가 의사결정자에게 목적적합한 정보를 제공하지 못한다고 주장한다. 개념체계 지지자 부류는 회계실무는 실무를 이끄는 기본적 지침이 되는 개념체계에 근거해야 하며 모든 회계실무가 개념체계에 기초하여 이루어져야 한다고 주장한다. 두 부류의 관심사는 서로 다르지만 일정 부분에서는 서로 일치하는 점도 있다. 예를 들어 취득원가회계에 대한 비판 부류는 인플레이션이나 개별 자산의 가격변화를 반영하는 자산평가와 이익결정의 일반적인 이론을 개발하려 하였는데, 이러한 노력은 자산평가 및 이익결정의 개념적 틀을 형성하려는 개념체계 지지자 부류의 주장과 일맥상통하는 것이다.

규범이론 시대는 개념체계에 대한 인식이 일반화된 시기이다. 개념체계는 회계의 구조화된 이론으로 재무보고의 모든 요소를 포함하게 되고 실무를 이끄는 지침이 된다. 즉, 개념체계는 재무제표의 요소(자산, 부채, 자본, 수익, 비용 등)의 측정과 보고에 공통적으로 적용되는 틀이므로 회계실무의 지침이

---

14) 취득원가(acquisition cost)와 역사적 원가(historical cost)는 동일한 의미로 사용된다. 이는 자산을 취득할 당시의 교환가격으로 취득시점의 공정가치를 나타낸다. 본서에서는 이를 혼용하기로 한다.

15) 연구의 관점 및 주안점을 공유하는 연구자들을 지칭하는 것으로 두 부류 사이에 서로 대립되거나 상반된 견해를 가지는 것은 아니다.

된다. 개념체계 연구는 회계의 본질과 의미를 파악하고 이에 근거하여 회계이론의 틀을 구성하려는 노력으로 나타났다. 미국회계학회의 지원하에 연구된 Goldberg의 「An Inquiry into the Nature of Accounting(1965)」이나 미국회계학회에서 출판한 「A Statement of Basic Accounting Theory(1966)」 등은 이러한 노력의 결과물이다.

3.4 실증이론 시대(1970년대~2000년)

1970년대 초 규범이론 시대는 서서히 사라지고 실증이론 시대(positive period)가 도래하였다. 규범이론 시대가 사라지게 된 주요 요인은 특정 규범이론의 수용성 부재와 재무이론 및 검증방법의 발달이었다.

규범이론은 회계실무가 어떻게 이루어져야만 하는지를 연구한다. 즉, 규범이론은 회계가 무엇을 보고하고 그것을 하기 위하여 어떻게 해야 하는가에 관심을 갖는 것으로 주관적인 견해에 기초하고 있다. 그러므로 회계의 목표와 방법에 연구자 개개인의 견해가 반영되어 연구자마다 회계의 목표와 방법에 차이가 발생한다. 더욱이 규범이론은 이러한 차이를 해결할 방법을 제공해 주지 못하고 있다.

결국 규범이론은 가설검정을 포함하고 있지 못하며 가치판단에 기초하고 있으므로 가치중립적인 이론을 제시하지 못한다.[16] 규범이론은 어떻게 되어야만 한다는 주장을 하므로 이를 실증적으로 검증하는 것은 불가능하다. 더욱이 규범이론들이 기초하고 있는 가정(전제)은 검증되기 어렵다. 규범이론이 가치판단에 기초하고 있기 때문에 이론의 토대가 튼튼한 것인지 판단하기 어려우며 이론마다 서로 다른 가치에 기초하고 있기 때문에 일반적으로 수용될 수 있는 이론의 도출이 어렵다.

회계학에서 규범이론에 대한 이러한 문제점이 지적됨과 동시에 경험적 자료에 대한 접근이 용이해지게 되어 새로운 형태의 이론인 실증이론이 나타나게 되었다. 실증이론은 일반과학이론 시대의 기초가 되었던 경험주의에 기초하고 있기 때문에 완전히 새로운 이론은 아니다.

---

16) S. Henderson, G. Peirson, and R. Brown, *Financial Accounting Theory: Its Nature and Development*, 2nd ed., Melbourne: Longman Cheshire, 1992.

실증이론은 회계실무를 설명하는 구조를 찾으려고 노력한다. 실증이론의 목적은 일반과학이론과 마찬가지로 회계실무에 대한 설명과 예측에 있다. 예를 들어 어떤 기업은 법인세를 더 부담하는 결과를 초래하면서도 이익을 크게 하는 회계정책을 선택하는 경우가 있다. 이에 대한 설명으로 부채계약가설(debt covenant hypothesis)이나 경영자보상계획가설(bonus plan hypothesis)이 제시되었고 실증자료를 통하여 가설이 검정되었다.

부채계약가설은 기업의 채권자들이 기업에 자금을 대여할 때 기업에 대하여 일정 수준의 부채비율을 넘지 못하도록 계약을 맺은 경우 부채비율이 채권자와 정한 비율에 근접하는 기업들은 법인세를 더 부담하는 불이익이 있어도 이익을 증가시켜 부채비율을 낮추려 한다는 가설이다. 이 가설은 부채계약이 있는 기업 중 부채비율이 미리 정한 비율에 근접하는 기업과 그렇지 않은 기업의 회계정책을 비교하여 검정되었다.

경영자보상계획가설은 경영자의 보상이 이익수준에 의하여 결정될 경우 경영자는 기업의 입장에서 법인세를 더 부담하여 전체적으로 손해가 되더라도 자신의 이익을 극대화시키기 위하여 이익을 증가시키는 회계정책을 선택한다는 것이다. 이 가설은 경영자보상계획이 있는 기업과 그렇지 않은 기업의 회계정책을 비교하여 검정될 수 있다. 이처럼 실증회계에서는 실제 경험적 자료의 관찰을 통하여 회계실무가 이루어지는 상황을 검토하여 회계실무에 대한 설명을 하고 미래의 회계실무에 대한 예측을 한다.

실증회계는 회계실무에 대한 설명과 예측을 통하여 겉으로 보기에 서로 모순되는 것처럼 보이는 회계실무에 질서를 부여하게 되었다. 더욱이 실증회계는 경영자의 행동과 회계정보의 제공에 대한 시장참여자(주주, 채권자, 경영자 등)의 반응을 예측하는 데 도움을 주게 되었다. 이러한 설명과 예측은 회계규정의 변화가 어떠한 결과를 가져올 수 있는지를 미리 파악할 수 있게 하였다. 그런데 이러한 접근은 기업 혹은 기업에 관계된 이해관계자들(특히 경영자)이 이익을 극대화하기 위하여 행동한다는 데에 초점을 두었다는 한계가 있다. 회계실무가 기업이나 이해관계자들의 이익을 극대화하기 위한 방편일 수도 있지만, 역으로 회계실무(혹은 회계정책의 선택)가 기업의 가치를 높이기 위한 비용의 절감이나 외부환경의 영향을 최소화하는 수단이 될 수 있다는 측면은 별로 강조되지 않았다.

3.5 행동이론과 실증이론의 혼재 시대(2000년대)

실증이론은 경험적 자료를 관찰하여 검정이 가능한 가설을 개발한다. 그런데 실증이론은 다른 관점을 배제하고 가설로 설정된 이론에 대한 검증에만 초점을 두어 외견상 편견에 기초하여 연구가 이루어질 수 있다. 예를 들어 경영자보상계획가설의 경우 회계실무를 폭넓은 사회문제의 관점이나 이해관계자 모두(경영자, 주주, 채권자, 정부 등)의 관점에서 보기보다는 경영자 한 집단의 행동으로만 판단함으로써 여러 다양한 관점에서 설명을 하지 못하는 문제가 있을 수 있다. 이것은 1980년대에 유행했던 행동연구(behavioral research)에 대한 관심을 다시 불러일으켰다.

행동연구는 회계정보에 대한 폭넓은 사회적 의미를 파악하고 기업의 이해관계자들이 회계정보에 어떻게 반응하는가에 관심을 기울인다. 예를 들어 행동이론에서는 투자자가 기업에 대한 평가를 할 때 기업가치에 영향을 주는 모든 정보를 활용하지 않고 투자자의 배경이나 경험에 의해 기업가치와 가장 관련이 있다고 생각하는 정보를 사용하여 가치를 평가한다고 한다. 투자자들이 기업의 이익이나 재무구조보다 기업의 미래현금흐름에 기초하여 의사결정을 한다면 경영자들은 다른 정보보다는 현금흐름에 대한 정보에 더 많은 주의를 기울일 것이라고 예측할 수 있다. 반면, 투자자들이 현금흐름보다는 이익에 기초하여 의사결정을 한다면 경영자들은 기업의 이익정보에 더 많은 주의를 기울일 것이라고 예측할 수 있다. 이처럼 행동회계이론은 회계정보의 이용과 제공에 있어서 관련 개개인의 심리 및 사회적 영향에 초점을 둔다. 회계에서 행동이론이 관심의 대상이 된 것은 1980년대이지만, 행동이론은 1950년대에 이미 출현하였다. 현재에도 행동이론이 관심을 받고 있지만 아직까지도 실증이론이 회계연구의 주류를 이루고 있다.

회계부정사건(미국의 Enron이나 WorldCom 등)으로 인하여 많은 이해관계자들은 회계정보가 재무적 위험을 올바로 알려주는 데 실패한 이유, 회계정보의 조작이 이루어지지 않았는지, 회계부정이 독립된 감사인의 보고서에 제대로 반영되지 못한 이유 등에 대하여 관심을 가지게 되었다. 이러한 상황은 행동이론을 새로운 관점에서 보게 했다. 즉, 회계가 특정 사건의 발생 후 그에 대한 설명을 하는 것에 초점을 두기보다 행동에 미치는 전반적인 이론을 개발했다면, 최근의 회계보고 및 기업의 실패를 더 잘 예측할 수 있을 것이라는 생각을 가지게 되었다. 그러나 현재의 상황은 이러한 이론을 개발하기보다는 회계보고에 대한 법적 간섭이 점차 증가하고 있는 추세이다.

이해관계자들의 탐욕, 이기주의, 혹은 순진성 등과 같은 인간행동을 전반적으로 반영하는 회계이론을 개발한다는 것은 거의 불가능하다. 회계기준과 규정의 요구는 이해관계자들의 이익이 경쟁하는 과정에서 만들어지는 것이고 이러한 과정은 새로운 행동이론을 개발하게 한다. 최근의 회계환경은 법적 규제에 의한 공시 및 회계보고의 증가가 요구되고 있는 상황이다. 그러나 이러한 요구(법적 요구)는 회계의 측정이나 공시에 관한 이론의 발전에 의한 것이 아니라 최근의 사건에 대한 사회의 요구를 반영한 것이다.

3.6 국제회계기준의 도입 – 회계기준 사이의 조화

지금까지 회계이론의 발달은 두 가지 주체에 의하여 이루어졌다. 하나는 학문적 연구에 기초한 것이고, 다른 하나는 실무에 바탕을 둔 회계전문가들의 연구에 기초한 것이다. 과거에는 이 두 분야간에 차이가 없었으나 최근에는 서로 다른 흐름을 나타내고 있다. 학문적 연구 결과가 실증회계이론과 관련이 있다면 전문가 연구는 규범적 측면이 강조된다. 학문적 영역에서는 회계정보의 역할과 영향에 대하여 관심이 있는 반면, 전문가들은 회계실무의 통일성과 유용성을 추구하는 이론의 개발에 관심을 가졌다. 물론 실증이론과 규범이론이 서로 모순되는 것은 아니다. 실증적 회계이론은 회계에 대한 결정과 규제가 미치는 영향들을 연구하였고, 그 결과 실증이론이 회계규제에 도움을 줄 수 있게 되었다.

실증과 규범 이론의 발달은 각 나라마다 상이하게 이루어졌다. 이로 인하여 각 나라마다 서로 다른 회계규제와 개념구조를 가지게 되었다. 특히 전문가들은 재무보고의 본질과 목적을 명확히 서술하며, 여러 가지 회계처리 대안 중 적합한 방법을 선택하는 적절한 기준을 제공하기 위한 노력으로서 개념체계를 개발하였다. 개념체계는 회계의 목적, 정보의 질적특성, 재무제표 요소의 정의와 인식 및 측정 등에 대하여 기술하였다. 개념체계는 각 나라의 회계기준 형성과 이전의 단편적인 이론 및 실무의 발전에서 나타났던 일관성 부족 문제를 감소시키기 위하여 개발되었다. 그런데 여러 나라에서 개발된 각각의 개념체계는 해당 국가의 실무나 이론의 배경에 따라 체계와 내용에 있어서 서로 차이가 있다.

그에 따라 나라마다 서로 다른 개념체계를 통합하는 하나의 일관된 개념체계에 대한 요구가 증가하였다. 이러한 요구에 부응하여 2004년 국제회계기준위원회(International Accounting Standard Board : IASB)는 미국의 재무회계기준위원회(Financial Accounting Standard Board : FASB)와 함께 회계기준 제정자와 재무제표 제공자들이 사용할 수 있는 새로운 개념체계를 개발하기 시작하였다. 2010년에 개정 개념체계를 발표하였고, 이후 다른 프로젝트에 집중하기 위해 개념체계에 대한 작업을 연기하였다가 2012년에 다시 시작하면서 개정 '개념체계' 전체를 개발함으로써 '개념체계'의 여러 특성들 사이의 관계를 보다 명확하게 볼 수 있게 되었다. 이후 계속적인 피드백과 의견수렴 결과를 반영하여, 2018년에 개정 '재무보고를 위한 개념체계'('개념체계'(2018))를 발표하며 개념체계 프로젝트를 완료하였다. IASB는 '개념체계'(2018)를 개발하면서, 높은 수준의 개념을 제공하는 것과 IASB와 다른 이해관계자들에게 유용할 수 있도록 충분하게 세부내용을 전달하는 것 사이의 균형을 추구하고자 하였다. 이후에도 2019년까지 타 기준서의 개정으로 일부 개정이 이루어졌다.

개념체계의 제정 및 개정과 더불어 많은 나라들이 회계처리와 보고에 사용할 기준으로 국제회계기준(International Financial Reporting Standards : IFRS)을 도입하게 되었다.[17] 국제회계기준은 회계보고에 있어서 국제적인 조화를 이루고, 나라마다 서로 다른 회계선택의 결과로 발생하는 회계정보의 차이를 감소시키는 데 목적을 둔다.

이러한 노력은 다양한 특성을 갖고 있는 회계기준간의 조화(harmonization)에 초점을 둔다. 조화는 표준화(standardization)와는 다른 개념이다. 표준화 개념이 모든 나라에서 회계절차가 일치해야 함을 의미한다면 조화는 국제적으로 해석되고 이해될 수 있는 형태로 정보를 더 잘 전달하는 문제와 관련된다. 따라서 조화는 더욱 실질적이고 여러 나라에서 수용되기 쉬운 개념이다. 모든 나라는 자국의 규범, 철학, 그리고 목적을 가지고 있다. 이러한 나라마다의 독특성으로 인해 각각 나름대로의 회계규칙과 측정방법을 갖게 되었다. 따라서 회계기준의 조화는 우선 각국의 독특성을 인정하고 이러한 독특성을

17) 한국은 국제회계기준을 한국의 회계기준으로 채택하여 2011년부터 상장법인들을 대상으로 한국채택국제회계기준에 의하여 회계보고를 하도록 하고 있다.

다른 나라의 회계와 조정하게 된다. 그리고 이러한 조정에 바탕을 두어 각국이 수용할 만한 조화가 이루어지도록 국가 사이의 장벽을 조정하거나 제거하게 된다.

국제회계기준의 도입은 회계의 투명성과 신뢰성이 낮은 나라에게 국제적으로 받아들여지는 적절한 회계기준을 제공해 주며, 이를 통하여 세계적 추세의 회계에 접근할 수 있게 해주는 장점을 가진다. 또한, 국가간 무역과 투자가 활발해짐에 따라 국가간 의존성이 증가되어 국제적으로 받아들여지는 회계 및 감사시스템에 대한 요구가 증가하고 있는데, 국제회계기준은 이러한 요구에 부응하는 기준을 제공한다. 국제회계기준의 또 다른 장점은 기업들의 역외자본 조달과 투자자의 국제적 투자를 용이하게 하는 데 있다. 대부분의 국가에서 대규모 기업들은 자국 내에서의 자본조달에 한계를 느껴 외국의 자본투자를 원하게 된다. 그런데 외국의 자본투자자들은 여러 나라에 산재한 각각의 기업을 비교 평가하여 투자하기를 원한다. 따라서 외국자본의 유치와 국제적 투자를 위하여 회계기준의 국제적 조화가 요구된다.

한편, 국제회계기준의 도입에는 몇 가지 문제점이 있다. 이러한 문제점들은 주로 회계의 환경과 관련된다. 회계는 각 국가의 조세 및 경제시스템과 상호작용한다. 따라서 회계는 회계의 환경이 되는 각국의 법률 및 경제 환경과 분리될 수 없으며 각국의 세무시스템은 회계와 분리될 수 없다. 그런데 각국의 세법 및 세무규제는 국가마다 독특한 특성을 가진다. 따라서 각국의 법규는 회계의 국가간 다양성을 요구한다. 이때 국제회계기준은 이러한 요구와 상충되는 결과를 가져올 수 있다.

또한 각국의 회계정책은 각 나라가 처한 정치 및 경제적 상황에 의하여 영향을 받는다. 그런데 모든 나라의 정치 및 경제적 상황이 동일할 수 없으므로 여러 나라의 회계가 조화를 이루기는 쉽지 않다.

국제회계기준의 도입에 있어서 또 하나의 문제점은 회계전문가 집단일 수 있다. 각국의 회계전문가는 자국 내에서의 시장 확보와 영향력 확대를 위하여 전문가가 활동하는 시장의 개방을 꺼릴 수 있다. 특히 회계의 발전이 늦어져서 전문가 집단이 국제적 경쟁력을 확보하지 못한 국가의 경우 이러한 경향이 더 커질 수 있다.

4. 주요 회계이론

4.1 규범적 회계이론

규범적 회계이론은 '회계가 어떻게 되어야 하는지(what should be done)'에 대하여 연구한다. 이 이론은 현재 회계가 어떻게 이루어지고 있는지를 연구하는 것이 아니라 어떻게 되는 것이 올바른 것인지에 대하여 연구하는 것이다. 1950년대와 1960년대의 회계연구는 회계정책을 제안하는 것과 회계가 어떻게 이루어져야 하는지에 대하여 주로 관심을 기울였고, 현재 인정되고 있는 회계실무를 분석하고 설명하는 데에는 상대적으로 관심을 덜 기울였다. 이 시기에는 회계기간 동안의 '진실한 이익'의 도출이나 '경제적 의사결정에 유용한 회계정보의 형태는 무엇인가' 등이 주요 관심사였다. 따라서 이 시기는 규범적 회계이론의 황금기로 불린다.

진실한 이익의 도출은 자산에 대한 하나의 측정값을 도출하고 유일하며 정확한 이익을 계산하는 것과 관련된다. 그러나 어떠한 가치나 이익이 진실하고 정확한 측정치인가에 대한 일치된 견해가 없다. 따라서 이 시기의 주요 논쟁은 주로 대체적 측정시스템들의 장점과 단점을 연구하는 것이었다.

회계정보의 경제적 의사결정유용성 이론은 회계의 기본 목적을 의사결정과 연결시킨다. 의사결정유용성 이론은 회계정보이용자들에게 유용한(목적적합한) 정보를 제공하여 회계정보이용자들의 의사결정과정에 도움을 주는 것을 회계의 목적으로 하고 있다. 회계정보의 유용성을 판단하는 방법 중의 하나는 회계자료에 대한 이용자의 반응을 통하여 파악하는 것이다.

대부분의 의사결정유용성 이론은 전통적 경제이론에서의 이익이나 부의 개념 또는 합리적 의사결정이론에 기초하여 전개되었다. 의사결정유용성 이론에서는 자산의 평가에서 인플레이션이나 시장가치를 반영하여 취득원가를 수정한다. 결국 의사결정유용성 이론은 회계의 측정이론이라고 할 수 있다. 의사결정유용성 이론은 다음과 같은 가정을 하고 있다.

- 회계는 측정시스템이어야 한다.

- 이익과 가치는 정확히 측정되어야 한다.
- 재무회계는 경제적 의사결정에 유용해야 한다.
- 시장은 비효율적이거나 독창적인 회계담당자에 의하여 오도될 수 있다.
- 전통적인 회계는 정보적 관점에서 비효율적이다.
- 유일한 이익이 존재한다.

이러한 가정들은 실증적 검증이 매우 어렵다. 의사결정유용성 이론가들은 자신들의 이론에 근거하여 도출된 회계시스템은 '이상적'이라고 주장한다. 그들은 취득원가에 근거한 회계시스템을 새로운 시스템으로 대체해야 하며 모든 사람이 새로운 시스템을 사용해야 한다고 주장한다. 따라서 의사결정유용성 이론은 근본적으로 규범적 이론이다.

규범적 회계이론가들은 자신들의 이론형성과정이 과학적이고 분석적이며, 실증적(귀납적)인 전제 모두에 기초하고 있다고 주장한다. 1950년대와 1960년대의 규범이론은 회계의 영역(범위)과 목적에 대한 설정, 회계시스템의 기초가 되는 가정, 그리고 주요 개념의 정의와 함께 시작되었다. 규범이론에서의 관심대상은 회계의 전반적인 영역이다. 제시된 이론은 재무상태표와 손익계산서 전체와 관련되며 충당부채나 종업원급여 등과 같은 특정 회계항목에 한정되지 않는다. 또한 이용자집단도 회계정보이용자 모두에게 관련이 있는 것으로 특정 개인이나 제한된 집단에 한정되지 않는다.

규범적 이론가들은 또한 자신들의 관찰에 기초하여 기업의 영업활동 본질에 대한 가정을 하며 상세하고 정확한 회계원칙과 규칙 및 회계의 산출물에 대해 논리적으로 설명한다. 따라서 매우 엄격하며 분석적 개념과 일치하는 연역적 틀을 형성한다. 재무제표는 재무제표가 나타내려는 것 그 자체를 의미해야 한다. 예를 들어 재무상태표는 현실과 의미론적 연결을 가져야 한다. 재무상태표는 말 그대로 기업의 재무상태를 나타내고 손익계산서는 일정기간 동안 기업의 손실이나 이익을 나타내야 한다.

비록 재무제표가 기업의 경제적 현상을 추상화하고 요약했다고 하여도, 기업의 경제적 자원의 총량과 변동을 요약한 것이므로 재무제표가 기업의 직접적 활동을 올바르게 나타내는 경우에 한해서 의미를 가진다. 따라서 재무제표에 대한 평가는, 제시(공시)된 재무제표가 나타내고 있는 사건을 이용하여 정보이용자가 의사결정하는 행동이 정보이용자 자신이 직접 관찰하여 행동하는 것처럼 할 수 있는가 여부에 의해 이루어진다. 재무제표이용자가 재무제표를 작성한 기초가 되는 사건을 관찰한 것처럼 행동하지 못한다면 재무제표는 의미가 없게 된다.

4.2 실증적 회계이론

1970년대에 회계이론은 실증적 방법론(positive methodology)으로 불리는 경험주의 방법론(empirical methodology)으로 발전하였다. 실증주의나 경험주의는 회계에서의 가설들이나 이론들을 현실세계의 경험이나 사실에 기초하여 검증하거나 서로 연결시키는 것을 의미한다. 초기의 실증적 회계연구는 규범적 회계이론에서 제시된 일부의 가정을 경험적으로 검증하는 데 초점을 두었다. 예를 들어 서로 다른 회계기법의 유용성에 대한 태도를 파악하기 위하여 설문지나 기타 다른 조사기법을 사용하였다. 이러한 연구의 전형적인 것으로는 재무분석가, 은행원, 그리고 회계담당자들을 대상으로 자신들의 의사결정(예를 들면, 파산예측이나 주식의 매수 혹은 매도 등)에서 서로 다른 대체적 회계모형의 유용성에 대한 견해를 조사하는 것을 들 수 있다. 또 다른 예로는 시장에서 회계 산출물(회계정보)의 중요성을 검증하는 것을 들 수 있다. 이러한 연구의 예로는 물가변동회계가 주식시장의 정보효율성을 증진시켰는지를 파악한 연구, 이익이 주식평가에 중요한 결정요인인지를 파악한 연구, 회계정보의 효익이 정보획득비용보다 더 높은지를 파악한 연구, 서로 다른 회계기법이 기업가치에 미치는 영향의 비교와 관련된 연구 등을 들 수 있다.

실증적 회계이론에서의 연구주제로는 다음과 같은 것을 들 수 있다. 물가가 상승하는 경우 기업들은 왜 법인세 측면에서 유리한 후입선출법에 의한 재고자산평가방법을 선택하지 않는가?[18] 리스회계처리규정이 바뀌면 기업들은 자금조달방법을 바꿀까? 감가상각방법에서 가속상각법보다는 정액법을 선호하는 이유는 무엇인가? 이러한 연구문제에 대하여 경영자가 기업의 이익에 근거하여 장려금을 받을 경우 이를 극대화하기 위해 현금지출이 더 발생하는 회계방법을 선택한다는 경영자보상계획가설(bonus plan hypothesis), 회계에

18) 현재의 국제회계기준에서는 재무보고 목적으로 후입선출법의 적용을 배제하고 있다. 그러나 법인세 목적으로 후입선출법을 선택할 수 있는 나라가 많다.

기초한 부채계약 위반을 회피하기 위하여 회계방법을 선택한다는 부채계약가설(debt covenant hypothesis), 기업이 영위하는 사업이 일반대중이나 정부의 관심대상일 경우 과도한 이익을 보고하여 관심을 끌지 않기 위한 회계방법의 선택과 같은 정치비용가설(political costs hypothesis) 등이 제시되어 연구되었다.[19]

실증적 회계이론은 현상을 기술, 설명, 예측하는 것과 관련되는 반면 규범적 회계이론은 회계현상을 규정하는 것과 관련된다는 점에서 둘 사이에 차이가 있다. 규범적 회계이론은 회계담당자나 재무정보제공자 등과 같은 회계와 관련된 사람들이 올바르고 정상적이며 정의로운 것으로 판단되는 회계 산출물을 만들어 내기 위하여 어떻게 행동해야 하는가에 대해 규정한다. 반면 실증적 회계이론은 사람들(예, 회계담당자)이 훌륭한 결과물을 만들어 내기 위하여 어떻게 행동해야 하는가를 정하지 않는다. 실증적 이론은 가치가 부여된 규정을 만들려 하지 않고 옳고 그름에 대한 판단 없이 사람들이 어떻게 행동하는가(사람들의 행동 그 자체)를 기술하고, 사람들의 행동이 올바르고 최선의 것인가에 대한 판단 없이 사람들이 어떻게 행동하고 앞으로 어떻게 행동할 것인가에 대하여 예측한다.

실증적 회계이론가들은 대부분 규범적인 관점을 거부한다. 마찬가지로 대부분의 규범적 회계이론가들은 실증적 회계연구의 가치관을 수용하지 않는다. 그러나 두 이론은 공존할 수 있고 서로 보완적일 수 있다. 실증적 회계이론은 회계의 역할을 이해하는 데 도움을 줄 수 있고, 이것은 회계실무를 발전시키는 규범적 회계이론을 개발하는 기초를 형성할 수 있다.

4.3 회계이론에 대한 자연주의적 관점

과학적 방법은 고도로 구조화된 이론형성의 방법이다. 과학적 방법은 과거의 지식이나 과거에 인정된 과학적 이론에서 출발한다. 이론과 일치하지 않는 현실에서의 현상이 발견되면 이를 이상현상으로 간주하고 설명되어야 할 연구문제로 생각한다. 그 후 관찰된 연구문제를 설명할 수 있는 이론을 개발하고 개발된 이론에 기초하여 검정가능한 가설을 설정한다. 가설을 검정하기

19) 이에 관한 구체적인 내용은 제12장에서 다룬다.

위하여 자료를 수집한 다음, 통계 혹은 수학적 기법을 이용하여 자료를 분석하여 가설을 검정한다.

이론형성의 과정에는 근본적으로 현실세계가 대규모 혹은 평균적인 관점에서 통계적으로 설명될 수 있는 객관적 실체라는 가정이 내포되어 있다. 과학적 방법은 회계에 대한 이해나 예측을 증진시키는 가설을 통하여 수행되었다. 기업이나 산업 혹은 시간의 차이에 관계없이 상황이 동일하다면 항상 지지되는 이론을 훌륭한 이론이라고 가정한다.

과학적 방법은 대부분의 회계연구에서 사용된다. 그런데 이러한 방법은 특정 존재론적 가정(세계관)에 기초한 것이다. 존재론적 가정이 달라지면 인식론(지식을 획득하는 방법)과 연구방법이 달라진다. 존재론적 가정의 차이는 또한 연구문제의 형태나 검정될 가설의 형성도 달라지게 한다. 따라서 회계연구의 기초가 되는 가정을 파악하고 다른 연구방법이 더 적절한 것이 아닌가를 고민하는 것은 중요하다.

그렇다면 고도로 구조화된 연구방법인 과학적 방법의 한계는 무엇인가? 고도로 구조화된 과학적 방법에 대한 비판적인 연구들은 일반적으로 자연주의적 연구(naturalistic research)로 불린다. 현재는 '가장 적절한 연구방법은 연구문제(주제)의 본질에 따라 달라져야 한다'는 주장이 널리 인정되고 있다. 즉, 과학적 방법뿐만 아니라 다른 방법들도 연구문제에 따라 적절한 연구방법이 될 수 있다.

과학적 방법에 대한 비판은 연구가 대규모 통계적 관점에 근거하여 이루어지는 것과 관련된다. 대규모 통계적 연구는 모든 것을 통틀어 하나로 취급한다. 실제 회계를 수행하는 회계담당자 개인이나 개별기업의 고유한 특성보다는 회계담당자 집단이나 기업집단(예, 산업)의 관점에서 전반적인 경향을 연구한다. 따라서 과학적 방법에 의한 연구는 개개의 특성이 서로 상쇄된 전체의 경향을 분석하므로 실제 회계가 이루어지는 현상을 있는 그대로 반영하지 못할 수 있다. 따라서 주식가격이나 표본조사를 사용하는 연구의 가설들은 회계연구를 실제 회계가 이루어지는 세계(실무)와 동떨어지게 하였으며, 회계담당자들의 역할수행 내용과 일치하지 않는다.

반면 본래 상태로서의 회계행위에 대한 지식을 얻기 위해서 자연주의적 연구가 더 적절하다는 주장을 하는 연구자들이 있다. 자연주의적 연구를 주장하는 사람들은 연구가 가능하면 자연적 상황에서 이루어져야 한다고 생각한다. 이러한 연구자들은 연구에 있어서 어떠한 선입견에 의한 가정이나 이론이 존재해서는 안 되며 기업의 고유한 문제에 초점을 두어야 한다고 주장한다. 수학적 분석, 모형, 통계적 검증, 표본조사와 실험실 실험 등을 덜 강조하고 상세한 관찰에 기초한 유연한 연구방법을 사용하는 연구가 수행되어야 한다고 주장한다. 자연주의적 연구의 일반적인 방법은 개별적인 사례연구와 좀더 상세한 현장연구이다. 이러한 연구는 기업고유의 개별적인 문제를 해결하는 데 목적을 두고 있기 때문에 연구자체가 미시적이다. 따라서 자연주의적 연구의 결과는 일반화되기 어렵다.

자연주의적 연구는 개별적 문제에 초점을 둔 것으로서, 회계의 일반이론을 형성하기 위해 일련의 가설들을 검정한 결과를 종합하고자 하는 과학적 회계연구와 대비된다. 자연주의적 연구는 특정 현실세계의 상황에서 출발한다. 자연주의적 연구의 주요 관심은 '이곳에서 무엇이 이루어지고 있는가?'를 알아보는 것이지 사회의 더 넓은 영역(혹은 전 영역)에 일반화될 수 있는 조건을 제공하는 것이 아니다.

어떤 연구자들은 자연주의적 연구의 하나인 사례연구가 연구문제를 찾아내고 명확히 하는 역할을 가장 잘 수행하는 방법이라고 주장하기도 한다. 이러한 관점은 사례연구(자연주의적 연구)를 실증연구를 위한 모형을 개발하는 것이 불가능한 경우 선택하는 차선책(탐색적 연구)으로 간주한다.[20] 그러나 자연주의적 연구가 과학적 연구 이전 단계의 연구방법이라는 견해에 대하여 반박하는 주장도 있다. Tomkins와 Groves는 자연주의적 연구방법이 과학적 연구와는 전혀 다른 존재론적 가정(세계관)에 근거한 것이라고 주장한다.[21] 존재론적 가정이 다르면 연구 형태가 달라지며, 이것은 연구문제에 영향을 미치게 된다. 자료 1-1 은 과학적 연구와 자연주의적 연구의 차이를 비교한 것이다.

---

20) A. R. Abdel-Khalik and B. B. Ajinkya, *Empirical Research in Accounting: A Methodological Viewpoint*, Florida: AAA, 1979.

21) C. Tomkins and R. Groves, "The Everyday Accountant and Researching his Reality," *Accounting, Organization and Society*, Vol. 8, No. 4(1983), pp. 361-374.

자료 1-1 과학적 연구와 자연주의적 연구의 비교

	과학적 연구	자연주의적 연구
존재론적 가정 (세계관)	· 현실은 객관적이며 명확하다. · 회계는 객관적인 현실이다.	· 현실은 사회적으로 고안되었고 인간 상상의 산물이다. · 회계는 고안된 현실이다.
인식론적 방법	· 지식에 대한 점진적인 진전 · 환원주의(reductionism, 복잡하고 추상적인 사상이나 개념을 더 단순하고 기본적인 이론으로 설명하려는 방법론) · 개별적 가설의 검정 · 일반화 가능성의 법칙	· 전체론적(holistic)이다. · 세계의 복잡성은 환원주의로 해결될 수 없다. · 단순화 불가능의 법칙
방법론	· 구조적 · 이전의 이론적 기초에 의존 · 실증적 타당성 또는 확장	· 비구조적 · 이전연구에 의존하지 않는다.
연구방법	· 구문론적 모형 형성22) · 가설설정을 위한 실증적 귀납 · 적절한 통계적 방법	· 사례연구 · 융통성에 의한 탐색 · 사건의 경험

출처 : J. Godfrey et al., *Accounting Theory*, 7th ed., Wiley, 2010, p. 32.

22) 구문론적 관점에서는 이론이 이론용어(관찰 불가능한 대상이나 속성을 지칭하는 용어)와 이론용어를 연결하는 논리적 용어(선언, 등호 등)로 구성된 이론적 가설을 검증하여 형성된다. 형성된 이론적 가설은 관찰용어(이론용어를 관찰할 수 있는 이론용어와 대응되는 용어)를 이용하여 검증된다. 그리고 이론은 현실의 관찰에 바탕을 둔 이론적 가설의 채택과 기각에 따라 형성된다. 예를 들어 "재무구조가 취약한 기업은 기업실패 가능성이 높다"라는 이론적 가설을 형성하였을 경우, '재무구조의 취약성'이나 '기업실패'는 실제 관찰이 불가능한 추상적 개념의 이론용어가 되고 '가능성이 높다'는 논리적 용어가 된다. 만일 이 가설을 검증하기 위해 '재무구조의 취약성'을 '유동비율'로 연결하고, '기업실패'를 '부도'와 연결하여 실제 기업의 자료를 통하여 관찰하였다면 '유동비율'과 '부도'는 관찰용어가 된다. 그리고 '가능성이 높다'는 논리적 연결용어가 된다. 관찰결과에 따라 재무구조와 기업실패의 관계가 이론으로 형성된다. 이처럼 과학적 연구에서는 이론적 가설(구문론적 모형)을 형성하여 이론을 정립시킨다.

익힘문제

1. 회계의 정의는 역사적으로 어떻게 변해 왔는가?

2. 현재의 회계 정의가 중요시하는 것은 무엇인가?

3. 회계에 대한 다양한 견해 중 언어로서의 회계에 대해 설명하시오.

4. 회계이론의 개념과 특징에 대해 설명하시오.

5. 회계이론의 목적은 무엇인가?

6. 규범이론 시대와 실증이론 시대를 비교하여 설명하시오.

7. 국제회계기준이 필요한 이유에 대해 설명하시오.

8. 국제회계기준 도입의 문제점에는 어떤 것들이 있는가?

9. 규범적 회계이론과 실증적 회계이론의 주요 특징과 차이점을 설명하시오.

CHAPTER 2

회계규제와 기준설정

1. 자발적 정보생산의 유인
2. 회계규제의 필요 요인
3. 시장실패를 감소시키는 요인
4. 회계기준 설정을 위한 기준
5. 회계규제의 주체

투자자와 경영자 간의 상충되는 이해관계를 어떻게 중재할 것인가? 재무회계이론의 근본적 과제 중 하나는 이런 중재역할을 할 수 있는 방법을 모색하는 일이다. 이는 기업 이해관계자들 사이의 효율적인 계약을 위해 요구되는 회계정보와 제공되는 회계정보인 재무보고를 어떻게 조정할 것인가의 문제이며, 동시에 사회적으로 '적절한' 정보의 양을 어떻게 결정할 것인가의 문제이기도 하다. 물론 이러한 조정을 위해 규제가 반드시 필요하다는 것은 아니다. 필요한 중재의 상당부분은 시장원리에 의해 달성될 수도 있다. 그러나 시장원리만으로는 적절한 양의 정보생산을 가져올 수 없기 때문에 실질적인 규제가 필요할 수 있다. 규제가 필요한 이유는 시장실패 탓이기도 하다. 본장에서는 이런 문제들에 대해 살펴보기로 한다. 즉, 규제가 필요하지 않다는 자발적 정보생산의 유인(다른 문헌에서는 이를 자유시장접근법이라 부르기도 함), 시장의 실패요인(규제가 필요한 이유), 시장의 실패를 감소시키는 메커니즘, 규제이론, 규제의 주체 등에 대해 알아보기로 한다.

1. 자발적 정보생산의 유인

정보에 대하여 '생산'이라는 용어를 사용하는 이유는 두 가지로 나눌 수 있다. 하나는 정보를 생산하고 판매할 수 있는 '상품'이라고 생각하기 때문인데, 이런 면에서 정보생산의 원가와 효익을 고려하는 것은 당연하다. 다른 하나는 정보생산이 이루어질 수 있는 다양한 방법에 관한 통일된 생각을 원하기 때문이다.

이처럼 정보를 생산되는 산출물로 본다면 정보의 많고 적음을 의미하는 '생산된 정보의 양'이 의미하는 바는 무엇일까? 그것은 다음과 같이 네 가지 의미로 나누어 생각할 수 있다.[1)]

첫째는 보다 정교한 정보(finer information)라는 개념이다. 보다 정교한 정보는 정보량이 많은 것을 의미한다. 예를 들면, 온도를 도(℃) 단위로 알려주는 온도계가 온도가 빙점 아래 혹은 위에 있는가만을 알려주는 온도계보다 더 정교한 정보시스템이다. 전자의 온도계는 후자의 온도계가 제공하는 정보 이상의 정교한 정보를 제공한다. 회계학적 맥락에서 보다 정교한 보고시스템은 취득원가에 근거한 현재의 보고서에 덧붙여 보다 상세한 정보를 추가하여 제공하는 시스템을 의미한다. 보다 정교한 재무보고의 예로는 주석에 의한 새롭고 광범위한 공시와 부문별 보고 등에 의해 재무제표를 작성하는 것을 들 수 있다. 보다 정교한 정보생산은 미래에 발생할 가능성이 있는 여러 상황(불확실한 상황) 중에서 실현가능성이 높은 상황을 구별해 낼 수 있는 능력의 향상을 의미한다.

둘째는 추가적 정보(additional information)라는 개념이다. 기존의 정보집합에 추가적인 요소(추가적 정보)가 부가되는 것은 정보량이 증가한 것이다. 예를 들면, 온도계에 기압계를 추가할 수 있다. 회계학적 입장에서 추가적 정보는 취득원가회계에서는 다루지 않는 사항들을 보고하는 새로운 정보시스템의 도입을 의미한다. 가격변동의 영향을 반영할 수 있는 시가평가와 경영자

1) 여기에서 정보의 양은 정보항목(information items) 개수의 많고 적음을 의미하기보다는 정보항목의 개수를 포함하여 제공된 정보가 전체적으로 내포하고 있는 정보내용(information contents)의 많고 적음을 의미하는 폭넓은 개념이다.

의 토론 및 분석, 미래지향적 정보 등이 예가 될 수 있다. 의사결정이론에서 추가적 정보는 기업의 성과에 영향을 줄 수 있는 현재 상황에 대한 정보 이외에 추가적인 사항에 대한 정보로의 확장을 의미한다.

셋째는 정보생산과 관련한 신뢰성(reliability)의 개념이다. 1도 단위로 측정할 수 있는 온도계는 5도 단위로 측정할 수 있는 온도계보다 더 믿을 수 있다. 회계학적 맥락에서 볼 때 믿음이 더 가는 정보는 신뢰성이 높다. 정보를 신뢰할 수 있다는 것은 해당 정보가 나타내고자 하는 현상을 충실히 표현하고 있다는 것과 동일한 의미이다. 예를 들면 대규모 회계법인에 의해 감사받은 재무제표는 그렇지 않은 회계법인에 의해 감사받은 재무제표보다 신뢰성이 더 크다고 한다. 왜냐하면 대규모 회계법인은 감사를 수행하는 능력이 더 뛰어나고, 오류가 개입될 가능성이 줄어들기 때문이다.

넷째는 정보생산으로 인한 신호화(signaling)의 개념이다. 신호화란 경영자가 회계정보를 이용하여 미래에 대한 기대나 의도를 표현하는 것을 의미한다.[2] 예를 들어 기업이 이전과 달리 대규모 현금배당을 선언한다면, 이 정보는 기업의 미래현금흐름이 양호할 것이라는 신호로 작용할 수 있다. 이처럼 현금배당이라는 정보는 미래현금흐름에 대한 신호가 포함되므로 현금배당은 배당과 현금흐름이라는 내용(정보량)을 포함한다.

지금까지 설명한 정보량이라는 개념에 대한 명확한 구분이 정보생산을 논하는 데 있어서 중요한 것은 아니다. 본서에서는 특별한 경우를 제외하고 정보생산이라는 용어를 위의 모든 내용이 통합된 개념으로 사용할 것이다. 그러나 중요한 사실은 보다 많은 정보의 생산에는 보다 많은 원가가 수반된다는 것이다.

그러면 정보의 양을 결정하는 요인, 즉 정보를 생산하고 제공하게 하는 유인(동기)은 무엇인지 살펴보자.

1.1 정보생산의 계약적 유인

자발적인 정보생산의 유인(동기)은 기업이 이해관계자들과 체결한 계약에서

2) 이에 대해서는 본장의 제3절에서 자세히 설명하기로 한다.

비롯된다. 정보는 계약의 이행여부를 감시하는 데 유용하다. 예컨대, 경영자의 노력을 직접 관측할 수 없는 경우 기업의 경영성과에 기초한 경영자보상계약이 체결될 수 있다. 이때 경영성과를 측정하기 위해 순이익에 대한 정보가 필요할 수 있다. 그리고 회계감사는 보고된 순이익에 신뢰성을 부여하고, 그 결과 기업의 소유주와 경영자는 보고된 순이익을 경영성과에 대한 신뢰성 있는 측정치로서 기꺼이 받아들이게 된다.

이와 유사하게 기업이 부채를 조달할 경우 부채조달계약에는 채무이행조항이 포함되는 것이 일반적이다.[3] 채무이행조항에는 다양한 비율에 관한 정보가 요구되는데, 이 비율들을 통하여 기업이 부채를 부담하고 있는 기간 동안 채무이행조항의 준수여부를 감시할 수 있다. 그리고 회계감사는 채무이행에 관한 정보에 신뢰성을 부여한다.

개인적인 정보생산을 촉진시키는 또 다른 계약적 동기는 기업을 공개할 때 나타난다. 이러한 내용은 1976년에 Jensen과 Meckling에 의하여 모형화되었다.[4] 공개하려는 기업의 소유경영자들은 지분의 전부 또는 일부를 매각한 후 경영자로서의 책임이나 노력을 회피하고 개인적 이익을 추구하려는 경향을 보인다. 신규상장(initial public offering : IPO) 이전의 책임회피는 자신의 손해(소유경영자가 모든 비용을 부담하고 있음)를 가져오고, 책임이나 노력의 회피로 인한 비용은 경영자 수익의 감소를 초래한다. 그러나 상장을 통하여 주식을 매각하면 소유경영자는 더 이상 모든 비용을 부담하지 않는다. 경영자가 사적으로 얻은 이익(기업의 이익은 감소시키지만 그 비용이 경영자의 이익이 된 것)은 주주들이 부담하게 되므로, 경영자의 책임회피비용은 새로운 주주들이 자신의 지분비율에 해당하는 만큼 부담할 것이다. 이처럼 기업공개 후 소유경영자의 책임회피원가는 모두 경영자 자신의 비용이 되지 않고 주주들에게 이전되므로 소유경영자는 책임회피를 더 많이 하려 할 것이다.

그러나 투자자들은 이러한 소유경영자의 동기에 대하여 알고 있으며, 그들은 자신들의 손해에 해당하는 금액만큼 신규상장되는 주식의 구입가격을

---

3) 채무이행계약은 채권자와 채무자 사이에 체결하는 계약으로 채권·채무관계를 지속하기 위해 채무자가 준수해야 할 의무 등을 규정한 것이다. 만일 채무자가 채무이행계약의 조항을 위반하면 채권·채무관계는 만기에 관계없이 종료된다. 채무이행계약의 대표적 예로는 일정 비율 미만의 부채비율을 유지하도록 하는 규정을 들 수 있다.

4) M. C. Jensen and W. H. Meckling, "Theory of the Firm: Managerial Behaviour, Agency Costs and Ownership Structure," *Journal of Financial Economics*(October 1976), pp. 305-360.

낮추고자 할 것이다. 이로 인해 기업의 자본비용은 상승하게 된다. 결과적으로 소유경영자는 책임회피를 제한하는 계약조건을 제시하여 주식발행가액을 높이는 계약을 체결하려 할 것이다. 예를 들어, 소유경영자와 새로운 투자자 사이의 계약에는 소유경영자가 달성해야 하는 예측치(목표값)를 포함하게 될 것이다. 이 예측치는 추가적인 정보생산으로 인식될 것이다. 계약에 예측치가 포함되어 있지 않을 경우, 경영자와 투자자들 사이의 계약조항에는 소유경영자가 특권적 소비에 따른 비용을 재무제표에서 숨기거나 감추는 것이 매우 어렵도록 재무제표에 자세한 사항을 공시하도록 규정하는 내용이 포함될 수 있을 것이다. 이는 정교한 정보생산으로 인식될 것이다. 또한 계약에는 회계감사를 통해 정보생산에 대한 신뢰성을 향상시키도록 하는 규정을 포함시킬 수도 있다. 이러한 모든 경우에 있어서 소유경영자는 자신이 성실하게 경영활동을 수행할 것이라는 점을 투자자들에게 확신시킬 수 있는 정보를 생산하는 데 전념하게 된다. 이러한 내용을 알고 있는 투자자들은 다른 경우에 비하여 기업의 주식에 대해 보다 높은 가격을 지불할 용의가 있을 것이다.

요약하면 계약과 관련된 모든 상황에서 기업은 자발적으로 정보를 생산하는 유인을 갖는다는 것이 핵심이다. 어떠한 경우에도 정보생산을 유도하기 위한 강제력이나 중앙권력(central authority)의 개입은 필요하지 않다.[5] 더욱이 계약에 따라 제공되는 정보의 양과 형태가 계약에 참여하는 모든 당사자들의 협의에 의하여 합의되었기 때문에 필요한 정확한 수준의 정보가 생산된다. 즉, 정보생산에 관한 결정이 계약당사자 사이에서 결정된다. 이렇게 되면 정보가 필요 이상 또는 이하로 생산되는 문제는 발생하지 않는다. 계약에 있어서 정보생산의 실패는 계약이행을 강요하기 어렵거나 불가능하게 할 것이며, 이행한다고 하더라도 비효율적이다.

정보생산에 대한 계약적 동기는 계약관계에 있는 모든 집단에 적용될 수 있다. 예를 들어, 기업의 경영자와 투자자들 사이의 관계를 생각해 보자. 투자자들은 투자로 인한 기대이익과 위험에 관한 정보를 원한다. 기업의 경영자는 모든 투자자 개개인과 기업의 미래현금흐름과 재무상태 등에 관한 바람직한 정보의 양을 정하는 계약을 체결할 수 있다. 계약에는 투자자들이 이러한 정보에 대한 대가를 지불한다는 내용이 포함될 수도 있지만, 경영자들은

5) 중앙권력이란 용어는 각종 규제의 주체가 되는 권위 있는 기관의 의미로 사용되었다.

기업의 주식에 대한 수요를 높이기 위해 정보를 무료로 제공한다는 내용을 포함할 것이다. 그런데 투자자마다 기업에 대해 요구하는 정보의 양과 질(수준)은 천차만별이다. 재무분석에 능숙한 투자자는 미래현금흐름과 투자수익률의 추정을 위하여 미래 영업활동에 관한 매우 정교한 청사진을 요구할 것이다. 반면 다른 투자자들은 단순히 기업의 배당정책에 관한 정보만을 원할 수 있다. 고도의 위험회피형 투자자는 많은 비용을 지급하더라도 신뢰성이 높은 감사를 요구하는 반면, 다른 투자자들은 최소의 비용이 소요되는 감사를 선호할 수도 있다. 투자포트폴리오가 잘 분산되어 있는 투자자의 경우에는 전혀 정보를 요구하지 않고 자산들의 포트폴리오 가격을 시장효율성에 맡길 수도 있다.

직접적인 계약은 정보의 생산에 대하여 명확한 결정을 하게 되지만 실무에서 언제나 직접 계약이 성사되지는 않는다. 그 이유 중의 하나는 대부분의 경우 너무 많은 계약당사자들이 존재하기 때문이다. 기업의 경영자가 모든 잠재적 투자자들과 정보생산에 대한 계약을 체결하려 한다면, 그 협상 자체에도 엄청난 비용이 소요될 것이다. 게다가 투자자마다 서로 다른 정보를 원하는 만큼 기업의 정보생산비용 또한 엄청나게 소요될 것이다. 경영자는 모든 투자자 집단을 묶어 투자자들과 단체계약을 체결하려 할 수도 있다. 이 경우에는 모든 투자자들이 동의하는 단일의 정보요구안이 만들어져야 한다. 그런데 투자자마다 서로 다른 정보를 필요로 한다면 하나의 정보요구안을 만든다는 것은 거의 불가능하며, 설령 가능하더라도 매우 많은 시간과 비용이 소요될 것이다.

따라서 계약적 접근방법은 소수의 당사자들만이 개입될 때 가능할 것이다. 경영자보상계약은 경영자와 소유주 등 두 당사자간의 계약이며, 부채계약은 경영자와 채권자만이 개입되는 계약이다. 따라서 이러한 경우에는 계약적 접근방법이 가능하다.

계약당사자들이 정보생산에 동의했더라도 다른 문제가 발생된다. 만일 그 계약의 이행을 강제할 수 없다면, 계약당사자들은 자신의 단기적 효익을 얻기 위해 협약을 위반하려는 유혹에 빠질 수 있다. 이는 마치 카르텔을 형성하고 그 구성원이 카르텔 조항을 위반하는 것과 유사하다. 따라서 계약의 이행이 강제되지 않으면 적정한 정보가 제공되지 못하는 상황이 발생할 수 있다.

계약은 사적인 정보생산의 중요한 원천이지만, 사회의 정보요구를 전적으로 사적 계약에 의존할 수는 없다. 따라서 기업의 정보생산에 대한 또 다른 사적 유인을 모색할 필요성이 있다. 그중 하나가 시장기반적 유인이다.

1.2 시장에 기반한 정보생산 유인

경영자들이 기업에 관한 정보를 생산하는 개인적 유인도 시장원리에서 유래되었다. 경영자의 개인적 정보생산 유인에는 경영자 노동시장과 기업지배권시장(기업인수시장)이 관련된다.

첫 번째로 경영자 노동시장을 생각해 보자. 경영자들은 그들의 경영능력에 시장가치를 부여하는 경영자 노동시장의 참여자라고 생각할 수 있다. 다른 조건이 모두 동일하다면 합리적인 경영자는 자신의 시장가치가 높게 평가되기를 원할 것이다. 시장에서 높게 평가되는 경영자는 고용계약에서 요구할 수 있는 조건들이 많아질 것이다. 경영자들의 시장가치는 기업가치를 창조하는 데 얼마나 공헌하느냐에 따라 영향을 받기 때문에, 경영자들은 기업의 시장가치를 최대화하려는 동기를 갖게 된다.

경영자 노동시장이 기업가치를 극대화하도록 경영자들에게 동기를 부여한다면, 두 가지 요인이 경영자들의 정보생산에 영향을 미칠 것이다. 하나는 경영자들이 자신의 업무를 떠넘기는 성향(책임회피 성향)이 줄어들게 하여 더욱 효율적인 고용계약이 체결될 수 있게 한다. 즉, 일정 수준의 노력을 유인하기 위해 경영자에게 부과하는 위험(계약조건)을 감소시켜 경영자에게 위험을 부담시킬 때 발생하는 역기능적인 결과(계약조건의 만족을 위하여 기업이익과 배치되는 결정을 하는 것)를 감소시킨다. 예를 들어 경영자의 노력을 증진시키기 위해 주당 매출액을 일정 규모 이상으로 규정하는 계약을 체결할 경우 경영자는 신용조건을 완화시켜 대손가능성이 커지는 판매정책을 시행할 수 있다. 이 경우 경영자의 결정은 계약조건을 만족시키지만 기업가치를 감소시킬 수 있다. 그러나 경영자에게 기업가치를 극대화시키는 의사결정을 요구한다면 매출이 다소 감소하더라도 대손을 줄여 궁극적으로 기업가치를 증가시키는 결정을 할 것이다. 그리고 경영자는 매출액이 증가되지 못한 상황을 설명하기 위해 관련정보를 적극적으로 공개할 것이다. 이처럼 경영자는 기업가치에 영향을 미치는 정보를 공개하는 것에 대해 덜 꺼리게 될 것이다.

다른 하나는 기업의 시장가치를 극대화하기 위하여 경영자는 기업의 자본비용을 최소화하려 할 것이라는 점이다. 이는 신뢰성 있는 모든 정보를 시장에 공개할 유인을 제공한다. 신뢰성 있는 모든 정보는 기업에 대한 투자자의 신뢰를 증가시키고, 이는 다른 조건이 모두 동일하다면 기업 주식가격(기업가치)의 상승을 초래한다. 이는 자본비용의 감소와 동일한 의미이다. 결국 신뢰성 있는 정보의 공시는 자본비용을 감소시켜 기업의 수익성과 가치를 상승시켜 경영자의 시장가치를 증가시킨다.

정보공개와 기업가치의 관련성에 대한 공식적인 모형은 Merton 및 Diamond와 Verrecchia에 의해 제시되었다. Merton은 정보의 불균형을 각각의 기업에 대하여 투자자들이 일부의 정보만 알고 있는 상황을 말하는 것으로 보아 정보불균형 상황을 모형화하였다.[6] 만일 기업의 자발적인 정보공개를 통해서 기업에 대하여 알고 있는 투자자의 규모를 늘린다면 기업의 시장가치는 증가할 것이다. Diamond와 Verrecchia 모형에 의하면 자발적인 정보공개는 기업과 시장 사이의 정보비대칭을 감소시키고, 이는 기업 주식의 거래를 촉진시킨다.[7] 그 결과 시장유동성이 증가하게 되어 규모가 큰 기관투자자들을 끌어들일 것이다. 왜냐하면 기관투자자들이 미래에 주식을 처분해야 할 때 가격을 낮추지 않고도 상당량의 주식을 처분할 수 있기 때문이다. 기업의 주가는 이러한 주식수요의 증가로 상승하게 된다.

이러한 시장에 기반한 정보생산의 효과가 나타나기 위한 공식적인 계약이나 규제는 필요하지 않다. 오히려 정보생산의 유인 수단을 제공하는 것은 경영자의 경영능력과 기업 주식의 시장가격이다. 그런데 지금까지의 논의는 시장이 기업의 정보를 적절하게 해석하여 반영시킨다는 시장효율성의 가정에 기초하고 있다는 점을 유의해야 한다.

두 번째로 경영자들을 규율하는 시장은 바로 기업지배권시장이라고도 불리는 기업인수시장이다. 만약 경영자가 기업의 가치를 극대화하지 않는다면, 그 기업은 인수대상이 될 수 있다. 그리고 기업이 성공적으로 인수될 경

---

6) R. C. Merton, "A Simple Model of Capital Market Equilibrium with Incomplete Market," *The Journal of Finance*(July 1987), pp. 483-510.

7) D. W. Diamond and R. E. Verrecchia, "Disclosure, Liquidity, and the Cost of Capital," *The Journal of Finance*(September 1991), pp. 20-41.

우 경영자 교체로 이어지는 것이 일반적이다. 주주들의 불만이 클수록 기업인수가 성공적으로 이루어질 가능성은 더 커진다. 결과적으로 기업인수시장 역시 경영자들이 기업가치를 극대화하도록 동기를 부여하며, 이는 경영자 노동시장과 비슷하게 정보생산을 촉진하게 된다.

이와 같이 경영자 노동시장과 기업지배권시장도 계약에 의존하지 않는 사적인 정보생산의 중요한 원천이 된다. 이상의 모든 경우에 있어서 정보생산의 동기를 부여하는 것은 시장가격이다. 기업의 주식가격과 경영자의 가치는 기업의 정보생산과 관련된 의사결정에 의해 영향을 받는다.

1.3 효율적 시장에서의 정보생산 유인

효율적 시장은 관련 정보들이 모두 시장에 존재해야 하고, 시장가격이 이런 정보들과 효율적으로 연관되어 있다는 것을 의미한다. 효율적 주식시장은 사회적으로 중요하며, 자본주의 경제는 시장이 효율적으로 작동하게 만드는 다양한 벌칙(채찍)과 유인(당근)책을 가지고 있다.

효율적 경영자 노동시장의 개념은 주식시장과 유사하게 정의할 수 있다. 효율적 경영자 노동시장은 경영자 성과에 관한 모든 정보들이 시장에 존재하고, 시장은 이런 정보들을 효율적으로 반영하고 있어야 한다. 즉, 경영자의 능력에 대한 시장가치에 경영자의 노력과 능력이 적절하게 반영되어야 한다. 그런데 이것이 가능하려면 경영자의 노력을 관측할 수 있어야 한다.

만약 주식시장과 경영자 노동시장이 둘 다 효율적으로 작동한다면, 시장은 경영자로 하여금 기업의 자본비용을 최소화하는 수준까지 정보를 생산하도록 할 것이다. 이는 기업의 정보생산에 따른 한계비용과 한계효익(예, 낮은 자본비용)을 동일하게 만드는 데까지 정보를 생산하도록 할 것이다.[8] 다시 말하면 정보는 상품으로 간주되므로 정보생산량의 결정에는 한계비용과 한계효익이 같아지는 점까지 상품이 생산된다는 경제원리가 적용된다.

그러면 정보생산이 기업의 자본비용을 어떻게 감소시키는가? 이를 위해 정보를 생산하지 않는 기업을 생각해 보자. 투자자들은 이런 기업을 멀리하

---

8) 한계효익(MR)=한계비용(MC)은 기업의 이윤이 극대가 되는 효율적인 적정 생산량을 나타내는 공식이며, 이 균형점을 경제학에서는 '기업의 이윤극대화 산출량'이라고 부른다.

거나, 최소한 이런 기업의 주식에 투자하고자 하는 금액을 줄인다. 이렇게 되면 기업의 자본비용은 증가하게 된다. 이익을 추구하는 투자자는 고품질의 재무정보를 제공하는 기업의 주식을 선호하게 되며, 이는 수요의 증가로 이어진다. 다른 조건이 모두 동일하다면 주식에 대한 수요의 증가는 주식가격의 상승을 초래하고, 이에 따라 기업의 자본비용은 감소하게 된다.

여기에서 효율적 주식시장의 정의에 포함되어 있는 '관련정보'라는 개념을 명확히 할 필요가 있다. 기업에 관한 정보량은 무한하므로 관련정보에는 오직 비용 대비 효과가 큰 정보만이 포함된다. 이는 정보의 한계효익이 한계비용보다 큰 정보를 말한다. 즉, 효율적 시장에서는 한계효익과 한계비용이 같아지는 점 이상의 정보가 생산될 것이라고 기대하기는 어렵다.

2. 회계규제의 필요 요인

앞에서 살펴본 것처럼 시장이 제대로 작동한다면 기업은 정보생산에 따른 한계비용과 한계효익이 같아지는 수준까지 정보를 제공한다. 하지만 개별기업의 관점이 아니라 사회 전체적 관점에서 보면, 사회적으로 가장 적절한 정보의 양은 사회 전체의 한계비용과 한계효익이 같아지는 수준일 것이다. 그런데 외부효과와 무임승차 문제로 인하여 개별기업 관점에서의 최적 정보량과 사회적 관점에서의 최적 정보량은 일치하지 않는다.

또한 외부효과와 무임승차의 문제가 존재하지 않을지라도 정보비대칭으로 인해 시장의 기능이 적절히 작동되지 않을 수 있다. 그리고 도덕적 해이와 역선택의 문제로 인하여 기업은 자본비용을 최소화할 수 있는 수준까지 정보를 제공하지 않을 것이다. 본절에서는 시장실패의 다양한 원천에 대해 차례로 살펴볼 것이다. 왜냐하면 이러한 시장의 실패로 인하여 규제의 필요성이 제기되기 때문이다.

2.1 외부효과와 무임승차

보통 한 기업이 공표한 정보에는 다른 기업과 관련된 정보가 포함될 수 있다. 예를 들어 어느 한 기업이 매출과 이익의 급격한 성장을 보고하면 이는 동종산업 내의 다른 기업에 대한 시장의 기대에 영향을 미칠 것이다. 또한, 어떤 기업이 독점적 정보(예를 들어 가치가 큰 특허권에 대한 상세한 정보)를 공표한다면, 이는 경쟁기업의 미래수익에 대한 시장의 기대에 영향을 미칠 수 있다.[9] 이러한 상호작용효과를 외부효과(externality)라 한다.

외부효과는 정보의 사적 가치와 사회적 가치에 차이를 발생시킨다. 기존의 독점자와 산업의 잠재적 진입자 사이의 게임에 관한 Darrough와 Stoughton 모형은 외부효과가 정보제공에 미치는 영향을 보여준다.[10] 기존의 독점기업은 타 기업의 진입을 저지하기 위해 상세한 정보를 제공하지 않는 경우가 있다. 이것은 독점자에게는 이익이 되나, 시장의 정보흐름을 축소함으로써 사회적으로는 비용을 발생시키게 된다. 즉, 외부효과로 인하여 제공되는 정보의 양이 줄어들게 되고, 이는 사회적 비용을 발생시킬 수 있다.

회계정보는 공공재적 성격을 지니고 있다. 이는 기업이 생산한 정보의 판매를 어렵게 한다. 그리고 한 개인이 정보를 이용해도 해당 정보가 소멸되지 않기 때문에 다른 투자자들은 해당 정보를 무료로 이용할 수 있다. 모든 투자자들이 이 점을 알고 있기 때문에 누구도 정보에 대한 대가를 지불하지 않으려고 한다. 이러한 상황으로 인하여 기업이 정보생산의 비용을 보상받을 수 없게 된다면, 기업은 정보생산비를 보상받을 수 있는 경우보다 적은 양의 정보를 생산하게 될 것이다.

외부효과와 무임승차에 대한 정의는 다음과 같다.

"외부효과란 한 기업(개인)이 취하는 행위로 인하여 다른 기업(개인)에 원가나

9) 독점적 정보(proprietary information)란 공표되면 기업의 현금흐름에 부정적인 영향을 초래할 수 있는 정보로서, 특허권에 관한 기술적 정보나 합병과 같은 전략적 계획 등이다. 반면, 비독점적 정보(nonproprietary information)란 기업의 현금흐름에 직접적인 영향을 초래하지 않는 정보를 의미하는 것으로서, 재무제표정보나 이익예측치 또는 자금조달계획에 관한 상세한 내역 등이다. 독점적 정보를 다른 문헌에서는 전유(專有)적 정보로 부르기도 한다.

10) M. N. Darrough and N. M. Stoughton, "Financial Disclosure Policy in an Entry Game," *Journal of Accounting and Economics*(January 1990), pp. 219-243.

효익을 발생시키는 것을 말하는 것으로서, 행위를 한 실체(기업 혹은 개인)는 타 기업(개인)에서 발생하는 원가를 부담하지도 않고 효익에 대한 대가를 받지도 못한다. 무임승차(free-riding)란 외부효과로 인하여 기업(개인)이 효익을 받는 것을 말한다."

외부효과와 무임승차가 정보생산에서 중요한 점은 정보를 생산하는 기업이 생각하는 정보생산의 비용(효익)이 사회적 비용(효익)과 차이를 발생시킨다는 것이다. 가령, 한 기업에 의해 생산되는 회계정보가 다른 기업의 투자자에게 사용된다면, 이것은 정보를 생산하는 해당 기업에는 어떠한 효익의 증가를 가져오지 않지만 사회적으로는 이득이 된다. 따라서 해당 기업은 사회적 입장에서의 최적 정보량보다 적은 정보(개인기업 입장에서의 비용과 효익에 따른 최적 정보량)를 생산할 것이다. 비슷한 현상은 무임승차에서도 일어난다.

외부효과와 무임승차는 규제를 정당화하는 근거로 잘 알려져 있다. 시장의 역할만으로는 사회적으로 최적의 정보를 생산하기에 부족하기 때문에 사회적으로 최적의 정보량을 생산하게 하기 위해 규제기관이 시장에 개입한다는 것이다.

2.2 정보비대칭의 문제

2.2.1 도덕적 해이 문제

정보비대칭으로 인하여 발생하는 첫 번째 문제는 도덕적 해이(moral hazard)이다.[11] 기업소유자(주주)와 시장이 경영자의 모든 활동을 관찰할 수 없다고 가정해 보자. 다른 조건이 동일하다면 노력을 꺼리는 경영자는 책임을 회피하려고 할 것이다. 앞에서 우리는 이러한 책임회피를 감소시키기 위해 경영자 노동시장이 어떻게 작동하는지에 대해 살펴보았다. 불행하게도 경영자 노동시장에 의해 이러한 책임회피는 감소될지 모르지만 완전히 제거되지는 않을

11) 정보비대칭(information asymmetry)은 두 이해관계자 사이에 이해관계에 영향을 미치는 정보의 소유가 동일하지 않은 현상을 말한다. 예를 들면 경영자와 주주 사이에는 기업활동에 대한 정보에서 정보의 비대칭이 발생한다. 경영자는 주주에 비하여 기업활동에 대한 정보를 더 많이 보유한다.

것이다.

그 이유를 살펴보기 위해 경영자의 재임기간 동안 운 좋게(정확하게는 호의적인 상황이 전개되어) 이익이 많이 창출된 기간을 가정해 보자. 만약 기업소유주나 경영자 노동시장 같은 외부인이 유리한 상황이 발생한 사실을 알 수 없다면, 경영자(내부자)는 자신이 열심히 노력하지 않아도 호의적인 상황으로 인하여 높은 이익을 창출하게 될 것을 알기 때문에 열심히 노력하지 않을 것이다. 사실상 외부인은 상황을 알 수 없을 뿐만 아니라 경영자의 노력도 관찰할 수 없다. 따라서 외부인은 기업경영의 결과가 경영자의 노력으로 인한 것인지 아니면 운에 의한 것인지를 완전히 구별할 수 없다. 그 결과 경영자 노동시장은 적어도 호의적인 상황이 실현되는 기간에는 경영자의 게으름에 대해 벌을 줄 수 없게 된다.

다른 경우로 경영자의 은퇴가 가까워질수록 노동시장의 벌칙효과는 점점 더 약해진다. 예컨대, 은퇴 전 마지막 해에 경영자는 기업이나 본인의 시장가치에 대해 별로 신경을 쓰지 않을 것이다.

결론적으로 노력의 정도를 관찰할 수 없다는 점과 고용기간이 유한하다는 점 때문에 경영자 노동시장 단독으로는 책임회피를 완전히 제거할 수 없다. 즉, 경영자 노동시장은 적절하게 작동되지 않는다. 실제로, 성과가 좋지 않은 기업의 경영자는 노력을 하지 않았다는 것을 인정하기보다 연구개발비와 같은 변수를 조작하거나 왜곡된 정보를 공개하여 낮은 성과를 설명하려고 할 것이다. 그러나 CEO 교체 이전에 그러한 조작적 행동이 나타나는가를 연구한 Murphy와 Zimmerman의 연구결과를 엄밀히 분석해 보면 기대했던 것만큼 경영자의 조작적 행동은 발견되지 않는다.[12)]

2.2.2 역선택 문제

정보비대칭으로 인하여 발생하는 두 번째 문제는 역선택(adverse selection)이다. 한 사람이 어떤 정보에 대해 이점을 가지고 있으면 그러한 이점을 이용할 수 있는 상황을 선택한다. 이러한 상황에서 두 가지 형태의 역선택 문제가 발생할 수 있다.

---

12) K. J. Murphy and J. L. Zimmerman, "Financial Performance Surrounding CEO Turnover," *Journal of Accounting and Economics*(January/April/July 1993), pp. 273-316.

첫 번째 형태는 내부자 거래(insider trading)의 문제이다. 내부정보를 이용하여 초과이익을 발생시킬 수 있는 기회가 경영자를 포함한 내부자에게 있다고 가정할 경우, 내부정보를 이용해 이익을 얻는 행위를 꺼리지 않는 사람들에게 그 기회는 매력적인 것이 될 것이다. 이 경우 내부정보를 알지 못하는 외부투자자들은 증권시장이 공정한 경쟁시장이 아니라고 생각하여 자신의 투자금액을 회수하게 될 것이다. 이렇게 되면 증권시장의 규모는 줄어들 것이다. 이것은 증권시장이 적절하게 운용되고 있지 않다는 것을 보여주는 것이 된다. 시장이 올바르게 작동하기 위해서는 시장에 참여하는 거래자의 수가 충분하여 그들 중 어느 누구도 증권의 시장가격에 영향을 미치지 못해야 한다. 즉, 충분한 수의 거래자가 시장에 참여하고 있어야 한다. 그러므로 내부자 거래로 초과이익을 얻을 수 있다는 것은 증권시장의 실패로 간주된다.

역선택의 두 번째 형태는 기업의 미래에 대한 부정적인 뉴스를 알고 있는 경영자가 이러한 정보를 공시하지 않아서 자신의 명성에 흠이 가고 결과적으로 경영자 노동시장에서 그들의 가치가 하락하는 것을 회피할 수 있거나 최소한 뒤로 미루는 것이 가능할 때 발생한다. 이것은 다음과 같은 두 가지 부작용을 낳는다. 첫째는, 이러한 상황은 투자자들이 서로 다른 등급의 증권을 구별해내기 힘들게 한다. 서로 다른 등급의 증권을 시장이 구별해내지 못한다면, 증권의 시장가격은 증권의 등급에 관계없이 평균 등급의 증권가격으로 결정된다.[13] 이 경우 낮은 등급의 나쁜 뉴스를 가진 기업의 경영자는 그 기업의 증권을 시장에 적극적으로 공급하여 실제가치 이상으로 주식을 판매하려 할 것이다. 반면, 좋은 뉴스를 가진 기업의 경영자는 당해 기업의 증권을 시장에 공급하는 경우 실제가격 이하의 가치로 주식을 판매해야 하므로 주식을 공급하려 하지 않을 것이다. 둘째는, 외부에서는 기업의 소유주가 나쁜 뉴스를 가진 기업이 제대로 운영되고 있지 않다는 사실을 알지 못하게 되기 때문에, 성과가 낮은 경영자를 퇴출시키는 기업인수시장의 기능이 줄어들게 되어 경영자의 평균적인 질이 낮아질 것이다.

나쁜 뉴스를 알리는 데 실패하여 나타나는 이러한 두 효과는 모두 증권시장이 제대로 작동하지 않는다는 것을 나타낸다.

---

13) 이것을 풀링(pooling)이라 부른다.

2.3 만장일치 문제

적절하게 작동하지 않는 시장의 특징 중의 하나는 만장일치가 이루어지지 않는다는 점이다. 시장이 적절하게 작동하면, 주주들은 기업의 시장가치를 극대화하는 경영자를 만장일치로 선호할 것이다. 그러나 시장이 적절하게 작동하지 않을 때에는 그렇지 않을 수 있다. Ekern과 Wilson은 기업이 생산하는 상품의 종류와 양을 대상으로 만장일치의 문제가 발생하는가를 연구하였다. 그들은 일정한 시장상황하에서는 기업의 시장가치를 극대화하기 위한 생산계획일지라도 모든 주주에 의해서 승인되는 것은 아니라고 하였다.[14)]

이러한 결과는 기업의 정보생산에도 적용된다. Blazenko와 Scott는 역선택으로 인해 정보시장이 적절히 작동하지 않는 경제에서 기업의 경영자는 고품질의 회계감사보다는 기업가치를 극대화하는 감사품질을 선택하는 경향이 있다는 것을 밝혔다.[15)] 그러나 경영자와 달리 모든 주주들은 고품질의 회계감사를 선호할 것이다. 여기서 감사는 정보생산의 한 가지 형태이다.

3. 시장실패를 감소시키는 요인

본절에서는 정보의 생산에 있어서 시장실패를 감소시키는 추가적인 메커니즘들을 검토할 것이다. 이러한 메커니즘들이 시장실패를 완벽하게 해결할 수는 없다. 그러나 이러한 메커니즘들이 시장실패를 감소시킨다면, 규제는 그만큼 감소한다.

---

14) S. Ekern and R. Wilson, "On the Theory of the Firm in an Economy with Incomplete Markets," *The Bell Journal of Economics and Management Science*(Spring 1974), pp. 171-180.

15) G. Blazenko and W. R. Scott, "A Model of Standard Setting in Auditing," *Contemporary Accounting Research*(Fall 1986), pp. 68-92.

3.1 공시원칙

경영자는 좋든 나쁘든 모든 정보를 공시할 것이라는 주장이 있을 수 있는데, 이를 공시원칙(disclosure principle)이라 한다. 경영자가 어떤 정보를 가지고 있다는 것을 투자자들이 알고 있지만 그 내용을 구체적으로 알지 못하는 경우를 생각해 보자. 이 경우 투자자들은 그 정보가 경영자에게 유리하다면 공시할 것이라고 생각할 것이다. 그래서 투자자들은 경영자가 정보를 공시하지 않는다면 그 정보는 매우 나쁜 정보이고 주가를 하락시키는 정보라고 추정할 것이다. 예를 들어 투자자들이 경영자가 신뢰할 만한 이익예측치를 보유하고 있다는 것을 알고 있지만, 그 예측치가 얼마인지는 알지 못한다고 가정하자. 경영자가 예측치를 공시하지 않는다면 시장에서는 그 예측치가 투자자들이 추측(예측)할 수 있는 여러 값 중 가장 적은 값이기 때문에 공시하지 않는 것이라고 해석할 것이다. 시장에서 이렇게 해석한다면 경영자는 자신이 알고 있는 예측치가 시장에서 해석하고 있는 것처럼 나쁘지 않다는 것을 알리려 할 것이다. 따라서 경영자는 자신이 알고 있는 예측치를 당연히 공시할 것이다.

경영자가 모든 정보를 공시할 것이라는 주장은 기업의 주가하락을 방지하기 위한 경영자보상계약이 있는 경우에 보다 설득력이 커진다. 만약 경영자의 보수가 기업의 주가에 따라 결정된다면, 주가의 하락은 경영자의 보수를 낮추고 경영자 노동시장에서 본인의 가치를 떨어뜨릴 것이다. 시장은 정보가 공시되지 않는 것을 가장 나쁘게 생각하기 때문에 믿을 만한 정보의 공시(좋은 정보든 나쁜 정보든)는 주가와 경영자의 가치가 최악(정보가 공시되지 않았을 때의 가치)으로 떨어지는 것을 방지할 것이다.

여러 상황에서 공시원칙이 성립되는 것은 확실하다. 그러나 Dye는 공시원칙이 항상 성립하는 것은 아니라고 하였다.[16] 공시원칙은 경영자들이 정보를 가지고 있다는 것을 투자자들이 알고 있어야 성립된다. 만약 투자자들이 이 사실을 모른다면 공시원칙은 성립되지 않을 수 있다. 예를 들어 기업은 과거에 이익예측을 하지 않았을 수도 있고, 시장에서는 올해 기업이 예측치를 추정한 사실 자체를 모를 수도 있다.

공시원칙의 실패에 대한 다른 이유는 공시의 비용에서 기인한다. 이것은

16) R. A. Dye, "Disclosure of Nonproprietary Information," *Journal of Accounting Research*(Spring 1985), pp. 123-145.

Verrecchia에 의해 연구되었는데, 그는 공시원칙과 달리 경영자들이 항상 모든 것을 공시하는 것은 아니라고 하고 그 이유를 설명하였다.17) 예를 들어 경영자들이 나쁜 뉴스의 공시를 지연시키는 것은 공시의 원칙과 차이가 난다는 것이다. Verrecchia는 공시에는 비용이 발생한다는 것도 가정하였는데, 공시비용은 뉴스의 성격과 관계없이 일정하다. 투자자들은 경영자들이 뉴스를 가지고 있다는 것을 알지만 그 정보의 성격이 무엇인지는 알지 못한다. 또한 투자자들은 경영자의 공시비용도 알지 못한다. 만약 정보가 공시되지 않는다면 투자자들은 그 이유가 나쁜 뉴스 때문인지, 아니면 좋은 뉴스이지만 공시비용을 극복할 정도로 좋은 뉴스가 아니기 때문인지 알 수 없으므로 공시되지 않은 정보에 대한 평가를 하지 못한다. 따라서 공시되지 않은 정보가 최악의 결과라고 확정짓지 못한다. 이런 이유로 투자자들은 경영자가 정보를 모두 공시하지 않는 것을 인정할 수 있다. 이 경우 공시원칙은 성립하지 않는다. 그러나 공시비용이 들지 않는다면 공시원칙은 회복된다.

또한 공시원칙에 의해 공표된 정보는 신뢰할 수 있어야 한다. 즉, 정보가 충실하게 표현되었다는 것을 시장이 반드시 알아야 한다. 만약 경영자가 차기년도 당기순이익의 예측에 대해 거짓말을 한다면 정보가 공시되었다고 하기 어렵다. 예측과 같이 사후에 검증을 받는 정보의 경우 허위정보의 공시에 대하여 해당 기업이 엄청난 불이익을 당한다면 시장은 그 정보를 신뢰할 수 있을 것이다. 허위정보에 대한 처벌 이외에 신뢰를 확보하는 또 다른 방법은 감사인과 같은 제3자에 의해 인증된 정보를 공표하는 것이다. 그러나 많은 내부정보는 사후에도 검증할 수 없고 감사대상 항목이 아니기 때문에 정보의 신뢰성이 항상 달성될 수는 없다. 이 경우 공시원칙이 성립되지 않을 수 있다.

만약 투자자에 의해 요구되는 정보와 계약 목적을 위해 필요한 정보 사이에 차이가 존재한다면 공시원칙은 성립되지 않을 수 있다. 기업의 주가가 당기순이익보다 경영자의 노력을 더 잘 반영한다고 가정하자.18) 이 경우 주식가격은 당기순이익보다 경영자보상을 결정하는 효율적인 변수가 된다. 이

17) R. E. Verrecchia, "Discretionary Disclosure," *Journal of Accounting and Economics*(December 1983), pp. 179-194.

18) 물론 주가는 투자자가 보유한 모든 정보를 종합하여 반영된 것이기 때문에, 주가에 영향을 미치는 통제 불가능한 경제 전반적인 사건이 거의 없는 경우에 당기순이익보다 주가가 경영자의 노력을 더 잘 반영하는 상황이 될 수 있다.

러한 상황에서 공표될 경우 주식가격에 영향을 미칠 수 있는 미래의 수익성에 관한 예측치를 경영자가 보유하고 있다고 가정하자. 그리고 시장은 경영자가 이 예측치를 가지고 있다는 사실을 알고 있다고 가정하자. 이런 상황에서는 기업이 예측치를 공표하면 주가가 변동한다. 따라서 예측치가 공표될 경우 주가에는 경영자의 노력과 예측치의 효과가 모두 반영된다. 즉, 주가로 경영자의 노력을 파악하는 능력이 감소한다.

이 경우 예측치가 투자자에게 유용한 정보를 제공함에도 불구하고, 계약적 관점에서는 예측치의 공표를 막아 주가에는 경영자의 노력만이 반영되도록 하는 것이 바람직할지도 모른다. 결국 계약을 위한 최선의 정보(예측치 없는 정보)는 투자의사결정을 위한 최선의 정보(예측치가 포함된 정보)가 아닐 수 있으며, 투자자에게 필요한 정보가 계약상의 이유로 공표되지 않을 수도 있다. 이 경우 공시원칙은 무너지게 된다.

요약하면, 공시원칙은 내부정보의 공표에 관한 단순하며 흥미로운 주장이다. 그러나 공시원칙이 성립되지 않는 예외적 상황이 많이 발생되고 있다. 이런 이유로 정보생산에 관한 시장실패의 문제를 해결함에 있어 공시원칙에만 의존할 수는 없다.

3.2 사적인 정보탐색

지금까지 내부정보의 공표에 대한 사적인 유인(동기)을 주로 경영자 입장에서 살펴보았다. 적절하고 신뢰할 수 있는 정보의 공표는 기업의 자본비용을 감소시킬 수 있다는 것이 요점이었다. 경영자가 경영자 노동시장에서 자신의 가치를 극대화하려는 노력을 기울인다면, 기업의 자본비용을 감소시키는 것은 정보의 공시원칙과 충돌하지 않게 된다. 따라서 정보 공표에 대한 책임은 경영자에게 있다.

이러한 논리는 암묵적으로 투자자들이 수동적이라고 가정한다. 투자자들은 기업의 주식에 대한 수요를 결정할 때 경영자가 공표한 모든 정보에 단순히 수동적으로 반응한다고 생각한다.

그러나 실제는 이와 다르다. 많은 투자자들은 정보를 찾는 데 적극적일 수 있다. 예를 들면, 기업의 내재가치를 투자자 스스로 조사하거나 분석하기도 하고, 재무분석가나 기타 전문가들을 고용하기도 한다. 그들은 내부정보를 갖고 있을 것이라 추측되는 인물들을 주의 깊게 관찰하고, 그들의 행동을 따라서 행동하기도 한다.

그러나 안타깝게도 사적인 정보탐색은 사회 전체적 관점에서 볼 때 상당한 비용이 발생한다. 왜냐하면 동일한 정보를 찾기 위해 여러 투자자들이 각자 정보탐색비용을 들여야 하기 때문이다. 만약 개별 투자자들이 각자 정보를 찾지 않도록 기업이 특정 정보를 단 한 번에 생산하여 공시하게 되면 정보탐색비용(사회적 비용)은 절감될 수 있다.

Hirschleifer의 사적인 정보탐색과 관련한 분석은 고전이라고 할 수 있다.[19] 그는 재화나 용역의 생산이 존재하지 않는 교환경제를 가정하였다. 그러한 상황에서는 정보탐색이 경영자의 노력(추가적인 재화나 용역의 생산)에 영향을 미칠 여지가 없다. 그리고 Hirschleifer는 이러한 경제환경에서 정보탐색이 개별 투자자들에게는 양(+)의 가치를 창출할 수 있지만 사회적 가치는 마이너스(negative)라는 것을 입증하였다. 생산이 없으면 그 경제 내에서의 재화와 용역의 총량은 고정되므로, 사적인 정보탐색은 기존의 부(富)를 재배분할 뿐이지 새로운 부를 창출하는 것이 아니기 때문이다. 이런 경우 정보탐색은 비용을 발생시키므로 사회적 순효과는 마이너스가 된다.

만약 생산이 존재하는 경제를 가정한다면, 사적인 정보탐색은 시장이 적절하게 작동하도록 시장을 개선시킬 것이며, 결과적으로는 기업의 자본비용과 경영자의 노력에도 영향을 미칠 것이다. 그럴지라도 사적인 정보탐색이 부를 재분배하는 특성을 가지고 있으므로 사적인 정보탐색은 사회적 비용을 발생시킬 것이다.

Beaver에 의하면, 정보탐색은 또한 투자자들간에 불평등한 정보의 배분을 야기할 수 있다.[20] 예를 들면, 독점적으로 보다 많은 정보를 점유하고 있는 자(예, 기관투자자)들은 정보를 찾고 분석할 수 있는 더 많은 자원을 소유하고 있을 것이며, 이는 소액투자자(개미투자자)들에게는 불리하게 작용한다. 이런 이유로 Lev는 공정한 시장에서 공공의 신뢰를 강화하고 시장의 깊이에

19) J. Hirschleifer, "The Private and Social Value of Information and the Reward to Inventive Activity," *American Economic Review*(September 1971), pp. 561-573.

20) W. H. Beaver, *Financial Reporting: An Accounting Revolution*, 2nd ed., Englewood Cliffs, NJ: Prentice Hall, 1989.

기여할 수 있도록 기업이 모두에게 정보를 공시하게 하는 강제규정이 필요하다고 주장하였다.[21]

3.3 신호화

기업들이 질적인 면에서 다르다는 것은 당연한 사실이다. 예를 들어 특정 기업은 다른 기업들보다 더 나은 투자기회를 가지고 있을 수 있다. 그리고 잠재적 가치를 창출할 수 있는 특허를 얻기 위해 연구개발에 투자하는 기업도 있다. 그렇지만 우수한 프로젝트나 기술의 공표는 기업이 가진 가치 있는 독점적 정보를 누설하는 결과를 가져오며 궁극적으로 주식가격을 하락시킬 수 있다. 그렇다면 경영자들이 초과비용을 발생시키지 않으면서 자신들의 기업이 다른 기업에 비해 질적 면에서 차이가 있다는 것을 알릴 수 있는 방법은 무엇일까?

기업들의 본질적인 차이를 구별하는 문제는 신호화 모형(signal model)에 의해 광범위하게 논의되어 왔다. 신호는 높은 유형(high-type) 기업의 경영자들이 취하는 행위로서 낮은 유형(low-type) 기업의 경영자가 사용하기에는 비합리적이다.[22] 신호화 모형이 성립되기 위한 결정적 조건은 낮은 유형 기업의 경영자보다 높은 유형 기업의 경영자가 보내는 신호 비용이 더 저렴해야 한다는 것이다. 기업의 생산기술수준이 타 기업에 비해 우수하다는 신호의 경우를 예로 들어 보자. 높은 유형의 기업은 상당한 기술수준을 알려주는 여러 지표(예, 특허 보유)를 가지고 있으므로 저렴한 비용으로 쉽게 정보를 공시할 수 있다. 그러나 낮은 유형의 기업은 높은 유형의 기업과 같은 수준의 능력을 보여주는 정보를 공시하기 위해서는 많은 투자(예, 특허 취득을 위한 추가적인 투자)를 해야 한다. 따라서 같은 신호에 대해 높은 유형 기업의 신호비용은 저렴하다. 이런 조건이 충족되는 경우에는 낮은 유형의 기업이 높은 유형

---

21) B. Lev, "Toward a Theory of Equitable and Efficient Accounting Policy," *The Accounting Review* (January 1988), pp. 1-22.

22) 높은 유형(high-type)이란 현재의 이익은 저조하지만 미래의 수익성이 좋을 것으로 예상되는 것으로서 이러한 유형의 기업은 상대적으로 잠재력이 크고, 저평가되었다고 할 수 있다. 이에 대한 상대적 의미로 낮은 유형(low-type)이란 용어를 사용한다.

의 기업을 모방하는 것이 비합리적이므로 낮은 유형의 기업은 신호를 제공하지 못한다. 따라서 투자자들은 신호가 주는 의미에 신뢰성을 부여하게 된다.

신호화 균형(signal equilibrium)을 공식적으로 모형화한 것은 Spence였다.[23] 그는 노동시장을 대상으로 신호화 균형을 연구했다. Spence는 높은 유형의 구직자들은 낮은 유형의 구직자들보다 일정한 수준의 교육을 받는 데 적은 비용이 든다는 것을 가정하였다. 이 경우 교육수준은 구직자들의 잠재적 능력에 대한 믿을 만한 신호가 된다. 따라서 고용자들은 교육수준에 의존하여 고용을 결정한다.

회계와 관련된 여러 신호들이 신호화 모형에 기초하여 연구되어 왔다. 그중 하나가 직접공시이다. Hughes는 직접공시가 어떻게 신뢰성 있는 신호가 될 수 있는지를 보여주었다.[24] 경영자는 기초에 직접공시를 통하여 기업가치에 대한 자신의 기대감을 드러내 보이길 원한다. 하지만 투자자들은 기말에 가서야 기업의 현금흐름을 확인할 수 있다. 따라서 투자자들은 경영자의 공시에 기초하여 기말에 실현될 현금흐름을 추정한다. 만약, 경영자가 기업가치를 높게 공시했는데 실제 현금흐름이 매우 낮다면, 투자자들은 기업의 공시가 사실이 아닐 가능성이 높다고 생각할 것이고 기업에는 불이익이 뒤따를 것이다. 이런 사실을 아는 경영자는 재무보고서를 사실에 기초하여 작성하려는 동기가 생길 수밖에 없다. 따라서 균형상태에서 투자자들은 경영자의 기업가치에 대한 기대(예상)를 정확히 추정할 수 있다. 즉, 투자자들은 올바른 선택을 한다.

비록 Hughes의 모형이 도덕적 해이의 문제에는 적용되지 않지만(도덕적 해이의 경우에는 경영자의 기업가치에 대한 기대는 그의 노력과는 무관하다), 이 모형은 직접공시가 역선택의 문제를 감소시키는 데 어떻게 작용하는지를 보여준다. 서로 다른 유형의 기업들은 신호를 통하여 자신들을 차별시킬 수 있으므로 기업의 주식가격은 기업가치를 적절히 반영하게 된다. 이런 과정에 의해 투자자들은 기업의 가치를 적정히 평가하게 되고 역선택의 문제를 감소시킨다.

공시 문제의 심도 있는 이해를 위해 다양한 종류의 간접신호가 연구되었

---

23) M. Spence, "Job Market Signalling," *Quarterly Journal of Economics*(August 1973), pp. 355-374.

24) P. J. Hughes, "Signalling by Direct Disclosure under Asymmetric Information," *Journal of Accounting and Economics*(June 1986), pp. 119-142.

다. Leland와 Pyle이 벤처기업의 기업공개에서 보여준 것과 같이 보유지분의 비율은 하나의 신호가 될 수 있다.[25] 왜냐하면 나쁜 뉴스가 있음에도 불구하고 경영자가 지분비율을 높게 유지하는 것은 합리적이지 않기 때문이다. 또한 감사품질도 신주발행의 가치에 대한 신호가 될 수 있다. 이성적인 경영자라면 기업이 낮은 유형일 때 고품질의(또한 고가의) 감사인을 선임하지 않을 것이다.

기업의 자본구조도 신호의 속성을 갖고 있다. 그 예로 기업이 신주를 발행할 경우 구주식의 시가가 하락하는 현상을 들 수 있다. 기존 주주들의 지분가치 희석이 주가하락에 대한 하나의 이유가 될 수도 있다. 주가하락에 대한 다른 설명으로는 신주는 낮은 유형의 기업에 의해 발행될 것이라는 시장의 우려를 반영한다는 것이다. 왜냐하면 높은 유형의 기업은 기존 주주들에게 더 높은 이윤을 가져오는 채권의 발행이나 내부조달방법을 선택할 것이기 때문이다. 높은 유형의 기업이 주식보다 채권을 선호하는 또 다른 이유는 채권을 발행해도 파산할 가능성이 적기 때문이다. 따라서 높은 유형의 기업보다 낮은 유형의 기업이 신주발행을 선호하는 것으로 간주된다.

배당정책도 하나의 신호가 될 수 있다. 높은 배당성향은 기업이 미래에 대한 자신감을 표출하는 신호로 볼 수 있다. 하지만 높은 배당성향은 내부자금으로 투자하는 투자안의 수익성을 낮게 평가하고 있다는 의미로도 해석될 수 있다. 그러므로 배당정책은 양면성이 있으므로 다른 신호들보다는 효과가 적은 신호이다.

회계정책의 선택 역시 신호의 속성을 갖고 있다. 예를 들어, 기업이 보수적인 회계정책들을 선택하는 경우가 있을 수 있다. 높은 유형의 기업은 이렇게 하면서도 순이익을 보고할 수 있지만, 낮은 유형의 기업들은 손실을 보고하게 될 것이다. 그러므로 보수적인 회계정책의 선택은 기업 미래에 대한 경영자의 확신을 보여주는 신호가 될 수 있다. 회계정책 선택의 신호적 특성은 내부정보를 신뢰성 있게 표출하기 위한 이익조정과도 연관된다.

기업의 자발적 예측치 공시를 법적으로 허용하는 경우, 예측치 공시는 또 하나의 신호가 된다. 낮은 유형의 기업들이 자발적으로 저조한 예측치를 공시할 이유는 없을 것이기 때문이다. 또한 신호가 이용가능하려면 경영자들

---

25) H. E. Leland and D. H. Pyle, "Information Asymmetries, Financial Structure, and Financial Intermediation," *The Journal of Finance*(May 1977), pp. 371-387.

이 여러 신호 중에서 선택이 가능한 상황에 있어야 한다. 예를 들어, 국가가 모든 기업에 대해 동일한 감사품질을 요구한다면 감사품질은 신호로서 적절하지 않게 된다. Spence는 다양한 신호의 균형이 존재하기 위해서는 경영자가 이용가능한 신호의 수가 충분해야 한다는 것을 보여주었다.

통일된 회계처리를 강요하는 기준들이 경영자가 이용할 수 있는 신호의 수를 감소시킨다는 주장은 기준설정에 있어서 매우 중요하다. 취득원가회계의 가장 큰 문제점 중의 하나는 수익에 원가를 대응시키는 유일한 방법이 없다는 것이다. 그리고 회계기준설정기구들이 통일성을 요구하기 위해 개입할 수도 있다. 분명한 것은 보고실무의 다양성은 나쁘다는 것이다. 이런 해석은 어느 정도는 옳다고 할 수 있다. 보고실무에서의 다양성은 서로 다른 실체들의 성과를 비교하고 싶어 하는 투자자들에게 비용을 부담시키게 된다. 왜냐하면 명확한 비교가 가능하려면 각각의 실체들의 재무제표를 공통적인 기준으로 재구성해야 되기 때문이다.

하지만, 이를 신호화 이론의 관점에서 다시 생각해 본다면 다양성이 앞에서 서술한 것처럼 나쁜 것만은 아니라는 것을 알게 된다. 기업들이 회계정책의 선택을 통하여 기업에 관한 믿을 만한 정보를 나타낼 수 있다면 보고실무의 다양성은 바람직하다. 약간의 이익관리는 계약을 체결해야 하는 상황에서 기업에 유연성을 제공해 주고, 내부정보를 공개하는 도구로 작용할 수 있기 때문에 유익할 수 있다. 이익관리는 선택할 수 있는 충분한 회계정책의 집합이 있어야 가능하다는 것은 명백하다. 신호화 이론은 자의적인 회계정책의 선택을 없애기 위해 GAAP를 꾸준히 정비해야 한다는 주장에 대한 반론이 될 수 있다.

이처럼 보고실무의 다양성에는 상충관계가 존재한다는 것을 알 수 있다. 신호효과를 고려하면 비록 다양성이 비용을 수반할지라도 다양성이 전혀 없는 것보다는 어느 정도의 다양성이 존재하는 것이 최적일 수 있다. 따라서 회계기준설정기구들이 회계정책선택에 있어서 신호화의 잠재력을 인지하는 것은 중요하다.

3.4 규제가 필요한 이유

기업의 정보생산에 대한 의사결정은 자율에 맡기는 것이 좋은가? 아니면 규제되어야 하는가? 앞서 언급했듯이 시장실패는 정보가 생산되는 과정에서 일어난다. 외부효과와 무임승차 이외의 추가적인 문제들은 모두 도덕적 해이와 역선택에서 발생한다. 도덕적 해이 문제를 해결하기 위해 경영자에게 동기를 부여하는 계약을 체결하는 것은 경영자들이 저조한 성과를 숨기기 위해 정보 공표를 조작하거나 왜곡시키는 역기능을 가져올 수 있다. 역선택과 관련해서는 내부자 거래 문제와 경영자의 나쁜 뉴스(악재)의 공표를 지연하거나 공표하지 않는 문제를 다루었다. 이러한 문제들은 시장메커니즘에 의한 정보흐름에 결함이 있다는 것을 암시한다.

하지만 이러한 시장실패가 기업의 정보생산에 관한 의사결정에 있어서 규제가 반드시 필요하다는 것을 의미하는 것은 아니다. 시장실패로 인한 부정적인 결과들을 감소시킬 수 있는 메커니즘들, 예컨대 공시원칙과 사적인 정보 탐색 및 신호화 등에 대해서도 검토한 바 있다. 또한 어느 정도의 이익관리는 불완전하고 융통성이 적은 계약이 낳은 역기능을 극복하는 데 바람직하고 시장에 내부정보를 전달하는 데 도움이 된다는 사실도 살펴보았다.

나아가 규제에는 상당한 비용이 수반된다는 점도 무시해서는 안 된다. 규제비용에는 규제기관이 규제를 제정하고 관리하는 데 필요한 직접원가와 기업에 부과되는 규제의 이행에서 발생하는 이행원가가 포함되는데, 현실에서는 이행원가 같은 간접원가가 큰 비중을 차지하고 있다. 통일된 회계와 보고를 강제하는 기준이 만들어지면 경영자들이 신호를 보낼 기회가 감소되는 것도 간접원가의 한 형태이다. 모든 기업에 적용할 단일의 회계감사기준과 강제적인 예측치의 요구는 잠재적인 신호화를 감소시킨다.

간접원가는 또한 규제기구가 최적의 또는 사회적으로 적절한 정보량을 모르거나 알려고 하지 않기 때문에 발생한다. 정보는 매우 복잡한 상품이고, 의사결정에 유용한 정보와 계약과정에 필요한 정보 간에 상충관계가 발생하며, 각각의 투자자들은 서로 다른 의사결정욕구를 갖고 있다. 이러한 이유들 때문에 적절한 정보량의 파악은 쉽지 않다. 정보규제가 기업의 재무와 투자 및 생산 의사결정에 영향을 미치므로 적절하지 못한 정보생산의 규제에 따른 간접원가는 막대할 수 있다.

규제에 대한 가장 주요한 이론적 배경은 만장일치의 문제에 있다. 정보비대칭과 같은 요인에 의한 불완전한 시장이 존재하는 경제에서는 경영자들이 기업의 이윤을 극대화하는 점까지 정보를 생산한다고 해도 그 정보생산량은 투자자들의 요구에 미치지 못한다. 더욱이 투자자들은 정보에 대한 서로 다른 수요를 가지고 있으므로 많은 투자자들이 존재하는 상황에서 그들 모두를 동시에 만족시키는 것은 거의 불가능하다. 그 결과 투자자들의 정보요구는 경영자가 생산하여 제공하는 정보의 양과는 항상 일치되지 않는 상황이 될 것이다. 그러면 투자자들은 중앙권력에 접근하여 정보생산에 대한 기준(규제)을 요구할 것이다.

조작된 보고와 같은 부정행위가 1929년의 주식시장 폭락, 대공황 그리고 1930년대 초반에 SEC(미국의 증권거래위원회) 설치 등의 원인이 되었다는 역사적 사실을 볼 때 적어도 몇몇 규제는 사회적으로 바람직하다고 생각할 수도 있다. 그럼에도 불구하고 기업의 정보생산 결정에 대해 적절한 규제의 정도가 어느 정도인지에 대한 의문은 아직 풀리지 않고 있다. 이를 위해서는 복잡한 문제이지만 원가-효익 분석을 고려해야 한다. 따라서 기준설정의 필요성에 관한 확답을 얻기 전에 경제학 및 이와 관련된 분야에서의 더 깊은 연구가 필요하다.

역사적으로 보면 기준설정과정에 관한 논의는 두 가지 대조적인 관점으로 요약된다. 하나는 기술적 관점이고, 다른 하나는 정치적 관점이다.

기술적 관점(technical perspective)은 회계가 사실의 측정을 포함하고 있으므로 추상적 가치가 실현되어야 하는 정치적 영역과는 확연히 구분되어야 한다는 믿음에 근거하고 있다. 만약 회계가 순수한 측정 목적 이외의 목적을 달성하기 위해 사용되어야 한다는 주장을 받아들인다면 기술적 관점에 내재된 믿음은 파괴되었을 것이다. 기술적 관점에서는 회계담당자에게 기준설정과정과 회계정보의 사회적 및 경제적 영향을 구분할 책임이 있다고 주장한다.

이와는 대조적으로 정치적 관점(political perspective)은 경제적 시장에서 회계가 중요한 역할을 수행한다는 것을 인정하고 있다. 정치적 관점에 의하면 회계정보가 사회적 또는 정치적 상황과 무관하게 작성되어 제공될 수 있다고 가정하는 것은 비현실적이다. 더 정확히 말하면 회계정보는 경영자와 회계전문기구의 이해관계와 선호에 의해 결정되는 특수한 형태의 인공적 산출물로 간주된다.

회계를 기술적 관점보다는 정치적 관점에서 본다면 다음과 같은 두 가지 의문이 발생된다. 하나는 '정부가 회계정보를 위해 시장에 개입하는 이유가 무엇인가?'이고, 다른 하나는 '이러한 개입은 누구의 이해관계를 위해 무슨 목적으로 이루어지는가?'이다.[26]

4. 회계기준 설정을 위한 기준

회계기준 설정과정에는 수많은 요인들이 영향을 미친다. 회계기준은 의사결정에 유용해야 한다. 그러나 회계기준은 또한 다른 구성원, 특히 경영자가 수용해야만 한다. 이것은 회계기준설정기구를 갈등상황에 처하게 하며 이러한 갈등을 해결할 수 있는 수용가능한 해법이 무엇인가를 예측하는 것은 어려운 일이다. 그럼에도 불구하고 회계기준 설정과정에서 유념해야 할 몇 가지 기준이 제시되고 있다.

4.1 의사결정유용성

의사결정유용성의 기준은 재무보고에 대한 정보 및 측정 관점과 실증적 자본시장 연구의 기초가 된다. 다른 조건이 모두 동일한 경우 정보시스템의 잡음이 덜하면 덜할수록 투자자들은 정보시스템에 의해 제공되는 정보에 대해 보다 더 강하게 반응한다. 이처럼 증권 가격이 회계정보에 반응한다는 실증적 증거는 정보이용자들이 유용한 정보를 찾고 있다는 것을 암시한다. 이것은 새로운 회계기준의 성공을 위해 필요한 조건이 의사결정에의 유용성임을 의미한다. 물론, 회계기준이 설정되기 이전에는 회계기준이 시장에 적용될 기회가 없었으므로 기준의 의사결정유용성을 평가하는 것은 어려울 수 있다.

26) 이러한 문제와 관련하여 규제이론이 등장하게 되었다. 규제이론에는 공익이론과 규제포획이론 및 사익이론 등이 있다. 이들 내용에 대해서는 J. Godfrey et al., *Accounting Theory*, 7th ed., Wiley, 2010의 pp. 57-60을 참고하기 바란다.

그럼에도 불구하고 합리적 투자의사결정 이론은 의사결정의 유용성을 예측하는 데 사용될 수 있다. 예를 들어, Collins와 Salatka는 외화환산회계와 관련된 회계기준인 SFAS No. 52와 SFAS No. 8의 효과를 비교하였다. 그들은 SFAS No. 52에 의한 이익이 SFAS No. 8에 의한 이익보다 정보력이 더 크다는 실증적 증거를 제시하였다.[27] 재무보고가 현재의 성과와 미래의 성과 사이의 연결을 강화시키는 역할을 한다면 재무보고의 의사결정유용성은 증가될 것이다.

그러나 의사결정유용성은 성공적인 회계기준을 위한 필요조건이 될 수 있지만, 성공을 보장하기에 충분하지 않다. 회계정보의 공공재적 특성 때문에 의사결정에 가장 유용한 정보를 제공하는 기준이 사회적으로도 최선이라는 것을 확신할 수 없다. 투자자들은 회계정보에 대해 직접적으로 대가를 지불하지 않기 때문에, 그들은 그것을 남용할지도 모른다. 즉, 투자자들은 정보생산의 원가를 부담하지 않기 때문에 투자자들이 요구하는 정보의 양이 증가할 수 있다. 따라서 의사결정에 필요한 정보의 제공이 오히려 사회 전체적으로 효익보다 비용이 더 많아지는 상황이 될 수 있다. 이러한 문제점이 있을지라도 회계기준은 의사결정에 유용한 정보를 제공하도록 하는 것이어야 한다. 게다가 회계기준의 변경은 기업과 경영자에게 계약원가를 부담시킬 수도 있다. 이것은 고려해야 할 또 다른 원가요인이다. 사실상, 재무회계이론의 근본적인 문제가 암시하듯이 회계기준제정자들은 의사결정유용성 이외에 다른 요인들도 고려해야 한다.

4.2 정보비대칭의 감소

우리는 앞에서 시장원리가 정보를 생산하도록 경영자에게 동기를 부여한다고 하였다. 회계기준제정자들은 이러한 원리를 알아야 하며, 회계기준을 과도하게 제정하지 않기 위해 가능한 한 시장원리를 이용해야 한다. 불행하게도 시장의 원리만으로는 적정량의 정보가 생산되는 것을 확신하기 어렵다.

---

27) D. W. Collins and W. K. Salatka, "Noisy Accounting Earnings Signals and Earnings Response Coefficients: The Case of Foreign Currency Accounting," *Contemporary Accounting Research*(Fall 1993), pp. 119-159.

그 이유 중의 하나가 정보의 비대칭이다. 결론적으로 기준제정자들은 자본시장이나 경영자 노동시장에서의 정보비대칭의 감소를 새로운 기준제정의 기준으로 삼아야 한다. 새로운 기준의 제정에서 요구되는 의사결정유용성의 증가와 정보비대칭의 감소는 시장의 기능을 개선시켜 준다. 왜냐하면 정보비대칭이 감소하게 되면 투자자들은 투자가 공정한 상태에서 이루어지고 있다고 느끼기 때문이다. 이는 시장의 깊이를 확장시키고, 레몬현상을 감소시키며 시장이 적절히 작동하게 함으로써 일반적으로 사회적 효익을 창출한다.[28]

회계기준제정자들은 정보의 전달자로서 시장가격 자체의 정보성을 알고 있어야 한다. 효율적인 시장에서 주식가격은 기업에 대해 시장에 알려진 정보를 모두 반영한다. 일반적으로 대규모 기업은 소규모 기업에 비해 보는 눈이 많고 재무분석가나 방송매체들이 관심을 많이 가지고 있기 때문에 더 많은 정보가 공개된다. 이런 이유 때문에 경영자와 투자자 사이의 정보비대칭은 소규모 기업이 대규모 기업보다 더 심할 것으로 생각되며, 이는 회계기준제정자들에게 큰 기업에 비해 작은 기업이 더 많은 정보를 공시하게 하는 규정을 제정할 필요가 있다는 것을 암시하고 있다. 그러나 실제로는 그렇지 않은 예가 많이 관찰되고 있다.[29]

한편, 정보비대칭의 감소 기준도 성공적인 회계기준 제정을 위한 필요조건이지 충분조건이 아니라는 점에 주목해야 한다. 의사결정에 유용한 정보가 원가를 수반하듯이 정보비대칭의 감소도 원가를 발생시킨다. 결과적으로 원가-효익 측면에서 볼 때 정보비대칭을 감소시키는 기준이 어느 정도여야 하는지 명확히 알기 어렵다.

4.3 새로운 회계기준의 경제적 영향

앞서 언급한 바 있듯이 새로운 회계기준으로 인해 발생하는 원가 중 하나는

28) 레몬현상은 시장에 양질의 상품은 사라지고 레몬상품(저질상품)들만 남아 거래되어 결국 시장붕괴로 이어지는 현상을 말한다. 이에 대하여는 George A. Akerlof, "The market for 'Lemons' : Quality Uncertainty and the Market Mechanism," *The Quarterly Journal of Economics*, Vol. 84, No. 3(Aug. 1970), pp. 488-500에 설명되어 있다.

29) 오히려 중소기업이 회계정보를 감소시키거나 회계처리를 쉽게 하려는 경향도 있다. 우리나라는 "중소기업회계기준"을 제정하여 중소기업의 회계정보와 대기업의 회계정보 사이에 차이가 존재한다.

그러한 회계기준을 적용하기 위해서 기업 및 경영진이 부담하는 원가(간접원가)이다. 이것은 새롭게 강제된 정보를 생산하는 데 직접 소요되는 현금지출원가보다 크다. 부채계약 위반가능성의 증가와 경영진의 미래 상여금 변동성의 증가 등과 마찬가지로 계약의 엄격성에 의해서도 원가가 발생된다. 이러한 원가는 경영정책 및 재무정책에 영향을 미칠 수 있다. 더욱이 새로운 회계기준이 독점적 정보(점유정보)의 공표를 요구하는 경우 기업의 경쟁력 감소로 인해 긍정적이든 부정적이든 미래수익은 영향을 받게 된다.

새로운 회계기준 실행시에 자주 발생하는 것으로 경영자에 의한 회계정책 선택의 재량권 감소 역시 경제적 영향의 원인이 될 수 있다. 우리는 앞에서 기업이 회계정책의 선택을 통해 내부의 정보를 나타낼 수 있다는 것을 알았다. 또한, 이익관리로 내부정보를 드러낼 수 있다는 것도 알았다. 회계정책의 선택이 제한된다면 정보생산을 위한 사적인 권력이 작용할 수 있는 여지가 감소되는 것은 명백하다.

결론적으로, Darrough와 Stoughton 모형은 다른 조건이 일정한 경우 산업내 경쟁강도가 높을수록 더 나은 정보가 공개된다는 것을 암시한다.[30] 그 결과 몇몇 산업은 다른 산업에 비해 회계기준이 덜 필요할 수도 있다.

이러한 고려사항은 회계기준제정자들은 회계기준의 필요 및 그것을 받아들일 고객의 의지 모두에 영향을 미치는 중요한 원가요소로서 새로운 회계기준이 유발할 수 있는 경제적 영향에 많은 관심을 두어야 함을 암시한다. 물론, 새로운 회계기준의 경제적 영향이 새로운 회계기준 제정을 위한 토론이 이루어지는 기간 동안 필요 이상으로 과도하게 강조될 가능성도 있다. 예를 들어, 은행들의 장기투자를 모두 공정가치로 평가해야 한다면 은행의 이익이 감소될 가능성이 있으므로 은행들이 대손가능성이 높은 장기대출을 꺼릴 것이라는 점을 과도하게 강조할 수 있다.[31] 그렇다면 공정가치 평가를 강제하는 회계기준을 제정하면 은행이 정말로 장기대출을 그만둘 것인가? 아마도 아닐 것이다. 그러나 장기투자를 공정가치로 평가하는 회계기준이 제정되면 은행의 장기대출을 위한 원가가 증가할 것이고 그 결과 차입자들의 비용이 증가할 수 있다.

---

30) 제2절의 "외부효과와 무임승차" 부분을 참고하기 바란다.

31) 장기대출에 대해 공정가치로 평가하게 되면 손상차손(대손)이 커지게 되어 당기순이익이 감소되기 때문이다.

5. 회계규제의 주체

회계규제의 주체 문제는 회계기준의 제정(개정)을 어떠한 기구가 맡느냐의 문제이다. 회계기준을 자유시장원리에 맡길 경우에는 여러 문제가 발생될 수 있다는 것을 알았다. 그래서 규제가 필요하다고 했는데, 그 규제를 어느 기구가 행하느냐의 문제가 발생한다. 규제기구는 민간부문과 공공부문으로 나뉘어 논의되어 왔다.

현재 우리나라는 회계기준에 대해서는 민간부문인 한국회계기준원이 담당하고, 각종 기업회계 관련 규제는 금융위원회, 금융감독원 등의 공공부문에서 그 역할을 수행하고 있다.

5.1 민간부문에 의한 회계기준 규제

회계기준의 규제를 위한 민간부문 접근방법(private-sector approach)의 근본적 가정은 회계기준을 민간기구에 맡겨둘 때 공공이익이 가장 잘 보장된다는 것이다. 민간부문의 회계기준기구로는 미국의 재무회계기준심의회(FASB)와 우리나라의 회계기준위원회가 이에 해당된다.

민간부문 접근방법의 옹호자들은 다음과 같이 주장하고 있다. 이는 FASB와 우리나라의 회계기준위원회를 지지하는 입장이기도 하다.

(1) 민간부문기구는 다양한 구성원의 반응에 민감하게 반응한다. 민간부문기구는 ① 회계법인 등 다양한 여러 이해관계집단들이 위원으로 구성되어 있고, ② 다양한 집단의 개인, 회사, 단체의 출연금에 의하여 자금지원을 받으며, ③ 모든 관련 구성원의 반응에 크게 의존하는 복잡하고 정당한 절차(due-process)를 수행하며, ④ 정당한 절차는 민간부문기구의 행동이 관련 구성원에게 미칠 영향에 관하여 적극적인 관심을 가진다.

(2) 민간부문기구는 대체적 측정 및 공시시스템을 개발하고 시행하는 데

필요한 전문지식을 겸비하고 있는 사람(위원 또는 스태프)에게 매력적인 직장으로 보일 수 있다. 그리고 민간부문기구는 다양한 회원으로 구성되기 때문에, 민간부문기구의 기준은 회계법인, 기업체 및 외부 이용자에게 수용될 가능성이 더 높다.

(3) 민간부문기구는 구성원의 반응을 잘 유도하고, 이들의 반응을 성공적으로 반영하는 것처럼 보인다. 구성원들은 ① 토의자료(DM)에 대한 서면진술, ② 공개초안(ED)에 대한 구두진술, ③ 공개초안에 대한 서면진술 등의 세 가지 방법 중 최소한 1개 이상에 참여하여, 자신들의 우려사항을 전달하고 있음을 알 수 있다. 이러한 구성원의 참여는 회계기준 설정과정에 필수적이라고 생각된다.

한편, 민간부문 접근방법의 반대자들은 다음과 같이 주장하고 있다.

(1) 민간부문기구에는 법률적 권한과 강제력이 결여되어 있고, 제정된 기준이 의회나 정부기관에 의해 번복될 위험이 있다.
(2) 민간부문기구는 이따금 회계법인과 기업 등 대규모 구성원으로부터 독립성이 결여되었다는 비난을 받고 있다. 이러한 독립성의 결여로 말미암아 공공이익에 둔감하게 된다. 이러한 간섭의 한 가지 예는 미국의 대규모 회계법인이 민간부문기구에 압력을 넣어서 주관적 추정이 개입되는 회계기준(예를 들어 현행시장가격의 사용을 요구하는 회계기준)을 피해달라고 요구한 것을 들 수 있다.
(3) 민간부문기구는 가끔 몇몇 구성원들로부터 상당히 중요한 문제에 대하여 늦게 반응한다는 비난을 받고 있다. 이런 경우는 대개 민간부문기구가 정당한 절차를 밟는 과정에서 시간을 많이 소요하고, 너무 심사숙고하기 때문이다. 그러나 민간부문기구를 옹호하는 사람들은 이와 같은 심사숙고 때문에 민간기구의 발표문이 의도하지 않은 파급효과를 바로잡을 수 있다고 주장한다. 또한 전반적인 지지가 없을 경우에는 제안된 회계기준의 이행가능성이 희박할 것이라는 점도 민간부문기구의 늦은 반응을 옹호하는 논거가 되고 있다.

5.2 공공부문에 의한 회계기준 규제

공공부문규제(public-sector regulation)는 항상 옹호자와 반대자 사이에 열띤 토론의 주제가 되고 있다. 공공부문규제는 상당한 정도의 합법성을 얻고, 전 세계의 전통 및 법적 토대를 형성하고 있다.

회계기준의 공공부문규제를 옹호하는 사람들은 다음과 같이 주장하고 있다. 이는 SEC의 존재를 옹호하는 입장이기도 하다.

(1) 일차적으로 회계의 혁명은 SEC와 같은 정부기관이 창조적 자극제의 역할을 수행하였기 때문에 이루어진 것이라고 주장되고 있다. 공공부문기구가 매우 중요한 촉매이고, 민간부문과 시장세력은 그런 변화에 영향을 미치기에 필요한 통솔력을 가지지 못한다는 것이다.

(2) 1933년 증권법과 1934년 증권거래법에 의하여 수립된 증권규제방안들 때문에 투자자들이 과거의 폐습들로부터 보호되었다고 주장한다. 결국 회계기준의 공공부문규제는 일반대중의 이해관계를 보호하기 위한 필요에 의하여 도입되었다. 이것은 기준설정과정에서 제도적으로 존재하는 작성자의 편견을 상쇄하고, 정확한 정보를 추구하는 투자자의 경제적 한계를 보완하는 장치를 제공한다.

(3) 공공부문기구는 의사결정을 위해 필요하고 적절하다고 생각되는 공시수준을 알아내려고 한다. 이를 위하여 SEC는 투자자의 보호자 역할을 하며 분석가와 기타 이해관계자에 대한 지속적인 조사를 통하여 투자자들이 필요로 하는 정보를 파악하려고 노력한다.

(4) 민간부문기구와는 달리, 공공부문기구는 명백한 법률적 권위를 부여받고 있다. 또한 민간부문기구보다 추진력이 더 크고, 자신들의 이익증진을 위해 혈안이 된 공식적인 구성원이 존재하지 않는다. 간단히 말해서, 시행할 힘이 있고 기준설정과정에 모든 참여자의 논의가 없어도 실행해 나갈 수 있으므로, 공공부문기구가 공시정책을 더욱 잘 실험할 수 있다.

그러나 회계기준의 공공부문규제에 강력히 반대하는 다음과 같은 주장도 있다.

(1) 일반적으로 정보에 대한 정부규제를 준수하기 위해서는 기업에 상당한 비용이 발생된다고 주장한다. 중앙정부에서 요구하는 재무보고서는 법규에 따라 계속적으로 증가하고 있다. 이 모든 보고서들은 서류작성비용과 신규부서 또는 직책을 만들도록 하여 기업조직에 영향을 미친다.

(2) 어떤 사람들은 정부 관료들이 자기 부서의 총예산을 최대화하려는 경향이 있다고 주장한다. 예를 들면, 공공부문기구는 추가적 공시의 효익과 비용을 고려하지 않고, 자신이 사용하는 자원(국가예산)을 최대화하려는 사람들로 충원되었다고 가정할 수 있다. 그 결과 사회적 효익과 비용보다는 공공부문의 조직확대를 고려한 규제를 할 수 있다고 주장한다.

(3) 회계기준이 점점 정치적으로 설정될 위험이 있다. 이는 특정 이해관계자집단이 특정 회계처리방법이 채택되도록 정부기관에 로비활동을 할 동기를 가지고 있기 때문이다.

(4) 일부 사람은 정치력의 뒷받침을 받는 통치시스템이 필요한지에 대하여 의문을 제기하고 있다. 회계기준 제정을 위해 정치적 지원이 필요한 상황은 회계정책에 대한 연구와 실험실시의 장애가 되고, 측정의 표준화를 달성하는 데에 필수적이 아니라는 것이다.

익힘문제

1. 기업이 자발적으로 정보를 생산하는 동기에 대해 설명하시오.

2. 시장의 실패로 인해 회계규제가 필요하다고 한다. 이에 대해 설명하시오.

3. 시장실패를 감소시키는 메커니즘 중에서 신호화에 대해 설명하시오.

4. 회계기준 설정을 위한 기준에는 무엇이 있는가?

5. 사적인 부문에 의한 규제의 장점과 문제점에 대해 서술하시오.

6. 공적인 부문에 의한 규제의 장점과 문제점에 대해 서술하시오.

CHAPTER 3

회계적 관점에 관한 이론

1. 회계적 관점의 의의
2. TBL보고
3. 소유주이론
4. 실체이론
5. 기타의 회계적 관점

회계를 이해하고, 실행하며, 연구하기 위해서는 회계실무에 대한 특정한 관점(견해)을 고려하거나 채택하는 것이 중요하다. 본서는 주로 회계현상의 측정규칙과 공시에 관한 이론적 설명을 다루고 있다. 이때 이러한 설명은 어떠한 관점에서 볼 것인가가 중요하다. 왜냐하면 어떠한 관점에서 보느냐에 따라 보고의 내용과 형식이 달라질 수 있기 때문이다. 본장에서는 최근 중요시되는 새로운 보고범위로서 TBL보고(triple-bottom-line reporting)를 소개한다. 그리고 현재의 회계실무에 많은 영향을 미친 소유주이론과 실체이론 및 기타 회계적 관점을 다룬다.

1. 회계적 관점의 의의

회계는 한정된 지역범위를 갖고 있는 개별 실체들의 거래에 근거한 상업적 활동 때문에 존재한다. 이는 국가간(넓은 범위의 지역간) 회계실무가 상당히 다르다는 사실에 의해 확인할 수 있다. 특정한 회계적 관점은 일련의 요인, 예컨대 역사와 문화, 사회적 가치, 경제활동의 성격, 회계정보를 작성하고 이용하는 자들의 목적 등에 의해 결정된다. 관점은 정부와 집단 및 개인이 받아들이고 지지하고 있는 견해로 수학적 논리의 형태를 취해야만 하는 것은 아니다.

정치 및 종교 등에서도 관점은 존재한다. 두 가지 모두 인간의 상호작용의 산물이며 근본적인 믿음에 근거하고 있다. 예를 들어 Latham은 회계에 관한 호주의 두 가지 뚜렷한 정치적 관점에 대해 요약한 바 있다.[1)] 하나는 좌파적 관점으로 정부의 개입이 적절하고 필요하다는 견해를 가진 집단이고, 다른 하나는 우파적 관점으로 사회적 목적을 달성하는 가장 적절한 수단은 시장기구(market mechanism)라고 주장하는 집단이다. 좌파와 우파 간의 논쟁에 있어서 어떠한 절대적 진리가 존재하는 것은 아니며, 단지 견해나 믿음이 있을 뿐이다. 이러한 예는 특정한 회계적 관점 내지는 접근방법을 옹호하는 학자들간의 논쟁에도 그대로 적용된다. 본장에서는 특정한 회계적 관점을 옹호하려는 것이 아니라 서로 다른 여러 가지 관점을 살펴보고 회계적 관점이 최근 회계동향과 어떻게 관련되었는지 살펴본다.

과거 회계의 목적 중 하나는 실체의 경제적 행위를 측정하고 보고하는데 있었다. 그러나 최근에는 실체의 행위가 보다 넓은 공동체 및 물리적 환경에 미치는 영향까지를 보고에 포함하는 것으로 확장되어 왔다. 실체의 보고와 계산에는 경제적 거래와 자산 및 부채에 대해 감지하는 가치보다 훨씬 더 많은 것이 포함되는 것으로 간주되고 있다. 이는 사적인 부문과 공적인 부문 모두에 있어서 실체의 보고에 중대한 변화를 초래하였다.

다양한 회계적 관점에 영향을 미치는 또 다른 요인은 다양한 관점을 갖고 있는 수많은 회계정보의 이용자가 있다는 점이다. 다양한 관점의 이용자

---

1) M. Latham, “If Only Men were Angels - Social Capital and the Third Way,” *The Australian Institute of Family Studies*, 1999.

가 존재하므로 과연 누구의 관점에서 회계과정을 이해해야 되는가라는 문제가 제기된다. 그리고 어떠한 회계관점을 따르느냐에 따라 재무보고의 형식, 내용 등이 달라질 수 있다. 이러한 문제는 특히 1960년대와 1970년대에 많은 논의가 이루어졌으며, 최근에는 환경 및 사회 문제와 관련된 논의가 많이 이루어지고 있다.

국제회계기준위원회(IASB)는 2010년에 일반목적 재무보고의 목적을 공표한 바 있다. 일반목적 재무보고의 목적은 현재 및 잠재적 투자자와 대여자 및 기타 채권자가 실체에게 자원을 제공하는 것과 관련된 의사결정을 할 때 보고실체에 관한 유용한 재무정보를 제공하는 데 있다고 하였다. 따라서 현재 및 잠재적 투자자와 대여자 및 기타 채권자를 주요 이용자로 간주하여 논리를 전개시키고 있다. 그러나 이들 주요 이용자들이 추구하는 목적은 매우 이질적이다. 따라서 일반목적의 재무보고는 정보이용자들의 욕구를 부분적으로 만족시킬 수밖에 없다.

흥미롭게도 과거 20여 년 동안 회계적 관점에 관한 논의가 거의 이루어지지 않았다. 회계담당자들은 회계실무를 보다 정교하게 만드는 데 관심을 두었고, 연구자들은 현존하는 실무와 정보제공자의 행위 및 서로 다른 형식의 정보에 이용자들이 어떻게 반응하는가에 관한 연구를 해왔다. 그러므로 회계적 관점에 관한 본장의 설명은 과거에 논의된 것이다. 그러나 회계적 관점 중 몇 가지는 현재에도 거론되고 있으며 숙고할 만한 충분한 가치가 있다.

2. TBL보고

본장에서 소개되는 회계적 관점들은 모두 하나의 공통요인으로 인해 어려움을 겪고 있다. 그것은 실체의 범위(boundary)에 관한 가정이나 원칙이 요구된다는 점이다. 여기서 범위는 측정하여 보고해야 하는 사건의 범위와 인정된 범위 내의 정보를 보고하기 위해 채택한 회계 또는 측정의 가정을 의미한다. 근본적으로 정보를 측정 및 보고하기 위해서는 실체의 행위와 이를 지지하는 수단을 정할 필요가 있다. 본장에서 검토할 각각의 관점은 자신들의 관점의

정당성을 주장하기 위해 각자의 관점에 기초하여 실체의 범위를 정하고 있다.[2)]

최근에 관심이 커지고 있는 환경 및 사회 보고 접근방법 중의 하나로 실체의 경제적 · 환경적 · 사회적 성과를 보고하는 TBL보고(triple-bottom-line reporting, 3분류 보고)가 있다.[3)] TBL보고는 기존의 회계에서 경제적 성과만을 보고하는 단일정보보고(single bottom line)와 대비되는 보고개념으로 기존의 경제적 성과에 기업의 사회적, 환경적 성과를 추가하여 3개의 정보(triple bottom line)를 전달하고자 하는 의미로 사용되고 있다. 따라서 TBL회계는 기존에 제공되는 재무적 성과뿐만 아니라 기업의 사회적 성과와 환경적 성과를 측정하고 보고할 것을 주장하며 이를 위한 측정 및 검증 기준을 마련할 것을 주장하고 있다.

이 접근방법은 지속가능한 성장개념과 직접적으로 연관되어 있다. TBL보고는 재무적 성과 및 주된 전달수단으로서의 연차보고서를 중시하는 전통적 방법으로부터 이탈된 개념이면서 회계적 관점이기도 하다. 재무적 성과는 기업에 있어서 중요한 관심사 중의 하나이다. 왜냐하면 수익이 저조한 기업은 장기간 동안 생존할 수 없기 때문이다. 그러나 TBL보고는 기업들로 하여금 재무적 성과 이외에 환경 및 사회적 관점의 원가까지도 고려할 것을 요구하고 있다. TBL보고는 전통적 회계가 가지고 있는 다음과 같은 문제점을 극복하려는 보고방법이다.

① 실체개념(실체의 활동과 직접적으로 관련이 없는 사건은 인식하지 않음)
② 요소와 사건의 측정(정확성은 경제적 결과를 결정하는 데 제약요소임)
③ 참여자(정보이용자와 이들의 욕구를 정확하게 식별함)
④ 보고매체(연차보고서를 대신할 수 있는 정보제공방법을 모색함)

2.1 실체개념

TBL보고의 잠재적 성과 중 하나는 환경과 사회에 대한 전부원가회계(full cost

2) 현행 개념체계에서의 보고실체에 대해서는 개념체계(제5장)에서 다룬다.

3) 순이익이 과거 손익계산서의 마지막 행에 표시된다는 의미에서, 순이익을 영어로 'bottom-line'으로 표현하기도 했다.

accounting)의 개발이다.4) 전통회계의 단점 중 하나는 인위적으로 구축한 실체라는 범위 내에서 발생하지 않는 행동이나 사건은 인식하지 않는다는 점이다. 즉, 실체에 대한 경제적 영향 중 직접적으로 측정하기 어려운 것은 기록하지 않는다. 예를 들어, 공장에서 발산되는 이산화탄소의 영향은 사업허가, 감시, 방출감소, 벌과금, 면허조건 위반으로 인한 재무적 손실이나 공장폐쇄 등과 관련된 실체에 한정된 원가에 대해서만 회계처리한다. 공장이 내뿜는 이산화탄소에 의해 지구가 온난화된 것에 대한 영향은 그 실체에 한정된 것이 아니기 때문에 회계처리하지 않는다. 즉, 그러한 원가는 외부효과로 간주하였다. 최근 교토의정서에 의해 탄소 배출과 관련된 원가를 내부화하는 방법이 도입되기도 하였으나 일반적으로 외부효과로 간주된다.

2.2 수명주기분석

전통적으로 기업들은 원재료가 공장에 들어오기 전이나 제품이 판매된 후에 그것이 생산 및 성과에 미치는 영향에 대해서는 회계처리하지 않았다. 이러한 분석방법을 실체내 접근법(gate-to-gate approach)이라 한다. 요즘 소비자들은 최종 제품의 처분시에 생산자가 이를 다시 투입물로 사용할 것을 요구하고 있다. 즉, 제품을 폐기처분하는 경우 이에 대한 수거나 폐기 비용을 기업이 부담하도록 요구하고 있다. 재화의 판매까지 발생된 원가를 결정하는 것은 어렵지 않다. 하지만 일반적으로 생산자는 생산물이 공장창고를 떠난 후에는 환경 및 사회적 영향에 대한 원가와 자취를 추적할 능력은 없다. 이는 원재료가 공장에 들어오기 전에도 마찬가지이다. 문제는 생산 이전이나 판매 이후에 발생하는 원가들 중 대부분이 처분/정리 단계부터 발생되기 때문에 제품원가계산에서 제외되고 있다는 것이다.

수명주기분석의 목적은 기업과 사회 및 환경 간의 독립성과 상호작용효과를 보다 완전하게 이해하는 데 있다. 수명주기분석은 제품과 관련된 모든 관련원가를 식별하여 파악하고 분류한다. 환경적 영향을 분석하는 데 있어서 이런 원가들은 전통적 원가, 부채원가, 환경적 원가로 분류될 수 있다. 이를

4) 국제적으로 Dew Europe, BSO/Brigin(네덜란드), Volvo, IBM 등이 전부원가회계를 실험중에 있다.

자료 3-1 수명주기원가의 예

전통적 원가	부채원가	환경적 원가
자본, 설비, 노동, 수선유지, 보험료, 오폐수제어, 위험물 관리, 원재료/저장품, 폐기물 처리	법률자문, 벌과금, 개인상해, 구제활동, 경제적 손실, 재산 손상, 미래의 시장변동, 이미지손상	온난화, 오존층 감소, 광화학 스모그, 산성퇴적물, 자원 퇴적물, 수질오염, 습관성중독 변화

출처 : M. J. Epstein, *Measuring Corporate Environmental Performance*, Chicago: Irwin, 1998, p. 155.

나타내면 자료 3-1 과 같다.

2.3 측 정

기업이 사회와 환경 문제에 관하여 행하는 공시 중 일반적으로 볼 수 있는 것은 재무적 공시가 아니라 질적 공시이다. 이는 실체에 대한 경제적 영향을 초래하는 사회적 및 환경적 영향을 기업의 보고에 연결시키는 데 중점을 두고 있다. 이러한 사실은 농업부문 중 작물의 평가방법과 관련된 논쟁에서 자명하게 나타났다. 작물을 취득원가로 평가하면 정교한 측정치일 수 있지만 취득원가는 해당 자산의 현행가치와는 관련이 없는 정보를 제공한다.

IAS 41(농업부문)은 공정가치가 보다 의미 있는 평가라고 판단하여 이의 사용을 권장하고 있다. IAS 41이 인정될 당시 평가문제 때문에 측정원칙에 반대하는 로비활동이 거세었다. 활성시장도 없고 미래 경제적 효익도 없는 사회 및 환경 자산의 경우에는 평가문제가 더 심각하다. 그러나 IAS 41은 환경자산의 회계처리에는 거의 도움을 주지 못하고 있다. 또한 측정에 있어서 처음 부딪히는 장애물은 사회 및 환경 문제를 재무적 용어(예, 화폐금액)로 계량화할 필요성이 있는지 여부를 결정하는 일이다. 여기에는 찬반 의견이 팽팽히 맞서고 있는 상황이다.

우선 평가에 반대하는 이유를 살펴보자. 일단 자연을 평가하는 데 있어서 자연을 소비가능한 재화로서 하나의 상품으로 가정하자. 그러면 해당 자원을 보전하거나 소비하는 것과 관계되는 효익과 원가를 파악할 수 있다. 그러나 자연은 지구의 생존과 현재 및 다음 세대가 향유하는 삶의 질과 관련된 고유의 가치를 가지고 있다. 그러한 향유는 재무적으로 계량화할 수 없다. 왜냐하면 자연으로부터의 이득은 경제적이지 않기 때문이다. 그러므로 자연의 가치를 계량화시키는 일은 자연을 거래될 수 있는 다른 경제적 자원으로 간주하게 되어 자연의 보존보다는 개발과 퇴보의 여지를 갖게 한다. 보존은 순수하게 보존을 위해서 이루어져야지 경제적 이득과정의 일부가 되어서는 안 된다. 따라서 자연이나 사회 및 환경을 재무적 용어로 측정하는 것에 반대한다.

반면, 평가옹호자들은 많은 경우에 있어서 재무적 의미가 의사결정과정을 지배한다고 주장한다. 재무적 대가가 중요하지 않거나 회계처리되지 않는 사건과 그 사건의 영향은 대부분의 경우 별로 중요하지 않게 취급한다. 그런데 사회 및 환경 문제들의 재무적 영향은 파악되지 않거나 실체에 직접적인 영향을 미치지 않는다. 따라서 사회 및 환경 문제들이 측정되어 보고되지 않는 경우 의사결정에서 충분히 고려되지 않는다. 만약, 우리가 자연을 평가한다면, 우리는 의사결정과정에 재무적 의미를 포함시키고(중요한 요소로 간주하고) 현재 및 잠재적 사회 및 환경 문제에 대한 해법을 찾는 데 유리한 위치에 있게 된다. 따라서 자연이나 사회 및 환경을 재무적 용어로 계량화함으로써 원가를 보다 더 명확하게 식별할 수 있고 실무에 활용할 수 있으며, 의사결정에 용이하게 활용할 수 있다.

사회 및 환경 문제들이 계량화되지 않고 보고된다면 계량적 측정 이외의 대체적인 측정수단이 개발될 수도 있다. 기업이 찾고 있는 것은 성과에 관한 재무적 측정이 아닌 대체적인 측정수단이다. 그중 하나로 경제적 측정치는 회계에서 선호하는 성과지표가 된다. 유일한 대안은 아니지만 성과측정치로 균형성과표(balanced score-card)가 논의되고 있다. 예를 들어, 이러한 대체적 측정치들은 동등한 정책의 성과를 보고하는 데 보다 적합할지도 모른다. 이런 상황에서 여러 계층별 종업원에 관한 통계치나 지역사회에 대한 정책공시는 재무적 측정치보다 더 의미가 있을 수 있다. 그리고 그러한 계획에 관한 수준별 지출을 별도로 공시하는 것은 계획들을 평가하고 비교하는 데 유용할 수 있다. 왜냐하면 계량적 측정치가 없다면 실체가 이러한 계획을 얼마나 이행하는지를 파악하기 어려울 수도 있기 때문이다. 동일한 논리가 환경에 관한 성과목표를 설정하고 그 목표에 대한 성과를 공시하는 데 적용될 수 있다. 이러한 상황에서 계량적 측정치는 재무적 자료나 비율로 표시한 자료보다 더 의미 있을 수도 있다. 대체적 측정치로는 다음과 같은 것이 있을 수 있다.

① 사회적 수용에 관한 평판척도
② 심화훈련에 참가하고 있는 참모의 수
③ 견습생, 견습제도
④ 장학생, 장학제도
⑤ 사회프로그램에 대한 지원

회계에서 널리 사용되고 있는 성과에 관한 경제적 측정치는 투자자 및 채권자 같은 재무적 참여자의 정보욕구를 충족시키기 위해 개발되었다. 그러나 비재무적 참여자들도 보다 활동적이며 더 높은 수준의 정보를 요구하고 있다. 따라서 성과에 관한 비재무적 측정치들이 의사결정에 보다 관련성이 클 수도 있다.

2.4 참여자와 보고매체

연차보고서를 이용하는 참여자의 범위는 매우 다양하다. 주된 이용자는 여전히 투자자인 주주들이다. 그들은 실체의 재무적 성과에 관심을 갖고 있기 때문에 연차보고서는 정보전달의 적절한 수단이다. 만약, 실체가 투자자 이외에 중요한 정보욕구를 가진 추가적인 참여자를 확인한다면 이들을 위해서 연차보고서 이외의 보고매체를 고려할 필요성이 있다.

실체가 보고과정의 확장을 고려한다면 다음 사항을 확인할 필요가 있다.

① 성과에 관한 정보를 원하는 잠재적 참여자(즉, 종업원이나 지방공동체)
② 이러한 참여자가 요구하는 정보(즉, 사회적 및 환경적 정보)
③ 보고정보에 대한 형태(사회적 및 환경적 영향을 인식하는 시점, 그러한 영향의 수준을 보고하는 기술적 · 계량적 · 재무적 방법)
④ 참여자에게 정보를 전파하는 가장 좋은 방법

예를 들어, 대단위 공업단지 주위에 있는 종업원과 지역공동체가 환경물질의 배출수준에 관한 정보를 요구하는 참여자라고 한다면, 연차보고서는 이들을 위한 적절한 보고매체로서의 역할을 할 수 없을 수 있다. 이것은 아마도 다음과 같은 이유 때문일지 모른다.

① 보고주기(연)
② 보고의 적시성(사건이 발생한 즉시 정보를 원할지도 모름)
③ 연차보고서가 다루는 정보의 범위(대규모 기업의 경우 연차보고서는 특정 지역을 중시하지 않을 수도 있음)
④ 특수한 이용자에게 관련이 없는 정보(특정 공업단지에서의 환경물질 배출이 실체에게는 중요하지 않을 수도 있음)[5]

이러한 상황에서 실체는 실체 고유의 신문을 발행할 수도 있고 웹사이트를 통해 최근의 상황을 정기적으로 공시할 수도 있다. 최근에는 사회적 및 환경적 성과에 관한 정보를 자발적으로 보고하기 위한 대체적 수단을 모색하는 기업들이 많다. 즉, 회사의 웹사이트에 공업단지에 관한 정보를 공시하고 사회 및 환경과 관련된 정보를 공시할 뿐만 아니라 환경보고서를 제공하는 기업들이 증가하고 있다.

특정 활동과 관련한 지속가능성에 관한 보고는 보다 광범위해지고 있다. BHP(Broken Hill Proprietary Co., 호주의 세계 최대의 광산회사) 웹사이트는 회사가 수행한 행동에 관한 광범위한 사례연구를 제공하고 있다.[6] 따라서 다양한 정보요구를 갖고 있는 광범위한 참여자들에게 보답하는 방법은 기업들이 참여자들의 요구조건에 맞는 정보를 생산하여 제공하는 일이다. 현재 기업들은 훌륭한 기업시민으로 인식되기 위해 상당한 노력을 기울이고 있다. 그들은 경제적 성과지표에 의해 측정되는 것뿐만 아니라 공동체의 부분이 되고, 공동체에 기여하는 노력을 함으로써 기업시민으로서의 역할을 실행하고 있다.

5) 해당 공업단지에서 일하거나 그 단지에 가까이 거주하는 사람들이 실체로부터 원하는 유일한 관련 정보는 환경물질 배출에 관한 정보가 되고 연차보고서는 관련성이 없는 정보가 될 것이다. 그러나 기업 전체의 입장에서 보면 특정 지역에서의 환경물질 배출에 관한 정보는 중요하지 않을 수 있다.

6) http://sustainability.bhpbilliton.com/2005/index.asp

2.5 ESG 회계

환경적, 사회적 성과를 측정한다는 관점에서 1990년대 소개된 TBL보고와 유사한 ESG 회계가 최근 화두가 되고 있다. ESG는 환경보호(Environment), 사회공헌(Social), 지배구조(Governance)의 약자로, 2006년 UN PRI(유엔 책임투자원칙)에서 공식적으로 사용된 용어이며, 투자의사결정시 수익성 등 재무적인 성과뿐만 아니라 피투자기업의 지속가능성을 함께 고려하는 것을 의미한다. 따라서 ESG 회계는 기업의 지속적 성장을 평가하는 비재무적 성과를 측정하는 것을 뜻한다. ESG 회계는 지속가능경영[7]에 대한 관심이 증대됨에 따라 ESG 경영의 중요성이 강조되면서 대두되었다. ESG 경영은 기업이 경제, 사회, 환경 책임을 수행하고 다양한 이해관계자와 협력, 공생을 모색해야 생존 및 성장이 가능하다는 생각에서 출현된 것으로, ESG 경영은 우리나라뿐만 아니라 EU를 비롯한 미국 등 세계적인 추세가 되고 있다.[8] 그리고 이러한 ESG 가운데에도 특히 중요시되고 있는 부분이 환경(E)이다. 기후변화가 심각해지고, 미세먼지와 신종코로나바이러스 감염증 등 환경, 보건 관련 문제가 전 세계적으로 심각한 사회문제가 되면서 "E" 이슈가 최대 관심사가 되었다. 더욱이 각국이 탄소세 등 이에 대한 규제를 만들면서 "E" 이슈는 막연한 기후변화 문제가 아니라 기업 생존의 요소로 중요성이 부각됐다.[9]

이러한 변화에 부응하여 최근 우리나라의 기업들(KT, SKT, 삼성SDI, 포스코 등)은 매년 지속가능발전 보고서, 사회적 책임 보고서, 환경경영 보고서 등을 출간하는 등 지속가능경영을 기업의 생존전략으로 받아들이고 있다. 이처럼 ESG 정보공시의 중요성이 높아지고 있는 가운데 가장 핵심이 되는 것은 공시 수단 및 표준의 중요성이라고 할 수 있다. 이를 위해 최근 한국공인회계사회는 ESG(환경 · 사회 · 지배구조) 위원회를 발족하기도 했다. ESG 위원회

---

7) 지속가능경영은 제품품질이나 마케팅전략 등을 통한 이익창출이라는 전통적인 경영가치 이외에 경영투명성, 윤리경영을 강조하고 사회발전과 환경보호에 대한 공익적 기여를 중시하는 것이다.

8) EU는 2021년 3월부터 모든 금융사를 대상으로 SFDR(지속가능금융공시제도)을 의무화했고, 2025년부터는 모든 상장사로 확대하기로 하였다. 영국은 2025년까지 모든 상장기업 ESG 정보공시를 의무화하도록 하였고, 홍콩 역시 2025년까지 금융기관, 상장기업에 TCFD(기후변화 관련 재무공시를 위한 태스크포스) 기준에 맞춘 ESG 정보공개를 의무화하도록 했다. 우리나라 금융당국도 2021년 1월 '기업공시제도 종합 개선방안'을 발표하였는데, 개선방안에 따르면 2030년부터 전 코스피 상장사의 ESG 정보공시가 의무화된다. (이윤진, "ESG 혁명, 지속가능기업의 최소 조건," 2021.3.30)

9) 신동아 739호, "이용우, '발등에 떨어진 불' ESG 공시 의무화," 2021.3.28

는 ESG 관련 기업보고와 공시, 측정 · 평가, 정보인증 등 회계업계의 ESG 활동을 지원하고, ESG 전문가 양성, 관련 법제도 개선방안 발굴, 인증기준 개발 등을 할 예정이다.[10] 현재 ESG 경영에 대해 평가하고 있는 대표적인 기관으로서 한국기업지배구조원이 있다. 여기에서는 ESG 모범규준을 1999년 처음 제정한 바 있으며, 2011년부터 환경, 사회, 지배구조에 대해 900개 넘는 상장사를 대상으로 매년 평가를 통해 ESG 등급을 발표하고 있다. 2021년 개정안에는 ESG 관련 최신 트렌드를 환경과 사회책임 관련 규정에 반영하는 데 주안점을 두었으며, 지구온난화 등 기후변화와 관련한 위험을 자산평가와 자금조달, 회계 등 재무영역에까지 반영하도록 하였다. 이 외에도 한국거래소에서 발표하는 사회책임투자지수(SRI 지수)나 경제정의연구소의 경제정의지수(KEJI 지수)와 같이 기업의 사회적 책임 활동을 평가하는 지표들도 있다. 하지만 이러한 지표들의 기준과 평가방법이 서로 달라 표준화 필요성도 제기되고 있으며 앞으로 이에 대한 해결방안을 제시할 수 있는 회계연구들이 필요한 상황이다.

ESG 회계에 대한 관심과 실무 기업들에 나타난 이와 같은 변화는 오랫동안 회계적 관점의 근간이 되어온 소유주이론이나 기업실체이론 관점과는 다른 새로운 측면에의 접근을 의미하는 것이기도 하며 본서에 소개한 TBL보고와 같은 회계 관점이 반영된 변화된 최근의 현상이라고 볼 수 있다.

3. 소유주이론

소유주이론(proprietary theory)은 소유주(자본주) 관점에서 회계나 재무보고가 이루어져야 한다는 이론이다. Littleton은 소유권이 복식부기시스템의 본질이라고 주장한 바 있다.[11] 소유권 개념이 없었다면 차변과 대변이 같아야 할 이유가 없고 복식부기는 단순히 일련의 규칙에 지나지 않는다고 하였다. 이러

10) 한국경제신문, “한국공인회계사회, ESG 위원회 발족,” 2021.4.1

11) A. C. Littleton, *Accounting Evolution to 1900*, New York: American Institute Publishing Co., 1933, pp. 26-27.

한 관점은 기업의 목적과 자본의 본질 및 소유주 입장에서의 계정의 의미에 근거하여 회계의 논리를 세우려 했던 18세기에 출현하였다. 이것은 실질적으로 소유권에 중점을 둔 Pacioli의 부활이었다.

소유주이론에서는 소유주(proprietor or owner)가 관심의 중앙에 있다. 모든 회계개념과 절차 및 규칙들은 소유주의 관점에서 정립된다. 이러한 관점은 소유주(주주)가 기업을 자신들의 부를 증가시키려는 목적을 달성하는 기구로 간주하는 영리기업에 대해서는 어느 정도 설득력이 있다.

그러나 Goldberg는 이러한 주장을 반박하였다. 그는 소유주 관점과는 관계없이 복식부기시스템이 사용되는 예가 있고, 소유주 관점에서의 이익측정이 회계나 재무보고의 목적이 아니라고 주장한다.[12] 소유주와는 관계없는 회계의 예로는 비영리조직(예로서 대학이나 정부 등) 회계 및 청산회계 등을 들 수 있다. Goldberg는 이러한 예가 Littleton의 관점을 반드시 또는 완전히 무력화시키는 것은 아닐지라도 소유권을 강조하는 것이 회계의 가장 중요한 특징인가에 대해서는 의문이 제기된다고 하였다.

3.1 재무상태표

다음의 회계등식은 소유주이론의 본질을 나타낸다.

$$자\ 산(A) - 부\ 채(L) = P$$

위 식에서 P는 소유권(소유주의 몫)으로서 사업에 있어서 소유주의 순재산을 나타낸다. 이에 대해 Sprague는 다음과 같이 표현하였다.[13]

> "소유주이론에 의한 재무상태표는 특정한 시점에서 몇 사람 혹은 집단의 부를 구성하는 모든 요소를 요약한 것이다. 사업의 전반적 목적은 부의 증가, 즉 소유주 몫의 증가에 있다."

---

12) L. Goldberg, *An Inquiry into the Nature of Accounting*, Monograph No. 7, Florida: AAA, 1965, pp. 44-48.

13) C. Sprague, *The Philosophy of Accounts*, Kansas: Scholars Book Company, 1972, pp. 30-67.

자산은 소유주에게 귀속되며 부채는 소유주의 의무를 나타낸다. 따라서 소유주이론에 의한 회계의 목적은 소유주의 순재산을 결정하는 데 있다. 이 때문에 현행가치가 취득원가보다 더 적합하다고 주장하는 학자도 있다.

기업의 경제이론은 기업가(소유주)의 역할을 강조하여 소유주 관점을 취하고 있다. 이익은 기업가에 대한 보상으로 간주한다. 경제학자들은 회계에서 현행가치를 선호하고 있다고 믿고 있다. 소유주이론은 취득원가를 일부 포함하지만 현행가치가 보다 타당한 것으로 인정하고 있다.

3.2 이 익

수익이 가득되고 비용이 발생하는 것은 소유주(또는 이의 대리인)의 경제적 의사결정과 행위의 결과이다. 수익과 비용 계정은 소유주의 이익을 결정할 목적으로 일시적으로 분리한 P(소유주 몫)의 보조계정이다. 수익은 소유주 몫의 증가이며 비용은 소유주 몫의 감소이다. 이에 대해 Vatter는 다음과 같이 설명하고 있다.[14]

> "복식부기이론은 수익과 비용이 순재산과 같은 대수적 특성을 갖고 있다는 사고에 근거하고 있다. 즉, 순재산의 증가를 가져오는 계정은 대변기입으로 증가하고, 역으로 순재산의 감소를 초래하는 계정은 차변기입으로 감소한다."

그러므로 이익은 특정 기간 동안 사업활동으로 인한 소유주 부의 증가이다. 이익이 이렇게 정의된다면 특정 기간 동안 소유주 부의 변화에 영향을 미치는 모든 요소들이 이익결정에 포함되어야 한다.

그렇다면 외부와의 거래가 발생되지 않았더라도 가치의 증가를 초래하는 모든 것은 이익에 포함시켜야 하는가? 즉, 소유주이론을 채택한다면 가치변화를 장부에 기록해야 하는가의 문제가 제기된다. 순재산의 의미로 볼 때에는 그러한 것을 장부에 반드시 기록해야 한다는 것을 강하게 암시한다. 이것은 소유주의 활동을 돕는 데 사용된 자산을 단순히 보유함으로써 발생하는

14) W. Vatter, *Modern Accounting Theory*, New York: Prentice-Hall, 1966, p. 251.

가치의 변화를 어떻게 할 것인가와 관련이 있다. 예를 들면, 기업이 보유한 지적재산권의 내재가치가 증가할 경우 이것이 실현(판매)된다면 소유주에게 상당한 프리미엄(할증가격)을 가져다줄 것이다. 그러한 경우 지적재산권을 제3자에게 실제로 처분하기 전까지는 이러한 가치변화는 미실현된 것으로 가상적인 가치변화에 지나지 않는다. 하지만 소유주의 순재산이 증가했으므로 이를 이익으로 인식해야 한다는 주장이 있다. 문제는 가치의 가상적인 변화를 어떻게 신뢰성 있게 측정하느냐는 것이다.

기업이 법인세를 지급하고 주주가 배당금을 받을 때 동일한 이익에 대해 소득세를 지급하게 되면 이를 이중과세라 한다. 이러한 이중과세의 비난은 소유주이론의 산물이다. 기업의 이익은 가득되었을 때 그것에 대해 소득세를 지급해야 하는 소유주에게 귀속되는 것이다. 따라서 법인세는 소유주에게 귀속된 이익에 대한 세금을 기업이 대신 납부한 것이라고 주장한다. 기업의 이익은 이미 세금을 납부한 것이므로 이익을 분배받은 배당은 과세 이후의 소득이다. 그러므로 기업이 법인세를 납부한 후 이익이 배당금의 형태로 회사 외부로 유출될 때에 또다시 소득세를 납부하는 것은 이중과세라고 주장한다. 소유주이론에서는 기업을 주주와는 별개의 실체로 보기보다는 단순히 소유주의 도구로 본다.

3.3 실무에의 영향

현재의 회계실무 중 많은 것들이 소유주이론에 근거하고 있으며, 대표적인 예는 다음과 같다. 배당금은 소유주에게 지급되는 것이기 때문에 비용이라기보다는 이익의 배분으로 간주한다. 한편, 부채에 대한 이자와 법인세는 소유주의 부를 감소시키기 때문에 비용으로 간주한다.

그러나 개인기업이나 조합기업의 경우 사업을 수행하는 소유주에게 지급되는 급여는 비용으로 간주하지 않는다. 왜냐하면, 소유주와 기업은 동일한 실체로서 자기 자신에게 급여를 지급하여 비용으로 공제할 수 없기 때문이다. 또한, 관계기업투자주식으로 인한 지분법은 피투자회사의 순이익이나 지분에 대해 소유권 또는 투자회사의 소유주지분을 인식한다. 그러므로 피투자회사의 이익 중 소유지분비율만큼 이익으로 기록하는 방법을 허용하고 있다.

연결재무제표 작성과 관련된 회계이론 중 지배회사이론에 의한 방법이 소유주이론에 근거한 것이다. 지배회사이론에서는 지배회사가 종속회사를 소유하고 있는 것으로 간주한다. 소유주의 관점에서 볼 때 종속회사의 비지배지분은 비지배집단의 청구권을 나타낸다. 비지배지분이 부채의 정의에 합당해 보이지는 않지만 지배회사이론에서는 재무상태표에 비지배지분을 부채로 간주할 수밖에 없다.

소유주청구권을 인식하여 소유주이론을 반영하는 용어는 회계에서 흔히 볼 수 있다. 이에 대한 대표적 예로 주주배당금, 주당순이익 등을 들 수 있다.

물가변동을 조정하기 위한 일반물가지수의 선택에 있어서 소유주이론은 기업실체가 아닌 개인으로서 소유주의 욕구를 반영하는 소유주지분이 표시되길 원한다. 이런 경우에는 소비자물가지수가 물가변동을 조정하기 위한 지수로 적합하다. 또한, 소유주이론에서는 실물자본 관점보다는 재무자본 관점이 보다 타당하다.[15] 재무자본 관점은 소유주의 재무적 투자를 강조하는 반면, 실물자본 관점은 소유주청구권과 관계없이 실물생산능력수준을 유지할 수 있는 능력을 강조하고 있다. 또한, 소유주이론에서는 부채가치의 증감을 보유손익으로 간주하는 것이 논리적으로 타당하다. 왜냐하면 부채가치의 증감은 소유주지분의 증감을 초래하기 때문이다.

3.4 재무자본개념

소유주이론에서는 소유주의 자산과 실체의 자산 간에 차이가 없다. 그러므로 실체의 모든 이익은 기업의 소유주에게 배분가능하다. 그리고 실체가 추가적인 자원을 필요로 한다면 소유주 자신의 개인적 자원을 이용할 수 있다.

소유주 관점은 자산과 부채를 소유주의 것으로 간주하기 때문에 순재산의 이용에 제약이 없다. 따라서 일반적으로 재화와 용역을 구매하는 데 실체의 재산을 사용할 수 있다. 이런 이유 때문에 소유주는 개별물가수준보다는 일반물가수준에 의한 실체의 자본을 유지하는 데 관심을 갖고 있다. 다시 말

15) 이에 대해서는 본장 제4절과 제4장 및 제8장에서 자세히 다룬다.

하면 소유주 관점은 일반물가수준의 변화를 고려해서 실체의 재무자본을 유지하는 것이다. 따라서 소유주이론에서의 자본은 소유주가 투자한 현금과 사업을 유지하기 위해 재투자한 이익(유보이익)을 합한 금액이 된다. 대부분의 사람들은 재무자본 관점을 선호하고 있으며 이는 전통적 회계실무에서 취한 입장이기도 하다.

재무자본유지론자들에게 유복한 상태(well-offness, 또는 부)는 기초와 마찬가지로 기말에 동일한 화폐금액을 투자할 수 있는 능력이다.[16] 따라서 이익은 소유주가 기업에 투자한 현금을 초과하여 기업이 회수한 현금액을 말한다.

실체의 자본에 대한 또 다른 관점은 자본을 재화와 용역을 구매할 수 있는 능력(구매력)으로 생각하는 것이다. 예를 들어 회계연도초의 자본이 30대의 TV를 구매할 수 있는 것이라면 기말의 자본도 30대에 상응하는 TV를 취득할 수 있어야 한다는 것이다. 순재산을 초과하는 어떠한 이익도 소유주에게 배분가능한 것으로 간주된다. 요약하면, 자본에 대한 소유주 관점은 일반물가수준의 변화를 반영한 실체의 재무자본을 유지하는 것이다.

3.5 한계점

회계에 있어서 소유주 관점은 실체의 사업규모가 작은 주로 개인기업이나 조합의 회계를 설명하기 위해 발전된 것이며, 이런 경우 타당한 관점이라 할 수 있다. 그러나 소유주 관점은 대규모 기업, 특히 주식회사의 출현으로 주식회사의 회계를 설명하는 관점으로서는 부적절하다고 할 수 있다. 법률상 기업(법인)은 소유주와는 별개의 실체이며, 기업 자신의 권리와 의무를 갖고 있다. 주주가 아니라 기업이 그 자체로서 자산을 소유하고 있고, 사업상 의무가 있는 것으로 추정한다. 즉, 소유주와 독립된 기업이 사업상 발생하는 의무를 부담한다고 생각한다. 더욱이 주식회사의 유한책임의 특성상 주주들이 기업의 부채에 책임이 있다고 말하는 것은 불합리하다. 대규모 기업의 주주들이 회사로부터 자산을 인출하기 위해 소유권을 행사하는 것은 법률상 허락되지 않는다. 즉, 자산의 인출을 위해 마음대로 소유권을 행사할 수 없다. 다만, 배

16) 유복한 상태는 이익의 정의에 사용된다. 이에 대한 설명은 제8장에서 한다.

당으로 인한 현금인출만이 공식적인 법적 절차에 의한 진정한 배분이다.

대규모 기업에서는 대부분 소유와 경영이 분리되어 있기 때문에 소유주에 대한 경영자의 회계책임은 중요한 기능 중의 하나이다. 소규모 기업에서 소유주는 기업의 재무상태를 잘 알고 있으므로 회계책임이나 수탁책임이라는 개념이 큰 의미가 없다. 이와는 대조적으로 대규모 기업의 경우에 주주들은 기업의 경영에 거의 참여할 수 없다. 그러므로 주주들은 경영자가 제공하는 정보에 의존할 수밖에 없다. 따라서 경영자는 주주에게 회계책임을 지게 된다. 이러한 기업과 소유주의 분리, 소유와 경영의 분리현상은 소유주 관점이 적합하다고 하기 어렵다.

그러나 대규모 기업이더라도 본질적으로 조직을 지배하는 한 사람 또는 몇몇의 주된 개인과 연결되는 경우가 종종 있다. 이런 경우 주된 개인의 부는 조직의 부와 실무적으로 구분하기 곤란하다. 이러한 예는 국가가 대부분의 지분을 가지고 있는 공기업이나 우리나라의 재벌기업을 들 수 있다. 이들의 경우 소유주 관점이 부적합하다고 쉽게 결론을 내릴 일은 아니다.

4. 실체이론

실체이론(entity theory)은 기업이 독립된 법적 지위를 갖는 법인이라는 관점에서 나타난 것으로 소유주 관점의 단점을 극복하기 위해 대두된 이론이다. 실체이론은 기업이 소유주와는 관계없이 자신의 정체성을 가진 별개의 실체라는 사실로부터 시작한다. 실체이론은 사업과 개인의 일을 구분하는 것과 관련된 회계실체의 가정보다 넓은 개념이다. 우유 판매상이 사업목적으로 회계기록을 분리하여 유지한다고 해서 그가 실체이론의 관점을 취하고 있다는 것을 의미하는 것은 아니다. 소유주 관점에서도 개인의 일로부터 사업을 분리하는 것은 당연한 것으로 간주된다.

Martin은 회계실체의 개념에 의해 구체화된 두 가지 관련된 가정을 제시하였다.[17] 하나는 분리(separation)의 가정으로서 회계목적상 기업은 그의 소유주로부터 분리된다는 것이다. 다른 하나는 관점(viewpoint)의 가정으로서 회계절차는 소유주가 아니라 실체 자신의 관점에서 수행된다는 것이다.

실체이론은 기업회계에 적합하지만, 실체이론 옹호자들은 다음의 조건이 만족되면 개인기업이나 조합기업, 심지어 비영리조직에도 실체이론이 적용될 수 있다고 믿는다.

① 계정과 거래는 실체의 활동단위로서 실체의 관점에서 분류하고 분석한다.
② 회계원칙과 회계절차는 소유주와 같이 단일의 이해관계에 의해 형성되지 않는다.

실체는 자연인(사람)이 아니며 자발적으로 행동하지 못한다는 것은 엄연한 사실이다. 그것은 제도임에도 불구하고 매우 실질적인 것이라고 Paton은 말한다.[18] 실체는 실질적이며 측정가능한 존재로 자신의 인격을 갖고 있다.[19] 주식회사의 경우 일단 주식이 발행되면 회사의 수명은 주주들의 수명에 달려 있지 않다. 회계적 관점에서 실체는 소유주와는 별개로 존재하는 경제적 이해관계의 영역으로 정의할 수 있다.

앞서 언급한 바와 같이 보다 최근에는 실체개념이 주주 이외의 다양한 정보이용자의 이해관계를 반영하는 것으로 확장되었다. 비록 실체관점이 회계의 기초가 되는 준거의 틀을 제공하지만 요즘에는 재무와 환경 및 사회적 요인을 포함시키는 새로운 공시형태가 채택되고 있는 상황이다. TBL보고는 주주만의 이해관계를 초월하여 조직의 행위가 식별된 기타의 이해관계자들에게 미치는 영향과 관련된다. 그 추론은 지속가능성(sustainability)의 개념으로부터 행해진다. Elkington은 지속가능성 접근을 다음과 같이 요약하고 있다.[20]

> "우리는 경제적 번영과 환경적 특성 및 기업이 방관하기 쉬운 요소인 사회정의를 강조한 TBL에 관하여 더 많이 생각하게 된다. TBL개념에 내재되어 있는

17) C. Martin, *An Introduction to Accounting*, 2nd ed., New York: McGraw-Hill, 1987, p. 114.

18) W. Paton, *Accounting Theory*, New York: Scholars Book Company, 1962, p. 473.

19) 이러한 인격은 법적으로 부여되는 것이 일반적이다. 실체는 법에 의하여 권리행사와 의무수행의 주체가 된다. 따라서 실체는 법인(法人)으로 불린다.

20) J. Elkington, "Triple Bottom Line Reporting: Looking for Balance," *Australian CPA*(March 1999), pp. 19-21.

균형을 달성하기 위해서는 회계책임에 관한 새로운 형태뿐만 아니라 회계(예, 재무제표 등)에 관한 새로운 방법이 필요하다. 우리는 경제적 번영과 환경적 특성 및 사회정의에 관한 정확하고, 유용하며 신뢰할 만한 실행지표를 발견해야 한다. 기업은 부를 창출하기 위해 존재한다. 그래서 기업이 지속가능한 발전을 하는 데 가장 직접적으로 기여할 수 있는 것은 경제적이고, 사회적이며, 환경적으로 지속할 수 있는 기반에 관한 장기간의 가치를 창출하는 것이다. 간단히 요약한다면 21세기의 주요 화두는 지속가능한 가치의 창출이 될 것이다."

사적이든 공적이든 조직들은 '주주 중심의 단일 관점은 문제가 있다'는 점을 잘 알고 있으며, 다양한 사회구성원들이 보다 향상된 기업공시를 요구하고 있다는 점도 인정하고 있다. 이에 대한 몇몇 기업들의 반응은 실체의 관점에서 조직이 다양한 이해관계자 집단에 미치는 영향에 관한 공시인 TBL 중 세 번째 수준(사회적 성과)으로 보고를 확장하는 것이다. 그동안 주류를 이루어왔던 회계책임에 관한 개념이 변한 것을 이해한다면 이러한 경향을 당연하게 받아들일 것이다.

실체의 관점을 채택하였을 때 회계의 목적은 무엇인가? 여기에는 두 가지 해석이 있는데, 두 가지 모두 동일한 결론에 이른다. 무엇보다도 수탁책임 또는 회계책임이 중요하다. 실체이론에 관한 전통적 해석에 의하면 기업은 실체에 자금을 제공한 자인 지분소유자들의 효익을 위해 활동한다는 것이다. 따라서 실체는 지분소유자들에게 투자상태와 투자결과를 보고해야 한다. 그런데 최근의 실체이론에 대한 새로운 해석에 의하면 실체는 자신을 위하여 사업을 수행하고 자신의 생존에 관심을 갖고 있다는 것이다. 실체는 그의 생존에 대해 관심을 갖고 있기 때문에 사업실체는 법적 요구조건을 충족시키고 미래에 보다 많은 자금이 필요할 것에 대비하여 좋은 관계를 유지하기 위해 지분소유자들에게 보고한다는 것이다.

두 가지 해석 모두 실체를 독립된 단위로 강조하고 있지만 전통적 관점에서는 지분소유자를 동반자로 간주한 반면, 최근 관점에서는 그들을 방관자로 보고 있다.

4.1 재무상태표

실체이론에서는 실체가 관심의 중심에 있기 때문에 소유주의 순재산은 의미 있는 개념이 아니다. 소유주와 채권자는 단순히 자금을 제공한 지분소유자로 본다. 실체이론에 관한 회계등식은 다음과 같다.21)

자 산 = 지 분(equities)

Paton은 위 방정식이 기업의 재무상태를 가장 논리적으로 표현한 것이라고 주장하고 있다. 지분은 실체의 자산에 대한 권리 또는 청구권을 나타낸다. 채권자들은 분명히 결정가능한 청구권을 갖고 있으며 주주들은 청산시 잔여자산에 대한 청구권을 갖고 있다. 그러나 실체의 관점에서 볼 때 채권자와 주주 모두 자금제공자들이다. 주주들은 어느 특정한 개별 자산에 대한 청구권을 보유하고 있지 않으며, 또한 회사의 특정 이익에 대한 청구권을 가지고 있지 않다. 주주들은 자산 전체에 대한 권리를 가지며 배당을 선언하였을 때 이를 수취할 권리를 갖고 있다. 그러나 이러한 것은 소유권 때문이 아니라 계약에 의해 받게 되는 권리이다.

재무상태표는 실체의 자산과 지분을 나타낸다. Paton에 의하면, 자산은 실체의 가치를 직접적으로 표현한 것이며 지분은 같은 금액을 간접적으로 표현한 것이라고 한다. 실체이론에서 모든 자산은 기업에 귀속된 것이며, 부채는 소유주가 아닌 기업 자체의 의무이다. 지분소유자들이 투자한 금액을 어떻게 사용했는지를 설명해야 된다는 이유로 비화폐성 자산에 대해서는 취득원가로 기록하는 것이 논리적으로 타당하다고 주장한다. 왜냐하면 재무상태표에서 오른쪽 면의 합계(조달된 자금의 총액)는 왼쪽 면의 합계(운용된 자금의 총액)와 같아야 하기 때문이다. 기업은 지분소유자들이 투자한 자금을 받은 후에 이를 자산에 투자한다. 비화폐성 자산의 경우 이는 최초구입가격이다. 그러나 회계책임하에서는 반드시 최초구입가격을 유지해야 한다는 것을 암시하지는 않는다. 지분소유자들도 그들이 투자한 것의 가치변동에 관심이 있다. 현행가치 옹호자들은, 실체이론에서는 투자자들 자신이 가치조정을 할 수 있

21) 여기서의 지분은 IASB나 미국의 개념체계보고서에서 자본 또는 순자산의 의미로 사용한 Equity와는 다르다는 점에 주의해야 한다.

을 만큼 기업에 가까이 있지 않다고 가정한다. 그러므로 회계책임은 이러한 조정, 즉 가치의 변화를 투자자에게 보고해야 한다고 한다. 또한 실체도 올바른 의사결정을 위해서는 자산의 현행가치를 알 필요성이 있다고 주장한다.

4.2 이 익

소유주이론에서는 소유주의 순재산 결정이 주요 관심사 중의 하나이다. 그러므로 재무상태표를 가장 중요시하고 있다. 하지만 실체이론에서는 이익의 결정을 중요시하기 때문에 포괄손익계산서가 재무상태표보다는 목적적합한 보고서로 간주된다. 이때 이익은 두 가지 이유로 강조된다. 하나는 지분소유자들이 주로 이익에 관심을 가지고 있다는 점이다. 이는 이익이 일정 기간 동안 지분소유자들의 투자 결과를 나타내기 때문이다. 다른 하나는 기업이 존재하는 이유가 이익을 내기 위한 것으로 보기 때문이다. 즉, 이익은 기업이 생존하는 데 반드시 필요하다고 보는 것이다.

이익은 실체가 수행하는 활동에 의해 창출된다. 엄격히 말하면 실체이론하의 이익은 자본이 아니라 기업의 순자산 변동으로 정의되어야 한다.[22] 실체이론에서 중시하는 것은 수익과 비용이며, 이익은 단순히 두 금액의 차이다.

수익은 기업의 생산물과 관련하여 기업이 수행한 거래로부터 발생한 순자산의 유입으로 정의된다. 소유주이론에서 비용은 소유주의 순재산을 감소시키는 궁극적인 지출과 관련이 있다. 반면, 실체이론에서 비용은 일정 기간 동안 수익을 창출하기 위해 기업이 소비한 자산이나 기타 용역의 원가와 관련이 있다. 비용은 실체의 자산가치를 감소시킨다. 소유주이론에서는 재무상태표의 오른쪽 면, 즉 회계등식에 있어서 소유주 몫(P)을 강조하고 있다. 반면 실체이론에서는 재무상태표의 왼쪽 면인 자산을 강조하고 있다. 왜냐하면 자산은 기업이 사업을 위해 가지고 있는 경제적인 자원으로 간주되지만 지분은 보다 추상적이고 자산에 대한 청구권과 관련이 있기 때문이다. 즉, 지분은 자

---

22) 현재의 회계실무에서는 자본(capital)과 순자산(net assets)은 같은 의미로 사용된다. 여기에서의 자본에는 자본조정이 포함되며, 이익은 기말자본에서 기초자본을 차감하는 방법으로 계산된다. 반면, 이익을 순자산의 변화로 측정한다는 것은 순자산의 증가를 초래하는 수익과 순자산의 감소를 초래하는 비용으로 구분하고, 수익에서 비용을 차감하여 이익을 측정하는 방법을 의미한다.

산의 가치를 검토하는 데 간접적인 방법으로 사용된다.

자산과 비용은 성격면에서 본질적으로 동일한데, 두 가지 모두 용역을 제공한다. 차이가 있다면 비용은 이미 용역이 소비된 것이고 자산은 미래에 사용하기 위해 남아 있는 것이다. 수익의 기본적 특징은 수익을 얻기 위해 소비된 비용보다 많은 자산을 창출한다는 점이고, 반면 비용의 특징은 궁극적으로 자산을 감소시킨다는 점이다. 이에 대해 Paton과 Littleton은 다음과 같이 의견을 피력하고 있다.[23)]

> "그러므로 회계이론은 수익과 비용의 개념을 소유주 몫이나 주주지분의 증가나 감소로 설명할 것이 아니라 기업의 자산으로 설명해야 한다."

이익은 기업에서 발생되는 것이다. 그렇다면 이익이 주주에게 귀속되는 것처럼 왜 이익잉여금으로 마감되는가? Paton과 Littleton은 주주들이 총자산에 대한 계약상 잔여청구권을 갖고 있으며, 이런 이유로 이익을 이익잉여금에 포함시키는 것이라고 주장한다. 기업이 청산할 때 주주는 채권자에게 지급하고 난 후의 잔여액(실체의 잔여재산)을 지급받는다. 즉 이익잉여금은 주주에게 귀속되는 이익을 의미하는 것이 아니라 실체의 (잔여)재산에 대한 주주의 청구권을 의미한다. 실체이론에 관한 새로운 해석은 이익잉여금을 기업의 지분 또는 투자로 보고 있다.

실체이론에 대한 전통적 해석에 의하면 이자는 비용이기보다는 이익의 배분으로 간주한다. 주주들에게 배당금을 지급하듯이 이자는 채권자들에게 자금을 사용한 것에 대한 대가로 지급하는 것이다. 실체이론에서는 채권자와 주주를 자금의 공급자로서 동일한 지위에 있는 것으로 보기 때문에 이자와 배당금은 동일하게 처리해야 한다는 것이다.

또한 법인세도 이익의 배분이라고 주장하는 사람들이 있다. 소유주이론의 옹호자들은 법인세가 특정한 정부의 용역, 예컨대 방해요인으로부터 보호하고 경쟁수준을 유지시키거나 불공정한 관행을 못하게 하는 등에 대한 대가로 지급하는 것이기 때문에 기업의 비용이라는 것이다. 그러나 Paton은 법인세가 특정한 항목이나 서비스에 대한 원가를 나타내는 것이 아니라 강제로

23) W. Paton and A. C. Littleton, *An Introduction to Corporate Accounting Standards*, Florida: AAA, 1940, p. 9.

부과되는 것이라고 주장한다. 더욱이 법인세는 정부로부터 받은 효익에 직접 비례하여 지급하는 것도 아니다. 기업의 성공에 대한 정부의 기여는 전적으로 시장원리를 제외한 외부요인으로 인한 것이다. 그럼에도 불구하고 정의에 따라 법인세는 이익을 구성하는 요소의 하나로 간주된다. 따라서 정부는 어떠한 자본도 제공하지 않고 기업에 대해 강행할 수 있는 지분을 소유한 또 하나의 청구권자로 간주한다. Paton은 법인세를 비용이 아니라 이익의 손실배분으로 간주해야 한다고 주장한다.[24)]

실체이론의 새로운 해석에 따르면 기업은 자신을 위해 사업을 수행한다. 자신의 사업에 사용한 자금에 대한 대가가 비용이다. 왜냐하면 채권자와 주주 모두를 외부집단으로 간주하기 때문이다. 그러므로 법인세와 마찬가지로 이자와 배당금도 기업의 비용이다. 따라서 이들 항목은 실체 그 자체가 가지고 있는 지분금액을 감소시킨다.

실체이론에서 기업은 주주와는 별개의 독립된 실체이므로 이중과세의 문제가 발생되지 않는다. 그러므로 각 실체(기업과 주주)가 자신의 이익에 대해 세금을 내야 하는 것은 당연하다. 실체이론에 대한 새로운 해석을 지지하는 자들은 주식배당도 이의 수령자에게 과세해야 한다고 주장한다. 왜냐하면 주식배당은 주주가 아닌 실체에게 귀속되는 이익잉여금으로부터 나오기 때문이다. 주식배당은 주주들이 전에는 보유하지 않았던 무엇인가를 실체로부터 받은 것으로 간주한다.

4.3 실무에의 영향

회계실무는 소유주이론 또는 실체이론이 의미하는 바를 일관되게 따르고 있지는 않다. 현행실무는 어느 하나의 이론만을 채택하여 적용하고 있는 것이 아니라 각각의 이론이 미치는 영향이 혼재되어 있는 실정이다. 즉, 회계실무 중 소유주이론의 영향을 받은 부분도 있고 실체이론의 영향을 받은 부분도 있다. 전통적 회계이론은 대부분 실체이론에 근거하고 있으나 현재의 회계절차 중에는 소유주이론의 영향을 받는 부분도 많다. 예컨대, 현행실무에서 차

24) 손실배분(loss distribution)이란 배당금 등으로 이익을 배분하기 전에 이익에서 먼저 차감된다는 것을 의미한다.

입이자는 비용으로 처리하고 현금배당은 이익의 배분으로 처리하고 있는데, 이는 소유주이론에 입각한 것이다.

실체이론은 몇 가지 회계절차에 중요한 영향을 주었다. 예를 들면, 주주이면서 회사 종업원에게 지급하는 급여는 비용으로 간주하는 것이 이에 해당한다. 그리고 연결재무제표 작성시 연결실체의 관점을 채택하고, 비지배지분을 수익과 비용 및 자산에서 제외시키지 않는 것도 실체이론을 적용한 것이다. 즉, 실체이론에서는 종속회사의 비지배지분은 지배회사의 지분과 동일하게 취급한다. 또한 관리회계에서 내부목적으로 평가대상 실체별 이익중심점과 원가중심점을 사용하는 것도 실체이론 관점을 가정한 것이다.

4.4 실물자본개념

실체이론에서 실체의 자산은 실체 자신만의 것으로 간주하며 소유주의 자금은 실체 외부의 것으로 간주한다. 실체이론의 관점에서는 기업이 책임 있는 기능을 수행할 수 있는 능력을 유지하기 원한다. 이런 이유로 실체이론에서는 기업의 실물생산능력을 유지하는 데 관심을 가지고 있다. 이는 재화와 용역을 창출하는 기업의 능력을 중시하는 실물자본 관점으로 알려져 있다. 실물자본 유지자들에 의하면 이익계산에서 기말시점에 유지해야 할 유복한 상태(부)는 기초시점과 동일한 실물생산수준을 달성할 수 있는 능력이다. 이 개념에서 자본유지는 기업이 시작시점에 가지고 있던 기업의 영업능력을 유지하는 것을 포함한다. 이익은 기초시점의 자산을 대체할 수 있는 기업의 능력이 유지되고 난 후에 추가로 획득된 것이다.

이러한 관점을 옹호하는 자들은 회복할 원가는 현재의 자산과 동일한 생산능력을 가진 자산의 현행원가라고 주장한다. 실체이론의 관점은 현재의 자산이 제공하는 동일한 생산능력을 유지하는 것이기 때문에 유일하게 관련 있는 가치는 현행원가 또는 대체원가이다.

IASB의 개념체계에서는 자본유지를 실물생산능력(영업능력)으로 정의하고 있는데, 이는 실물자본 관점과 일치하는 것이다. 그리고 실체이론의 관점에서 재화를 인도하거나 용역을 제공하는 실체의 실물생산능력은 실체의 영업능력을 구성하는 자산과 부채의 개별가격의 변동을 고려한 후에 결정된다.

4.5 재무자본개념과 실물자본개념의 비교

이익과 관련하여 실체이론과 소유주이론의 주된 차이점은 자산과 부채의 화폐가치변동액이 이익결정에 포함되는가 여부이다. 소유주이론에서는 화폐가치변동액이 이익결정에 포함되지만 실체이론에서는 제외된다. 현행원가회계를 선호하면서 소유주이론(재무자본)을 지지하는 자들은 자산과 부채의 가격변동액은 보유손익으로 손익구성항목이라고 주장한다. 반면에 실체이론을 옹호하는 자들은 기업이 사업을 계속하기 위해 가지고 있어야 하는 항목들의 가격상승은 이익의 구성요소가 아니며 자본유지조정(capital maintenance adjust)으로 자본에 직접 더해야 할 항목이라고 주장한다. 이 금액은 자산을 대체하기 위해 반드시 필요하다는 것이다.

자본유지개념에 따른 이익의 차이를 알아보기 위해 ₩700을 투자하여 인형을 구매하여 판매하는 소규모 기업의 예를 들어보자. 20×2년도에 기업의 소유주는 인형 1개를 ₩700에 구매하여 ₩1,000의 현금을 받고 판매하였고 20×2년도에 인형의 대체원가가 ₩800으로 증가하였다고 가정하자.

취득원가 기준으로 이익을 계산하면 ₩300이 될 것이다. 만일 이익인 ₩300 전액을 배당금으로 지급하면 기업에 ₩700이 남아 있게 되는데, 이 금액은 20×3년도에 사업을 계속하는 데 충분한 금액이 되지 못한다. 한 개의 새로운 인형을 구매할 수 있는 능력을 유지하기 위해서는 ₩800이 필요하기

자료 3-2 소유주이론과 실체이론의 비교

소유주이론(재무자본유지)*		실체이론(실물자본유지)	
매 출 액	₩1,000	매 출 액	₩1,000
현행매출원가	800	현행매출원가	800
영 업 이 익	200	순 이 익	₩200
보 유 이 득	100		
순 이 익	₩300	자본유지조정	₩100

* 취득원가 모형에서는 현행매출원가를 사용하지 않고 과거 취득원가를 사용하며, 따라서 보유이득도 표시되지 않는다. 여기서는 비교목적으로 표시하기 위해 달리 표시했을 뿐이다.

때문이다.

두 가지 관점간의 차이를 나타내면 자료 3-2 와 같다. 재무자본 지지자(소유주이론 옹호자)들은 기업의 이익을 시작시점에 투자한 화폐금액을 감소시키지 않고 배분할 수 있는 금액, 즉 ₩300을 이익으로 간주한다. 반면에 실물자본 지지자(실체이론 옹호자)들은 이익을 ₩200으로 보고 ₩100은 자본유지조정으로서 원가의 증가로 인하여 초래된 것으로 간주한다. 이러한 자본유지조정은 기업 외부로 유출되지 않는다면 기업은 시작시점에 있었던 것과 동일한 실물상태를 유지하게 된다. 기초시점의 실물상태란 인형 1개를 구매해서 판매할 수 있는 능력을 의미한다. 이러한 관점에서는 이익인 ₩200을 인출해도 ₩800이 남아 사업을 계속할 수 있게 된다.

그러므로 어떠한 자본유지개념을 선택하느냐에 따라 포괄손익계산서에 보고되는 순이익이 달라진다. 뿐만 아니라 배당금의 형태로 처분가능한 이익에도 차이를 가져온다. 따라서 어떠한 회계적 관점을 취하느냐에 따라 보고형식과 보고내용이 달라지므로 회계적 관점의 선택이 중요하다.

5. 기타의 회계적 관점

본절에서는 소유주이론과 실체이론을 제외한 기타의 회계적 관점을 다룬다. 기타의 회계적 관점으로는 자금이론, 명령자이론, 투자자이론 및 기업체이론 등이 있다.

5.1 자금이론

5.1.1 자금이론의 본질

Vatter는 인격보다는 비인격인 자금(fund, 이를 기금이라 하기도 함)을 중시하는 자금이론(fund theory)을 제안하였다. 소유주이론은 소유주의 입장을 취하였고,

실체이론은 실체를 마치 사람처럼 취급하는 입장을 취하였다. Vatter는 두 가지 모두를 반대하였는데, 그 이유는 인격적 견해가 특수한 해석과 평가방법을 유도한다고 믿었기 때문이다.[25]

> "회계에서 인격화된 기반의 약점은 회계보고서의 내용이 인격적 유추에 의해 영향을 받는 경향이 있다는 것이다. 그리고 현안들도 문제의 본질을 고려해서 결정되는 것이 아니라 인격의 연장선에 근거하여 결정된다."

인격적 관점은 회계정보의 객관성에 기여하지 못한다. 자금은 특정한 목적이나 일련의 활동을 갖고 있는 운영단위이며, 이는 자산과 지분으로 구성되어 있다. 그리고 자금은 인격적 사고의 영향을 받지 않는다. 자금이론은 인격화에 근거한 이론의 일부가 되는 평가 또는 재무제표의 형식과 내용에 대해서는 자유로운 입장을 취하고 있다.

자금이론에 관한 회계등식은 다음과 같다.

자 산 = 자산에 대한 제약

각각의 자금은 몇 가지 목표를 이행할 것을 목적으로 하고 있다. 자산이 제공하는 용역(서비스)은 그 목표를 달성하는 주된 수단이다. Vatter는 지분에 대한 일반적 해석에 동의하지 않으며 지분을 자산에 대한 제약(restriction)으로 보고 있다. 그는 또한 청구권이 자산에 대해서 발생하지 않고 사람에 대해서 발생한다고 주장한다. 저당권 소유자는 특정한 자산에 대한 청구권을 가지고 있지 않고 단순히 그 자산이 처분되었을 때 대금을 우선적으로 지급받을 권리를 갖고 있을 뿐이다. 부채는 미래 지급을 나타내는 것이며 자산에 대한 현재의 청구권을 나타내는 것은 아니다. 그러므로 부채는 자산자금에 부과한 제약으로서, 지급을 위해 총자산의 일정 부분을 책정하는 것이다. 잔여지분(즉, 소유주지분)은 자산에 대한 최종 제약을 나타내며, 자산과 총지분의 금액이 같아지게 한다. 자산에 대한 제약이란 용어는 모든 조직에 공통적으로 사용될 수 있는 용어이다.

---

25) W. Vatter, *The Fund Theory of Accounting and Its Implications for Financial Reports*, Chicago: University of Chicago, 1947.

자금이론에서 재무상태표는 자산에 관한 재고조사표로 간주되며 제약이 가능한 자산인지를 나타낸다. 정보의 배열과 평가방법은 그 재무제표가 사용되는 목적에 따라 변한다. 예를 들어 차입목적을 위한 재무상태표는 주주에게 제공되는 것과 다를 수 있다.

수익은 지분제약으로부터 완전히 자유로운 자금이 보유하고 있는 자산의 증가액을 의미한다. 수익 이외의 거래는 총자산을 증가시킬 수 있으나 항상 그에 상응하는 제약이 생겨난다. 예를 들어 사채의 발행은 새로운 자산을 발생시키지만 동시에 미래에 원금과 이자를 지급해야 되기 때문에 총자산에 대한 제약이 생긴다. 제약이 없는 증여에 의한 수취는 수익이다. 그러나 그 원금이 유지되어야 하는 투자로서 사용에 제약이 있다면 그것은 수익이 아니다. 투자에서 생성되는 이자와 배당은 제약이 없으며, 따라서 자금에 대한 수익이다.

비용은 자금의 목적으로 명시된 목표달성을 위해 사용한 용역을 의미한다. 이러한 정의는 '수익창출의 원가'라는 사고를 포함하며, 더욱이 비영리조직에 폭넓게 적용할 수 있다.

Vatter는 이익개념을 신뢰하지 않고 있다. 그는 이익결정에 많은 문제가 있으며 회계담당자들이 이익을 지나치게 강조하고 있다고 주장한다. 이익은 그에 주어진 모든 중요한 요구를 충족시켜줄 수 없으며, 일반목적의 이익수치는 유용성면에서 한계가 있다고 하였다. 따라서 그는 순이익수치로 끝나는 성과보고서 대신 정보이용자들이 자신의 목적에 적합한 이익수치를 스스로 계산할 수 있는 보고서를 제안하였다. 그는 중요한 것은 이익이 아니라 자금의 흐름이라고 주장한다.

자금이론은 정부와 대학 등 비영리회계에 준거의 틀을 제공하고 있다. Vatter는 자금회계가 기업에도 적용가능하다고 생각하였으나 기업실무에서는 극히 제한적으로 적용되고 있다. 그러나 자금에 대한 광의의 개념은 대부분 국가들이 기본재무제표의 하나로 현금흐름표를 도입하는 데 이론적 근거를 제공하였다. Clift는 자금이론을 다음과 같이 요약하고 있다.[26]

"특히 Vatter와 같은 몇몇 학자들은 경제단위에 자원을 제공하는 모든 집단의

26) R. Clift, "The Fund Statements," *Discussion Paper No. 2*, Melbourne: AARF, 1979, p. 3.

기여를 인식하는 방법으로 회계보고서가 작성되어야 한다는 점을 제안하였다. 이러한 제안은 가장 중요한 흐름으로 간주해 왔던 이익의 중요성을 배제한다는 것을 의미한다. 비록 Vatter의 제안은 광범위한 지지를 받지 못하였지만 자금보고서를 옹호하는 많은 사람들은 그의 생각을 적어도 암묵적으로는 인정하고 있다."

5.1.2 현금흐름

Vatter가 제안한 자금보고서는 IAS 7(현금흐름표)에 의해 기업들이 작성해야 하는 현금흐름표와 동일하지는 않다. 그러나 현금흐름표에 대한 선구자적 역할을 한 것은 틀림없다. 더욱이 Vatter가 제안한 보고서는 미국에서 1963년, 호주에서는 1972년 이후, 우리나라는 자금운용표라는 부속명세서로 1970년대 후반까지 작성한 보고서와 유사하다. 자금이론에 대한 확실한 믿음은 자금운용표를 작성해야 하는 의무조항이 도입되기 이전에도 미국이나 호주의 기업들이 이런 내용을 자발적으로 보고해 왔다는 사실에서도 확인할 수 있다. 만약 기업들이 이런 보고서의 효익이 없다고 느꼈다면 추가비용을 들여 이를 작성하지 않았을 것이다.

그동안 규제기관에서 요구한 자금의 개념은 점점 좁혀져 왔다. 미국 및 호주와 마찬가지로 우리나라에서는 자금개념으로서 총재무자원, 운전자본, 현금및현금성자산 등 세 가지를 검토하여 사용한 바 있다. 이 중 총재무자원 개념이 Vatter의 자금이론과 가장 유사하다고 할 수 있다. 이러한 자금개념을 사용한 자금운용표는 자금이 대체적인 자금을 창출하기 위해 어떻게 운용되었는가를 보여준다. 자금운용표는 두 가지 구성요소, 즉 자금의 원천과 자금의 운용으로 구성되어 있다. 자금의 원천은 자금이 생겨나는 곳, 즉 차입금의 증가나 영업활동, 주식의 발행, 자산의 처분 등으로 구분하여 보고한다. 자금의 운용은 자금의 사용, 즉 부채의 상환, 배당금의 지급, 자산의 취득 등을 나타낸다. 기존의 자금을 자금의 원천에 포함시키면 자금의 운용과 자금의 원천은 항상 같게 된다. 왜냐하면 자금을 사용하려면 사용할 자금이 있어야 하는데, 사용할 자금이 자금의 원천이기 때문이다.

자금운용표는 어떠한 자금개념을 사용하느냐에 따라 내용이 달라진다. 예를 들어 토지를 처분하고 현금을 수취한 경우에는 위에서 언급한 어느 개념에서나 자금의 원천으로 보고된다. 그러나 토지의 처분대가로 장기성 어음(비유동자산)을 받았다면 현금이나 유동자산의 증가를 초래하지 않았기 때문에 현금(현금성자산 포함)이나 운전자본 개념을 사용한 자금운용표에는 보고되지 않고, 총재무자원 개념의 보고서에만 표시된다. 반면, 1년 이내에 회수하기로 한 어음(유동자산)을 수취했다면 현금개념에는 표시되지 않지만 총재무자원과 운전자본 개념을 기준으로 한 보고서에는 표시된다.

그동안 자금운용표와 관련한 여러 가지 기술적인 문제들이 제기되어 왔다. 이는 주로 자금개념에 관한 것으로 연구자들은 자금개념으로 현금을 사용하지 않는 보고서에 대해 회의적인 태도를 보여왔다. 의사결정유용성 접근법을 채택하고 기업이 취득원가 모형에 의한 이익을 보고하는 경우에 자금운용표가 정보이용자에게 추가적인 정보를 제공할 때에만 그 보고서를 제공하는 가치가 있다. 이에 관한 연구결과는 다음과 같다.27)

(1) 현금흐름은 영업활동으로 인한 자금보다는 보고된 이익과 관련성이 더 적다.
(2) 현금흐름은 영업활동으로 인한 자금이나 보고이익보다 더 우수한 미래 실제현금흐름의 예측치이다.

Vatter의 주장과는 달리 실증연구 결과가 의미하는 가장 적절한 자금개념은 현금개념이다. 요즘 대부분의 국가에서는 자금보고서로 현금(현금성자산 포함)개념에 기초한 현금흐름표의 작성을 요구하고 있다. 현금흐름표는 기업의 활동을 영업활동, 투자활동, 재무활동으로 구분하여 각 활동에서의 현금흐름을 보고한다.

---

27) R. Bowen, D. Burgstahler and L. Daley, "The incremental information content of accrual versus cash flows," *Accounting Review*, 1987. 10; G. P. Wilson, "The incremental information content of the accrual and funds components of earnings after controlling for earnings," *Accounting Review*, 1986. 4 등의 연구가 있다.

5.2 명령자이론

Goldberg는 소유주이론과 실체이론 모두가 소유권 개념에 근거하고 있어 정의를 내리거나 분석하기 어렵다고 주장한다.[28] 그는 소유권 대신 자원에 대한 효과적인 경제적 통제를 중시해야 한다고 주장한다. 일반적으로 실체를 인격화하려는 경향이 있으나 실체를 움직이는 것은 인간이라는 사실을 잊어서는 안 된다고 한다. 좀더 정확하게 말하면 사람은 다른 사람을 위하여 행동하며, 의사결정은 특정한 개인이나 집단이 행한다는 것이다. Goldberg는 자금이론이 화폐단위에 인격적 의미를 부여하지 않으려는 이유에 대해 의문을 제기하였다. 그는 회계 절차나 과정을 사람이 수행한다는 점을 지적함으로써, 회계의 어느 측면도 인격적 의미를 완전히 배제할 수 있는 방법을 모색하는 것은 어렵다고 하였다.

명령자이론(commander theory)은 사람만이 행사할 수 있는 통제의 기능에 관심을 기울인다. 자원을 전개할 권한을 갖고 있는 개인이나 집단이 경험의 단위나 관점이 되어야 한다고 주장한다. Goldberg는 그러한 권한을 가지고 있는 사람, 즉 자원을 통솔하는 자를 명령자(commander)라 하였다. 명령자 개념은 실체나 기금과 같은 인위적 추상물을 사용하지 않고 회계의 기능과 목적에 대한 실제적 해석을 가능하게 해 준다.

개인소유주는 그 자체가 명령자이다. 소유주이론은 소유권 측면을 강조하지만 소유주가 그들 기업의 자원을 통제하고 있다는 것을 간과하고 있다. 이익을 발생시키는 자원을 지휘하는 것은 소유주의 능력이다. 소유권은 법률적인 것과 관련이 있으나 통제는 경제적 기능의 하나이다. 명령자이론의 지지자들은 소유주를 명령자(경영자)로 간주하지 않고 소유권을 가지고 있는 자로 간주하는 것은 잘못된 것이라고 주장한다.

대규모 기업에서 주주들은 기업소유주의 일부이지만 기업의 자원에 대한 통제권을 갖고 있지 않다. 그러나 그들도 그들 자신의 자원에 대한 통제권을 가진다. 따라서 그들도 명령자인 셈이다. 기업의 자원에 대한 통제권은 명령자 계급의 수중에 있다. 각각의 경영자는 몇 가지 자원에 대해 다소 제한된 통제권을 가지고 있는 반면, 그들 중의 한 사람 또는 소수의 사람이 모

---

28) L. Goldberg, *An Inquiry into the Nature of Accounting*, Florida: AAA, 1965.

든 자원에 대한 전반적 통제권을 갖고 있다.

Goldberg는 회계의 기능이 명령자에 의해, 그리고 명령자를 위하여 수행되어야 한다고 했다. 재무제표는 명령자에 의해 명령자에게 행해지는 보고서라는 것이다. 회계기록을 유지하고 재무제표를 작성하고 재무보고를 분석하는 것은 사람에 의해, 사람의 효익을 목표로, 사람을 위하여 행해진다는 것이다. 회계절차는 소유주나 실체 또는 자금이 아니고 기업의 최고명령자의 관점에서 행해진다고 한다.

재무상태표가 기업의 명령자에 의해, 그리고 이들을 위하여 작성된다면 이는 명령자가 자원을 어디로부터 받았고 이들 자원을 어떻게 운용했는가를 보여주는 보고서이다. 따라서 재무상태표는 소유권이 아닌 수탁책임에 관한 보고서로 간주된다. 즉, 재무상태표는 회계책임에 관한 재무제표이다. 그것은 명령자가 반드시 소유할 필요는 없지만 통제하고 있는 자원으로서 명령자에게 위임된 자원을 보여주는 보고서이다. 자원은 사람, 즉 최고명령자와 그의 팀에 의해 운영된다. 이때의 자원은 사람(즉, 채권자와 주주)에 의해 조달되며, 사람의 청구권을 만족시키거나 사람으로부터 어떤 것을 구매하는 데 사용된다.

포괄손익계산서는 일정 기간 동안 명령자 또는 그의 팀에 의해 수행된 활동의 결과를 설명해 주는 보고서이다. 활동의 결과는 명령자의 관점에서 작성된다. 명령자들은 어떤 유형의 지출이 발생하였고 그 결과가 어떻다는 것을 요약된 형식으로 설명한다.

명령자이론은 최근까지도 회계실무에 직접적인 영향을 주지는 않았다. 하지만 소유주이론 및 실체이론의 의미가 실무에 병행하여 존재하는 모순되어 보이는 현실을 볼 때, 명령자이론이 강조한 경제적 통제의 사고는 소유주이론 및 실체이론 모두가 공통적으로 사용하는 절차를 종합하고 합리화하는 기준이 될 수 있다. 통제(control)라는 개념은 최근에 자산의 본질을 결정하는 데 중요한 요소가 되었다. 또한 통제는 연결재무제표에 포함시키는 실체의 범위를 결정하는 데 사용되고 있다. 명령자이론은 그 자체로 일부 지지를 받고 있다. 그러나 현재 사용되는 통제의 개념은 명령자에 의해서가 아니라 실체에 의한 통제라는 의미가 더 강하다. 어찌되었건 실체이론이나 소유주이론 및 명령자이론 모두가 현재의 회계실무에 영향을 미친 것은 사실이다.

5.3 투자자이론

Staubus는 회계의 목적이 자본공급자에게 정보를 제공하는 것이라면 회계기능과 재무제표는 투자자 입장을 견지해야 한다고 주장한다.29) 여기서 투자자는 주주와 채권자 모두를 포함한다. 투자자이론에서의 회계등식은 다음과 같다.

자 산 = 특정지분 + 잔여지분

위 식에서 특정지분은 부채와 우선주이다. 대부분의 경우 기업에서의 잔여지분은 보통주지분과 동등하다. 보통주지분이 없어졌을 경우에만 우선주지분이 잔여지분이 된다. 위의 회계등식은 잔여지분이 자산과 특정지분의 가치에 의하여 결정된다는 것을 나타낸다.30)

투자자들은 특정한 기업과 자신들의 관계의 결과로 나타나는 미래현금수취액을 예측하기 위해 정보를 요구한다. Staubus는 투자자의 미래현금수취액은 다음에 달려 있다고 한다.

① 현금을 지급할 수 있는 기업의 화폐적 능력 : 이는 투자자가 수취하리라고 기대하는 시점에서 회사가 현금을 얼마만큼 보유하고 있는가와 관련이 있다. 이때 재무제표는 미래현금액을 예측하는 기초를 제공한다.

② 투자자에게 지급하려는 경영진의 의지 : 이에 관한 정보는 회사가 자산을 대체하거나 사업의 확장, 부채의 요구조건 등 회사의 자금수요에 관한 정보에 의해 간접적으로 얻을 수 있다. 이때 재무제표는 기업이 그들에게 현금을 지급하려는 의지가 확고한가를 판단하는 데 도움을 준다.

③ 투자자의 청구권에 관한 법적 우선권 : 이에 관한 정보는 주석이나 재무제표 이외의 자료로부터 얻을 수 있다.

투자자이론은 외부이용자, 특히 주주의 욕구를 중요시한다. 소유주이론

---

29) G. Staubus, *A Theory of Accounting to Investors*, Berkeley: University of California, 1961.

30) Staubus는 투자자 중 특히 잔여지분소유자인 보통주주를 중시하는 사고에 기초하여 투자자이론을 제시하였다. 이런 의미에서 이를 잔여지분이론(residual interest theory)이라고도 한다.

역시 주주를 포함하고 있지만, 소유주이론에서는 주주들이 실제 현실보다 더 많은 권한을 가지는 소유주로 보고 있다. 반면 Staubus는 주주를 기업활동을 결정할 권한이 거의 없이 주로 재무제표에 의존하는 투자자로 보고 있다. 투자이론은 투자자에게 중점을 두고 있기 때문에 현금흐름에 관한 정보욕구가 크다.

5.4 기업체이론

Suojanen은 대기업을 사회적 책임을 가진 기관으로 생각한 Drucker의 견해에 착안하여 기업체이론(enterprise theory)을 창안하였다.[31] 기업체이론은 기업을 많은 이해관계자들, 즉 주주와 종업원, 채권자, 고객, 정부기관, 일반대중들에게 영향을 미치는 의사결정을 행하는 사회적 기관으로 보고 있다. 기업체 개념은 실체개념보다 더 넓은 개념이다. 왜냐하면 기업체이론에서는 기업을 사회에서 행할 역할을 가진 조직으로 보는 반면 실체이론은 기업을 이익을 추구하는 고립된 조직체로 보고 있기 때문이다.

오늘날 경영진은 자신을 단순히 주주의 대표자로 간주하지 않고 기업의 생존과 성장에 책임을 지는 기업의 보호자로 생각한다. 경영자는 여러 이해관계자 집단간 중재기능을 수행한다. 주주들은 소유주로서 법적 권리를 가지고 있지만 기업의 입장에서 보면 그들의 권리는 조직과 그의 생존에 부차적인 것이다. 기업과 접촉하여 혜택(수익)을 받는 자들(즉, 주주와 채권자, 종업원, 정부기관 등)은 기업의 안녕에 중요한 이해관계를 갖고 있다. 그러므로 기업은 주주에 대해서만이 아니라 그들 모두에게 책임을 지고 있다. 이러한 책임은 생산과 배분 과정에 화폐성 자원과 인적자원 및 물적자원을 사용하고 자원제공자에게 보상하는 기업의 기능과 직접적으로 관련되어 있다. 이러한 관점은 여러 대규모 공공조직이 채택한 TBL개념과 일치한다. 이들이 중요시하는 것은 이해관계자들에 대한 기업의 경제적 · 사회적 · 환경적 영향이다.

---

31) W. Suojanen, "Accounting Theory and the Large Corporation," *The Accounting Review*(July 1954).

5.4.1 부가가치이익

사회적 기관으로서 대기업은 앞서 언급한 바와 같이 기업의 산출물과 관련된 책임에 의해 평가받는 것이 마땅하다. 왜냐하면 기업이 사회에 기여한 것은 주로 기업의 산출물이기 때문이다. Suojanen은 부가가치개념의 이익이 이러한 사회적 기여를 가장 잘 나타낸다고 주장한다. 부가가치는 일정 기간 기업이 창출한 가치를 나타낸다. Suojanen은 부가가치와 그의 원천 또는 기업의 참여자간 배분을 공시하기 위한 보충명세서를 제안하였다. 1975년도에 영국의 ASC(Accounting Steering Committee)는 보충명세서에 부가가치보고서를 포함시킬 것을 제안하였다. 영국의 상장기업 중 적어도 25%의 기업들이 이러한 보고서를 발행하고 있는 것으로 추정된다. 그러나 부가가치보고서는 우리나라나 미국, 호주 등에서는 아직 전반적인 지지를 받지 못하고 있다.

부가가치는 성과측정치의 하나로서 일정 기간 기업이 창출한 가치 또는 부의 측정치이다. 부가가치의 또 다른 해석은 추가적인 부를 창출하기 위해 공동으로 노력하는 실체의 참여자, 즉 종업원, 자금공급자, 정부기관 등의 성과측정치의 총합이라는 것이다. 전통적인 회계이익은 주주의 효익을 위하여 창출한 부의 측정치로 주주에게 귀속되는 순이익이다. 그러나 부가가치접근법에서는 이익을 다수의 참여자가 공동으로 노력한 결과로 보고 있다. 부가가치개념이 사회의 변화를 반영하기 때문에 앞으로 점점 중요해질 것으로 예상된다.

부가가치개념은 넓은 지지를 받지는 못해 왔지만 다시 관심을 끌고 있는 개념 중의 하나이다. 이는 앞서 설명한 TBL보고와 밀접한 관련이 있다. 즉, 조직들은 자신의 행동뿐만 아니라 그들이 활동하는 공동체, 사회 및 환경의 지속가능성에 대한 그들의 기여를 나타내려고 노력하고 있다.

그러면 부가가치를 어떻게 계산할 것인가? 경제학자들은 부가가치를 주로 국가이익으로 보고 있으므로 회계담당자가 보는 방법과는 다르다.[32] 예를

32) 부가가치를 계산하는 방법에는 '요소차감법'과 '요소가산법'이 있는데, 요소차감법은 수익에서 그 앞 단계의 비용요소를 차감하여 산출하는 방법이고, 요소가산법은 부가가치를 형성하는 여러 요소를 가산하여 산출하는 방법이다. 한국은행에서 현재 사용하고 있는 요소가산법의 내용을 수식화하면 다음과 같다.

부가가치＝법인세 차감전 당기순이익＋인건비＋금융비용＋임차료＋조세공과＋감가상각비

자료 3-3 전통적 손익계산서와 부가가치보고서의 비교

전통적 손익계산서(이익잉여금 포함)

매 출		₩500
차감 :		
재료, 소모품 사용액	₩100	
수도광열비	40	
급여와 임금	100	
이자비용	20	
감가상각비	30	290
세전이익		210
법인세		100
순이익		110
차감 : 배당금		50
이익잉여금		₩60

부가가치보고서(이익잉여금 포함)

매 출		₩500
차감 :		
재료, 소모품, 용역, 설비 사용액 (₩100 + ₩40 + ₩30)		170
부가가치		₩330
부가가치의 배분 :		
종업원		₩100
자금공급자 :		
배당금	₩50	
이 자	20	70
정 부		100
기업확장을 위한 기금		60
이익잉여금		₩330

들면, 경제학자들은 판매가격으로 표시한 총생산으로부터 시작하지만 대부분의 회계담당자들은 매출액을 더 선호하는 것 같다. 왜냐하면 매출액은 회사의 생산물에 대해 소비자가 실제로 기꺼이 지급한 금액이기 때문이다. 부가가치보고서에 대해서는 일반적으로 인정된 원칙이 없으므로 보고서마다 차이가 있게 마련이다. 전통적 손익계산서와 부가가치보고서를 비교하여 표시하면 자료 3-3 과 같다.

5.4.2 기업체이론의 함축적 의미

기업체이론은 사회손익계산서를 도출한 사회회계개념의 선두주자이다. 여기서 사회손익계산서와 사회회계개념이란 손익계산서와 각종 회계개념이 사회적 책임의 일환으로 작성되고 정립된다는 것을 의미한다. 기업체 관점은 사업에 공동으로 참여하여 이익을 창출한 참여자 집단의 관점이다. 이 관점은 기업이 생존하여 참여자들에게 계속적으로 이익을 가져다주려면 참여자들이 협력할 필요성이 있음을 강조한다.

경영자가 참여자들 사이에서 중재자로서의 역할을 수행해야 할 필요성은 명백하다. 공동의 노력이라는 생각은 각 집단이 다른 집단을 적으로 간주하는 대결주의와 대비된다. 정부와 노동자, 주주, 채권자, 경영진들이 기업체이론의 관점을 진정으로 받아들인다면 정부-기업-노동자의 관계에 획기적인 변화가 있을 것이다. 기업체이론에 내재되어 있는 철학은 일본의 기업모형과 밀접한 관련이 있는 것으로 보인다. 일본기업의 종업원들은 기업의 의사결정에 참여도가 높으며, 일본정부도 연구개발이나 감세제도를 통해 기업들을 돕고 있다. 기업체이론은 기업의 이익은 소유주의 것이라는 전통적 견해와 상치되지만 기업체이론의 시대가 조만간 도래할지도 모른다. 왜냐하면 시간이 흐를수록 사회의 구성원으로서 기업의 사회적 및 환경적 책임이 중요해지기 때문이다.

익힘문제

1. 회계적 관점과 보고범위에 대해 설명하시오.

2. 실체개념, 요소와 사건의 측정, 참여자 및 보고매체에 대해 TBL회계가 지향하는 것은 무엇인가? 각각에 대해 설명하시오.

3. 소유주이론과 실체이론을 비교하여 설명하시오.

4. 기타의 회계적 관점에는 어떤 것들이 있는지 설명하시오.

5. TBL보고와 ESG 회계의 유사점은 무엇인지 설명하시오.

CHAPTER 4

측정이론과 회계측정시스템

재무회계는 기업의 재무상태와 경영성과를 화폐단위로 측정하여 재무제표라는 양식에 의해 보고한다. 회계에서 숫자에 의한 측정이 이루어지는 이유는 양적 자료가 질적 자료보다 여러 측면에서 더 많은 정보를 제공할 수 있을 뿐만 아니라 이해하기 쉽기 때문이다. 재무제표에 보고되는 요소(자산, 부채, 자본, 수익, 비용 등)에 대한 측정은 회계의 중요한 기능 중 하나이다. 본장에서는 우선 측정에 대해 간단히 살펴보기로 한다. 다음으로 회계의 측정시스템으로서 취득원가(혹은 역사적 원가)회계, 현행원가(혹은 현행유입가치)회계, 그리고 현행판매가격(혹은 현행유출가치)회계를 살펴본 후, 그 외의 현행가치로서 공정가치, 사용가치 및 이행가치에 대해서도 살펴본다.

1. 측정의 본질과 신뢰성

1.1 측정의 개념

측정은 '수 이외의 물질체계(material system)의 속성을 나타내기 위하여 속성을 지배하는 법칙에 따라 숫자를 부여하는 것'[1] 혹은 '규칙에 따라 사물이나 사건에 숫자를 부여하는 것'[2] 등으로 정의된다.[3] 측정에 있어서 물질체계(사물이나 사건)는 그 체계의 속성과는 구분된다. 물질체계는 토지, 건물, 컴퓨터, 여행한 거리 등과 같은 것을 의미하는 반면, 속성(property)은 넓이, 길이, 색, 거리 등과 같이 물질체계에 내포된 구체적 모양이나 특성을 의미한다. 따라서 사람들은 물질체계 자체가 아니라 물질체계의 속성을 측정한다.

측정을 위하여 물질체계의 속성에 숫자를 부여하려면, 속성에 숫자를 부여하는 규칙이 있어야 한다. 일반적으로 측정에는 측정되는(사물이나 사건의) 속성과 수 체계를 연결시키기 위하여 규칙(조작적 정의)이 사용된다. 사물이나 사건의 주어진 속성에 규칙에 따라 수가 부여될 때 '속성이 측정되었다'고 한다. 예를 들어 건물(물질체계)을 취득원가(측정속성)로 측정한다고 하자. 이 경우, 우선 건물의 취득원가(측정속성)에 대한 의미론적 규칙(조작적 정의; 구입가격에 부대비용을 더한 것)을 정한다. 그리고 이러한 규칙에 의해 속성에 수(예, 1억원, 혹은 10만 달러)를 부여할 때 건물의 원가가 측정되었다고 한다.

회계에서는 일정 기간 동안의 자본의 변동으로 이익을 측정한다. 따라서 이익을 측정하려면 먼저 자본에 가치를 부여한 다음, 일정 기간 동안 기업의 부(자본)에 영향을 미치는 모든 경제적 사건에 대한 회계처리를 하여 자본가치의 변동을 측정한다. 그리고 이 변동을 이익의 측정치로 한다.

---

1) N. Campbell, "Symposium: Measurement and Its Importance for Philosophy," *Proceedings of the Aristotelian Society*, 1938, p. 126.

2) S. S. Stevens, "Mathematics, Measurement and Psychophysics," *Handbook of Experimental Psychology*, New York: John Wiley, 1951, p. 1.

3) 숫자(numerals; 數字)와 수(numbers; 數)는 서로 다른 개념이다. 숫자는 아라비아숫자(1, 2, 3 등), 로마숫자(Ⅰ, Ⅱ, Ⅲ 등)와 같은 부호를 의미하고, 수는 양적인 의미가 부여된 숫자를 말한다. 예를 들어 '3m'는 수이고, '3'이라는 숫자에 양적인 의미(길이)가 부여된 것이다.

1.2 측정의 신뢰성과 정확성

측정에서 자주 거론되는 용어 중 신뢰성과 정확성이 있다. 신뢰성과 정확성은 측정에서의 오류 문제와 관련된다. 예를 들어 바구니에 있는 계란의 개수와 같이 사물을 세거나 계산하는 것은 정확히 측정할 수 있다. 그러나 이러한 경우를 제외하고 대부분의 측정은 오류를 내포하고 있다.

1.2.1 오류의 원인

측정은 당연히 오류를 내포한다. 측정에서 나타나는 오류의 원천에는 다음과 같은 것들이 있다.

- 명확하지 않은 측정시행 방법 : 주어진 속성에 수를 부여하는 규칙은 일련의 측정시행 방법들로 구성된다. 그런데 측정을 시행하는 방법이 명확하지 않을 경우 측정을 하는 사람들이 측정규칙을 잘못 해석할 가능성이 있다. 이익을 측정할 경우 원가의 분류, 자산과 비용에 대한 원가의 배분 등과 같은 여러 가지의 측정시행 방법이 있는데, 회계담당자마다 이에 대한 해석이 달라질 수 있다.
- 측정자 : 측정자가 측정원칙을 잘못 해석하거나 편견을 가질 수 있고 측정과정에서 측정도구의 값을 잘못 읽을 수도 있다. 예를 들어 책상의 길이를 10명이 잴 때 측정값이 서로 비슷할 수는 있지만 정확히 일치하지는 않을 수 있다. 특히, 회계의 경우 측정자인 경영자는 이익을 높이거나 자산을 증가시키려는 경향을 가질 수 있다.
- 측정기구 : 측정에는 여러 기구들이 사용된다. 그런데 자, 각도기, 체중계 등과 같은 물리적 측정기구들도 정확하지 않을 수 있다. 더욱이 측정기구가 물리적인 도구가 아니라 그림이나 그래프, 표 혹은 가격지수 등과 같은 경우 더 많은 오류를 포함할 수 있다.
- 측정환경 : 측정을 시행하는 환경은 결과에 영향을 미칠 수 있다. 예를 들어 경제상황은 경영자에게 영향을 미칠 수 있으며 경영자의 압력은 회계담당자의 측정에 영향을 미칠 수 있다. 이처럼 오류가 편의(bias)에 의한 경우 이러한 오류를 작위적 오류(non-random error)라고 한

다. 작위적 오류는 측정자의 우연한 착오나 실수에서 발생하는 환경적 오류인 무작위적 오류(random error)와 구별된다. 이처럼 측정환경은 작위적 혹은 무작위적 오류를 발생시킨다.

• 명확하지 않은 측정속성 : 직접 측정하기 어려운 개념을 포함하는 측정과 같이 측정하려는 것이 명확하지 않은 경우가 있다. 예를 들어 종업원의 업무성과를 측정한다고 할 경우 측정해야 할 속성이 명확하지 않다. 회계에서는 이처럼 속성이 명확하지 않은 경우가 일반적이다. 비유동자산, 공정가치, 현행판매가격 등과 같은 개념들을 측정하기 위한 명확한 속성을 파악하는 것은 매우 어렵다. 속성의 명확성 문제는 측정방법이 아니라 측정하려는 속성의 정의와 관련된 것이다.

• 불확실성 : 측정이 미래의 시점과 관련될 경우 오류가 나타날 수 있다. 자산의 미래수익을 평가한다고 할 경우, 수익은 일정하지 않고 미래의 상황에 따라 변하게 된다. 미래의 상황변화가 확률적으로 파악되거나 불확실한 경우 수익의 평가에 오류가 발생한다.

앞에서 기술한 것처럼 사물을 세거나 계산하는 것을 제외하고는 대부분의 측정은 오류를 내포한다. 그렇다면 오류를 내포하는 측정이 포함된 주장을 어떻게 진리라고 할 수 있는가? 문제는 완벽한 것은 아무것도 없는데, 많은 사람들은 완벽을 요구한다는 것이다. 필요한 것은 완벽이 아니라 수용할 만한 정도의 오류한계를 정하고 오류를 인정하는 자세이다. 측정이 수용할 만한 정도의 오류한계 이내에서 이루어지면 회계에서는 올바르고 공정한 측정으로 간주한다.

1.2.2 측정의 신뢰성

자산, 부채, 자본, 수익, 비용 같은 회계요소들이 재무제표에 인식되려면, 측정된 재무제표요소가 신뢰성 있는 측정값이어야 한다. 여기에서 신뢰성 있는 측정이란 측정결과(수치값)에 일관성이 있어야 함을 의미한다. 신뢰성 있는 측정은 우선 측정방법이 만족할 만한 측정결과를 창출할 수 있어야 하며, 다음으로 특정 측정방법에 의한 측정값에 일관성이 있어야 한다.

측정은 정밀도(precision)가 있어야 한다. 정밀도는 숫자의 정밀성과 측정

실행의 정밀성이라는 두 가지 측면을 가진다. 실제 값이 15.56이라면 측정값이 15.5인 경우가 15인 경우보다 숫자의 정밀성이 높다. 측정실행이나 측정성과에서의 정교함 정도가 높거나 같은 속성을 반복적으로 측정하였을 경우 같은 결과를 낼수록 측정실행의 정밀성이 높다.

신뢰성은 측정실행의 정밀성과 관련된다. 신뢰성은 측정의 실행이나 측정결과의 정교함 그리고 측정결과가 같은 결과를 내는 정도와 관련된다.

1.2.3 측정의 정확성

측정결과가 일관성이나 정밀성, 그리고 신뢰성이 있을지라도 측정결과는 정확성이 떨어질 수 있다. 양궁선수가 10개의 화살을 지름 5cm 이내의 원 안에 모두 쏜다(일관성과 정밀성이 높음)고 하여도 50점의 점수(정확성)를 얻지 못할 수 있다. 정확성은 속성의 '진실값'에 얼마나 근접하게 측정되는가와 관련된 것이다. 이들의 관계를 나타내면 자료 4-1 과 같다.

사물의 무게와 같이 근본적인 속성은 사물과 진실값을 나타내는 기준(도량형의 국제기준 등)을 이용하여 정확하게 결정할 수 있다. 사물의 무게는 무게라는 표준(1kg에 대한 국제표준무게기준)을 나타내는 측정도구(저울)를 사용하여 측정이 가능하다. 그런데 많은 경우 측정의 진실값이나 정확한 기준이 알려져 있지 않다.

자료 4-1 신뢰성과 정확성의 관계

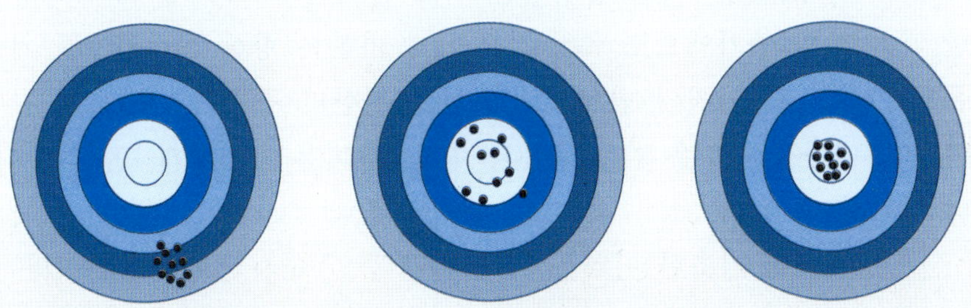

신뢰성이 높은 경우 / 정확성이 높은 경우 / 신뢰성과 정확성이 높은 경우

회계에서 정확성을 판단하기 위해서는 어떤 속성을 측정해야 하는지를 알아야 한다. 회계의 목적은 유용한 정보의 제공에 있다. 따라서 회계측정의 정확성은 유용성의 논리와 관련되어야 한다. 그러나 회계에는 유용성에 대한 적용가능하고 확정된 양적 기준이 무엇인지에 대한 일치된 견해가 존재하지 않는다. 그렇다고 반복적인 측정이 정확성을 보장하지도 않는다. 예를 들어 선입선출법에 의하여 재고자산의 금액을 반복해서 측정하면 똑같은 결과를 나타내어 신뢰성 있는 측정치를 보일 것이다. 그러나 이 측정값은 수학적 계산의 정확성만을 확인하는 것이지 진실한 재고자산의 가치를 나타내는 것은 아니다. 그래서 사회과학에서는 종종 계산이 정확하다는 것으로 이해되는 정확성(accuracy)보다는 타당성(validity)이라는 용어를 사용한다.

2. 회계에서의 측정과 측정시스템

2.1 회계에서 자본과 이익의 측정

회계에서 자본이나 이익의 측정은 국제회계기준 이전의 취득원가에 기초한 측정과 국제회계기준하의 공정가치에 기초한 측정으로 나누어 볼 수 있다.

취득원가에 기초한 측정에서는 일정 기간의 수익은 같은 기간에 발생된 비용과 대응되었다. 수익이 비용보다 크면 자본의 증가가 이루어진 것으로 보았다. 취득원가로 측정된 이익은 기초의 자본이 기말에 그대로 유지되고 난 후 자본의 증가액으로 측정된다. 이때 자본은 항상 취득원가를 기준으로 유지시키고 자산가치의 변동으로 인한 순자산의 증가는 이익으로 간주하지 않는다. 따라서 이익은 기초 자본과 수익 및 비용을 어떻게 측정하느냐에 따라 달라질 수 있다.

공정가치에 기초한 이익은 일정 기간 동안 순자산의 공정가치의 증가와 감소를 포함한 모든 활동의 결과 발생한 자본의 변화에서 소유주와의 거래에 의한 자본의 변화를 제외하여 측정한다. 그리고 자본은 자산의 공정가치에서 부채의 공정가치를 차감한 순액이다. 이것은 기초자산의 가치, 일정 기간의 수익과 비용, 그리고 일정 기간 동안 자산과 부채의 공정가치의 변화를 측정해야 한다는 것을 의미한다. 이익은 영업활동과 재평가(유상증자 등 신규자본의 유입이나 현금배당과 같은 자본거래는 제외)를 포함한 다양한 요인에 의하여 발생한 자본의 변동이다.

이처럼 회계에서 자본(순자산)의 가치를 측정하는 방법이나 기준은 세월이 흐름에 따라 달라졌으며 그 결과 이익의 개념도 달라졌다. 현재와 같은 순자산의 평가방법이나 자본유지개념이 처음부터 있었던 것은 아니다. 1930년대까지는 이와 유사한 개념만 어렴풋이 존재하였을 뿐 자본유지와 이익에 대한 명확한 개념이 존재하지 않았다.

1940년에 Paton과 Littleton은 처음으로 자본과 이익에 대한 명확한 정의를 하였다.[4] 그들은 이익을 가득된 수익에 취득원가를 대응시키거나 배분한 결과 남는 금액으로 정의하였다. 즉, 수익에 비용을 대응한 결과로 이익을 정의하였다. 그들은 이익측정을 회계의 주요 관심사로 보았고, 재무상태표는 비용으로 배분되지 않은 취득원가(미소멸원가)를 취합한 것으로 간주하였다. 따라서 재무상태표는 기업의 순시장가치(순공정가치)의 측정과는 거리가 멀었다. 이러한 Paton과 Littleton의 개념과 원칙은 취득원가에 기초한 회계시스템을 형성하였고 공정가치에 기초한 회계측정의 개념이 도입되기까지 주축이 되는 회계시스템이었다.

1960년대의 규범이론은 취득원가에 의한 이익과 자본유지개념에 상당한 변화를 초래하였다. 취득원가에 의한 자산의 평가는 의사결정에 전혀 유용하지 않으며, 계산된 이익도 현재의 자원 사용의 결과를 올바르게 측정하지 못한다고 주장하였다. 따라서 일반 혹은 개별 물가변동을 고려한 다양한 자본유지와 이익 개념이 대두되었다. 다양한 기준에 의한 기초자본을 유지한 이후에 이익이 창출되는 것으로 보고, 이익을 실질적인 구매력의 증가 혹은 재화나 용역을 제공할 수 있는 능력의 증가로 간주하였다. 이러한 개념에 근거하여 무엇이 우수한 이익을 측정하는 시스템인지에 대한 많은 논쟁이 있었으나 하나의 결론에 도달하지는 못했다. 다만, 공정가치에 의한 회계측정이 우수한 시스템이라고 주장하는 사람이 많은 편이다.

현재 회계에는 여러 가지 측정시스템이 존재한다. 이러한 서로 다른 관

---

4) W. Paton and A. C. Littleton, *An Introduction to Corporate Accounting Standards*, Florida: AAA, 1940.

점은 회계에 다양한 영역이 있음을 의미한다. 그중 취득원가회계는 전통적이며 우위를 차지하고 있는 측정원칙이다. 그런데 시간이 지남에 따라 취득원가에 의한 이익의 중요성이 감소하고, 재무상태표 항목과 무형자산의 중요성이 점차 부각되고 있다. 더욱이 최근에는 기업활동의 국제화로 인하여 여러 나라의 기업간 비교가능한 재무정보를 창출할 수 있도록 전 세계에 통용될 수 있는 하나의 회계기준이 필요하다는 주장이 제기되었다. 이런 결과로 탄생한 것이 바로 국제회계기준위원회(IASB)이다.

2.2 회계의 측정시스템

회계의 기본적인 기법은 15세기 Pacioli의 복식부기시스템 이후로 거의 변화가 없었다. 그 이후 산업혁명과 1929년의 대공황을 거치면서 전통적인 취득원가시스템이 태동되었고, 1930년대에 자본의 측정과 기업의 경제활동을 기록하고 보고하는 기본적 틀이 형성되었다. 1960년대에 들어서는 회계의 기본적 틀이었던 취득원가시스템에 이의를 제기하는 여러 대안적 회계시스템이 개발되었다. 대안적 시스템 중 대표적인 것으로 공정가치시스템이 있다. 그러나 공정가치시스템을 사용하더라도 취득시에는 취득원가로 기록한다는 점에 이의를 제기하는 학자는 없다. 다만 취득 후 물가가 변동하므로 계속적으로 취득원가로 측정하는 것은 문제가 있다고 주장하는 학자들이 많다. 이들은 취득원가 대신에 다른 측정속성(예, 현행원가 등)을 사용하여 이익을 계산하거나 자산을 재측정하자고 주장한다.

취득원가시스템의 대안적 시스템을 개발하기 위해서는 취득원가를 대체할 측정속성(측정기준)을 정해야 한다. 측정속성(measurement attributes)을 시점과 재화의 유입 및 유출 시장으로 구분하여 도시하면 자료 4-2 와 같다.

유입시장(투입시장)이란 기업이 필요로 하는 재화를 공급해 주는 시장, 즉 공급자시장을 말하며, 이때 형성되는 가격이 유입가치(투입가치, input value or entry value)이다. 유출시장(산출시장)이란 기업이 생산한 재화를 판매하는 시장, 즉 소비자시장을 말하며, 이때 형성되는 가격이 유출가치(산출가치, output value or exit value)이다. 따라서 현행유입가치(②)란 현재시점에서 공급자시장으로부터 재화를 구입할 때의 가치를 의미한다. 동일한 논리로 현행유출가치

자료 4-2 시점과 시장에 따른 측정속성

시장 \ 시점	과 거	현 재	미 래
유입시장	① 취득(역사적)원가	② 현행유입가치	–
유출시장	–	③ 현행유출가치	④ 현재가치

(③)는 현재시점에서 소비자시장에 재화를 판매할 때의 가치를 의미한다.

현행유입가치의 대표적 예로는 현행대체원가(current replacement cost)와 현행재생산원가(current reproduction cost)가 있다. 그리고 현행유출가치에는 현행시장가치(current market value)와 순실현가능가치(net realizable value : NRV) 등이 있다.

그러므로 취득원가시스템에 대한 대체적 회계시스템으로 현행유입가치(현행투입가치)시스템과 현행유출가치(현행산출가치)시스템을 제시할 수 있다.[5] 그리고 구체적으로 사용하는 측정속성에 따라 이름을 달리 붙여 사용하기도 한다. 예컨대 현행유입가치 중 현행대체원가를 사용하면 이를 현행대체원가시스템 또는 현행대체원가회계 등으로 부른다.

앞서 언급한 바와 같이 이익을 결정하려면 자본유지개념이 도입되어야 한다. 유지해야 할 자본개념으로는 재무자본과 실물자본을 들 수 있다. 현행원가시스템을 주장하는 이유는 재무자본유지개념의 취득원가시스템에 문제가 있다고 느끼기 때문이다.

이익을 결정하기 위해 유지해야 할 자본을 계산하려면 측정속성과 더불어 측정단위도 정해야 한다. 지금까지 사용된 측정단위로는 명목단위와 구매력단위가 있다. 명목단위는 물가변동, 즉 구매력의 변화를 고려하지 않은 것이다. 반면 구매력단위는 물가변동을 고려한 측정단위이다. 예컨대 기업을 설립할 때 ₩100,000을 투자했는데, 이 당시 일반물가지수가 100이라고 가정하자. 1년 후 일반물가지수는 120으로 상승했고 자본이 ₩150,000으로 확정되었다면 이익은 얼마인가? 명목단위를 사용할 경우에는 ₩50,000의 이익이 계산

5) 현재가치(④)로 표시하기 위해서는 현금이 유입되는 시기와 그 금액 및 할인율 등을 추정해야 하므로 특정한 항목에 대해서만 사용하고 전반적으로는 사용하지 않는다.

되지만, 구매력단위를 사용할 경우에는 ₩30,000(= ₩150,000 − ₩100,000 × 120/100)의 이익이 계산된다.

다음에는 취득원가회계와 현행원가회계 및 현행산출가치회계에 대해 각각의 특징과 주장근거 및 그에 대한 비판을 중심으로 설명하고자 한다. 현행투입가치(현행유입가치)로 가장 많이 사용되는 측정속성이 현행대체원가이다. 이를 중심으로 한 회계모형을 현행대체원가모형이라 하는데, 이를 줄여 현행원가회계라 한다.6)

3. 역사적 원가(취득원가)회계

자산을 취득하거나 창출할 때의 역사적 원가(취득원가)는 자산의 취득 또는 창출에 발생한 원가의 가치로서, 자산을 취득 또는 창출하기 위하여 지급한 대가와 거래원가를 포함한다. 부채가 발생하거나 인수할 때의 역사적 원가는, 발생시키거나 인수하면서 수취한 대가에서 거래원가를 차감한 부채를 통해 유입된 자원의 순가치이다. 이러한 역사적 원가 측정치는 적어도 부분적으로 자산, 부채 및 관련 수익과 비용을 발생시키는 거래나 그 밖의 사건의 가격에서 도출된 정보를 사용하여 자산, 부채 및 관련 수익과 비용에 관한 화폐적 정보를 제공한다. 현행가치와 달리 역사적 원가는 자산의 손상이나 손실부담에 따른 부채와 관련되는 변동을 제외하고는 가치의 변동을 반영하지 않는다.7)

6) 일반적으로 유입(투입)가치에는 원가(cost)라는 용어를 사용하지만, 유출(산출)가치에는 원가라는 용어를 사용하지 않는다.

7) 재무보고를 위한 개념체계, 2019.4.19 의결, 제6장 측정 문단 6.4, 6.5, p. 75.

3.1 취득원가회계의 특징

3.1.1 수탁책임

현대사회에서 기업의 소유와 경영은 분리되었으며 더 나아가 기업 자체가 소유주, 채권자 등 기업의 이해관계자와는 분리된 고유의 실체가 되었다. 이에 따라 기업경영에 참가하지 않는 소유주는 기업의 재무상태나 경영활동에 대한 직접적인 정보를 얻을 수 없게 되었다. 그리고 기업에 자금을 제공한 소유주나 채권자는 기업실체의 회계기록이나 계정에 접근할 수 없는 '외부인'으로 취급받게 되었다.

그 결과 소유주는 기업에 대한 정보의 많은 부분을 회계정보에 의존하게 되고, 채권자들도 자신들의 이익을 위하여 경영자가 최선의 행동을 하고 있는가에 관심을 기울이게 되었다. 따라서 회계책임(accountability)은 보고기능에서 가장 중요한 목표가 되었다. 특히 경영자의 수탁책임(stewardship)은 외부의 이해관계자에게 보고를 하는 데 있어서 주요 관심사가 되었다.[8] 소유주와 채권자는 그들이 투자한 자금으로 경영자가 무엇을 하였는지에 관심을 갖지 않을 수 없게 되었다.

취득원가회계에서 수탁책임은 회계의 중요한 목적이 된다. 수탁책임은 경영자로 하여금 기업경영에 투하된 자원과 그 자원의 투하 결과 산출된 기업의 순가치 창출에 대한 설명을 하도록 하여 자금제공자와 기업 사이의 계약관계를 강조한다. 따라서 취득원가회계에서는 포괄손익계산서가 주요 의사소통수단이 된다.

3.1.2 자본과 이익

취득원가에 의한 이익은 보고기간 말에 취득원가로 측정된 자본의 증가이다. 따라서 이익을 결정하려면 회계실체는 기초의 자본(자산에서 부채를 차감한 후

8) 회계책임(accountability)은 경영자의 행동에 대한 설명 혹은 이유를 명확히 하는 것과 관련되는 책임으로, 경영자가 기업의 이해관계자(주로 소유주와 채권자)들이 제공한 자금을 올바로 관리하는 것과 관련된 수탁책임(stewardship)과 구분된다. 즉, 수탁책임이 맡겨진 자원을 경영자가 올바로 관리하였는가와 관련된다면 회계책임은 이러한 관리활동을 포함한 기업의 경제활동(경영자의 활동)을 올바로 설명하고 보고하였는가와 관련된다.

의 금액으로 순자산이란 용어와 같음)을 유지해야 한다. 이때 유지할 자본은 취득원가로 계산된다. 즉, 자산과 부채는 취득 당시의 원가로 평가된다.

취득원가회계에서 포괄손익계산서는 기업의 경영성과를 나타내는 것으로 가장 중요한 재무제표가 되는 반면, 재무상태표는 덜 중요하게 취급된다. 재무상태표는 단지 두 회계기간의 포괄손익계산서 구성요소들을 연결시키는 역할을 한다. 예를 들어 재무상태표의 자산은 소멸되지 않은 원가로서 미래에 포괄손익계산서에 비용으로 소멸될 것을 나타낸다. 따라서 재무상태표는 포괄손익계산서에 인식되지 않은 미소멸된 원가들을 모아 놓은 것이다.

이익의 계산에는 순자산비교법과 거래기록법의 두 가지 방법이 있다. 순자산비교법은 일정 기간 동안 자산에서 부채를 차감한 순자산의 변동을 통하여 이익을 계산하는 방법이다. 이 방법은 이익의 정의와 계산에 있어서 자산과 부채의 가치변화를 강조한다. 반면 거래기록법은 일정 기간 동안 수익에서 비용을 차감하여 이익을 계산한다. 이 방법은 이익의 정의와 계산에 있어서 수익과 비용의 직접 비교와 수익 및 비용의 인식을 강조한다.

취득원가회계의 거래기록법에는 원가의 대응과 보수주의라는 두 개의 기본적 개념이 내재되어 있다.

- 원가의 대응 : 취득원가회계를 사용하는 회계담당자는 구입된 재화와 용역의 원가 움직임을 추적한 후, 그 재화와 용역의 원가를 사업과정에서 얻은 수익과 대응시킨다. 회계담당자는 수익을 얻기 위하여 어떠한 원가가 소멸되었는가를 판단하고 소멸된 원가를 수익에 대응시킨다. 그리고 잔여원가, 즉 미소멸원가는 재무상태표에 자산으로 표시된다. 대응(matching)은 어떠한 원가가 비용이 될 것인가를 결정하는 지침이 된다.
- 보수주의 : 취득원가회계에서 또 다른 중요한 특징 중의 하나는 보수적 관점에서 회계처리를 한다는 점이다. 보수주의란 수익은 실현될 가능성이 매우 높기 전에는 인식하지 않는 반면, 비용은 가능하면 조기에 인식하자는 것을 의미한다. 결국 수익과 비용의 인식시점 간에 비대칭적인 왜곡현상이 발생한다. 보수주의의 또 다른 기준은 자산가치의 증가는 인식하지 않지만 자산가치의 감소는 즉시 인식하자는 것이다. 이에 대한 대표적 예가 저가법이다. 이러한 적용은 이익이 보수적

관점에서 계산되며, 수익이 포괄손익계산서에 반영되는 시점을 연기하는 결과를 초래한다.

3.2 취득원가회계의 주장근거

취득원가회계에 대한 주요 비판은 취득원가회계가 경제적 실질을 반영하지 못하고 자산의 최근 가치를 보고하지 못한다는 것이다. 이에 대해 취득원가회계의 주장근거는 다음과 같다.

(1) 취득원가는 경제적 의사결정에 적합하다. 경영자의 의사결정을 위해서는 과거의 거래에 기초한 자료가 필요하다. 경영자는 의사결정 과정에서 과거의 취득원가로 평가된 활동의 결과를 검토할 수 있어야 한다.

(2) 취득원가는 가능성이 아닌 실제 거래에 근거한 것이다. 취득원가회계에서는 실제 거래가 기록된다. 따라서 재무제표의 금액을 지지해 주는 기록이 존재하며 검증가능하다. 이 점이 발생할 수도 있고 그렇지 않을 수도 있는 현행가치로 기록하는 현행가치시스템과는 다르다.

(3) 이익을 판매가격 중 취득원가를 초과한 부분으로 정의하는 것은 가장 이해하기 쉬운 개념이다. 원가를 초과하는 판매금액으로 이익을 측정하는 개념은 성과를 계산하는 일반적인 방법으로 널리 인정되고 있다. 대부분의 사람들은 원가를 초과하는 수익을 사업 성공의 지표로 이해하고 있다.

(4) 회계담당자는 되도록 자료를 수정 없이 원래 그대로 유지해야 한다. 취득원가는 현행가치에 비하여 조작가능성이 낮다. 그리고 과거의 거래를 기록하는 것은 회계책임을 위하여 필요하다. 수탁책임의 주요 목표가 되는 회계책임이 중요하다면 취득원가가 사용되어야 한다.

(5) 현행원가나 현행판매가격을 기준으로 한 이익정보가 유용한 것도 아니다. 기업이 안정적인 판매망을 유지하기 위하여 유통회사의 주식을 오랫동안 보유해야 할 경우 기업은 유통회사의 주식가격이 아무리 상승하더라도 이를 처분할 의도를 갖지 않는다. 이 경우 유통회사 주

식가격의 변화를 기업의 이익에 포함시키는 것이 유용한 정보인가? 현행가치를 지지하는 사람들은 언젠가는 주식을 처분할 것이기 때문에 가격의 변화를 반영해야 한다고 주장한다. 그러나 이러한 주장은 처분할 의도가 없는 주식의 경우에는 적절하지 않다. 더욱이 경영자의 성과가 자신의 의사결정과 관련이 없는 환경의 변화(예, 가격의 변화)에 의해 평가되는 것이 타당한 것인가 하는 의문도 생긴다.[9]

3.3 취득원가회계에 대한 비판

취득원가회계는 회계의 목적과 객관성, 의사결정에 유용한 정보의 제공, 취득원가를 정당화해 주는 기본가정, 그리고 정보이용자의 정보욕구 등과 같은 여러 관점에서 비판의 대상이 되어 왔다. 여기에서는 취득원가회계에 대한 여러 관점에서의 비판을 살펴본다.

3.3.1 회계의 목적과 객관성

취득원가회계에서는 회계의 목적인 '경제적 의사결정에 유용한 정보의 제공'의 의미를 경영자의 수탁책임에 대한 정보를 제공하는 것으로 본다. 경영자의 수탁책임에 대한 정보를 제공하는 것은 중요하다. 그러나 회계의 역할은 정보이용자의 의사결정욕구를 만족시키는 것이며, 의사결정은 과거가 아니라 미래지향적이다. 더욱이 수탁책임에 대한 정보는 소유주에 의한 최초의 투자금액으로 국한되지 않는다. 투자자들은 원가에 관심이 있다기보다는 가치의 변화(영업활동을 통한 가치변화와 시장가격 변화에 의한 가치변화 모두 포함)에 관심을 가진다. 그런데 취득원가는 가치의 변화를 반영하지 않는다.

취득원가회계의 또 다른 문제점은 취득원가회계시스템이 객관적 정보를 제공한다는 기본적 기능도 수행하지 못한다는 것이다. 취득원가회계에서도 정보를 기록하고 측정 및 보고하는 과정에는 수많은 의사결정이 개입하게 된다.[10] 이것은 취득원가회계가 결코 객관적이지 않으며 조작에 노출되어 있다

9) Y. Ijiri, "Theory of Accounting Management," *Studies in Accounting Research*, No. 10, Florida: AAA, 1975, p. 97.

는 것을 의미한다.

3.3.2 의사결정에 유용한 정보의 제공

취득원가회계 지지자들은 경영자들이 미래의 활동을 계획할 때 과거의 의사결정을 평가하기 위하여 과거의 자료가 필요하다고 주장한다. 그런데 과거의 결정이 잘된 것인지 아닌지는 궁극적으로 시장에서 어떠한 결과가 나타났는지를 파악하여 판단해야 한다. 과거 결정의 결과를 적절히 평가하기 위해서는 총이익을 영업활동에서의 손익과 자산이나 부채를 보유함으로써 발생되는 보유손익으로 구분해야 한다. 그리고 영업손익과 보유손익을 각각 기대부분과 비기대부분으로 구분할 필요가 있다.[11)]

이러한 점에서 취득원가는 기업의 의사결정을 평가하는 데 적절하지 않다. 자산이 최초 취득될 시점에서는 자산의 원가가 그 당시의 경제적 가치를 반영하기 때문에 취득원가가 적절하다. 그러나 취득 이후 시간이 경과하면 과거의 취득원가는 현재의 상황을 반영하지 못하므로 더 이상 적절하지 않다.

따라서 취득원가회계의 이익은 미래지향적인 의사결정을 하는 데 적절하지 않다고 비판받고 있다. 이는 취득원가회계가 미래지향적이기보다는 과거지향적이기 때문이다. 기업이 자원을 취득한 후 시간이 경과함에 따라 최초의 취득원가는 현재의 경제적 상태를 반영하지 못한다. 취득원가가 현재의 영업활동과 완전히 관련되었다고 믿는 것은 회계절차에 의하여 만들어진 생각으로 현실적이지 않고 옳은 것도 아니다. 또한, 취득원가를 현재의 수익에 대응하는 것은 총이익을 영업이익과 보유이익으로 구분하지 못하게 한다. 즉, 현재의 수익에 과거의 취득원가를 대응시켜 계산한 이익은 현재의 영업이익과 과거 취득 이후의 보유손익이 합쳐진 결과이다. 따라서 취득원가회계는 총이익을 현재의 영업활동에 의한 이익과 자산을 보유함으로 발생한 보유손익으로 구분하여 보고하지 못한다.

취득원가회계의 또 다른 문제는 물가가 상승하는 기간에 이익이 과대계상된다는 점이다. 물가가 상승한 현재의 수익에 과거의 낮은 원가가 대응되

---

10) 예를 들어 감가상각과정에서 잔존가액이나 내용연수 등에 대한 가정이나 판단이 개입된다.

11) E. Edwards and P. Bell, *The Theory and Measurement of Business Income*, Berkeley: University of California Press, 1961.

므로 이익이 과대계상된다. 따라서 취득원가회계의 이익에 기초하여 배당을 실시할 경우 배당이 실제의 이익을 초과하여 자본이 잠식되는 상황이 발생할 수도 있다.

3.3.3 취득원가회계의 기본가정

취득원가회계를 정당화시키는 기본가정은 계속기업의 가정이다. 계속기업의 가정은 기업의 수명이 무한정이어서 기업의 비화폐성 자산은 그 사용목적을 충분히 달성할 수 있을 것으로 간주한다. 즉, 비화폐성 자산은 그 내용연수 동안 충분히 사용될 수 있을 것으로 가정한다. 따라서 취득원가는 수익에 대응될 적절한 금액이라고 주장한다. 비화폐성 자산 중 비유동자산은 처분할 목적으로 보유하는 것이 아니라 사용할 목적으로 보유하고 있다. 따라서 비유동자산은 처분가격이나 재구입가격으로 평가될 필요가 없고 과거 원가의 사용이라는 측면에서 평가되어야 한다고 주장한다.

그런데 기업의 실제 수명은 무한하지 않다. 그리고 계속기업의 가정이 취득원가회계를 정당화시키는 논리도 명확하지 않다. 비화폐성 자산 중 비유동자산을 기업이 보유하여 사용하는 것은 다른 대안(예, 처분)보다 사용이 유리하기 때문인 것으로 볼 수 있다. 즉, 기업이 비유동자산을 사용하는 것보다 처분하는 것이 유리하면 처분할 것이다. 따라서 비유동자산은 내용연수 동안 충분히 사용하는 것이기 때문에 취득원가로 평가해야 한다는 것은 현실적인 주장이 아니다. 비유동자산의 사용과 처분은 현재시점에서 사용가치와 처분가치를 비교하여 결정하는 것이므로 계속 사용한다는 이유로 과거의 가치(취득원가)로 측정하는 것은 정당화될 수 없다.

3.3.4 정보이용자의 정보욕구

순이익의 결정에 더 많은 의미를 부여하는 취득원가회계는 기업과 관련된 중요한 공시를 오도하거나 은폐할 수 있다. 전통적인 취득원가회계를 주장하는 사람들은 회계정보이용자에 대하여 오해하는 부분이 있다. 즉, 투자자들의 정보욕구가 순진하고 단순하며, 기업의 주식이 분석되는 방법에 대하여 시대에 뒤처지고 근본주의자적인 관점을 가지고 있다고 본다.[12] 전통적인 취득원가회계를 주장하는 사람들은 기업에 대한 분석과 주식시장에 대한 분석이 서로 다를 수 있다는 생각을 하지 않고 있으며, 따라서 회계정보이용자들의 정보욕구도 달라질 수 있다고 생각하지 않는다.

기업에 대한 분석이 기업과 관련된 사실을 분석하는 것이라면 주식시장에 대한 분석은 정보이용자들의 심리와 관련된다. 따라서 이 둘 사이에는 차이가 존재한다. 투자자들은 시장성이 높은 증권에 관심을 많이 두므로 시장의 움직임에 즉시 반응하며 단기적인 관점을 가진다. 따라서 투자심리는 주가에 많은 영향을 미친다. 이러한 이유로 많은 투자자들은 기업의 본질적 가치의 분석보다는 시장의 투자심리가 주가에 미치는 영향에 더 많은 관심을 기울인다. 전통적인 취득원가회계 가정들은 투자심리의 파악을 위한 정보를 요구하는 투자자들의 정보욕구를 충족시키는 것에 기초하여 형성되었다. 즉, 취득원가회계는 실제 기업에서 어떠한 상황이 벌어지고 있는가에 대한 관심(기업의 본질적 가치변동)보다는 주로 시장에서의 투자심리와 관련된 정보를 요구하는 투자자들의 욕구를 충족시키는 것에 기초하여 형성되었다.

그런데 전통적 취득원가회계는 투자자들은 단순하며 장기적 수익성보다는 단기적 수익률을 강조한다고 가정한다. 이러한 투자자들에 대한 견해는 투자자들을 오도하는 회계(예, 분식회계 등)가 탄생하게 되는 요인이 되기도 하였다. 따라서 취득원가회계는 장기적 관점에서의 기업에 대한 분석을 위한 정보이용자의 정보요구를 충족시키지 못한다는 한계를 가진다.

취득원가회계에 대한 이러한 문제점은 1960년대에 새로운 회계시스템의 필요성을 제기하였다.

4. 현행원가회계

현행원가회계는 자산을 현재의 시장에서의 구입가격으로 평가하고, 이익은 현행원가(즉, 현행구입원가)를 고려하여 계산한다. 현행원가회계는 전통적인

12) M. Whitman and M. Shubik, "Corporate Reality and Accounting for Investor," in S. Zeff and T. Keller (eds.), *Financial Accounting Theory 1*, New York: McGraw-Hill, 1973, pp. 62-72.

취득원가회계의 한계를 극복하여 경영자의 과거 의사결정 결과를 정확히 파악하기 위한 노력에 의해 출현되었다.

현행원가로 자산을 평가하면 현행원가와 취득원가의 차이인 보유손익이 발생한다. 현행원가회계는 또한 자본유지개념에 따라 이 보유손익을 이익의 구성요소에 포함시켜야 한다는 주장(재무자본유지 관점)과 이익의 구성요소에 포함시키면 안 된다는 주장(실물자본유지 관점)으로 구분된다.13)

4.1 현행원가회계의 특성

4.1.1 목적적합한 정보

기업과 관련된 의사결정자의 대표적 집단으로 경영자를 들 수 있다. 일반적으로 경영자는 기업의 이익을 극대화하기 위하여 자원을 어떻게 배분하는 것이 최선의 방법인지를 알고 싶어 한다. 경영자들이 결정해야 할 근본적인 문제는 다음의 세 가지로 구분할 수 있다.

- 기업의 확장 및 규모와 관련된 의사결정 : 특정 시점에서 기업이 보유해야 할 자산은 어느 정도인가?
- 기업의 자산구성(배합)과 관련된 의사결정 : 어떤 형태의 자산을 보유하고 있어야 하는가?
- 자금조달과 관련된 의사결정 : 자산보유를 위한 자금은 어떻게 마련할까?

경영자는 미래에 대한 예측에 근거하여 위의 세 가지와 관련된 의사결정을 한다. 정확한 미래예측을 위해서는 과거의 활동과 결정에 대한 평가가 필요하다. 과거의 활동과 결정에 대한 평가는 최초에 의사결정을 할 때 기대하였던 것과 실제의 결과를 비교하는 것이다. 이러한 비교를 통하여 최초의 기

13) 현행원가회계는 자산(부채)을 현행원가에 의하여 평가하는 것으로 자본유지 개념에 따라 구분되며 각각의 회계시스템은 측정단위인 화폐의 구매력변화를 고려하는가에 따라 명목단위 측정과 구매력단위 측정으로 구분된다. 따라서 현행원가회계는 "재무자본유지-명목단위"회계, "재무자본유지-구매력단위"회계, "실물자본유지-명목단위"회계, 그리고 "실물자본유지-구매력단위"회계로 구분된다.

대가 정확한 것이 아니었다는 것이 밝혀지면 현재의 결과나 미래에 대한 기대는 수정되어야 한다. 예를 들어 기업의 생산원가에서 차지하는 임금이 예산보다 많이 발생하였다는 사실을 회계자료를 통하여 확인하였다면 기업은 미래의 임금수준에 대한 기대와 총임금에 대한 예산을 수정할 필요가 있다.

그런데 현재의 상황과 과거의 사건이 뒤섞여진 회계정보가 제공되거나 현재의 상황이 반영되지 않은 회계정보가 제공된다면 과거의 활동과 결정에 대한 평가과정은 혼란스러워지고 평가의 유용성은 반감될 것이다. 예를 들어 현재의 가격으로 평가된 매출액에 과거의 가격으로 평가된 매출원가가 대응되어 계산된 매출총이익은 과거의 매출성과를 정확히 평가하는 데 혼돈을 가져올 수 있으며, 현재의 가격이 반영되지 않고 과거의 취득원가로 재고자산을 평가하면 과거의 구매활동을 올바로 평가하는 데 장애가 될 수 있다. 더욱이 특정 기간 동안의 가격변화는 경영자의 과거 의사결정을 평가하는 데 중요한 사건이 된다.

의사결정과 관련하여 현재의 상태를 반영하는 정보의 중요성은 경영자에게만 국한되지 않는다. 경영자에게 중요한 정보들 중 많은 부분은 주주와 채권자 같은 외부의 이해관계자에게도 중요하다. 주주와 채권자들 또한 경영자와 기업의 성과를 평가하는 데 관심을 가지고 있다.

올바른 의사결정은 자원의 효율적인 배분을 가능하게 하기 때문에, 내부 및 외부 이용자에 의한 경영활동의 평가는 성공적인 경제활동을 위한 수단을 제공한다. 회계정보는 미래의 의사결정에 필요한 과거 경영활동의 평가를 위한 정보를 제공한다. 그리고 경영활동 평가를 위한 회계정보에는 과거의 활동과 현재의 상태가 모두 반영될 필요가 있으며, 현행원가회계는 이러한 요구에 적절한 회계측정시스템이라 할 수 있다.

4.1.2 기업이익과 재무자원의 개념

경영자는 기업의 이익을 높이기 위한 노력으로 다음과 같은 두 가지 결정을 해야 한다.

- 보유의사결정 : 자산과 부채를 계속 보유할 것인가 아니면 처분(혹은 상환)할 것인가에 대한 결정

- 운용결정 : 기업의 자원을 어떻게 조달하고 운용할 것인가에 대한 결정

경영자에 의한 자원의 보유와 활용의 성과를 측정하기 위하여 Edwards와 Bell은 사업이익(business profit)이라는 이익개념을 제시하였다.[14] 그리고 사업이익은 현행영업이익(current operating profit)과 실현가능한 원가절감(realizable cost saving)으로 구성된다고 하였다. 현행영업이익은 판매된 산출물의 현행원가(판매가격)가 그와 관련된 투입물(예, 판매된 상품)의 현행원가를 초과하는 부분을 의미하며, 실현가능한 원가절감은 해당 기간에 기업에 의하여 보유한 자산의 현행원가의 증가(보유이익의 증가)를 의미한다. 실현가능한 원가절감에는 실현된 원가의 변화뿐만 아니라 미실현된 원가의 변화도 포함된다. 그리고 사업이익에는 전반적인 가격의 변화(일반물가수준의 변화)에 의한 이익의 증가는 제외된다. 따라서 사업이익은 실제에 기초한 이익이 된다.

사용된 자원이 현재의 구입가격으로 대응되므로 모든 자산과 부채 또한 현재의 구입가격으로 측정되어 현재가치로 재무상태표에 표시된다. 자본은 소유주 입장에서 실질 재무적 재산의 개념으로 측정한다. 따라서 현행원가회계에서의 이익은 기초의 구입가치(자본)를 일반물가수준으로 조정한 후에 결정된다. 즉, 이익은 일반물가수준의 변동을 수정한 이후의 보유손익 증가와 현행영업이익으로 구성된다.

4.1.3 보유손익

현행원가회계에서는 자본유지의 개념이 중요해진다. 자본유지의 개념에 따라 보유손익의 개념과 보유손익을 이익에 포함시킬지 여부가 결정된다. 여기에서는 재무자본유지 관점에 기초하여 현행원가회계에서의 보유손익의 개념과 보유손익의 회계처리에 대해 살펴본다.[15]

사업이익의 개념에서는 보유손익(holding gains and losses)과 영업손익이 혼

---

14) E. Edwards and P. Bell, *The Theory and Measurement of Business Income*, Berkeley: University of California Press, 1961.

15) 보유손익은 보유한 자산(부채)의 가격변화에 따라 발생하는 손익이다. 예를 들어 2000년 1월 1일에 ₩1,000,000의 토지를 구입하였는데 현재 그 토지의 시장가격이 ₩1,500,000이라면 시장가격의 변화에 따른 보유이득은 ₩500,000이다.

합되면 경영자의 의사결정 평가에 혼돈을 가져오며 효율적인 자원배분을 저해한다고 가정한다. 자산과 부채를 보유하는 의사결정도 경영자가 기업의 가치를 증가시키는 수단이 된다. 따라서 경영자와 기타 기업의 이해관계자들은 영업활동의 성공여부와 함께 보유의사결정이 성공적이었는지를 알고 싶어 한다.

취득원가회계에서는 보유에 따른 이득은 자산이 처분되어야만 인식한다. 따라서 자산이 동일 회계기간 동안에 구입되고 판매되지 않는다면 경영자의 보유활동에 대한 성공여부를 판단하는 것은 불가능하다. 취득원가회계는 또한 기업간 비교에서도 오류를 가져올 수 있다. 예를 들어 동일산업에서 똑같은 효율성을 가지는 A기업과 B기업이 있는데, A기업이 낮은 가격으로 자산을 구입하였다고 가정하자. 이 경우 동일한 감가상각방법을 적용하면 A기업의 감가상각비가 B기업보다 낮아 A기업의 영업이익이 B기업보다 높게 보고된다. 그 결과 A기업이 B기업보다 효율적인 것처럼 보인다. 그러나 영업이익이 더 높게 보고된 것은 경영자의 영업활동에서의 효율성 때문이 아니라 기업이 낮은 가격으로 자산을 구입한 구입활동(주로 과거 연도의 의사결정)을 반영한 결과이다. 따라서 보유손익과 영업손익을 구분해야 경영자의 구입활동 성과와 경영활동성과를 올바로 평가할 수 있으며, 궁극적으로 경영자 각각의 성과를 올바로 평가할 수 있다.

보유손익은 기업이 자산을 보유함으로써 발생하는 것으로 기업의 영업활동 결과 창출한 산출물에 의한 손익은 아니다. 따라서 보유손익을 이익의 구성요소에 포함시켜야 하는가에 대한 의문이 제기될 수 있다. 보유손익을 이익의 구성요소로 포함시켜야 한다는 논리는 크게 두 가지이다. 하나는 기회이득(손실)의 관점이고 다른 하나는 자산의 미래현금흐름의 관점이다.

기회이득(opportunity gain)의 관점은 보유이득이 자산구입시점의 올바른 선택에서 발생하는 것이므로 이를 이익의 구성요소에 포함시켜야 한다고 주장한다. 보유이득은 기업의 활동에 투자될 자원을 미리 확보함으로써 생기는 절감효과를 나타내는 것이다. 기업이 자산을 미리 확보하지 않고 가격이 상승한 이후에 구입하면 투입될 현금의 양이 증가한다. 가격이 낮은 시점에 구입하여 발생한 보유이득은 기업의 실제 이익이 된다. 따라서 보유이득은 이익에 포함시켜야 한다. 만일 특정 기업이 다른 기업들과 달리 가격이 낮은 시점에서 자산을 구입하였다면 다른 기업에 비하여 현금흐름이 유리해진다.

자산을 저렴하게 구입한 기업은 다른 기업에 비하여 현금유출이 줄어들게 된다. 기회이득의 관점에 의하면 이처럼 유리한 현금흐름은 다른 기업에 비하여 상대적 우위를 나타내는 것이므로 이익에 포함되어야 한다고 주장한다.

보유손익이 이익에 포함되어야 한다는 또 다른 주장은 '자산의 가격변화는 미래현금흐름을 반영한 것'이라는 논리에 근거하고 있다. 자산의 현행원가 변동은 그 자산을 사용함으로써 발생할 것으로 기대되는 미래현금흐름의 변화를 반영한 것이다. 즉, 자산가격의 변동은 미래수익력의 변화를 반영하는 것이다. 따라서 수익력의 변화를 반영하고 있는 자산의 가격이 변동되어 발생하는 보유손익은 이익의 구성요소가 되어야 한다고 주장한다.

보유손익을 이익의 구성요소에 포함시켜야 한다는 주장은 재무자본 관점을 반영한 것이다. 재무자본 관점에서의 이익은 소유자에 대한 배당이나 추가투자를 제외하고 기초의 투자액을 초과하는 기말의 자본금액으로 측정된다. 따라서 비록 실물자본의 변동은 없지만 보유한 실물자본의 가격변화에 의하여 증가한 재무적 자본액(보유손익)은 이익의 한 부분이 된다.[16]

4.2 재무자본과 실물자본

시장가치에 기초한 회계에서는 이익의 계산이 자본의 측정과 밀접한 관련을 가진다. 즉, 이익은 전통적인 회계에서 결정된 방법인 취득원가의 배분이 아니라 회계기간 동안 자본의 변화라는 좀더 엄밀한 정의에 의하여 측정된다. 여기에서는 전통적인 취득원가회계에 대한 대안으로서 현행가치에 기초한 회계시스템의 기초가 되는 자본(유지할 자본)의 개념에 대하여 설명한다.[17]

4.2.1 재무자본과 실물자본의 개념

취득원가회계의 대안으로는 현행가치에 기초하여 자산과 부채를 평가하는

16) 실물자본 관점에서는 보유손익을 이익의 한 부분으로 보지 않고 자본의 조정으로 본다.

17) 자본유지의 개념에 따른 이익의 측정시스템에 대하여는 제8장에서 상세히 다룬다. 여기에서는 새로운 회계시스템의 이해에 필요한 자본유지의 개념에 초점을 두어 설명하고 실물자본유지 개념에 기초한 현행원가회계시스템에 대하여 주로 설명한다.

현행가치회계를 들 수 있다. 현행가치회계는 다시 현행가치를 어떻게 측정하는가에 따라 현행원가회계와 현행판매가격회계로 구분된다. 현행원가회계는 자본을 구성하는 요소들을 현재의 구입가격(재취득원가)으로 평가하는 것이고, 현행판매가격회계는 자본을 구성하는 요소들을 현재의 판매가격으로 평가하는 것이다. 현행판매가격회계에서의 자본은 실제 존재(보유)하는 실물의 판매가격에 기초하여 평가된다. 따라서 현행판매가격회계는 실물자본에 기초한다.

반면, 현행원가회계에서는 자본에 대하여 재무자본개념과 실물자본개념이라는 근본적으로 다른 두 개념이 존재한다. 현행원가회계에서 자본에 대한 이 두 가지 개념 모두 현행 시장에서의 구입가격(현행원가)에 기초하여 평가한다는 점은 동일하다. 그러나 유지할 자본의 개념과 이에 기초한 이익의 평가방법은 확연히 다르다. 재무자본의 개념에서는 유지할 자본을 화폐단위(화폐금액)로 보는 반면, 실물자본의 개념에서는 실물 자체(상품, 건물 등)로 본다. 재무자본과 실물자본 개념의 주요 차이는 보유손익이 이익에 포함되는가 여부이다. 재무자본의 개념에서는 보유손익이 측정된 화폐금액의 변화를 나타내므로 보유손익은 이익에 포함된다. 반면, 실물자본의 개념에서는 보유손익을 실물측정치의 변화이지 실물 그 자체의 변화가 아닌 것으로 간주하므로 보유손익은 이익에 포함되지 않는다. 다음의 예는 둘 사이의 차이를 보여준다.

(주)해람은 20×1년 1월 1일에 현금 ₩10,000의 자본으로 설립되었다. 설립 즉시 상품을 단위당 ₩100에 100단위 구입하였으며 같은 달 31일에 상품 전체를 단위당 ₩180에 판매하였다. 판매일 상품의 현행원가는 단위당 ₩120이었다. 재무자본의 개념과 실물자본의 개념에 의하면 (주)해람의 20×1년 1월의 이익은 다음과 같다.

	재무자본개념	실물자본개념
매출액(100단위 × ₩180)	₩18,000	₩18,000
매출원가(100단위 × ₩120)	12,000	12,000
현행영업이익	6,000	6,000
보유이득	2,000	0
이 익	₩8,000	₩6,000

재무자본개념에서는 유지할 자본을 화폐단위로 간주한다. 따라서 현행영업이익을 계산하기 위해 수익에 대응된 매출원가(₩12,000)와 그 자산의 보유이득(=₩12,000−₩10,000)이 이익에 포함된다. 물론 위의 예에는 없지만 판매되지 않은 기말재고가 있다면 기말재고의 보유이득도 이익에 포함된다. 반면, 실물자본개념에서는 유지할 자본을 실물 자체로 본다. 따라서 보유이득 ₩2,000은 실물자본유지를 위해 유보될 필요가 있으므로 이익의 구성요소로 보지 않고 자본의 조정으로 간주한다. 그러므로 실물자본개념에서의 이익은 현행영업이익이 된다.

4.2.2 실물자본개념의 주장근거

실물자본유지를 주장하는 사람들은 자본은 기업의 운영능력(생산능력)을 나타내는 물리적 단위라고 주장한다. 위의 예에서와 같이 기업이 기초에 100단위를 보유하고 있었을 경우, 기업의 자본이 유지되려면 기말에 100단위를 구입할 수 있어야 한다. 예에서처럼 기말에 상품의 단위당 가격이 ₩20 올랐다면, 기말 시점에서 기업이 기초의 운영능력을 유지하려면 ₩2,000이 더 필요하다. 따라서 추가로 필요한 ₩2,000은 자본유지(실물자본유지)를 위한 조정이 된다. 실물자본유지 관점에서의 이익은 다음과 같이 분석할 수 있다.

100단위의 운영능력을 유지할 경우의 이익분석 :

기초자본	₩10,000
100단위의 구입(현금유출)	−10,000
100단위의 판매(현금유입)	+18,000
기말에 필요한 자본(100단위×₩120)	−12,000
순이익	₩6,000

만일 기업이 재무자본 관점에서의 이익 ₩8,000 전액을 배당한다면 회계기간말에 기업은 ₩10,000의 현금만을 보유하게 되며, 다음 회계기간인 2월초에는 운영능력이 약 83단위(₩10,000÷₩120=83.33단위)밖에 되지 않는다. 즉, 기초와 같은 수준의 운영능력과 동일한 자본이 유지되지 못한다.

실물자본개념에서는 보유손익이 이익의 구성요소에 포함될 수 없다고 주장한다. 실물자본개념에서 현행원가의 변화는 자산의 보유에 따른 이득이 아니라 자본유지조정(capital maintenance adjustment)으로 간주되어야 한다고 주장한다.[18)]

실물자본개념에서 보유자산의 가격변화를 이익에 포함시키지 않아야 한다는 논리는 다음과 같다. 경영활동에서 보유활동과 영업활동을 명확히 구분하기는 어렵다. 따라서 보유활동에 기인한 원가의 절감(보유이득)을 구분하기 어렵다. 더욱이 원가의 절감은 여러 대안 중 하나의 대안을 선정한 결과 나타나는 기회이득이다. 그런데 일단 의사결정이 이루어져 자산을 취득하면 자산의 구입가격은 매몰원가가 되므로 추가적인 행동으로 원가를 회피할 수 없다.

자산을 구입한 이후 가능한 대안은 그 자산을 처분하거나 계속 사용하는 것이다. 그런데 보유이득은 이러한 상황에 기초하지 않고 과거에 선택하지 않아서 현재에는 더 이상 존재하지 않는 대안에 기초하여 측정되는 개념이다. 즉, 과거에 이미 자산을 구입하였으므로, 과거에 자산을 구입하지 않았다고 가정하고 현재 구입할 경우(더 이상 존재하지 않는 실현 불가능한 대안)와 과거에 구입한 결과를 비교하여 보유이득이 발생하였다고 하는 것은 의미가 없다. 이미 사건이 발생하여 결과가 나왔는데 사건이 발생하지 않았을 경우를 가정하여 보유이득이 발생하였고 그것이 영업활동과 구분되는 보유활동에 따른 이익의 구성요소라고 하는 것은 의미 없는 것이다.

이익은 실현되었거나 기대되는 순현금의 흐름과 관련된다. 그런데 보유이득은 현금흐름으로 실현되지도 않았고 현금흐름을 기대할 수도 없으며 단지 과거에 지출되어 나타난 원가의 절감부분이다. 따라서 보유이득은 이익의 요소가 되기 어렵다. 만일 보유이득이 이익에 포함된다면 상품의 구입뿐만 아니라 A자산을 구입하지 않고 B자산을 구입하여 발생한 원가의 절감이나 이자율이 낮은 시점에서 차입하여 발생하는 이자비용의 절감 등도 이익의 구성요소가 되어야 한다. 따라서 실물자본의 관점에서는 보유한 자산의 가격변화를 보유이득이 아니라 유지할 자본의 조정(자본유지조정)으로 간주한다.

---

18) R. Samuelson, "Should Replacement Cost Change Be Included in Income?" *The Accounting Review*(April 1980).

4.2.3 실물자본개념에 대한 비판

실물자본개념은 많은 비판을 받아 왔다.[19] 실물자본개념에서 이익이 의미가 있으려면 다음의 네 가지 조건이 만족되어야 한다.

- 기업은 물리적으로 동일한 항목으로 계속 대체한다.
- 지속적으로 원가가 상승한다.
- 기업은 서로 다른 시장에서 구입과 판매가 이루어진다.
- 기업은 모든 자금을 실물단위에 투자한다.

위의 네 가지 조건이 만족되지 못하면 실물자본개념에 의한 현행원가회계는 심각한 측정의 문제에 봉착한다. 다음에서 네 가지 조건이 충족되지 못하는 상황을 각각 살펴보자.

- 항목의 변화 : 만일 기업이 기초시점과 다른 항목을 구입하면 어떠한 상황이 발생할까? 예를 들어 (주)해람이 1월 1일에 현금 ₩1,000,000을 투자하여 영업을 개시하였다고 하자. (주)해람은 이 자금으로 단위당 ₩100에 컵 10,000개를 구입하여 1월 31일에 단위당 ₩180에 모두 판매(총판매금액 ₩1,800,000)하였으며 판매시점에서 동일한 컵의 단위당 원가는 ₩120이었다. (주)해람은 2월 1일에 컵을 판매한 대금으로 접시 7,200개를 단위당 ₩250에 구입(총구입액 ₩1,800,000)하여 재고를 보충하였다. 접시의 가격은 1월 1일에 ₩200이었다. 이때 유지할 실물자본을 컵으로 볼 경우 이익은 ₩600,000(= ₩1,800,000 − ₩1,200,000)이 된다. 반면 유지할 실물자본을 접시로 볼 경우 이익은 ₩550,000(= ₩1,800,000 − ₩250 × 5,000개)이 된다.[20] 이처럼 유지할 실물자본을 컵으로 볼 것인지 아니면 접시로 볼 것인지에 따라 이익계산이 달라진다. 따라서 대체하는 실물의 항목이 변할 경우 이익의 계산이 명확하지 않다는 문제가 발생한다.

---

19) R. Sterling and K. Lemke(eds.), *Maintenance of Capital: Financial vs. Physical*, Kansas: Scholars Book Company, 1982, ch. 1.

20) 1월 1일에 컵이 아니라 접시를 구입했다면 5,000개를 구입했을 것이다.

- 원가의 하락 : 실물자본유지에 기초하여 이익을 계산할 경우, 기업이 보유한 실물자본의 가격이 하락하여 구입가격보다 낮게 판매한 경우에도 순이익을 보고하는 상황이 발생한다. 예를 들어 (주)해람은 1월 1일에 현금 ₩1,000,000을 투자하여 단위당 ₩100에 컵 10,000개를 구입하여 단위당 판매가격을 ₩160으로 정하였다. 그런데 1월 한 달 동안 컵의 가격이 계속 하락하여 1월말에 컵의 현행원가는 ₩60으로 하락하였다. 싼 가격에 컵을 구입한 경쟁기업들이 판매가격을 낮추어 1월말에는 컵의 판매가격이 단위당 ₩90이 되었다. (주)해람은 1월말에 컵 10,000개를 단위당 ₩95에 판매하였다. 이 경우 (주)해람의 실물자본유지에 의한 1월의 이익은 ₩350,000(=₩950,000－₩600,000)으로 계산될 것이다. (주)해람은 단위당 ₩100에 컵을 구입하여 ₩95에 판매하였다. 판매가격이 구입원가보다 낮은데도 ₩350,000의 이익을 보고하고 있다. 실물자본개념을 비판하는 학자들은 이러한 상황에서의 이익계산은 정확하지 않다고 주장한다.
- 동일시장 : 주식시장에서처럼 기업의 구매시장과 판매시장이 동일하다면 어떻게 될까?[21] 예를 들어, (주)해람은 1월 1일에 현금 ₩1,000,000을 투자하여 단위당 ₩100에 (주)동해의 주식 10,000주를 구입한 후 1월말에 주당 ₩160에 모두 판매하였다. 이 경우 현행원가에 의한 이익은 ₩0이 된다. 하지만 (주)해람은 ₩1,000,000을 투자하여 ₩1,600,000의 현금을 보유하게 되었다. (주)해람은 (주)동해의 주식 10,000주를 보유할 수 있게 되었으므로 실물자본의 관점에서 기초와 기말의 부의 수준에는 변화가 없다. 만일 (주)해람이 (주)둘리의 주식을 주당 ₩100에 10,000주를 구입한 후에 월말에 ₩90에 판매하였을 경우에도 이익은 ₩0이 된다. 기업이 자산을 보유하고 있을 경우에는 판매시장과 구입시장이 동일한 경우에도 물가수준에 따라 손익이 발생할 수도 있지만, 보유한 자산이 판매될 경우에는 자산의 가격변화에 관계없이 이익은 항상 ₩0이 된다. 따라서 회계기간말에 보유에 의하여 발생한 보유손익은 추후 자산의 판매에 의하여 조정되어 궁극적으로 (영업)이익은 없

21) 판매시장과 구매시장이 동일한 경우는 판매가격과 현행원가(현행구입가격)가 동일한 경우를 의미한다. 이 경우에는 매출액과 매출원가(현행원가)가 같아져 실물자본개념의 현행영업이익은 항상 "₩0"이 된다.

게 된다.

- 부분적 투자 : 현행원가에 의하여 이익을 계산하는 것은 배당가능한 이익을 계산하고 실물자본을 유지하는 방법이라고 주장한다. 그러나 이것은 기업이 자금을 모두 실물에 투자할 경우에만 가능해진다. 만일 기업이 자금의 일부만을 투자할 경우 문제가 발생한다. 왜냐하면 구입원가가 상승하는 경우 투자하지 않은 부분에 대해 기회손실이 발생되기 때문이다. 더욱이 하나의 품목에 투자하지 않고 많은 종류의 품목에 투자한 경우에는 이익계산이 복잡할 뿐만 아니라 금액의 신뢰성에도 의문이 생긴다.

5. 현행판매가격회계

현행판매가격회계는 기업의 재무상태와 성과평가에 시장의 판매가격을 이용하는 회계시스템이다.22) 현행판매가격회계가 전통적인 취득원가회계와 구별되는 두 가지 특성은 다음과 같다.

- 비화폐성 자산의 가치는 그 자산 자체의 시장판매가격 변화를 반영하여 수정되며 수정가액은 미실현이득으로 포괄손익계산서에 포함된다.
- 재무적 자본과 영업결과를 평가하는 데 화폐의 일반구매력 변화가 고려된다.

여기에서는 취득원가회계의 대안으로 제시된 현행판매가격회계의 특성, 주장근거 및 그에 대한 비판 등을 살펴본다.

---

22) 현행판매가격회계는 현행유출(산출)가치(예, 순실현가능가치 등) 중에서 현행판매가격을 측정기준으로 선택하는 모형이다. 이는 판매까지 발생되는 추가비용이 거의 발생되지 않는 경우에 바람직한 속성이다.

5.1 현행판매가격회계의 특성

5.1.1 이익과 자본

현행판매가격회계에서 재무상태표의 자산은 산출가치(판매가격)로 재측정된다. 따라서 자산은 정상적인 거래상황에서의 공정한 시장가치로 평가된다. 정상적인 거래상황은 기업이 일반적인 상태에서 자산을 판매하는 상황을 말하는 것으로 비정상적인 상황(청산이나 몰수 등)에서의 할인판매와 대비된다. 포괄손익계산서에는 영업에서의 이익(손실)과 자산의 보유에서 발생하는 보유이득(물가수준으로 조정한 후의 금액)이 포함된다. 즉, 현행판매가격회계에서는 이익을 포괄손익의 개념으로 측정한다. 포괄손익의 개념에서는 소유주지분 요소들의 실제 가치변화 모두가 손익계산에 반영된다.[23)]

현행판매가격회계를 주장한 Chambers는 측정과 가치평가를 구분하였다. 측정은 가격을 객관적으로 파악하는 것으로 측정자(회계담당자)와 독립적으로 이루어지는 반면, 가치평가는 측정되는 자산으로부터 창출될 수 있는 미래이익의 기대와 관련된다. 따라서 측정은 과거의 측정(취득원가), 미래의 측정(가치평가), 그리고 현재의 측정(현행판매가격)으로 구분된다. 현행판매가격회계는 현재의 측정에 의하여 재무제표요소를 측정할 것을 주장한다.

5.1.2 적응적 의사결정

현행판매가격회계를 주장한 Chambers는 기업을 재화와 용역의 매매활동에 참여하는 적응적 실체(adaptive entity)로 보았다. 기업은 생존을 위하여 기업이 처한 경쟁상황에서 계속적으로 적응하는 행동을 하게 되는데, 이러한 행동을 적응적 행동(adaptive behavior)이라 하고 이에 관한 의사결정을 적응적 의사결정(adaptive decision making)이라 한다.[24)] 기업에 대한 이러한 견해는 기업이 동

23) 이익의 측정에 어떠한 항목을 포함시킬 것인가에 따라 포괄주의와 당기업적주의로 나누어진다. 포괄주의는 기업의 주주지분에 영향을 미치는 모든 거래(소유주의 출자와 배당 같은 소유주와의 거래는 제외)를 손익에 포함시켜야 한다고 주장한다. 반면, 당기업적주의는 기업의 당기 성과에 의한 결과만을 손익에 포함시키고 다른 요소들(예, 자산의 평가액 변동)은 재무상태표의 잉여금을 직접 조정해야 한다고 주장한다.

24) 적응적 의사결정은 모든 정보를 검토하고 분석할 수 없는 의사결정과정에서 부분적인 정보만으로

적인 환경에 처해 있고 생존을 위하여 계속 적응해야 한다는 가정에 입각한 것이다.

기업이 존속하기 위해서는 시장에서 이루어지는 거래에 참가해야 하고 거래의 결과는 재무상태로 나타난다. 시장에서 자산과 부채의 화폐가치는 시장가격에 의하여 객관적으로 평가될 수 있으며 시장가격은 구입가격과 판매가격이 있다. 그런데 구입가격(현행원가)은 기업이 현재의 상태에서 적응적 행위를 하기 위해 현금을 동원하여 시장에 참가할 수 있는 능력을 나타내주지 못한다. 기업이 현금을 동원하여 시장에 참가할 수 있는 능력은 판매가격을 통하여 파악할 수 있다.

비화폐성 자산의 판매가격은 정상적인 상거래에서의 실현가능가격이다. Chambers는 이를 '현행현금상당액(current cash equivalent, 또는 현행현금등가액)'이라 불렀다. 그런데 판매가격은 자산의 현금상당액을 평가하는 유일한 방법이다. 따라서 비화폐성 자산에 대한 현금상당액의 평가를 위해 시장판매가격을 사용한다.

적응적 행동의 개념에서는 자산의 판매가 최선의 방법이라면 기업은 언제든 자산을 판매할 준비가 되어 있다고 전제한다. 따라서 기업은 자산의 사용을 통한 미래 현금유입의 현재가치가 자산을 판매하여 그 현금을 다른 투자대안에 투입하였을 경우 기대되는 순현금흐름의 현재가치보다 큰 경우에만 비유동자산을 보유한다. 그러므로 기업은 비유동자산을 판매하여 다른 투자대안에 투자하면 더 많은 수익을 올릴 수 있는 기회가 있는지를 항상 생각해야 한다. 이것이 현행원가(현행대체원가)가 아닌 현행판매가격을 사용하는 기회원가의 개념이다. 따라서 적응적 행동을 위해서는 현금 자체뿐만 아니라 기업자산의 현행현금상당액에 대한 정보가 필요하다.

기업은 적응적 의사결정을 통하여 동적이며 서로 경쟁하는 시장에서 생존한다. 그리고 기업의 이해관계자들은 기업의 적응적 의사결정 능력의 평가를 위한 현금상당액에 대한 정보를 요구한다. 현행판매가격회계는 기업의 적응적 의사결정에 적절하고 기업의 이해관계자들이 요구하는 현금 및 현금상당액에 대한 정보를 제공한다.

의사결정을 내리는 것을 말한다. 적응적 의사결정은 1차 목표를 정하고 시행착오를 거치는 과정을 통하여 이루어진다. 즉, 하나의 의사결정을 한 후 그 의사결정의 결과에 따라 다른 방법을 시도하는 시행착오의 과정을 통하여 목표를 달성하는 의사결정방법을 적응적 의사결정방법이라고 한다.

5.2 현행판매가격회계의 주장근거

5.2.1 유용한 정보의 제공

현대적 기업의 등장으로 소유와 경영이 분리되고 경영에 참여하지 않는 수많은 주주들이 등장한 결과 취득원가에 기초한 전통적 회계는 정확하지 않고 오해하기 쉬운 재무제표를 제공하게 되었다. 따라서 취득원가에 기초한 재무제표는 기업의 현행가치를 알기 원하는 주주에게 유용한 정보를 제공하지 못하게 되었다. 더욱이 취득원가에 기초한 재무제표 정보를 제공받는 주주와 기업의 경영에 직접 관여하여 기업의 현행가치평가에 더 유리한 정보를 보유한 경영자(혹은 경영에 참가하는 주주) 사이에는 정보비대칭 현상이 나타나게 되어 기업 외부의 주주들은 불리한 입장에 처할 수도 있게 되었다.

이러한 문제를 해결할 수 있는 이상적인 방법은 기업이 경쟁시장에서 직면한 모든 이익과 손실 및 시장가치를 보고하는 것이다. 그리고 이익에는 실현이익과 미실현이익이 모두 포함되어야 한다. 이러한 측면에서 현행판매가격회계가 필요하다.

5.2.2 목적적합한 정보

회계에 있어서 다양한 이익계산방법은 각각 장단점이 있다. 따라서 이익을 계산하는 하나의 가장 우수한 방법은 없다고 할 수 있다. Hicks는 개인의 이익을 '주말에 주초의 유복한 상태를 유지한다고 기대하면서 개인이 일주일 동안 소비할 수 있는 최대한의 가치'로 정의하였다.[25] 이를 기업의 관점에서 보면 이익은 소유주에 의한 추가출자나 배당을 제외한 두 시점에서의 자본(혹은 순재산, net wealth) 차이로 볼 수 있다.[26] 따라서 이익은 두 시점의 자본을 어떻게 측정하는가와 관련된다. 이익결정을 위하여 어떠한 자본평가방법이 가장 우수한가에 대한 결정은 더 우수한(유용한) 정보를 제공하는 자본평가방법을 결정하는 것과 관련된다.

---

25) J. Hicks, *Value and Capital*, Oxford: Clarendon Press, 1946.

26) 이익의 개념과 측정은 제8장에서 자세히 다룬다.

회계정보가 목적적합하려면 회계정보는 이용자의 의사결정모형에 적합해야 한다. 회계정보이용자의 의사결정모형은 여러 대안을 평가하고 선택하는 것이다. 따라서 회계정보가 목적적합하려면 주어진 회계정보가 정보이용자의 선택대안의 평가과정에 사용되어야 한다. 그러므로 회계정보의 목적적합성은 의사결정모형에 영향을 받는다. 결국, 목적적합한 정보를 제공하려면 우선 회계정보이용자의 의사결정모형을 파악하고 그 모형에 적합한 정보가 무엇인지를 결정해야 한다.

기업활동과 관련한 의사결정은 다음과 같이 요약할 수 있다.

- 시장에 참가하여 계속 머무를 것인지에 대한 계속된 의사결정[27)]
- 현금을 보유할 것인지 다른 자산을 보유할 것인지에 대한 계속된 의사결정
- 과거 결정에 대한 평가

이러한 의사결정에 유용한 정보로 다음과 같은 것들을 들 수 있다.

- 자산의 기대미래가격
- 다른 대안의 기대미래가격
- 자산의 현행판매가격
- 다른 대안의 현행구입가격
- 가장 최근의 평가시점에서의 가격
- 가장 최근의 평가시점에서 자산과 현금의 양
- 현재의 자산과 현금의 양

그런데 위의 정보 중 앞에서 살펴본 기업활동과 관련된 의사결정 모두에 적합한 정보는 자산의 현행판매가격이다. 다른 정보는 하나 이상의 의사결정에 적합하지만 모든 의사결정에 적합하지는 않다. 따라서 현행판매가격은 기업활동과 관련된 의사결정에 대한 여러 정보 중 가장 우수한 정보가 된다.

27) 계속된 의사결정은 앞에서 설명한 적응적 의사결정과 관련되는 것으로서 한 번의 의사결정이 아니라 추후에도 계속 반복하여 의사결정을 하는 것을 의미한다.

5.2.3 합산가능성

Chambers는 현행현금상당액 회계를 지지하는 주요 요인으로 합산가능성을 들었다. 회계의 주요 산출물은 재무상태표와 포괄손익계산서로 대표되는 재무제표이다. 그런데 재무제표의 항목별로 서로 다른 특성을 사용하여 서로 다른 가치를 부여하고 서로 다른 측정척도를 사용한다면, 각 항목의 측정값을 합한 총합계는 아무런 의미가 없을 것이다. 만일 자산의 일부항목은 현행원가로 평가하고, 다른 항목은 미래현금흐름의 현재가치로 평가하며, 또 다른 항목은 현금상당액으로 평가한다면 이를 모두 합한 재무상태표의 금액은 아무 의미가 없을 것이다. 그렇다고 서로 다른 시점에서 취득한 모든 항목을 취득원가로 평가한다면 이에 근거하여 계산된 순자산도 아무런 의미가 없게 된다.

현금상당액(산출가치)에 의한 재무상태표와 포괄손익계산서의 측정은 모든 기업에 적용가능한 동일한 측정규칙을 제공한다. 현행판매가격회계는 현금 및 현금상당액이라는 재무적 문제에만 초점을 두어 측정하며, 자산의 물리적 특성이나 기타의 다른 특성은 전혀 고려하지 않는다. 따라서 현행판매가격회계 자체는 평가에 있어서 일관성을 가진다.

5.2.4 배 분

Thomas는 취득원가회계와 현행원가회계가 자산평가나 이익결정에서 원가의 배분에 과도하게 의존하는 경향이 있다고 지적한다.[28] 그러나 현행판매가격회계는 재무제표가 배분의 문제로부터 자유롭다는 장점이 있다. 포괄손익계산서는 배분된 양의 변화를 보고하는 것이 아니라 일정 기간 동안 자산의 유입과 자산 및 부채의 산출가치 변화를 보고한다. 그리고 이익은 투자자에 의한 투자와 투자자에 대한 배당을 제외한 순자산의 실질구매력의 변화량을 나타낸다.

---

28) A. Thomas, "The Allocation Problem," *Studies in Accounting Research*, No. 9, Florida: AAA, 1974, pp. 112-114.

5.3 현행판매가격회계에 대한 비판

5.3.1 이익개념

기업은 자신들의 영업계획에 따라서 자산을 구입한다. 그리고 기업은 미래의 새로운 대안(영업계획)을 고려하기 전에 과거의 영업계획(영업성과)을 먼저 평가해야 하며 회계는 이러한 평가에 필요한 자료를 제공한다. 기업은 과거의 영업계획을 평가한 후, 미래에 대한 계획으로 자산을 원래 구입목적에 따라 계속 사용할 것인지 아니면 다른 대안(계획)에 맞추어 사용할 것인지 혹은 자산을 판매할 것인지를 결정한다. 이러한 관점에서 본다면 이익의 개념은 '기업의 원래 의도(원래의 영업계획)라는 관점에서의 성과측정'이라고 할 수 있다.

그런데 현행판매가격의 측정은 이와는 다른 이익개념에 기초하고 있다. 현행판매가격에 의한 이익측정은 기업이 자산을 사용하는 긴 기간 동안의 계획(영업계획)이 아닌 짧은 기간 동안 순자산의 현금상당액을 최대화하는 계획(영업계획)을 수립하는 것에 근거한 이익개념에 기초하여 이루어진다.

현행판매가격회계에 대한 비판에 의하면, 회계는 미래의 계획이 아니라 과거에 실제 일어난 사건만을 측정해야 한다고 주장한다. 즉, 미래 순자산의 현금상당액을 최대화하는 계획에 근거하여 자산을 평가하는 것이 아니라 과거의 영업계획에 기초한 자산의 활용 및 평가가 이루어져야 한다고 주장한다.

더욱이 현행판매가격회계는 의미 있는 이익정보를 제공하지 못한다. 재고자산이 현행판매가격으로 재평가되므로, 기업의 주요 활동인 판매성과(매출총이익)는 항상 ₩0이 된다.[29] 현행판매가격회계는 가격의 변화를 강조하고 실제 기업의 영업(판매)활동은 측정하지 못한다.

5.3.2 합산가능성

현행판매가격회계는 현재의 상태에 미래의 예측에 기초한 계산을 추가해서는 안 된다고 주장한다. 그러나 현행판매가격회계에서의 '현행현금상당액'은 점진적이고 계획대로 자산을 판매한다는 가정하에 평가가 이루어진다. 이것

29) 매출액인 판매가격과 현행판매가격으로 측정된 매출원가는 항상 동일하다.

은 현행현금상당액이 결정되어 재무상태표에 기록되는 시점에서의 미래 사건에 대하여 가정을 하고 있다. 점진적이고 계획대로 자산을 판매하는 경우와 긴급하게 판매할 경우 판매금액에는 큰 차이가 있다. 현행현금상당액을 파악하는 데 미래에 대한 예측이 포함되어야 한다면, 이것은 현행판매가격회계가 배제한 예측에 기초한 계산과 모순이 된다.

특정 자산을 개별적으로 판매할 경우와 다른 자산과 묶어서 판매할 경우 현금상당액은 차이가 난다.[30] 예를 들어 특정 기업에 맞춤으로 제작된 자산의 경우 개별적으로 판매하면 가격이 매우 낮을 것이다. 그러나 기업 전체가 판매될 경우에는 자산의 가격이 높게 평가될 것이다. 현행현금상당액의 개념은 이러한 묶음으로의 판매(일괄판매)를 인정하지 않는다. 현행판매가격회계에서는 또한 영업권의 가치를 인정하지 않는다.

이러한 이유로 개별자산의 판매가격을 단순히 합한 총합계는 자산의 결합에 의한 기업 전체 총자산의 시장가치와는 차이가 있다. 현행판매가격회계는 자산의 결합에 의한 가치의 변화를 인식하지 않는다. 따라서 개별자산의 시장가치를 합한 것은 기업의 총자산가치를 적절히 나타내지 못하므로 현행현금상당액은 그 자체로 합산될 수 없다.

5.3.3 현행원가와 판매가격

현행원가를 사용할 것인가 아니면 판매가격을 사용할 것인가를 결정하는 판단기준은 영업순환과정 중 판매가격이 자산평가를 좌우하는 시점이 언제인가이다. 자산이 장기적으로 사용될 경우에는 판매가격이 자산의 평가에 영향을 미치는 시점은 존재하지 않는다. 따라서 판매가격 이외의 다른 방법이 자산평가를 좌우할 것이다. 그러나 자산이 당장 판매될 것이라면 판매가격이 자산의 가치평가로 가장 적합할 것이다. 이러한 관점에서 볼 때 현행원가 지지자들은 유입가격(entry price)이 자산을 평가하는 정상적인 방법이라고 주장한다. 유입가격(원가)이 판매가격(혹은 유출가격)보다 더 정상적인 이유는 다음과 같다.

• 자산을 취득할 경우 구입 즉시 자산의 가격이 하락하는 것이 일반적이

---

30) K. Larson and R. Schattke, "Current Cash Equivalent, Additivity, and Financial Action," *The Accounting Review*(October 1966).

므로 현행판매가격을 사용하면 자산의 취득시점에 비정상적 재평가가 발생한다.

- 현행판매가격은 처분과 청산에 관심을 기울이므로 단기적이다. 현행판매가격회계에서 이익은 단기적으로 기업이 현재의 사업을 유지할 가치가 있다는 것을 보여주는 것일 뿐 자산을 대체하고 신규투자를 하며, 장기적으로 사업을 유지할 가치가 있다는 것을 보여주는 것은 아니다.
- 제조되어 재고로 보유하고 있는 제품을 현행판매가격으로 평가하면 판매시점 이전에 영업이익을 보고하는 상황이 발생한다.

5.3.4 사용가치와 교환가치

Adam Smith는 "국부론"을 통해 일상생활에서 매우 유용하고 필수불가결한 물은 가격이 낮은 반면 보유하지 않아도 일상생활에 지장이 거의 없는 다이아몬드는 비싼 값에 팔리는 모순된 상황을 제시하였다.[31] Smith는 이 문제를 완전히 해결하지 못하고 단지 모든 재화의 가치에는 사용가치와 교환가치가 있는데, 이 둘은 서로 상이하다는 것만 지적하였다.[32] Smith가 사용가치와 교환가치를 처음으로 구분한 이후, 사용가치와 교환가치 차이는 중요한 개념이 되어 왔다. 그런데 현행판매가격회계는 사용가치의 개념을 반영하지 못하고 있다. 취득원가회계 및 현행원가회계 지지자들은 현행판매가격회계가 사용가치의 개념을 무시한다고 주장한다.

소유주나 기업에 적절한 가치는 의사결정 관련성의 측면에서 파악되어야 한다. 판매되지 않고 보유하고 있는 자산은 소유주에게 판매가격(exit price)보다 더 많은 부를 가져다주어야 한다. 그렇지 않으면 자산은 판매될 것이다. 그리고 판매하지 않은 자산의 가격이 하락하였지만 가격의 하락이 미래에 대한 기대의 변화 없이 발생한 경우, 자산의 가격하락(교환가치의 하락)은 소유주에게 직접적으로 손해(사용가치의 하락)를 가져오지 않는다. 그런데 교환가

31) 이러한 모순된 상황을 '스미스의 역설' 혹은 '가치의 역설'이라고 한다.

32) 사용가치(value in use)에 대한 이론적 정의는 재화의 경제적 복리에 대한 공헌의 합계로 경제학에서 총효용의 개념에 해당하며, 본장의 "6. 기타의 현행가치" 부분에서 좀더 상세히 서술한다. 교환가치(value in exchange)는 재화를 판매함으로써 얻을 수 있는 화폐가치 혹은 수입의 합계로 가격의 개념에 해당한다.

치에 의하여 자산을 평가하는 현행판매가격회계는 이처럼 미래에 손해가 발생하지 않는 상황을 파악하지 못하는 문제가 있다. 이러한 상황은 특히 시장성이 없는 비유동자산에서 발생한다. 기업이 보유한 비유동자산은 보통 특정 사업이나 기업에 특화되어 있으며 특정 기업에 가장 적합한 상황인 경우가 있다. 이러한 자산은 다른 기업이나 사업에 사용될 수 없기 때문에 그 자산의 판매가격은 거의 ₩0에 가까울 것이다. 만일 이러한 자산의 가치를 ₩0으로 보고하고 기업이 구입한 활동에 대한 손실을 보고한다면, 이것은 올바른 측정이 되지 못하는 결과를 초래한다.

Chambers는 가치가 교환에 의하여 결정되므로 기업으로부터 분리가능한 것만을 자산으로 정의하였다. 그런데 이처럼 분리가능한 것만을 자산으로 인정하는 것은 과도한 제약이 될 수 있다. Chambers는 영업권처럼 분리 불가능한 것은 변화하는 환경에 기업이 적응할 능력을 향상시키지 못하기 때문에 자산으로 인정할 수 없다고 하였다. 하지만, 이러한 측정은 사용가치와 교환가치를 모두 고려한 가치측정에 실패하고 교환가능성만을 강조하는 것으로 가치측정에 있어서 한 측면만을 강조하는 것이라고 비판받는다.

6. 기타의 현행가치[33]

지금까지 측정기준으로서 취득원가와 현행가치 중 현행(구입)원가, 현행판매가격에 대한 회계를 살펴보았다. 취득원가와 달리 현행가치는 측정일의 조건을 반영하기 위해 갱신된 정보를 사용하여 자산, 부채 및 관련 수익과 비용의 화폐적 정보를 제공한다. 이러한 갱신을 위한 또 다른 측정치로서 공정가치와 사용가치 및 이행가치가 있다.

공정가치는 측정일에 시장참여자 사이의 정상거래에서 자산을 매도할 때 받거나 부채를 이전할 때 지급하게 될 가격이다. 이는 기업이 접근할 수 있는 시장의 참여자 관점을 반영한다. 시장참여자가 경제적으로 최선의 행동

33) 재무보고를 위한 개념체계, 2019.4.19 의결, 제6장 측정 문단 6.10~6.20 참조, pp. 76-79.

을 한다면 자산이나 부채의 가격을 결정할 때 사용할 가정과 동일한 가정을 사용하여 그 자산이나 부채를 측정한다. 일부의 경우, 공정가치는 활성시장에서 관측되는 가격으로 직접 결정될 수 있다. 다른 경우에는 다음의 요인을 모두 반영하는 측정기법(예, 현금흐름기준 측정기법)을 사용하여 간접적으로 결정된다.

(1) 미래현금흐름 추정치
(2) 측정대상 자산이나 부채에 대한 미래현금흐름의 추정 금액이나 시기가 그 현금흐름에 내재된 불확실성으로 인해 변동할 가능성
(3) 화폐의 시간가치
(4) 현금흐름에 내재된 불확실성을 부담하는 것에 대한 가격(위험할증 또는 위험할인). 불확실성을 부담하기 위한 가격은 그 불확실성의 정도에 따라 달라진다. 이러한 가격은 투자자들이 일반적으로 현금흐름이 확실한 자산(부채)보다 현금흐름이 불확실한 자산(부채)을 취득하는(인수하는) 데 더 적은(많은) 금액을 지급(요구)할 것이라는 사실도 반영한다.
(5) 그 밖의 요소(예, 상황에 따라 시장참여자들이 유동성을 고려한다면 그 유동성)

사용가치는 기업이 자산의 사용과 궁극적인 처분으로 얻을 것으로 기대하는 현금흐름 또는 그 밖의 경제적 효익의 현재가치이다. 사용가치는 주로 손상차손을 인식하는 회계처리시 회수가능가액[34]을 판단하기 위한 수단으로 이용되고 있다. 반면 이행가치는 기업이 부채를 이행할 때 이전해야 하는 현금이나 그 밖의 경제적 자원의 현재가치이다. 이러한 현금이나 그 밖의 경제적 자원의 금액은 거래상대방에게 이전되는 금액뿐만 아니라 기업이 그 부채를 이행할 수 있도록 하기 위해 다른 당사자에게 이전해야 할 것으로 기대하는 금액도 포함한다. 사용가치와 이행가치는 미래현금흐름에 기초하기 때문에 자산을 취득하거나 부채를 인수할 때 발생하는 거래원가는 포함하지 않는다. 그러나 사용가치와 이행가치에는 기업이 자산을 궁극적으로 처분하거나

34) 회수가능가액은 사용가치와 순공정가치 중 큰 금액을 일컫는다.

부채를 이행할 때 발생할 것으로 기대되는 거래원가의 현재가치가 포함된다. 이들은 시장참여자의 가정보다는 기업특유의 가정을 반영한다. 일부 경우에 실무에서 시장참여자가 사용할 가정과 기업이 자체적으로 사용하는 가정 간에는 차이가 거의 없을 것이다. 사용가치와 이행가치는 직접 관측될 수 없으며 현금흐름기준 측정기법으로 결정된다. 사용가치와 이행가치는 위 공정가치에 대해 기술한 것과 동일한 요소를 반영하지만 시장참여자의 관점보다는 기업특유의 관점을 반영한다.

이상에서 설명한 각각의 측정기준은 측정대상 항목에 대해 식별된 속성(예, 역사적 원가, 공정가치 또는 이행가치 등)과 관련된다. 자산이나 부채에 측정기준을 적용하면 해당 자산이나 부채, 관련 수익과 비용의 측정치가 산출된다. 이때 유용한 재무정보의 질적특성과 원가제약을 고려함으로써 서로 다른 자산, 부채, 수익과 비용에 대해 서로 다른 측정기준을 선택하는 결과가 발생할 수 있을 것이다. 따라서 자산이나 부채, 이와 관련된 수익과 비용의 측정기준을 선택할 때, 그 측정기준으로 재무상태표와 재무성과표에서 산출할 정보의 성격을 고려하는 것이 중요하다. 대부분의 경우, 어떤 측정기준을 선택해야 하는지를 결정하는 단일의 요인은 없다. 각 요인의 상대적 중요성은 사실과 상황에 따라 달라질 것이다. 그러므로 측정기준을 선택할 때에는 측정기준에 의해 제공되는 정보가 재무제표이용자들에게 유용해야 한다는 것을 고려해야 한다. 물론 이를 달성하기 위해서는 정보가 목적적합해야 하고 나타내고자 하는 바를 충실하게 표현해야 한다. 또한, 제공되는 정보가 가능한 한 비교가능하고 검증가능하며 적시성이 있고 이해가능해야 한다.

익힘문제

1. 측정의 오류가 발생될 수 있는 요인에 대해 설명하시오.

2. 측정의 신뢰성과 정확성은 어떠한 차이가 있는지 설명하시오.

3. 취득원가회계의 특징, 장점, 문제점에 대해 논하시오.

4. 현행원가회계의 특징, 장점, 문제점에 대해 논하시오.

5. 현행판매가치회계의 특징, 장점, 문제점에 대해 논하시오.

6. 현행원가나 현행판매가치 이외의 현행가치에는 어떠한 것들이 있는지 설명하시오.

7. 재무자본과 실물자본의 차이점을 설명하시오.

8. 보유손익을 이익에 포함시켜야 하는지를 논하시오.

PART

Ⅱ

개념체계와 현행회계실무

CHAPTER 5

개념체계

1. 개념체계의 의의와 목적
2. 개념체계에 영향을 미치는 요인
3. IASB 개념체계의 내용

IASB뿐만 아니라 미국, 영국 및 호주 등 각국의 회계기준제정기구들은 재무보고(또는 재무제표)의 목적과 회계정보의 질적특성을 규정하고 회계실무에 대한 지침을 제공하는 개념체계를 개발해 왔다. 또한 회계학자들도 개인적으로 개념체계를 개발하려는 노력을 보여 왔다. 우리나라도 2003년 12월 재무회계개념체계를 제정하였고, 2011년과 2019년의 개정을 통해 현재에 이르고 있다. 개념체계의 주요 목적은 학생들과 실무자들이 회계를 이해할 수 있도록 논리정연하면서 확고한 이론적 토대를 제공하는 데 있었다. 본장에서는 개념체계의 의의와 목적, 이에 영향을 미치는 요인, 개념체계의 구성내용에 대해 알아본다. 개념체계의 구성요소 중 재무제표요소의 정의와 인식에 대해서는 다음 장부터 자세히 설명하기로 한다.

1. 개념체계의 의의와 목적

1.1 개념체계의 의의

개념체계가 타당하기 위해서는 그 이면에 과학적 방법론이 있어야 한다는 주장들이 제기되어 왔다. 회계측정에 관한 원칙과 규칙을 제정하는 데 적용되는 과학적 방법론은 사전에 정의된 목적과 개념으로부터 추론된다고 가정한다. 이러한 예로 FASB는 개념체계를 다음과 같이 정의한 바 있다.[1)]

> "일관된 기준을 이끌 수 있을 것으로 기대되면서 재무회계와 재무보고의 본질, 기능 및 한계를 규정하고 있는 상호연결된 목적과 원리에 관한 논리정연한 체계"

위의 정의에서 '논리정연한 체계'와 '일관된'이란 용어는, FASB가 이론적이며 자의적이지 않은 체계를 옹호한다는 것을 나타낸다. 또한, '규정하고'라는 의미는 규범적 접근방법을 지지한다는 것을 뜻한다.

사실 개념체계는 회계이론을 구조화시킨 것이다. 일반적으로 개념체계의 최상위층에서 재무보고의 목적과 개념을 서술한다. 목적과 개념을 정한 후 다음 단계에서는 재무정보의 질적특성(예컨대, 목적적합성과 표현충실성 등)과 재무제표와 보고기업, 재무제표의 기본요소(예컨대, 자산과 부채, 자본, 수익, 비용 등)에 대해 정의하고 있다. 그리고 기본요소의 인식과 제거, 측정, 표시와 공시의 원칙을 기술하고, 마지막으로 자본 및 자본유지의 개념을 정의한다.

'개념체계'는 회계기준이 아니다. 따라서 이 '개념체계'의 어떠한 내용도 회계기준이나 회계기준의 요구사항에 우선하지 아니한다. 일반목적 재무보고의 목적을 달성하기 위해 회계기준위원회는 '개념체계'의 관점에서 벗어난 요구사항을 정하는 경우가 있을 수 있다. 만약, 회계기준위원회가 그러한 사항을 정한다면, 해당 기준서의 결론도출근거에 그러한 일탈에 대해 설명할 것이다. 또한 '개념체계'는 회계기준위원회가 관련 업무를 통해 축적한 경험

---

1) FASB, "Objectives of Financial Reporting by Business Enterprises," *Statement of Financial Accounting Concepts No. 1*(November 1978), par. 1.

을 토대로 수시로 개정될 수 있다. '개념체계'가 개정되었다고 자동으로 회계기준이 개정되는 것은 아니다. 회계기준의 개정은 개념체계의 개정과 별도로 회계기준 개정의 절차를 밟는다. 즉 회계기준을 개정하기로 결정한 경우, 회계기준위원회는 정규절차에 따라 의제에 프로젝트를 추가하고 해당 회계기준에 대한 개정안을 개발할 것이다. 본서는 2018년 전면 개정되고, 이후 2019년 타 기준서의 개정으로 일부 개정이 반영되어 2019년 12월 최종 공표된 재무보고를 위한 개념체계에 근간하여 그 내용을 살펴본다.

1.2 개념체계의 목적

개념체계를 개발한다는 것은 그리 쉬운 작업은 아니다. 그럼에도 불구하고 개념체계를 통해 일반적인 회계이론을 형성하는 어려운 일을 해오고 있는 이유는 무엇인가? 과거에는 일반적인 회계이론이 없었는데 현재는 왜 필요하게 되었는가? 지금까지는 회계전문기구가 공식적으로 체계화한 회계이론이 없었어도 지내왔고 앞으로도 그럴 수 있겠지만 일반적인 회계이론의 결여로 많은 문제가 발생되어 왔다. 비록 회계기준제정기구가 회계기준을 공표하고 회계처리방법의 선택을 제한해 왔지만, 현재의 회계실무가 지나치게 자유롭다는 견해가 지배적이다. 이러한 견해는 주로 회계기준이 유사한 상황에 적용될 수 있는 다양한 회계처리방법을 허용하고 있기 때문인 것으로 생각된다. 대체적인 회계처리방법이 많으면 많을수록 해당 기업이 타당하다고 생각되는 방법을 자유롭게 선택할 수 있어 실체에 대한 더 정확한 정보를 제공할 수 있다는 주장은 1930년대부터 있어 왔다.

몇몇 회계학자들은 일반적으로 인정된 회계원칙의 범주 내에서 기업들이 자신에게 맞는 방법을 선택할 수 있도록 허용하는 것이 바람직하다고 주장한다. 하지만 특정한 상황에서 어떠한 방법이 가장 적절한 방법인가에 관해서는 논의의 여지가 많다. 그리고 대체할 수 있는 여러 회계처리방법이 있을 경우 정보제공자(회계실체의 경영자)는 실체에 대한 더 정확한 정보를 제공하는 회계처리방법보다는 정보제공자(주로 경영자)에 유리한 정보를 제공하는 경우도 발생할 수 있다. 회계규제기관은 수많은 지침과 회계기준을 발표함으로써 규칙을 설정하려는 노력을 계속해 왔다. 초창기 규제 중 몇 가지는 일련의 일관된 원칙이라기보다는 자의적 주장에 의한 것으로 실무에서 추출된 것이며, 또 다른 몇몇 현행 회계실무는 법률에 의해 직접적으로 영향을 받거나 경영자들로부터의 압력 또는 정치적 편익에 기인된 것이다. 이러한 주장은 1970년에 APB에서 일반적으로 인정된 회계원칙을 다음과 같이 규정하면서 설득력을 얻고 있다.[2)]

"일반적으로 인정된 회계원칙은 관습적인 것이다. 즉, 일련의 공준이나 기본개념으로부터 도출된 것이라기보다는 합의(종종 묵시적 합의)에 의해 일반적으로 인정된 것이다. 회계원칙은 경험과 이성, 관습, 관례, 심하게는 실무적 필요에 근거하여 개발되고 있다."

그러나 때로는 기업의 경영자들은 세금을 최소화시키거나 보고이익을 증가시킬 목적으로 허용범위 내에서 최적의 회계처리방법을 선택하도록 회계담당자에게 요구하기도 한다. 또한, 회계처리방법이 건전한 발전과는 거리가 먼, 일종의 배려로 개발되기도 한다. 이의 예로 저가법에 의한 재고자산평가방법을 들 수 있다.

회계실무의 문제점 중 하나는 비일관성이다. 이러한 비일관성의 원인을 개념체계의 부재에서 찾는 경우가 있다.[3)] 개념체계에서 부채에 대한 정의를 검토해 보면 회계에도 Gresham의 법칙이 통한다는 것을 알 수 있다. 즉, 악화가 양화를 구축하듯이 바람직하지 못한 회계실무가 건전한 회계실무를 몰아낸다는 것이다.

개념체계가 논의되기 전에 회계기준제정기구는 특정 회계문제에 대한 해결책을 제시하기 위해 과거의 전문기구가 사용한 방법(권위주의적 방법)을 답습하였다. 특정한 문제에 대해 해결책을 제시한다는 것은 그 해결책이 도출되는 근간이 되는 이론이 있다는 것을 전제로 한다. 따라서 일반적으로 인정된 회계이론이 존재하지 않을 경우 권위 있는 기관의 권고는 직면한 다급한 문제에 대한 다소 임시적인 해결책으로 간주될 수 있다. 어찌되었건 회계문제를 극복하기 위한 이러한 접근방법은 비록 회계의 다양한 상황적 특성을

---

2) APB, "Basic Concepts and Accounting Principles Underlying Financial Statement of Business Enterprises," *APB, Statement No. 4*(1970), par. 139.

3) O. Gellein, "The Conceptual Framework: Needs and Uses," *FASB Viewpoints 19*(August 1980).

고려했더라도 지속적인 해결책을 제시하지 못하였다.

누군가는 바람직한 회계유형에 관한 판단을 내려야 한다. 회계원칙이나 실무는 그것이 옳기 때문에 일반적으로 인정되는 것이 아니라 일반적으로 인정되기 때문에 옳은 것으로 선언되기도 한다. Solomons는 이러한 이유로 귀납적 관찰에 의한 회계기준의 제정을 반대한 바 있다.[4)]

개념체계를 중립성 측면에서 정치적 관여에 대한 방어수단으로 보는 견해도 있다. 어느 개인이나 집단의 가치판단이 다른 개인이나 집단의 가치판단보다 사회를 위해 보다 유익하다는 것을 입증하기는 어렵지만 회계방침은 가치판단에 근거하여 결정되어야 한다는 주장이 있다. 즉, 회계기준이 도출되는 논리정연한 이론적 기반인 개념체계를 마련함으로써 정치적 관여에 대한 방어기능을 수행할 수 있게 된다는 것이다. 만약, 회계기준제정기구가 제정한 회계기준이 규정된 회계목적을 달성하는 데 필요한 정보를 생산할 수 없다면 그 기준이 자신의 부를 해치는 기준으로 생각하는 정보이용자들을 설득시킬 수 없을 것이다. 왜냐하면 개념체계에 근거하지 않은 회계기준은 개념체계에 기초하여 도출된 기준보다 우수하다고 할 수 없기 때문이다.

개념체계를 개발하여 활용할 수 있다면 구체적으로 어떠한 면에서 유용한 것인가? 이는 개념체계의 필요성이면서 목적이기도 하다. IASB의 개념체계를 토대로 한국회계기준위원회(KASB)가 정리한 개념체계의 목적은 다음과 같다.

(1) 한국회계기준위원회(이하 '회계기준위원회'라 한다)가 일관된 개념에 기반하여 한국채택국제회계기준(이하, '회계기준'이라 한다)을 제・개정하는 데 도움을 준다.
(2) 특정 거래나 다른 사건에 적용할 회계기준이 없거나 회계기준에서 회계정책 선택이 허용되는 경우에 재무제표 작성자가 일관된 회계정책을 개발하는 데 도움을 준다.
(3) 모든 이해관계자가 회계기준을 이해하고 해석하는 데 도움을 준다.

그리고 '개념체계'는 회계기준위원회의 공식 임무인 전 세계 금융시장에

4) D. Solomons, "The Political Implications of Accounting and Accounting Standard Setting," *Accounting and Business Research*(Spring 1983), p. 109.

투명성, 책임성, 효율성을 제공하는 회계기준을 개발하는 데 기여한다. 회계기준위원회의 업무는 세계 경제에서의 신뢰, 성장, 장기적 금융안정을 조성함으로써 공공이익에 기여하는 것이다. 개념체계는 다음과 같은 회계기준을 위한 기반을 제공한다.

(1) 투자자와 그 밖의 시장참여자가 정보에 입각한 경제적 의사결정을 내릴 수 있도록 재무정보의 국제적 비교가능성과 정보의 질을 향상시킴으로써 투명성에 기여한다.
(2) 자본제공자와 자본수탁자 간의 정보격차를 줄임으로써 책임성을 강화한다. '개념체계'에 기반한 회계기준은 경영진의 책임을 묻기 위한 필요한 정보를 제공한다. 국제적으로 비교가능한 정보의 원천으로서 이 회계기준은 전 세계 규제기관에게도 매우 중요하다.
(3) 투자자에게 전 세계의 기회와 위험을 파악하도록 도움을 주어 자본배분을 향상시킴으로써 경제적 효율성에 기여한다. 기업이 개념체계에 기반한 신뢰성 있는 단일의 회계언어를 사용하면 자본비용이 낮아지고 국제보고비용이 절감된다.

2. 개념체계에 영향을 미치는 요인

개념체계의 개발에 영향을 미치는 요인은 무수히 많다. 본서에서는 다음과 같이 세 가지로 구분하여 살펴보기로 한다.

2.1 원칙중심과 규칙중심의 회계기준

개념체계는 일관된 원칙에 근거한 논리정연한 회계기준 개발을 위한 체계를 제공하기 때문에 회계기준의 설정과정에 중요한 영향을 미친다. IASB는 원칙중심(principle-based)의 회계기준 설정을 목표로 하고 있으며, 개념체계가 이에 대한 지침을 제시할 것을 기대하고 있다. 개념체계는 회계기준 개발의 기초가 되며, 회계기준이용자들이 회계기준을 해석하는 데 도움이 되는 기본 사고를 나타낸다. IASB는 원칙중심의 회계기준을 목표로 하고 있지만 IAS 39(금융상품 : 인식과 측정)는 지나치게 규칙중심(rule-based)이라는 비판을 받아 왔다. Nobes는 회계기준이 규칙중심이 되는 이유는 회계기준이 회계기준제정기구의 개념체계와 일관되지 않기 때문이라고 했다.[5] 또한 회계실무에서 타당한 회계원칙을 사용한다면 공표되는 회계기준에 상세한 규칙을 포함시킬 필요가 없게 된다. 따라서 타당한 회계원칙의 사용은 보다 명확한 의사소통과 정교함을 나타낸다고 할 수 있다.

IASB의 회계기준 중에 매우 자세한 규칙으로 구성된 예로 리스회계와 종업원급여, 금융자산, 정부보조금, 연결회계 및 지분법회계 등을 들 수 있다. 자세한 규칙이 필요한 이유는 원칙이 결여되었거나 부적절한 원칙을 사용했기 때문이라고 한다. 즉, 회계기준 제정에 적용된 상위 원칙과 회계기준이 일관되지 않기 때문이다.

그러나 규칙중심의 회계도 나름대로의 장점을 갖고 있다. 회계정보의 비교가능성을 높일 수 있고 회계감사인과 규제기구의 검증가능성을 증가시킬 수 있다는 점이 규칙중심회계의 장점으로 거론된다. 규칙중심의 회계는 이익조정의 기회를 감소시킬 수 있지만, 특정 거래의 발생을 조정하여 해당 규칙의 조건을 충족시키게 하거나 충족시키지 못하게 특정한 거래의 발생을 조정하도록 부추길 수 있다. 예를 들어 지분법 적용을 회피하기 위해 피투자회사의 지분율을 20% 미만으로 유지하게 할 수 있다.

미국의 회계기준은 기업이 준수해야 할 회계기준을 매우 상세하게 규정하고 있기 때문에 규칙중심의 회계기준으로 간주되어 왔다. 그런데 2002년의 Sarbanes-Oxley법은 SEC(미국의 규제기구)로 하여금 회계기준의 제정에 있어서 원칙을 사용하는 연구를 수행하도록 하였다. 연구결과 원칙중심의 접근방법에 의해 회계기준을 개발할 것을 제안하였으며 회계기준은 다음과 같이 되어야 한다고 하였다.

(1) 회계기준은 개선되고, 일관되게 제정된 개념체계에 근거해야 한다.

---

5) C. Nobes, "Rule Based Standards and the Lack of Principles in Accounting," *The Accounting Horizons,* Vol. 19(2005), pp. 25-34.

(2) 회계기준은 그 기준의 목적을 명확히 제시해야 한다.
(3) 회계기준은 일관되게 적용될 수 있도록 상세한 것이어야 한다.
(4) 회계기준의 예외규정을 극소화해야 한다.
(5) 회계기준 중 회계기준의 의도를 충족시키지 못하면서도 이를 준수한 것으로 인정되는 것이 가능한 비율규정은 배제되어야 한다. 비율규정의 대표적 예로 리스기간이 리스자산 내용연수의 75%를 초과하면 금융리스로 분류된다는 FASB의 규정을 들 수 있다.

미국에서 개념체계와 원칙 및 목적에 대한 중요성은 기업의 파산 사건으로 인해 부각되었다. Enron과 WorldCom 등 많은 기업이 잇따라 도산되었는데, 이는 재무제표 작성에 있어서 규칙중심의 회계기준을 적용한 탓이라는 비난을 면치 못하였다. Sarbanes-Oxley법은 재무보고와 감사부문의 질적 측면에서 많은 변화를 초래하였다. 또한 재무보고의 규제에 대한 이러한 점검은 회계기준의 제정방법에 대한 접근방법을 변화시켰다. 현재 FASB와 IASB는 다수의 공동과제를 수행하고 있다. 그리고 FASB와 IASB가 일치된 회계기준을 만든다는 것은 두 단체가 동일한 접근방법을 사용하고 있다는 것을 나타낸다. 동일한 접근방법을 사용하지 않는다면 회계기준을 일치시키거나 유용한 회계기준을 제정하기 어렵다. 회계기준의 제정에 있어서 그 기준의 목적을 명확히 제시해야 한다는 SEC의 제안은 국가간 회계기준의 일치에 필요한 것이며 시의적절한 것으로 판단된다.

미국에서 규칙중심의 회계가 우세한 이유 중의 하나는 SEC스태프가 회계기준의 해석을 용이하게 하기 위해 FASB에 상세한 규칙을 요구하고 있기 때문이다. 기업들이 회계기준에 포함된 재무보고 요구조건을 준수하도록 할 것인지 아닌지를 결정하는 것은 SEC스태프의 역할이다. 그러나 회계기준의 해석에는 기술과 판단을 필요로 한다. 특히, 회계기준이 원칙을 더 참고하고 규칙에 덜 의존할 때에는 더 많은 기술과 판단을 요구한다. 어떤 경우에는 대형 회계법인의 회계전문가들조차도 회계기준의 요구조건을 달리 해석할 수 있다. 과거에 SEC는 회계기준과 그 기준이 해석되는 방법을 명확히 하기 위해 FASB에 상세한 규칙을 요구하였다. 회계감사인은 소송으로부터 자신들을 보호하기 위해 규칙 형태의 지침을 추구해 왔다. 비록 FASB와 SEC 모두 원칙과 목적에 근거한 회계기준을 강조하고 있지만 그들은 상세한 규칙이 많이 존재하는 환경에서 활동하고 있으며, 공개기업과 회계감사인 및 SEC스태프는 원칙보다는 따라야 할 규칙에 더 익숙해져 있다. 결과적으로 미국의 회계기준이 간결해지고 덜 상세해질 것인가 하는 것과 SEC스태프가 상세한 규칙의 준수를 덜 요구할 것인가에는 의문이 제기된다. 고도로 구체적이고 규범적인 회계기준은 미국 회계문화의 일부분이며 문화의 변화는 쉽게 이루어지지 않을 것이라고 생각된다.

2.2 미래 의사결정을 위한 이론

회계자료가 특정 기업과 관련하여 의사결정을 하거나 평가목적으로 이용된다는 점은 널리 알려진 사실이다. 의사결정을 위한 회계정보는 수탁책임기능으로부터 시작되었다. 회계의 초창기에 재산을 맡은 관리인은 주인에게 맡은 재산의 관리결과를 보고해야 했다. Pacioli 시대에는 모험기업이 목적을 달성한 후에 동업자에게 결과를 알리기 위해 회계가 수행되었다. 오늘날의 경영진은 회사의 지분소유자들에게 회계책임을 지고 있다. 사업에 자금을 제공한 자들은 그들이 위탁한 경제적 자원을 경영진이 어떻게 관리했는가를 알고 싶어 한다. 경영진이 그들의 수탁책임을 어떻게 이행했는가에 관한 정보는 지분소유자들이 경영진이나 기업의 성과를 평가하는 데 이용된다.

1960년대 초반부터 회계정보가 의사결정에 중요하다는 점이 강조되기 시작했다. 즉, 재무적 정보는 합리적 의사결정에 도움이 된다고 믿게 되었다. 회계정보의 의사결정 측면을 강조하게 된 이유 중의 하나는 의사결정이론의 발전에 따른 것이다. 그러나 의사결정을 위한 정보가 수탁기능과 관련된 정보를 완전히 대체한 것은 아니며, 어느 정도는 후자가 전자에 포함되는 것으로 생각된다. 즉, 의사결정을 위한 정보는 수탁기능과 관련된 정보 그 이상을 의미한다.

이에 대한 증거로 다음의 세 가지를 제시할 수 있다. 첫째는, 재무정보이용자들에는 자원제공자(투자자와 채권자)뿐만 아니라 재화나 용역 수혜자 및 검토와 감시 기능을 수행하는 모든 부류가 포함되어 정보이용자의 범주가 크게 확장되었다는 점이다. 둘째는, 회계정보가 정보이용자의 예측모형에 투입되는 입력자료로 간주된다는 점이다. 여기서 어떠한 종류의 회계정보가 미래의 재무성과나 재무상태를 예측하는 것과 관련이 있는가에 대한 의문이 제기된다. 이러한 측면에서 회계정보가 자원의 운용 결과뿐만 아니라 정보이용자들의 의사결정을 위한 전반적 정보를 다루게 된다. 셋째로, 수탁기능은 성취된 것을 평가하기 위해 주로 과거와 관련된 자료에 근거하고 있지만, 예측은 미래지향적이라는 점이다. 물론 외부이용자를 위한 회계정보는 과거 사건에 근거하고 있으나 재무보고 목적이 의사결정에 유용한 정보제공이라면 미래는 무시할 수 없게 된다. 이처럼 의사결정을 위한 회계정보는 수탁책임 이상의 정보를 요구한다.

의사결정을 위한 회계정보는 자산과 부채를 현행가치로 평가해야 한다는 점을 강하게 암시하게 된다. 정보이용자들은 기업에 영향을 미치는 미래 사건에 관한 실제 정보를 선호한다. 그러나 우리는 이러한 사건을 예측만 할 수 있을 뿐이다. 미래 사건은 아직 발생되지 않았기 때문에 이와 관련된 정보는 객관적이지 못하며 의사결정에 신뢰성 있는 자료로 이용되지 못할 수도 있다. 많은 회계전문가들은 현행가치를 의사결정에 가장 관련성이 큰 가치로 생각하고 있다. 왜냐하면 현재는 미래와 가장 밀접하며 현실에 근거하고 있기 때문이다. 그러나 전통회계 옹호자들은 취득원가가 의사결정에 여전히 유용하다고 믿고 있다.

회계의 목적 중 한 가지가 의사결정을 위해 유용한 정보를 제공하는 데 있다는 것은 회계에 의사결정이론 접근방법을 사용한다는 것을 의미한다. 이러한 접근법은 회계가 목적을 달성했는가를 알아내기 위한 전반적인 이론을 검증하는 데 도움을 준다. 이론은 기준으로 사용될 수 있는데, 회계실무는 기준에 의해 판단된다. 이를 달리 표현하면 이론은 실무에서 개별 시스템을 구축하기 위한 청사진이 된다. 개별 시스템이 유용한 정보를 제공한다면 그 시

자료 5-1 의사결정이론 과정

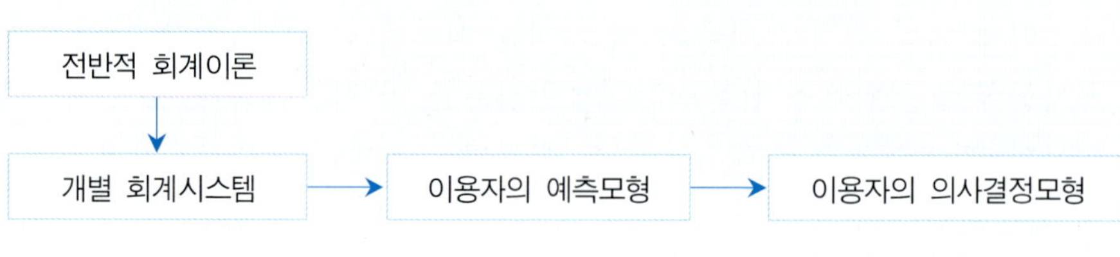

스템의 근거가 되는 이론은 효과적이고 타당한 것으로 간주될 수 있다. 그 과정은 자료 5-1 로 나타낼 수 있으며, 자료의 화살표는 이론이나 시스템 또는 모형의 산출물의 흐름을 나타낸다.

2.3 회계정보이용자

IASB는 2010년에 발표한 보고서에서 회계정보의 주요 이용자로 현재 및 잠재적 투자자와 대여자 및 기타 채권자를 들고 있다. 이들의 주된 의사결정은 실체에 자원을 제공하는 것에 관한 것이며, 이에는 지분 및 채무 상품의 취득과 처분 또는 보유, 대여금과 기타 채권의 제공이나 상환이 포함된다.

FASB가 과거의 SFAC No. 1에서 외부 정보이용자를 '현재 및 잠재적 투자자와 채권자 및 그 밖의 이용자'로 언급한 것은 새로운 정의이다. 그리고 주요 투자자는 지분소유자와 채무증권소유자로 구성된다고 하였다. 채권자에는 재화나 용역 제공자, 고객, 종업원, 자금대출기관이나 개인채권자 등이 포함된다. 그 밖의 이용자에는 간접적으로 이해관계가 있는 집단으로 재무분석가와 증권중개업자, 변호사 및 규제기관 등이 포함된다.

한편, 호주의 개념보고서에 의하면, 일반목적 용도의 재무보고이용자는 ① 자원제공자와 ② 재화나 용역 수령자, ③ 검토나 감시 기능을 수행하는 부류 등 크게 세 집단으로 구분한다. 자원제공자에는 투자자, 기여자, 종업원, 자금대여자, 채권자 및 납품업자 등이 포함된다. 재화나 용역 수령자에는 고객과 수혜자가 포함된다. 많은 비영리조직에서의 수혜자는 납세자를 포함한다. 검토나 감시 기능을 수행하는 부류에는 의회와 정부, 규제기관, 재무분석가, 노동조합 및 언론매체 등이 포함된다.

일반목적의 재무보고서를 통해 희소자원의 배분에 관한 의사결정에 유용한 정보를 제공한다는 것은 보고실체의 회계책임을 이행하는 것이 된다. 왜냐하면 정보이용자들은 궁극적으로 자원배분 의사결정에 필요한 정보를 요구하기 때문이다.

3. IASB 개념체계의 내용

3.1 IASB와 FASB의 공동 개념체계

미국의 회계원칙제정기구인 FASB(APB의 뒤를 이었음)는 1973년에 출범하여 개념체계의 필요성을 인지하고, 1978년부터 "재무회계개념보고서(Statements of Financial Accounting Concepts : SFAC)"를 발간하였다.[6] FASB의 개념체계는 재무회계이론뿐만 아니라 회계원칙의 제정 및 회계실무에 지대한 영향을 미쳐왔다. SFAC 이전에도 재무회계의 개념에 관한 보고서가 발표되긴 했지만 FASB의 보고서만큼 체계적이거나 내용이 풍부하지는 않았다.[7] FASB의 재무회계개념보고서는 실무지향적이어서 새로운 회계원칙의 제정이나 해석에 많이 인용되어 왔다. 또한, FASB의 재무회계개념보고서는 재무제표보다 광의의 개념인 재무보고를 중심으로 발표되었다는 특징이 있다.

IASB는 1989년에 이어 2001년에 "재무제표의 작성과 표시를 위한 개념체계"를 발표하였다. 이후 FASB와 공동으로 프로젝트를 진행하면서 2010년 9월에 내용을 일부 수정하였고, 이후 개정과정을 거쳐 2019년 12월 현행 "재무보고를 위한 개념체계"를 발표하였다. 이 개념체계에서는 일반목적 재무보고의 목적, 유용한 재무정보의 질적특성, 재무제표와 보고기업, 재무제표요소, 인식과 제거, 측정, 표시와 공시, 자본 및 자본유지의 개념 등을 다루고 있다. 이 중 재무보고의 목적과 유용한 재무정보의 질적특성은 IASB와 FASB의 공동 프로젝트에 의해 수정된 것이며, 나머지는 과거의 내용을 약간만 수정한 것이다. 2019년의 재무보고를 위한 개념체계에서는 측정, 표시와 공시, 제거 등 새로운 개념이 도입됐으며, 자산과 부채에 대한 정의 및 인식이 수

6) 재무회계개념보고서는 제1호부터 제7호까지 발표되었다. 제1호는 영리기업에 의한 재무보고의 목적이고, 제2호는 회계정보의 질적특성, 제5호는 영리기업의 재무제표에 있어서 인식과 측정, 제6호는 재무제표의 요소 및 제7호는 회계측정에 현금흐름정보와 현재가치의 활용 등이다. 제3호는 제6호로 대체되었고 제4호는 비영리조직의 재무보고의 목적이다. 현재 제1호와 제2호는 IASB와의 공동 프로젝트 결과물로 대체되었다.

7) 재무회계개념과 관련된 대표적 보고서로 다음의 두 보고서를 들 수 있다. (1) APB, "Basic Concepts and Accounting Principles underlying Financial Statements of Business Enterprise," *Accounting Principles Board Statement No. 4*, 1970. (2) AAA, *A Statement of Basic Accounting Theory(ASOBAT)*, 1966.

정 보완되었다. IASB의 개념체계는 세부내용에 있어서도 FASB의 재무회계 개념보고서와는 다르지만, 학문적 색채가 강한 기본가정을 포함한 점과 자본유지개념에 대해 언급한 점이 특징이라 할 수 있다.[8)]

앞서 언급한 바와 같이 개념체계는 회계기준이 도출되는 기반이며 새로운 거래나 사건이 발생했을 때 적용할 회계기준이 없는 경우 이를 토대로 회계처리방법을 강구해야 한다. 미국의 회계기준이 규칙중심인 것에 반해 국제회계기준은 원칙중심이다. 이러한 특징을 제외하면 세세한 곳에서 차이가 있을 뿐 근본적으로는 차이가 없다. 더욱이 미국도 수년 내에 국제회계기준을 일반적으로 인정된 회계원칙으로 인정하려고 한다. 따라서 두 기구간 개념체계의 통일을 기하려고 하는 것은 당연한 일이다. 예컨대 미국의 회계기준에서 정의하는 자산과 국제회계기준에서 정의하는 자산이 다를 특별한 이유가 없다.

자료 5-2 재무보고를 위한 개념체계

구 분	내 용
SP1.1	개념체계의 위상과 목적
제1장	일반목적 재무보고의 목적
제2장	유용한 재무정보의 질적특성
제3장	재무제표와 보고기업
제4장	재무제표요소
제5장	인식과 제거
제6장	측정
제7장	표시와 공시
제8장	자본 및 자본유지의 개념
기타	용어의 정의, '재무보고를 위한 개념체계의 제·개정 등에 대한 회계기준위원회의 의결, 결론도출 근거, 기타 참고사항(국제회계기준과의 관계, 제·개정 경과)

8) 예컨대, 회계정보의 질적특성에 대해 FASB에서는 유용성의 기본요소로 목적적합성과 신뢰성을 언급했지만, IASB에서는 여기에 이해가능성과 비교가능성, 적시성을 추가하였다. 그러나 2010년 유용한 재무정보의 질적특성에 관한 공동 프로젝트가 완성되어 공표된 후에는 FASB와 IASB가 동일한 내용으로 개념체계를 운영하고 있다.

2004년 10월에 IASB와 FASB는 개선된 공동의 개념체계를 개발하기 위한 과업 수행을 시작하고, 2010년에 완성한 개념체계는 기존의 IASB와 FASB의 개념체계를 기초로 하되 그간의 발전된 개념을 고려하여 제정되었다. 그리고 2012년 다시 개정을 시작하여 2018년에 전면 개정되었으며 높은 수준의 개념을 제공하는 것과 IASB와 다른 이해관계자들에게 유용할 수 있도록 충분하게 세부내용을 전달하는 것 사이의 균형을 추구하고자 하였다. 이후 타 기준서의 개정을 반영한 부분적 개정과정을 거쳐 2019년 12월 최종 공표된 개념체계에 포함된 내용을 요약하면 자료 5-2 와 같다.

3.2 일반목적 재무보고의 목적

일반목적 재무보고의 목적은 현재 및 잠재적 투자자, 대여자와 그 밖의 채권자가 기업에 자원을 제공하는 것과 관련된 의사결정을 할 때 유용한 보고기업의 재무정보를 제공하는 것이다.[9] 이러한 의사결정에는 지분 및 채무 상품의 매수, 매도 또는 보유하는 것과 대여 및 기타 형태의 신용을 제공 또는 결제하는 것, 기업의 경제적 자원 사용에 영향을 미치는 경영진의 행위에 대한 의결권 또는 영향을 미치는 권리행사를 포함한다.

지분 및 채무 상품의 매수, 매도 또는 보유에 관한 현재 및 잠재적 투자자의 의사결정은 그 금융상품 투자에서 그들이 기대하는 수익, 예를 들어 배당, 원금 및 이자의 지급 또는 시장가격의 상승에 의해 영향을 받는다. 마찬가지로 대여 및 기타 형태의 신용을 제공 또는 결제하는 것에 대한 현재 및 잠재적 대여자 및 기타 채권자의 의사결정은 그들이 기대하는 원금 및 이자의 지급이나 그 밖의 수익에 의존한다. 투자자와 대여자 및 기타 채권자의 이익에 대한 기대는 기업에 유입될 미래순현금흐름의 금액, 시기, 불확실성(전망)에 대한 그들의 평가에 달려 있다. 따라서 현재 및 잠재적 투자자와 대여자 및 기타 채권자는 실체에 유입될 미래 순현금유입에 대한 전망을 평가하는 데 도움이 되는 정보를 필요로 한다.

9) 일반목적 재무보고는 일반목적 용도의 재무보고를 의미한다. 그러나 일반목적이 무엇인가에 대해서는 특별한 언급이 없다. 실체 내부에 있는 경영자의 관리적 의사결정을 제외한 실체 외부에 있는 이용자들의 의사결정으로 이해하면 되겠다.

현재 및 잠재적 투자자, 대여자 및 기타 채권자는 미래 순현금유입에 대한 기업의 전망을 평가하기 위하여 기업의 자원, 기업에 대한 청구권, 그리고 기업의 경영진 및 이사회가 기업의 자원을 사용하는 그들의 책임을 얼마나 효율적이고 효과적으로 이행해 왔는지에 대한 정보를 필요로 한다. 그러한 책임의 예로는 가격변동이나 기술적 변화와 같은 경제적 요인의 불리한 영향으로부터 기업의 자원을 보호하는 것과 해당 법, 규정 및 계약 조항을 기업이 반드시 준수하도록 하는 것이 있다. 경영진의 책임이행에 대한 정보는 경영진의 행동에 대해 의결권을 가지거나 다른 방법으로 영향력을 행사하는 현재 투자자, 대여자 및 기타 채권자의 의사결정에도 유용하다.

많은 현재 및 잠재적 투자자, 대여자 및 기타 채권자는 보고실체에게 그들에게 직접 정보를 제공하도록 요구할 수 없다. 그들은 자신이 필요로 하는 재무정보의 많은 부분을 일반목적 재무보고서에 의존해야만 한다. 따라서 그들은 일반목적 재무보고서가 대상으로 하는 주요 이용자이다.

그러나 일반목적 재무보고서는 현재 및 잠재적 투자자, 대여자 및 기타 채권자가 필요로 하는 모든 정보를 제공하지는 않으며 제공할 수도 없다. 그 정보이용자들은, 자신의 의사결정에 다른 원천에서 입수한 의사결정 관련 정보(예를 들어 일반 경제적 상황 및 기대, 정치적 사건과 정치 풍토, 산업 및 기업 전망 등)를 고려할 필요가 있다. 따라서 기업실체는 일반목적 재무보고서에 의사결정자가 필요로 하는 모든 정보를 제공하는 것이 불가능하다.

일반목적 재무보고서는 보고실체의 가치를 보여주기 위해 고안된 것이 아니다. 그러나 그것은 현재 및 잠재적 투자자, 대여자 및 기타 채권자가 보고실체의 가치를 추정하는 데 도움이 되는 정보를 제공한다.

각 주요 이용자들의 정보 수요 및 욕구는 다르고 상충되기도 한다. 회계기준위원회는 재무보고기준을 제정할 때 주요 이용자 최대 다수의 수요를 충족하는 정보를 제공하기 위해 노력할 것이다. 그러나 공통된 정보 수요에 초점을 맞춘다고 해서 보고실체로 하여금 일부 특정 주요 이용자에게 가장 유용한 추가적인 정보를 포함하지 못하게 하는 것은 아니다.

보고실체의 경영진도 해당 기업에 대한 재무정보에 관심이 있다. 그러나 경영진은 그들이 필요로 하는 재무정보를 내부에서 구할 수 있기 때문에 일반목적 재무보고서에 의존할 필요가 없다. 기타 당사자들, 예를 들어 감독당국 그리고 (투자자, 대여자 및 기타 채권자가 아닌) 일반대중도 일반목적 재무보고서가 유용하다고 여길 수 있다. 그렇더라도 일반목적 재무보고서는 이러한 기타 집단을 주요 대상으로 한 것이 아니다.

재무보고서는 정확한 서술보다는 상당 부분 추정, 판단 및 모형에 근거한다. 개념체계는 재무보고서의 추정, 판단 및 모형의 기초가 되는 개념을 정한다. 그 개념은 회계기준위원회와 재무보고서의 작성자가 노력을 기울이는 목표이다. 대부분의 목표가 그러한 것처럼 이상적 재무보고에 대한 개념체계의 비전은 적어도 단기간 내에 완전히 달성될 가능성은 낮다. 왜냐하면 거래와 그 밖의 사건을 분석하는 새로운 방식을 이해하고, 수용하며, 실행하는 데 시간이 걸릴 것이기 때문이다. 그렇지만 재무보고가 그 유용성을 개선하기 위해 발전해야 한다면 지향할 목표를 수립하는 것은 필수적이다.

일반목적 재무보고서는 보고실체의 재무상태에 관한 정보, 즉 기업의 경제적 자원과 보고실체에 대한 청구권에 관한 정보를 제공한다. 그리고 재무보고서는 보고실체의 경제적 자원과 청구권을 변동시키는 거래와 그 밖의 사건의 영향에 대한 정보도 제공한다. 이 두 유형의 정보는 기업에 대한 자원 제공 관련 의사결정에 유용한 투입요소를 제공한다.

3.2.1 경제적 자원과 청구권

보고실체의 경제적 자원과 청구권의 성격 및 금액에 대한 정보는 정보이용자가 보고실체의 재무적 강점과 약점을 식별하는 데 도움을 줄 수 있다. 그 정보는 정보이용자가 보고실체의 유동성과 지급능력, 추가적인 자금조달의 필요성 및 그 자금조달이 얼마나 성공적일지를 평가하는 데 도움을 줄 수 있다. 현재 청구권의 우선순위와 지급 요구사항에 대한 정보는 정보이용자가 보고실체에 청구권이 있는 자들간에 미래현금흐름이 어떻게 분배될 것인지를 예상하는 데 도움이 된다.

다른 유형의 경제적 자원은 미래현금흐름에 대한 보고실체의 전망에 관한 정보이용자의 평가에 다르게 영향을 미친다. 어떤 미래현금흐름은 수취채권과 같은 현재의 경제적 자원에서 직접적으로 발생하여 미래현금흐름과 경제적 자원이 직접 연결된다. 반면, 다른 현금흐름은 재화 또는 용역을 생산하고 고객에게 판매하기 위해 몇 가지 자원을 결합하여 사용하는 데에서 발생하는데, 이 경우 현금흐름과 특정 경제적 자원이 직접 연결되지 않게 된다.

비록 그 현금흐름을 개별적인 경제적 자원(또는 청구권)과 관련지을 수는 없을지라도 재무보고서의 이용자는 보고실체의 영업에 이용가능한 자원의 성격과 금액을 알 필요가 있다.

3.2.2 경제적 자원 및 청구권의 변동

보고실체의 경제적 자원과 청구권의 변동은 그 기업의 재무성과와 채무상품 또는 지분상품의 발행과 같은 그 밖의 사건 또는 거래에서 발생한다. 보고실체의 미래현금흐름에 대한 전망을 올바르게 평가하기 위하여 정보이용자는 이 두 변동을 구별할 수 있는 능력이 필요하다.

보고실체의 재무성과에 대한 정보는 그 기업의 경제적 자원에서 해당 기업이 창출한 수익이 어느 정도인지를 정보이용자가 이해하는 데 도움을 준다. 기업이 창출한 수익에 대한 정보는 경영진이 보고실체의 자원을 효율적이고 효과적으로 사용해야 하는 책임을 얼마나 잘 이행하였는지를 보여준다. 특히 미래현금흐름의 불확실성을 평가하는 데 있어서는 그 수익의 변동성 및 수익의 구성요소에 대한 정보도 역시 중요하다. 일반적으로 보고실체의 과거 재무성과와 그 경영진이 책임을 어떻게 이행했는지에 대한 정보는 기업의 경제적 자원에서 발생하는 미래 수익을 예측하는 데 도움이 된다.

발생기준 회계는 거래와 그 밖의 사건 및 상황이 보고실체의 경제적 자원과 청구권에 미치는 영향을 현금의 수취와 지급이 이루어지는 기간과 관련없이 그 영향이 발생한 기간에 보여준다. 이것이 중요한 이유는, 보고실체의 경제적 자원과 청구권 그리고 기간 중 그 변동에 관한 정보는 그 기간 동안의 현금 수취와 지급만 알려주는 정보보다 기업의 과거 및 미래 성과를 평가하는 데 더 나은 근거를 제공하기 때문이다.

투자자와 채권자에게서 직접 획득한 경제적 자원과 청구권의 변동(예, 추가출자) 이외의 경제적 자원과 청구권의 변동이 반영된 보고실체의 재무성과에 대한 정보는 기업의 과거 및 미래 순현금유입 창출능력을 평가하는 데 유용하다. 그 정보는 보고실체가 이용가능한 경제적 자원을 증가시켜 온 정도, 그리고 그 결과로 투자자와 채권자에게서 직접 추가적인 자원을 획득하지 않고 영업을 통하여 순현금유입을 창출할 수 있는 능력을 증가시켜 온 정도를 보여준다.

어느 한 기간의 보고기업의 재무성과에 대한 정보는 시장가격 또는 이자율의 변동과 같은 사건이 실체의 경제적 자원과 청구권을 증가시키거나 감소시켜 실체의 순현금유입 창출능력에 영향을 미친 정도도 보여줄 수 있다.

어느 한 기간의 보고실체의 현금흐름에 대한 정보도 정보이용자가 기업의 미래 순현금유입 창출능력을 평가하는 데에 도움이 된다. 이는 채무의 차입과 상환, 현금배당 등 투자자에 대한 현금분배 그리고 기업의 유동성이나 지급능력에 영향을 미치는 그 밖의 요인에 대한 정보를 포함하고 있어, 보고실체가 어떻게 현금을 획득하고 사용하는지 보여준다. 현금흐름에 대한 정보는 정보이용자가 보고실체의 영업을 이해하고, 재무활동과 투자활동을 평가하며, 유동성이나 지급능력을 평가하고, 재무성과에 대한 그 밖의 정보를 해석하는 데 도움이 된다.

3.3 유용한 재무정보의 질적특성

재무보고서는 보고실체의 경제적 자원, 그 보고실체에 대한 청구권, 그리고 그 자원 및 청구권을 변화시키는 거래나 그 밖의 사건 및 상황의 영향에 대한 정보를 제공한다. 재무정보가 유용하기 위해서는 목적적합하고 나타내고자 하는 바를 충실하게 표현해야 한다. 그리고 재무정보의 유용성은 비교가능하고 검증가능하며, 적시성이 있고 이해가능할 때 보강된다.

유용한 재무정보의 근본(기본)적 질적특성은 목적적합성과 표현충실성(충실한 표현)이다. 그리고 목적적합하고 충실하게 표현된 정보의 유용성을 제고시키는 보강적 질적특성으로는 비교가능성, 검증가능성, 적시성 및 이해가능성을 들고 있다.[10]

이들의 구성요소를 포함하여 요약하여 나타내면 자료 5-3 과 같다.

10) 보강적 질적특성은 만일 두 가지 방법이 현상을 서술하는 데 동일하게 목적적합하고 충실하게 표현하는 것이라면 이 두 가지 방법 가운데 어느 방법을 현상의 서술에 사용할지를 결정하는 데에도 도움을 줄 수 있다.

자료 5-3 유용한 재무정보의 질적특성

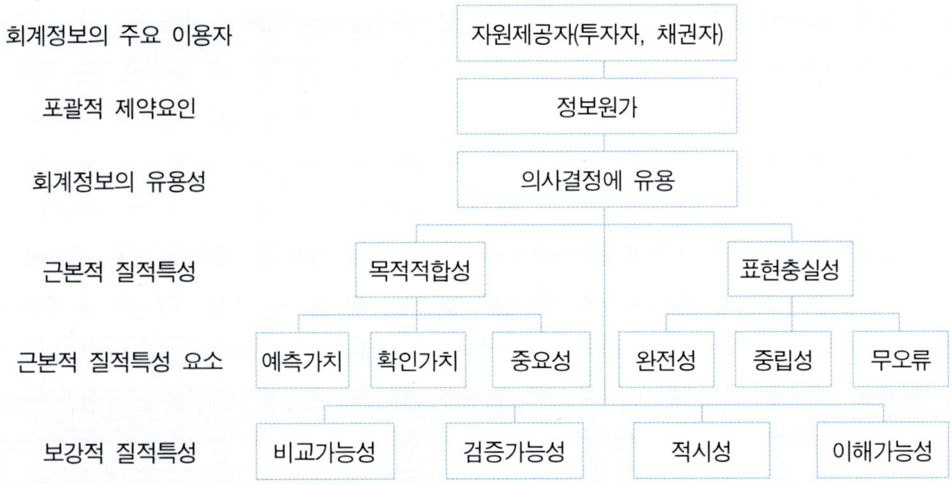

주) 송인만 · 윤순석 · 최관 · 송민섭, 『중급재무회계』, 제12판, p. 46.

3.3.1 목적적합성

목적적합한 재무정보는 이용자들의 의사결정에 차이를 발생시킬 수 있다. 정보는 어떤 이용자가 그것을 이용하지 않기로 하거나 이미 다른 자료를 통해 알게 되었더라도 의사결정에 차이를 발생시킬 수 있다. 재무정보는 그것이 예측가치, 확인가치 또는 둘 모두를 가지고 있을 때 의사결정에 차이를 발생시킬 수 있다. 목적적합한 정보가 되기 위해서는 예측가치나 확인가치 중 적어도 한 가지만 충족시키면 된다. 그러므로 두 가지 속성을 동시에 갖고 있어야 하는 것은 아니다.

미래의 결과를 예견하기 위해 이용자들이 사용하는 절차의 투입요소로 재무정보가 이용될 수 있다면 그 정보는 예측가치를 가진다. 재무정보가 예측가치를 갖기 위해서는 그 정보가 예측치이거나 예상치일 필요는 없다. 이용자들은 자신이 예측할 때 예측가치를 가진 재무정보를 사용한다. 재무정보가 이전의 평가에 대한 피드백(과거평가에 대한 확인이나 변경)을 제공한다면 그 정보는 확인가치를 갖고 있는 것이다.

재무정보의 예측가치와 확인가치는 상호 연관되어 있다. 예측가치를 갖는 정보는 확인가치도 갖는 경우가 많다. 예를 들면, 당기의 수익 정보는 미래 연도의 수익을 예측하는 기초자료로 사용될 수 있을 뿐만 아니라 과거연도에 이루어진 당기의 수익 예측치와 비교될 수도 있다. 그런 비교의 결과는 정보이용자가 과거 예측에 사용했던 절차를 수정하고 개선하는 데 도움을 줄 수 있다.

어떤 정보가 누락되거나 잘못 기재되어 특정 보고실체의 재무정보에 근거한 정보이용자의 의사결정에 영향을 준다면 그 정보는 중요한 것이다. 즉, 중요성은 목적적합성과 관련되는 것으로 개별실체의 재무보고와 관련하여 그 정보가 관계되는 항목의 성격이나 크기 또는 두 가지 모두에 관련되며, 그 크기(금액)와 성격의 중요성은 실체의 특성에 따라 달라진다. 따라서 중요성과 관련하여 획일적인 계량 임계치를 정하거나 특정 상황에서 무엇이 중요한 것인지를 미리 결정할 수 없다.

3.3.2 표현충실성

재무보고서는 경제현상을 글(용어)과 숫자로 나타낸다. 재무정보가 유용하기 위해서는 목적적합한 현상을 나타내야 할 뿐만 아니라 그것이 나타내고자 하는 현상을 충실하게 표현해야 한다. 완벽하게 충실한 표현이 되려면 서술에 있어서 세 가지 특성이 있어야 한다. 서술은 완전하고 중립적이며 오류가 없어야 한다. 물론 완벽하기란 극히 어렵다. 따라서 가능한 정도까지 표현충실성을 극대화할 필요가 있다.

완전한 서술은 필요한 기술과 설명을 포함하여 정보이용자가 서술되는 현상을 이해하는 데 필요한 모든 정보를 포함하는 것이다. 예를 들어, 자산집합의 완전한 서술은 적어도 집합 내 자산의 특성에 대한 기술과 집합 내 모든 자산의 수량적 서술, 그러한 수량적 서술이 표현하고 있는 기술 내용(예를 들면, 최초원가나 조정원가 또는 공정가치)을 포함한다. 일부 항목의 경우 완전한 서술은 항목의 질 및 성격, 그 항목의 질 및 성격에 영향을 줄 수 있는 요인과 상황, 그리고 수량적 서술을 결정하는 데 사용된 절차에 대한 유의적인 사실의 설명을 수반할 수도 있다.

중립적 서술은 재무정보의 선택이나 표시에 편의가 없는 것이다. 중립적 서술은, 재무정보를 정보이용자가 유리하게 또는 불리하게 받아들일 가능성을 높이기 위해 편파적이거나, 편중되거나, 강조되거나, 경시되거나 그 밖의 방식으로 조작되지 않는 것이다. 중립적 정보는 의사결정자의 행동에 대해 목적이나 영향력이 없는 정보를 의미하지 않는다. 오히려 목적적합한 재무정보는 정의상 정보이용자의 의사결정에 차이가 나도록 할 수 있는 정보이다.

표현충실성은 모든 면에서 정확한 것을 의미하지는 않는다. 오류가 없다는 것은 현상의 기술에 오류나 누락이 없고, 보고정보를 생산하는 데 사용되는 절차의 선택과 적용시 절차상 오류가 없음을 의미한다. 이 맥락에서 오류가 없다는 것은 모든 면에서 완벽하게 정확하다는 것을 의미하지는 않는다. 예를 들어, 관측가능하지 않은 가격이나 가치의 추정치는 정확한지 또는 부정확한지 확인할 수 없다. 그러나 추정치로서 금액을 명확하고 정확하게 기술하고, 추정절차의 성격과 한계를 설명하며, 그 추정치를 도출하기 위한 적절한 절차를 선택하고 적용하는 데 오류가 없다면 그 추정치의 표현은 충실하다고 할 수 있다.

표현충실성 그 자체가 반드시 유용한 정보를 만들어내는 것은 아니다. 예를 들어, 보고실체는 정부보조로 유형자산을 받을 수 있다. 기업이 아무런 대가 없이 자산을 취득했다고 보고(예를 들어 취득원가 ₩0)한다면 그 정보는 원가를 충실히 보고한 것은 분명하지만 유용한 정보는 아닐 수 있다. 보다 유용한 정보는 보조로 받은 자산의 공정가치일 것이다.

3.3.3 비교가능성

정보이용자의 의사결정은 대안들 중에 선택하는 것이다. 따라서 하나의 보고실체에 관한 정보가 다른 실체들의 유사한 정보와 또는 동일한 실체의 서로 다른 기간이나 다른 시점의 유사한 정보와 비교가능할 때 그 정보의 유용성은 증가한다.[11)]

비교가능성은 이용자들이 대상항목들 내의 유사점과 대상항목들간의 차이점을 식별하고 이해할 수 있게 하는 질적특성이다. 다른 질적특성들과는 달리 비교가능성은 단일항목에 관련된 것이 아니다. 비교하려면 최소한 두 항목이 필요하다.

일관성은 비교가능성과 관련이 있지만 이와 동일하지는 않다. 일관성은

11) 비교가능성은 유용성을 증진시키는 요소라는 점에서 보강적 질적특성이 된다.

하나의 보고실체 내의 기간간 또는 동일기간에서 실체간 동일항목들에 대해 동일한 방법을 적용하는 것을 말한다. 비교가능성은 목표이고 일관성은 그 목표를 달성하는 데 도움을 준다.

비교가능성은 통일성과 차이가 있다. 정보가 비교가능하기 위해서는 유사한 것은 유사하게 보이고 다른 것은 다르게 보여야 한다. 유사한 정보를 달리 보이게 하여 차이를 강조하거나 비슷하지 않은 것을 비슷하게 보이게 한다고 비교가능성이 증가되지는 않는다. 실체가 처한 회계 및 경제적 상황에 관계없이 동일한(통일된) 회계를 적용하도록 하는 것은 오히려 비교가능성을 감소시킬 수 있다. 그러나 일반적으로 단 하나의 경제적 현상을 충실하게 표현하는 데 여러 방법이 있을 수 있으나 동일한 경제적 현상에 대해 대체적인 회계처리방법을 허용하면 비교가능성이 감소한다.[12)]

3.3.4 검증가능성

검증가능성은 정보가 나타내고자 하는 경제적 현상을 충실히 표현하는지를 정보이용자가 확인하는 데 도움을 준다. 검증가능성은 합리적인 판단력이 있고 독립적인 서로 다른 관찰자가 어떤 서술이 표현충실성이라는 데, 비록 반드시 완전히 일치하지는 못하더라도, 의견이 일치할 수 있다는 것을 의미한다. 계량화된 정보가 검증가능하기 위해서 단일 점 추정치이어야 할 필요는 없다. 가능한 금액의 범위 및 그와 관련된 확률도 검증될 수 있다.

검증은 직접적 또는 간접적으로 이루어질 수 있다. 직접적인 검증은 직접적인 관찰(예를 들면, 현금을 세는 것)을 통해 금액이나 그 밖의 표현을 검증하는 것을 의미한다. 간접적인 검증은 모형, 공식 또는 그 밖의 기법에의 투입요소를 확인하고 동일한 방법을 사용하여 그 결과를 재계산하는 것을 의미한다. 예를 들어, 투입요소(수량과 원가)를 확인하고 같은 원가흐름가정을 사용(예를 들면, 선입선출법의 사용)하여 기말재고자산을 재계산하여 재고자산의 장부금액을 검증하는 것이다.

---

12) 동일한 경제현상에 대해 대체적 회계처리방법을 허용하는 것은 통일된 단일의 회계처리방법에 의한 규제보다 비교가능성을 감소시킬 위험은 있으나 충실한 표현을 증가시킬 수 있다.

3.3.5 적시성

적시성은 의사결정에 영향을 미칠 수 있도록 의사결정자가 정보를 제때에 이용가능하게 하는 것을 의미한다. 일반적으로 정보는 오래될수록 유용성이 떨어진다. 그러나 일부 정보는 보고기간말 후에도 오랫동안 적시성이 있을 수 있다. 왜냐하면 일부 정보이용자는 추세를 식별하고 평가할 필요가 있을 수 있기 때문이다.

3.3.6 이해가능성

정보를 명확하고 간결하게 분류하고, 특징을 묘사하여 표시하면 이해가능하게 된다. 일부 현상은 본질적으로 복잡하여 이해하기 쉽게 표현할 수가 없다. 이 경우 그 현상에 대한 정보를 재무보고서에서 제외하면 그 재무보고서의 정보를 더 이해하기 쉽게 만들 수 있다. 그러나 그 보고서는 불완전하여 잠재적으로 오도할 가능성이 있다.

재무보고서는 사업활동과 경제활동에 대해 합리적인 지식이 있고, 부지런히 정보를 검토하고 분석하는 정보이용자를 위해 작성된다. 때로는 박식하고 부지런한 정보이용자도 복잡한 경제적 현상에 대한 정보를 이해하기 위해 전문가의 도움을 받는 것이 필요할 수 있다.

3.3.7 유용한 재무보고에 대한 원가제약요소

원가는 재무보고로 제공될 수 있는 정보에 대한 포괄적인 제약요인이다. 재무정보의 보고에는 원가가 소요되고, 해당 정보 보고의 효익이 그 원가를 정당화한다는 것이 중요하다. 고려해야 할 몇 가지 유형의 원가와 효익이 있다.

재무정보 제공자는 재무정보의 수집, 처리, 검증 및 전파에 대부분의 노력을 기울인다. 그러나 정보이용자는 궁극적으로 수익이 축소되는 형태로 그 원가를 부담한다. 재무정보 이용자에게도 제공된 정보를 분석하고 해석하는데 원가가 발생한다. 필요한 정보가 제공되지 않으면, 그 정보를 다른 곳에서 얻거나 그것을 추정하기 위한 추가적인 원가가 정보이용자에게 발생한다.

목적적합하고 나타내야 하는 바가 충실하게 표현된 재무정보를 보고하는 것은 정보이용자가 더 확신을 가지고 의사결정하는 데 도움이 된다. 이것은 자본시장이 더 효율적으로 기능하도록 하고, 경제 전반적으로 자본비용을 감소시킨다. 개별 투자자, 대여자 및 기타 채권자도 더 많은 정보에 근거한 의사결정을 함으로써 효익을 얻는다. 그러나 정보이용자 각자가 목적적합하다고 생각하는 정보를 일반목적 재무보고서에서 모두 제공하는 것은 가능하지 않다.

재무정보의 특정 항목 보고의 원가 및 효익에 대한 개인들의 평가는 내재된 주관성 때문에 달라진다. 따라서 회계기준위원회는 단지 개별 보고기업과 관련된 것이 아닌, 재무보고 전반에 대해 원가와 효익을 고려하려고 노력한다. 그렇다고 개별 기업 차원이 아닌 재무보고 전반에 대한 원가와 효익의 평가에 의한 정보요구(보고요구)가 모든 기업에 대해 동일한 보고를 요구하는 것을 언제나 정당화한다는 것을 의미하지 않는다. 기업 규모의 차이, 자본조달방법(공모 또는 사모)의 차이, 정보이용자 요구의 차이, 그 밖의 다른 요인 때문에 보고요구사항을 달리하는 것이 적절할 수 있다. 즉, 전반적 관점에서 원가와 효익을 평가하여 정보를 요구하지만 요구되는 정보는 모든 실체에 동일한 것이 아니라 보고실체의 특성을 반영하여 결정할 수도 있다.

3.4 재무제표와 보고기업

재무제표의 목적은 보고기업에 유입될 미래순현금흐름에 대한 전망과 보고기업의 경제적 자원에 대한 경영진의 수탁책임을 평가하는 데 유용한 보고기업의 자산, 부채, 자본, 수익 및 비용에 대한 재무정보를 재무제표이용자들에게 제공하는 것이다.

이러한 정보는 다음을 통해 제공된다.

(1) 자산, 부채 및 자본이 인식된 재무상태표

(2) 수익과 비용이 인식된 재무성과표[13]

(3) 다음에 관한 정보가 표시되고 공시된 다른 재무제표와 주석

13) 이 '개념체계'에서는 재무성과표가 단일의 보고서로 구성되는지 두 개의 보고서로 구성되는지를 특정하지 않는다.

(가) 인식된 자산, 부채, 자본, 수익 및 비용, 그 각각의 성격과 인식된 자산 및 부채에서 발생하는 위험에 대한 정보를 포함한다.
(나) 인식되지 않은 자산 및 부채, 그 각각의 성격과 인식되지 않은 자산과 부채에서 발생하는 위험에 대한 정보를 포함한다.
(다) 현금흐름
(라) 자본청구권 보유자의 출자와 자본청구권 보유자에 대한 분배
(마) 표시되거나 공시된 금액을 추정하는 데 사용된 방법, 가정과 판단 및 그러한 방법, 가정과 판단의 변경

이러한 재무제표는 일반적으로 보고기업이 계속기업이며 예측가능한 미래에 영업을 계속할 것이라는 가정[14]하에 작성된다. 따라서 기업이 청산을 하거나 거래를 중단하려는 의도가 없으며, 그럴 필요도 없다고 가정한다. 만약 그러한 의도나 필요가 있다면, 재무제표는 계속기업과는 다른 기준에 따라 작성되어야 한다. 그러한 경우라면, 사용된 기준을 재무제표에 기술한다. 이처럼 IASB의 개념체계에서는 기본가정으로 계속기업을 들고 있다.[15] 계속기업(going-concern)의 가정이란 기업은 반대의 증거가 없는 한 자신의 사업, 매매계약, 진행중인 활동 등을 완료시킬 만큼 무한히 존속한다는 것이다. 즉, 기업의 영속성을 가정하는 것이다.

보고기업은 재무제표를 작성해야 하거나 작성하기로 선택한 기업이다. 보고기업은 단일의 실체이거나 어떤 실체의 일부일 수 있으며, 둘 이상의 실체로 구성될 수도 있다. 보고기업이 반드시 법적 실체일 필요는 없다. 중요한 것은 법적 실체가 아니라 경제적 활동과 관련된 실체이다.

대부분 단일의 법적 실체는 하나의 보고실체로서 자격이 있다. 그러나 단일의 법적 실체는 그의 경제적 활동이 다른 실체의 경제적 활동과 혼합되어

14) 회계에서 기본가정(basic assumptions)이란 회계가 행해지는 경제적 · 정치적 · 법적 환경을 나타내는 것으로, 재무제표의 목적과 일치하며 일반적으로 인정되는 자명한 선언이나 공리를 의미한다. 이는 재무정보가 왜 그러한 방식으로 표시되었는가를 알 수 있게 해준다. 기본가정으로부터 재무제표를 작성하는 기본원칙이 도출되며 기본가정은 보통 증명 없이 당연한 것으로 간주된다.

15) IASB에서는 2001년도 개념체계에서 기본가정으로 발생기준과 계속기업을 포함시켰으나, 2010년에 "재무보고를 위한 개념체계"를 발표하면서 계속기업만 승계하고 발생기준은 승계하지 않았다. 그리고 대부분의 회계학자와 회계기준제정기구는 기본가정으로 경제실체, 계속기업, 화폐단위, 기간별 보고 등을 들고 있으며, 발생기준은 기본원칙으로 분류하고 있다.

있고 그들의 활동을 객관적으로 식별하는 기준이 없다면 보고실체로서의 자격이 없을 수 있다. 즉, 하나의 법적 실체는 둘 이상의 보고실체로 분할될 수 있으며, 둘 이상의 법적 실체가 하나의 보고실체로 간주될 수도 있다. 전자의 예로 부문별 보고를 들 수 있고, 후자의 예로 연결재무제표를 들 수 있다.

어떤 실체의 한 부문이 그 실체의 나머지 부문과 객관적으로 구분되고, 그 한 부문에 대한 재무정보가 그 부문에 대한 자원제공 여부를 결정하는 데 잠재적으로 유용하다면, 그 부문은 보고실체의 자격을 갖출 수 있다. 예컨대, 잠재적 지분투자자는 실체의 지점이나 사업부문의 취득에 대한 내용을 의사결정과정에서 고려할 수 있다. 이러한 목적으로 행하는 재무보고가 부문별 보고(segment reporting)이다.

특정 실체가 다른 실체에게 자신을 위한 효익(또는 손실제한) 창출활동을 하도록 지시하는 힘이 있을 경우 그 실체는 다른 실체를 지배한다. 하나의 실체가 다른 실체를 통제하고 있는 경우 지배회사의 이해관계자(지분투자자와 대여자 및 기타 채권자)들에 대한 현금흐름과 기타 효익이 지배회사가 통제하고 있는 실체(피지배회사)들로부터 발생하는 현금흐름과 기타 효익에 중요하게 의존하는 경우가 있다. 결과적으로 정보이용자들의 현금흐름과 기타 효익은 피지배실체의 활동과 그러한 활동에 대한 지배회사의 지시에 의존한다. 따라서 하나 또는 그 이상의 실체를 통제하고 있는 실체(지배회사)가 재무보고서를 작성한다면 피지배실체를 포함하는 연결재무제표(consolidated financial statements)를 작성해야 한다.

그러나 둘 또는 그 이상의 실체들이 그들을 위한 효익(또는 손실제한) 창출활동을 지시할 힘을 공유할 수가 있다. 이런 경우 다른 실체의 활동을 지시할 힘을 공유하고 있는 실체 중의 한 실체가 다른 실체를 개별적으로 통제할 수 없다. 이 경우 공동으로 지배하는 어떠한 실체도 자신과 다른 실체(피지배회사)를 포함하는 연결재무제표정보를 작성할 수 없다.

또한 하나의 실체가 다른 실체에 대해 유의적인 영향력은 행사할 수 있지만 다른 실체를 지배할 수 없는 경우가 있다. 실제적으로 다른 실체의 활동을 지시할 수 없으면서 다른 실체의 활동에 유의적인 영향력만을 행사할 수 있다면 다른 실체를 지배할 권한은 없다. 이런 경우에는 통상적으로 지분법(equity method)을 적용하여 회계처리한다. 지분법은 피투자회사의 주식가격과는 관계없이 피투자회사의 순자산 증감에 따라 투자회사의 투자자산(관계회사투자주식)을 증감시키는 방법이다.

지배실체는 그가 지배하고 있는 실체의 경제적 자원과 청구권 및 이들 변동이 아니라 지배실체의 피지배실체에 대한 투자정보와 지배실체 입장에서의 투자성과를 나타내는 재무제표를 작성할 수 있다. 즉, 지배회사만의 재무제표를 작성할 수 있는데, 이런 재무제표가 연결재무제표와 같이 작성된다면 유용한 정보를 제공할 수 있다.[16] 예컨대 지배실체만의 재무제표는 종속실체로부터의 자금이전에 의존하지 않고 지배실체 자체가 법적으로 지급할 수 있는 배당금 수준을 평가하는 데 도움을 준다.

한편, 결합재무제표(combined financial statements)는 둘 또는 그 이상의 공통적으로 지배되고 있는 실체에 관한 정보를 포함하고 있다. 결합재무제표는 지배실체에 관한 정보를 포함하고 있지 않으며 종종 지배실체가 재무제표를 작성하지 않을 때 작성된다. 지배실체가 개인이거나 가족처럼 개인들의 집단인 경우가 이에 해당한다. 결합재무제표는 집단(예, 삼성그룹이나 LG그룹 등)으로서 공통적으로 지배되고 있는 실체에 관한 유용한 정보를 제공한다.

보고기업이 다음 모두에 해당할 경우 보고기업의 적절한 경계를 결정하는 것이 어려울 수 있다.

(1) 보고기업이 법적 실체가 아니다.
(2) 지배-종속관계로 연결된 법적 실체들로만 구성되어 있지는 않다.

이 경우, 보고기업의 경계는 보고기업의 재무제표의 주요 이용자들의 정보수요에 맞춰 결정한다. 주요 이용자들은 목적적합하고 나타내고자 하는 바를 충실하게 표현하는 정보를 필요로 한다. 충실한 표현은 다음 모두를 요구한다.

(1) 보고기업의 경계에 자의적이거나 불완전한 경제활동의 집합을 포함하지 않는다.
(2) 보고기업의 경계 내에 경제활동의 해당 집합을 포함하는 것이 중립적 정보를 생산한다.

16) 현행 개념체계에서는 보고기업이 지배기업 단독인 경우 그 보고기업의 재무제표를 '비연결재무제표'라고 부른다.

(3) 보고기업의 경계가 어떻게 결정되었는지 그리고 보고기업이 무엇으로 구성되는지에 대한 설명을 제공한다.

3.5 재무제표의 요소

재무제표는 거래나 그 밖의 사건의 재무적 영향을 경제적 특성에 따라 큰 범위로 분류(대분류)하여 나타낸다. 이러한 대분류를 재무제표의 요소로 정의한다. 재무상태표에서 재무상태의 측정과 직접 관련된 요소는 자산, 부채 및 자본이다. 그리고 포괄손익계산서에서 성과의 측정과 직접 관련된 요소는 수익과 비용이다. 재무상태변동표는 일반적으로 재무상태표 요소의 변동과 포괄손익계산서 요소를 반영하므로 IASB의 개념체계에서는 재무상태변동표의 고유한 요소에 대해 별도로 식별하지 않고 있다.[17] IASB의 개념체계에서는 재무제표요소에 대해 자료 5-4 와 같이 정의하고 있다.[18]

자료 5-4 재무제표요소의 정의

(1) 재무상태요소
- 자산 : 과거 사건의 결과로 기업이 통제하는 현재의 경제적 자원. 경제적 자원은 경제적 효익을 창출할 잠재력을 지닌 권리이다.
- 부채 : 과거 사건의 결과로 기업의 경제적 자원을 이전해야 하는 현재 의무
- 자본 : 기업의 자산에서 모든 부채를 차감한 후의 잔여지분

(2) 재무성과요소
- 수익 : 자본의 증가를 가져오는 자산의 증가나 부채의 감소로서, 자본청구권 보유자의 출자와 관련된 것은 제외
- 비용 : 자본의 감소를 가져오는 자산의 감소나 부채의 증가로서, 자본청구권 보유자에 대한 분배와 관련된 것은 제외

17) 재무제표요소의 정의는 그 본질적 특성을 식별하기 위한 것이지 재무제표에 인식하기 위해 충족될 필요가 있는 기준을 정하는 것은 아니다. 따라서 재무제표에 표시되기 위해서는 정의와 더불어 다음 절에서 설명하는 인식조건을 충족시켜야 한다.

18) 본절에서는 정의만 소개하고 자세한 설명은 각각의 요소를 다루는 장에서 하기로 한다.

3.6 인식과 제거

인식(recognition)이란 "어떤 항목을 자산, 부채, 자본, 수익, 비용 등으로 재무제표에 공식적으로 기록(recording)하거나 통합(incorporating)하는 과정"으로 정의된다. 즉, 인식은 자산, 부채, 자본, 수익 또는 비용과 같은 재무제표요소 중 하나의 정의를 충족하는 항목을 재무상태표나 재무성과표에 포함하기 위하여 포착하는 과정이다. 인식은 그러한 재무제표 중 하나에 어떤 항목(단독으로 또는 다른 항목과 통합하여)을 명칭과 화폐금액으로 나타내고, 그 항목을 해당 재무제표의 하나 이상의 합계에 포함시키는 것과 관련된다. 자산, 부채 또는 자본이 재무상태표에 인식되는 금액을 '장부금액'이라고 한다.

재무상태표와 재무성과표는 재무정보를 비교가능하고 이해하기 쉽도록 구성한 구조화된 요약으로, 기업이 인식하는 자산, 부채, 자본, 수익 및 비용을 통하여 표시된다. 이러한 요약의 구조상 중요한 특징은 재무제표에 인식하는 금액은 재무제표에 인식될 항목들이 연계되는 총계들과 (해당될 경우) 소계들에 포함된다는 점이다. 인식에 따라 재무제표요소, 재무상태표 및 재무성과표는 자료 5-5 와 같이 연계된다.

자료 5-5 인식에 따라 재무제표요소들이 연계되는 방법[19]

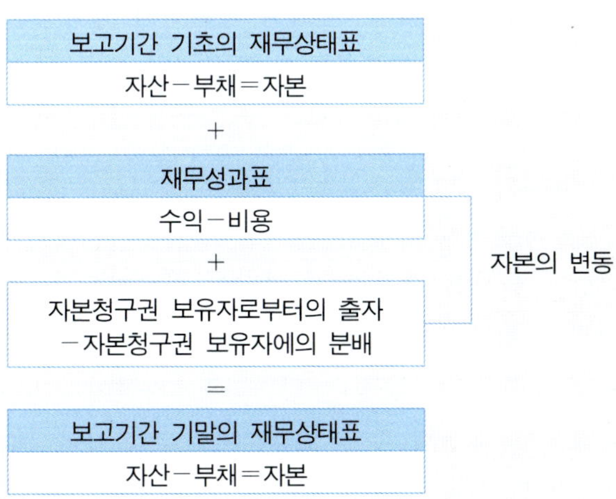

19) 재무보고를 위한 개념체계 문단 5.4의 그림 5.1, p. 62.

인식기준을 살펴보면, 자산, 부채 또는 자본의 정의를 충족하는 항목만이 재무상태표에 인식된다. 마찬가지로 수익이나 비용의 정의를 충족하는 항목만이 재무성과표에 인식된다. 그러나 그러한 요소 중 하나의 정의를 충족하는 항목이라고 할지라도 항상 인식되는 것은 아니다.

요소의 정의를 충족하는 항목을 인식하지 않는 것은 재무상태표 및 재무성과표를 완전하지 않게 하고 재무제표에서 유용한 정보를 제외할 수 있다. 반면에, 어떤 상황에서는 요소의 정의를 충족하는 일부 항목을 인식하는 것이 오히려 유용한 정보를 제공하지 않을 수 있다. 자산이나 부채를 인식하고 이에 따른 결과로 수익, 비용 또는 자본 변동을 인식하는 것이 재무제표이용자들에게 다음과 같이 유용한 정보를 모두 제공하는 경우에만 자산이나 부채를 인식한다.

(1) 자산이나 부채에 대한 그리고 이에 따른 결과로 발생하는 수익, 비용 또는 자본 변동에 대한 목적적합한 정보
(2) 자산이나 부채 그리고 이에 따른 결과로 발생하는 수익, 비용 또는 자본 변동의 충실한 표현

이 외에도 인식기준에 포함되어야 하는 것들로는 재무제표이용자들에게 제공되는 정보의 효익과 그 정보를 제공하고 사용하는 원가, 자산이나 부채의 존재여부가 불확실한 경우, 측정의 불확실성 등을 들 수 있다. 물론 자산이나 부채를 인식할 때 효익과 원가의 대비라는 기준으로 재무제표이용자들에게 유용한 정보를 제공하게 되는 시점을 정확하게 정하는 것은 불가능하다. 즉, 언제 효익이 원가를 초과하는지 그 시점을 파악하는 것은 불가능하다. 무엇이 이용자들에게 유용한지는 항목, 사실, 상황에 따라 다르다. 따라서 항목을 인식할지 여부를 결정할 때 판단이 필요하므로 인식 요구사항이 회계기준간에 그리고 회계기준 내에서 달라질 필요가 있다. 그리고 경제적 효익의 유입가능성이나 유출가능성이 낮더라도, 자산이나 부채를 인식하는 것이 목적적합한 정보를 제공할 수도 있다. 또한 자산이나 부채를 인식하기 위해서는 측정을 해야 한다. 많은 경우 그러한 측정은 추정되어야 하며 따라서 측정불확실성의 영향을 받는다. 합리적인 추정의 사용은 재무정보 작성의 필수적인 부분이며 추정치를 명확하고 정확하게 기술하고 설명한다면 정보의

유용성을 훼손하지 않는다. 높은 수준의 측정불확실성이 있더라도 그러한 추정치가 유용한 정보를 반드시 제공하지 못하는 것은 아니다.

제거는 기업의 재무상태표에서 인식된 자산이나 부채의 전부 또는 일부를 삭제하는 것이다. 제거는 일반적으로 해당 항목이 더 이상 자산 또는 부채의 정의를 충족하지 못할 때 발생한다.

(1) 자산은 일반적으로 기업이 인식한 자산의 전부 또는 일부에 대한 통제를 상실하였을 때 제거한다.
(2) 부채는 일반적으로 기업이 인식한 부채의 전부 또는 일부에 대한 현재 의무를 더 이상 부담하지 않을 때 제거한다.

제거에 대한 회계 요구사항은 다음 두 가지를 모두 충실히 표현하는 것을 목표로 한다.

(1) 제거를 초래하는 거래나 그 밖의 사건 후의 잔여 자산과 부채(그 거래나 그 밖의 사건의 일부로 취득, 발생 또는 창출한 자산이나 부채 포함)
(2) 그 거래나 그 밖의 사건으로 인한 기업의 자산과 부채의 변동

3.7 측 정

측정은 재무상태표와 포괄손익계산서에 인식되고 평가되어야 할 재무제표요소의 화폐금액을 결정하는 과정이다. 따라서 엄격히 말하면 측정은 인식기준에 포함된다고 할 수 있다. 측정은 특정한 측정기준과 측정단위의 선택과정을 포함한다. 재무제표에 인식된 요소들은 화폐단위로 수량화되어 있다. 이를 위해 측정기준을 선택해야 한다. 측정기준은 측정대상 항목에 대해 식별된 속성(예, 역사적 원가, 공정가치 또는 이행가치)이다. 자산이나 부채에 측정기준을 적용하면 해당 자산이나 부채, 관련 수익과 비용의 측정치가 산출된다. 유용한 재무정보의 질적특성과 원가제약을 고려함으로써 서로 다른 자산, 부채, 수익과 비용에 대해 서로 다른 측정기준을 선택하는 결과가 발생할 수 있다. 따라서 개별 기준서에는 그 기준서에서 선택한 측정기준을 적용하는

방법이 기술될 필요가 있다. 이 기술에는 다음을 포함할 수 있다.

(1) 특정 측정기준을 적용하여 측정치를 추정하기 위해 사용할 수 있거나 사용해야 하는 기법의 명시
(2) 우선하는 측정기준에 의해 제공되는 정보와 유사한 정보를 제공할 수 있는 단순화된 측정 접근법 명시
(3) 측정기준을 수정할 수 있는 방법의 설명(예, 기업이 부채를 이행하지 못할 가능성(자신의 신용위험)의 영향을 부채의 이행가치에서 배제)

재무제표를 작성하기 위해서는 다수의 측정기준이 다양한 방법으로 결합되어 사용된다. 그러한 측정기준의 예는 자료 5-6 과 같다.[20] 현행원가와 공

자료 5-6 측정기준(측정속성)

(1) 역사적 원가 : 자산은 취득의 대가로 취득 당시에 지급한 현금 또는 현금성자산이나 그 밖의 대가의 공정가치로 기록한다. 부채는 부담하는 의무의 대가로 수취한 금액으로 기록한다. 자산에 대해서는 취득원가, 부채에 대해서는 역사적 현금수취액이라 부르기도 한다.

(2) 현행원가 : 자산은 동일하거나 또는 동등한 자산을 현재시점에서 취득할 경우에 그 대가로 지불해야 할 현금이나 현금성자산의 금액으로 평가한다. 부채는 현재시점에서 그 의무를 이행하는 데 필요한 현금이나 현금성자산의 할인하지 아니한 금액으로 평가한다. 자산의 경우 구입시장에서 현행원가를 현행유입원가라 하고 판매시장에서의 현행원가를 현행유출가치라 한다.

(3) 사용가치와 이행가치 : 사용가치는 기업이 자산의 사용과 궁극적인 처분으로 얻을 것으로 기대하는 현금흐름 또는 그 밖의 경제적 효익의 현재가치이다. 이행가치는 기업이 부채를 이행할 때 이전해야 하는 현금이나 그 밖의 경제적 자원의 현재가치이다. 사용가치와 이행가치는 미래현금흐름에 기초하기 때문에 자산을 취득하거나 부채를 인수할 때 발생하는 거래원가는 포함하지 않는다. 그러나 여기에는 기업이 자산을 궁극적으로 처분하거나 부채를 이행할 때 발생할 것으로 기대되는 거래원가의 현재가치는 포함된다.

(4) 상각후원가 : 금융자산 취득 또는 금융부채 발생 시점의 그 유입가격과 당해 자산 또는 부채로부터 발생하는 미래 명목현금흐름의 현재가치가 일치되게 하는 할인율(유효이자율)로 측정하고, 이를 이용하여 측정한 당해 자산 또는 부채에 대한 현재의 가액을 의미하는 것으로 부채에 대해서는 상각후가액이라 한다.

(5) 기업특유가치 : 자산은 자산을 사용함에 따라 인식되는 현재의 가치로 사용가치라 하며, 부채는 기업이 그 의무를 이행하는 데 예상되는 자원유출의 현재가치를 말한다.

정가치는 거의 동일하지만 개념 정의가 다르다. IASB에서는 공정가치를 '측정일에 시장참여자 사이의 정상거래에서 자산을 매도할 때 받거나 부채를 이전할 때 지급하게 될 가격'으로 정의하고 있다.

3.8 표시와 공시

개정된 개념체계에 새로 도입된 개념으로서 표시와 공시가 있다. 보고기업은 재무제표에 정보를 표시하고 공시함으로써 기업의 자산, 부채, 자본, 수익 및 비용에 관한 정보를 전달한다. 재무제표의 정보가 효과적으로 소통되면 그 정보를 보다 목적적합하게 하고 기업의 자산, 부채, 자본, 수익 및 비용을 충실하게 표현하는 데 기여한다. 또한 이는 재무제표의 정보에 대한 이해가능성과 비교가능성을 향상시킨다. 재무제표의 정보가 효과적으로 소통되려면 다음이 필요하다.

(1) 규칙에 초점을 맞추기보다는 표시와 공시의 목적과 원칙에 초점을 맞춘다.
(2) 유사한 항목은 모으고 상이한 항목은 분리하는 방식으로 정보를 분류한다.
(3) 불필요한 세부사항 또는 과도한 통합에 의해 정보가 가려져서 불분명하게 되지 않도록 통합한다.

이와 같이 표시와 공시의 목적을 회계기준에 포함시킴으로써 정보가 재무제표에서 효과적으로 소통되는 데 도움을 준다. 왜냐하면 그러한 목적은 기업이 유용한 정보를 식별하고 가장 효과적인 방식으로 정보가 소통되는 방법을 결정하는 데 도움이 되기 때문이다. 효과적인 표시와 공시를 위해 분류가 중요하다고 했는데, 분류란 표시와 공시를 위해 자산, 부채, 자본, 수익이나 비용을 공유되는 특성에 따라 구분하는 것을 말한다. 이러한 특성에는 항

20) 개념체계에는 역사적 원가와 현행가치로 구분하고, 현행가치에 공정가치, 자산의 사용가치 및 부채의 이행가치, 현행원가로 구분하였는데, 저자들이 용어를 일부 수정하고 상각후원가와 기업특유가치를 포함시켰다.

목의 성격, 기업이 수행하는 사업활동 내에서의 역할(또는 기능), 이들 항목을 측정하는 방법이 포함되나 이에 국한되지는 않는다. 상이한 자산, 부채, 자본, 수익이나 비용을 함께 분류하면 목적적합한 정보를 가려서 불분명하게 하고, 이해가능성과 비교가능성이 낮아질 수 있으며, 표현하고자 하는 내용을 충실하게 표현하지 못할 수 있다.

3.9 자본 및 자본유지개념

3.9.1 자본의 개념

대부분의 기업은 재무적 개념에 기초한 자본개념에 의하여 재무제표를 작성한다. 자본을 투자된 화폐액 또는 투자된 구매력으로 보는 재무적 개념하에서의 자본은 기업의 순자산이나 지분과 동의어로 사용된다. 자본을 조업능력으로 보는 실물적 개념하에서의 자본은 기업의 생산능력(예를 들면, 1일 생산수량)으로 간주된다.

기업은 재무제표이용자의 정보요구에 기초하여 적절한 자본개념을 선택해야 한다. 따라서 재무제표의 이용자가 주로 명목상의 투하자본이나 투하자본의 구매력 유지에 관심이 있다면 재무적 개념의 자본을 채택해야 한다. 그러나 이용자의 주된 관심이 기업의 조업능력 유지에 있다면 실물적 개념의 자본을 사용해야 한다. 비록 자본개념을 실무적으로 적용하는 데에는 측정의 어려움이 있을 수 있지만 선택된 자본개념에 따라 이익의 결정 목표가 무엇인지 알 수 있게 된다.

3.9.2 자본유지개념과 이익의 결정

수익과 비용을 인식한 후에 결정되는 이익은 어떠한 자본유지개념을 도입하느냐에 따라 그 금액과 구성요소가 달라질 수 있다. 앞서의 자본개념에 따라 자료 5-7 과 같은 자본유지개념이 도출된다.

자본유지개념은 기업이 유지하려고 하는 자본을 어떻게 정의하는지와 관련된다. 자본유지개념은 이익이 측정되는 준거기준을 제공함으로써 자본개

자료 5-7 자본유지개념

(1) 재무자본유지 : 재무자본유지개념하에서 이익은 해당 기간 동안 소유주에게 배분하거나 소유주가 출연한 부분을 제외하고 기말 순자산의 재무적 측정금액(화폐금액)이 기초 순자산의 재무적 측정금액(화폐금액)을 초과하는 경우에만 발생한다. 재무자본유지는 명목화폐단위 또는 불변구매력단위를 이용하여 측정할 수 있다.

(2) 실물자본유지 : 실물자본유지개념하에서 이익은 해당 기간 동안 소유주에게 배분하거나 소유주가 출연한 부분을 제외하고 기업의 기말 실물생산능력이나 조업능력(또는 그러한 생산능력을 갖추기 위해 필요한 자원이나 기금)이 기초 실물생산능력을 초과하는 경우에만 발생한다.

출처 : 재무보고를 위한 개념체계, 문단 8.3

념과 이익개념 사이의 연결고리를 제공한다. 자본유지개념은 기업의 자본에 대한 투자수익과 투자회수를 구분하기 위한 필수요건이다. 자본유지를 위해 필요한 금액을 초과하는 자산의 유입액만이 이익으로 간주될 수 있고, 결과적으로 이 초과액이 자본의 투자수익이 된다. 따라서 이익은 수익에서 비용(필요한 경우 자본유지조정액을 포함)을 차감한 후의 잔여액이다. 만일 비용이 수익을 초과한다면 그 초과액은 손실이다.

실물자본유지개념을 사용하기 위해서는 측정기준으로 현행원가를 사용하여 측정해야 한다. 그러나 재무자본유지개념은 특정한 측정기준의 적용을 요구하지 않는다. 재무자본유지개념하에서 측정기준의 선택은 기업이 유지하려는 재무자본의 유형과 관련이 있다.

재무자본유지개념과 실물자본유지개념의 주된 차이는 기업의 자산과 부채에 대한 가격변동의 영향을 처리하는 방법에 있다. 일반적으로 기초에 가지고 있던 자본만큼을 기말에도 가지고 있다면 이 기업의 자본은 유지된 것이며, 기초자본을 유지하기 위해 필요한 부분을 초과하는 금액이 이익이다.

측정기준과 자본유지개념의 선택에 따라 재무제표의 작성에 있어 사용되는 회계모형이 결정된다. 각각의 회계모형은 상이한 목적적합성과 표현충실성을 나타내며, 경영진은 다른 경우와 마찬가지로 목적적합성과 표현충실성 간에 균형을 추구해야 한다.

익힘문제

1. 개념체계의 의미와 유용성에 대해 설명하시오.

2. 원칙중심의 회계와 규칙중심의 회계를 비교 설명하시오.

3. 보고기업에 대해 설명하시오.

4. 일반목적의 재무보고 목적에 대해 설명하시오.

5. 회계정보의 질적특성에 대해 설명하시오.

6. 계속기업을 가정하는 이유에 대해 설명하시오.

7. 측정기준(측정속성)을 네 가지 이상 제시하고 그 개념에 대해 설명하시오.

8. 재무제표요소 중 자산과 부채의 정의를 설명하시오.

CHAPTER 6

재무상태요소의 정의와 인식

1. 자산개념의 변천과정
2. 자산의 정의
3. 자산의 인식
4. 부채의 정의
5. 부채의 인식
6. 자본의 정의와 특성
7. 주요 항목의 인식문제

재무상태의 구성요소는 자산과 부채 및 자본이다. 재무상태요소의 정의는 많은 변화를 겪었다. 특히 자산의 정의는 더욱 그렇다. 다른 학문에서와 마찬가지로 회계에서 개념 정의는 매우 중요하다. 왜냐하면 정의의 충족은 재무제표에 보고할 항목으로 인식되기 위한 중요 요건의 하나일 뿐만 아니라 재무제표에 어떠한 항목으로 보고할 것인가에 관한 분류문제와 연결되어 있기 때문이다. 또한 재무제표의 인식기준도 매우 중요하다. 왜냐하면 인식기준을 충족시켜야만 재무제표에 기록할 수 있기 때문이다. 본장에서는 재무상태의 구성요소인 자산과 부채 및 자본의 정의와 특성 및 인식에 대해 알아보기로 한다.

1. 자산개념의 변천과정

자산(assets)이란 용어는 일찍이 법률적 의미로 사용되어 16세기 영국의 유언법에 이미 사용되었다고 한다. 처음에 자산은 유언자의 부채지급이나 유증을 위한 동산을 충분히 보유하고 있다는 뜻으로 사용되었다. 이와 같이 자산은 유언자의 유증을 하기에 충분한 재산이란 뜻에서 출발하여, 그 후에는 파산시에 채무를 지급하는 데 쓰일 재산이란 뜻으로 바뀌었다. 그리고 이 용어는 다시 채권자가 기업의 지급능력에 의문을 가지고 있을 때 기업가가 채권자를 그 의문으로부터 해방시킬 수 있는 재산이란 의미로 그 뜻이 점차 변화하여 왔다.1)

그 후 자산개념은 자산을 재산으로 이해하던 정태론적 사고에서 자산을 수익획득을 위해 사용되지 않은 미소멸원가로 이해하는 동태론적 사고로 변화되었다. 그러다가 오늘날에 와서는 자산을 용역잠재력과 경제적 자원 또는 경제적 효익 등으로 이해하게 되었다.

1.1 정태론에서의 자산개념

정태론에서는 자산을 재산이라고 규정하고 이것을 회계의 중심개념으로 보고 있으며, 회계의 주요 목적을 기업의 재무상태 파악에 두었다. 그러므로 정태론에서는 기업의 재무상태를 나타내는 재무상태표를 정확하게 작성하는 것이 회계의 중심과제가 되었다. 그리고 재무상태표에 기재되는 재화와 권리를 포괄하여 자산으로 정의하였다. Schär는 재산은 적극재산(자산)과 소극재산(부채)으로 구성되며 양자의 차이가 순재산(자본)이라고 정의하였다. 이와는 달리 Nicklisch는 재산과 자산을 동일한 것으로 보고 총재산을 자산으로 정의한 바 있다.

이처럼 자산의 본질을 기업의 적극재산 또는 총재산으로 규정하는 정태

1) 이정호, 『현대회계이론』, 경문사, 1984, p. 408.

론은 어떤 의미에서는 매우 명쾌하다고 할 수 있으나, 오늘날 기간손익계산에서 중요시되는 선급비용이나 미수수익 같은 항목 등을 설명하기 어렵다는 단점이 있다. 이러한 단점을 극복하기 위해 동태론이 나타나게 되었다.

1.2 동태론에서의 자산개념

경제사회의 발전에 따라 회계의 관심은 이익을 측정하는 문제로 집중되었으며, 이에 따라 회계의 중심과제는 손익계산 중심의 동태론으로 바뀌게 되었다. 동태론에서는 자산을 미소멸원가(unexpired cost) 또는 미래의 비용으로 보고 있다. 즉, 동태론에서는 자산을 미래의 수익에 대응시키기 위해서 차기 이후로 이연되는 원가의 집단으로 이해한다. 미국의 회계원칙심의회(APB) 보고서 제4호에서는 자산을 '일반적으로 인정된 회계원칙에 의하여 인식되고 측정된 경제적 자원'으로 정의하고, 자원이라고는 할 수 없지만 일반적으로 인정된 회계원칙에 준거하여 인식되고 측정된 특정의 이연계정(deferred charges)들도 자산에 포함시키고 있다.[2)]

동태론에서는 자산개념을 비용개념에 결부시켜 이해하고 있는데, 자산과 비용의 구분은 수익에의 대응여부에 달려 있다. 동태론에서 모든 자산은 장래의 수익에 대응되는 미래의 비용으로서 원가의 집합(pool)을 구성한다고 주장한다. 그러나 재무상태표에 표시되는 자산항목 가운데 화폐 및 화폐청구권으로 이루어지는 항목들은 원가의 집합을 구성한다고 보기는 어렵다. 이러한 한계를 극복하기 위해서는 자산개념을 복식부기 체계 안에서 해결하기보다는 자산을 독립적인 입장에서 이해할 필요성이 있다.

1.3 용역잠재력으로서의 자산개념

자산개념을 포괄적으로 정의한 Canning은 자산을 미래의 용역으로 정의하였다. 그는 자산을 '화폐로 표시된 미래의 용역과 법률상 · 형평상 어떤 사람 또

2) APB, "Basic Concepts and Accounting Principles Underlying Financial Statement of Business Enterprises," *APB Statement No. 4*(1970), par. 132.

는 사람들에게 보장된 유익한 지분을 화폐로 전환가능한 미래의 용역'으로 표현하였다.[3] Canning이 정의한 자산의 특징은 다음과 같이 요약될 수 있다.

(1) 자산은 기대된 미래 용역 또는 효익이다.
(2) 기대된 미래 용역 또는 효익은 현금흐름으로 표시할 수 있거나 현금흐름이어야 한다.
(3) 미래 용역이나 효익은 이를 자산이라고 주장하는 기업에 대해 법률적으로 보장되어야 한다.
(4) 미래 용역이나 효익은 이를 자산이라고 주장하는 기업이 배타적 혹은 독점적으로 사용할 수 있어야 한다.

Vatter는 자금이론을 전개하면서 자산을 용역잠재력(service potentials)이라고 표현하였다. 그는 자산은 본질적으로 경제적 성격을 가지고 있으며, 장래의 사태에 대비하여 전환·교환·저장될 수 있는 용역잠재력의 형태로 미래 욕구충족에 사용될 것이라 하였다. 이어서 자산측정에 어떤 수단이나 방법이 사용되든 자산은 물리적인 것도 아니고, 법률적인 권리도 아니며, 또한 화폐적 청구권도 아닌 용역잠재력이라고 하였다.[4]

그 후 미국회계학회의 1957년 회계원칙에서도 '자산은 특정한 회계실체 내에서 사업활동(business purpose)을 위해 제공된 경제적 자원으로서, 기대되는 경영활동에 사용되거나 유용한 용역잠재력의 집합체'로 정의하고 있다.[5] 또한 Sprouse와 Moonitz도 자산을 '기대되는 미래의 경제적 효익을 말하는 것으로서 그에 대한 권리는 당기 또는 과거의 어떤 거래의 결과로서 기업이 취득한 것'으로 정의하였다.[6]

이상의 정의에서 용역잠재력이란 가능한 미래의 경제적 효익으로서, 이는 궁극적으로 현금유입과 관련이 있다.

---

3) J. B. Canning, *The Economics of Accountancy*, New York: The Ronald Press Co., 1929, p. 22.

4) W. J. Vatter, *The Fund Theory of Accounting and Its Implications for Financial Reports*, Chicago: University of Chicago Press, 1947, p. 17.

5) Committee on Accounting Concepts and Standard, *Accounting and Reporting Standards for Corporate Financial Statement and Preceding Statements and Supplements*, Columbus, Ohio: AAA, 1957, par. 3.

6) R. T. Sprouse and M. Moonitz, "A Tentative Set of Broad Accounting Principles for Enterprises," *Accounting Research Study No. 3*(1962), AICPA.

2. 자산의 정의

자산을 경제적 효익(economic benefits)으로 정의한 대표적 문헌으로는 IASB의 개념체계를 들 수 있다. IASB는 개념체계에서 자산을 다음과 같이 정의하고 있다.

"자산은 과거 사건의 결과로 기업이 통제하는 현재의 경제적 자원이다."

이상의 정의에서 알 수 있듯이 자산의 특성은 ① 경제적 효익을 창출할 잠재력을 지닌 권리, ② 특정한 실체(기업)에 의한 통제, ③ 과거 사건 등으로 요약할 수 있다. 그러면 이들의 특성에 대해 알아보기로 하자.

2.1 경제적 효익을 창출할 잠재력을 지닌 권리

자산의 정의에 있어서 핵심은 현재의 경제적 자원이라는 점이며, 경제적 자원은 경제적 효익을 창출할 잠재력을 지닌 권리이다. 이러한 정의는 비영리조직에도 충분히 적용될 수 있을 만큼 넓은 개념이다. 이때 잠재력이 있기 위해 권리가 경제적 효익을 창출할 것이라고 확신하거나 그 가능성이 높아야 하는 것은 아니다.[7] 권리가 이미 존재하고, 적어도 하나의 상황에서 그 기업을 위해 다른 모든 당사자들에게 이용가능한 경제적 효익을 초과하는 경제적 효익을 창출할 수 있으면 자산으로 자격이 된다. 예를 들어, 경제적 자원은 기업에게 다음 중 하나 이상을 할 수 있는 자격이나 권한을 부여하여 경제적 효익을 창출할 수 있다.

(1) 계약상 현금흐름 또는 다른 경제적 자원의 수취
(2) 다른 당사자와 유리한 조건으로 경제적 자원을 교환

7) 경제적 효익을 창출할 가능성이 낮더라도 권리가 경제적 자원의 정의를 충족할 수 있고, 따라서 자산이 될 수 있다.

(3) 다음과 같은 방식으로 현금의 유입을 창출하거나 현금의 유출을 회피
  (가) 경제적 자원을 재화의 생산이나 용역의 제공을 위해 개별적으로 또는 다른 경제적 자원과 함께 사용
  (나) 경제적 자원을 다른 경제적 자원의 가치를 증가시키기 위해 사용
  (다) 경제적 자원을 다른 당사자에게 리스로 제공
(4) 경제적 자원을 판매하여 현금 또는 다른 경제적 자원을 수취
(5) 경제적 자원을 이전하여 부채를 상환

경제적 자원의 가치는 미래 경제적 효익을 창출할 현재의 잠재력에서 도출되지만, 경제적 자원 그 자체는 현재의 잠재력을 포함한 현재의 권리를 나타내는 것이다. 따라서 그 권리(경제적 자원)는 창출할 수 있는 미래 경제적 효익은 아니다. 예를 들어, 매입한 옵션은 미래의 어떤 시점에 옵션을 행사하여 경제적 효익을 창출할 잠재력에서 그 가치가 도출된다. 그러나 경제적 자원은 현재의 권리이며, 그 권리는 미래의 어떤 시점에 옵션을 행사할 수 있다는 것이다. 현재의 권리로서 경제적 자원은 옵션 행사시 보유자가 받게 될 미래 경제적 효익은 아니다.

이러한 경제적 효익을 창출할 잠재력을 지닌 권리는 다음을 포함하여 다양한 형태를 갖는다.

(1) 다른 당사자의 의무에 해당하는 권리. 예를 들면 다음과 같다.
  (가) 현금을 수취할 권리
  (나) 재화나 용역을 제공받을 권리
  (다) 유리한 조건으로 다른 당사자와 경제적 자원을 교환할 권리. 이러한 권리의 예로는 현재 유리한 조건으로 경제적 자원을 구매하는 선도계약 또는 경제적 자원을 구매하는 옵션을 들 수 있다.
  (라) 불확실한 특정 미래 사건이 발생하면 다른 당사자가 경제적 효익을 이전하기로 한 의무로 인해 효익을 얻을 권리
(2) 다른 당사자의 의무에 해당하지 않는 권리. 예를 들면 다음과 같다.
  (가) 유형자산 또는 재고자산과 같은 물리적 대상에 대한 권리. 이러한 권리의 예로는 물리적 대상을 사용할 권리 또는 리스제공자산의 잔존가치에서 효익을 얻을 권리가 있다.

(나) 지적재산 사용권

많은 권리들은 계약, 법률 또는 이와 유사한 수단에 의해 성립된다. 예를 들어, 기업은 특정 물리적 대상을 보유하거나 리스함으로써 권리를 획득할 수 있고, 채무상품이나 지분상품을 소유하거나 등록된 특허권을 소유함으로써 권리를 획득할 수 있다. 기업은 또한 그 밖의 방법으로도 권리를 획득할 수 있다. 그리고 일부 재화나 용역(예, 종업원이 제공한 용역)은 제공받는 즉시 소비된다. 이러한 재화나 용역으로 창출된 경제적 효익을 얻을 권리는 기업이 재화나 용역을 소비하기 전까지 일시적으로 존재한다.

그런데 기업의 모든 권리가 그 기업의 자산이 되는 것은 아니다. 권리가 기업의 자산이 되기 위해서는, 해당 권리가 다른 모든 당사자들이 이용가능한 경제적 효익을 초과하는 경제적 효익을 그 기업에게 창출할 수 있는 잠재력이 있고, 그 권리가 그 기업에 의해 통제되어야 한다.

2.2 특정 실체에 의한 통제

자산으로서 요건을 충족시키기 위해서는 경제적 효익을 창출할 수 있는 권리와 더불어, 경제적 효익을 특정 실체가 통제(control)하고 있어야 한다. Ijiri도 '회계는 일반적으로 경제적 자원에 관심이 있는 것이 아니라 특정한 실체의 통제하에 있는 자원에만 관심이 있다'라고 하여 특정한 실체에 의한 통제를 강조하였다.[8)]

그렇다면 자산은 소유하고 있어야만 되는가? 즉, 특정 실체의 자산으로 간주되기 위해서는 특정 실체가 자산에 대한 소유권을 갖고 있어야 되는가라는 문제가 발생된다.

사물에 대한 소유는 단순히 그것을 사용할 수 있는 권리 또는 그것을 통제할 수 있는 권리를 나타낸다. 회계에서 소유 또는 소유권이란 의미를 사용할 때 단순히 사용하거나 통제할 수 있는 권리를 소유하고 있는 것을 의미한다. 소유가 사용하거나 통제할 수 있는 권리뿐만 아니라 법적 소유까지를 의

8) Y. Ijiri, *The Foundation of Accounting Measurement*, Englewood Cliffs, NJ: Prentice Hall, 1967, p. 69.

미한다면, 이러한 개념의 "소유"는 회계에서 자산의 정의에 적합하지 않다. 회계에서 자산의 정의는 사용과 통제에만 초점을 둔다.

나아가서 소유자가 갖고 있는 통제는 절대적인 것이 아니다. 개인의 관심범위는 항상 특별한 법률적 제한뿐만 아니라 국가의 일반적 권리에 의해 지배받는다. 예컨대 정부는 공장이나 특정한 제품의 제조활동이나 소유를 금지할 수도 있다. 즉, 권력을 통해 재산에 대한 개인의 통제권을 무력화시킬 수도 있다.

또한 정부는 세금을 걷기 위해 자산을 몰수할 수도 있으며 특정한 목적에만 사용할 수 있게끔 자산의 운영에 대해 제약을 가할 수도 있다. 예를 들면, 가정집은 지방정부의 법령에 의한 허락 없이는 카페나 의류상점 용도로 사용할 수 없다. 특별한 규정이 없는 경우에도 공익을 위해 자산에 대한 실체의 통제를 제한시킬 수 있다. 이처럼 자산의 사용권이나 통제권은 항상 절대적인 것이 아니다. 자산의 정의에 기술된 대로 자산에 대한 사용권이나 통제권은 해당 실체가 자산을 가지고 향유할 수 있는 모든 것을 절대적으로 행사할 수 있다는 것을 의미하지는 않는다. 자산의 정의에서 자산의 사용권이나 통제권은 제한된 상황에서 허용된 범위의 사용권이나 통제권을 의미한다.

소유권은 종종 통제와 같은 의미로 사용되지만 자산의 본질적 특성은 아니다. 예를 들어 주인을 대신하여 상품을 보유하고 있는 대리인의 경우를 살펴보자. 그 상품은 대리인의 자산이 아니지만 대리인은 그 자산을 점유하고 있어서 이를 통제할 수 있다. 상반된 입장 또한 가능하다. 단순히 자산을 짧은 기간 동안 임차하여 사용하는 경우 임차인에게 소유권은 없지만 임차인은 점유를 통해 효익을 누릴 수 있다.

소유권이란 용어는 문제를 혼란스럽게 할 수 있다. 대부분의 사람들은 소유권을 타인에게 이전할 수 있는 법적 서류로 생각하고 있다. 소유권은 또한 분할가능하다. 몇 사람이 특정 자산에 대한 소유권을 각기 달리 가질 수 있다. 예를 들어 운반용 트럭을 1억원에 구입하기로 하고 5천만원은 일시불로 지급하고 나머지 5천만원은 2년에 걸쳐 할부로 지급하기로 했다고 가정하자. 그렇다면 그 트럭은 구매회사의 자산인가? 아니면 판매회사의 자산인가? 구매회사는 트럭의 구입대금을 완전히 납부하기 전에는 법적 소유권은 가질 수 없지만 트럭을 사용할 수 있는 법적 권리는 갖는다. 그러므로 회계적 측면에서 트럭은 구매회사의 자산이다. 이론적으로 진정한 자산은 트럭을 사용할 수 있는 권리이지 트럭 그 자체가 아니다. 구매회사는 트럭 사용이라는 용역을 획득할 권리를 갖고 있고 따라서 트럭을 통제할 수 있는 것이다. 회계에서 자산에 대한 통제란 다른 실체의 접근이나 사용을 방지할 수 있는 권한이 있다는 것을 의미한다.

법적 개념은 회계에서 지침으로만 사용된다. 회계의 목적은 법적 개념을 정확히 밝히는 데 있는 것이 아니라 기업의 재무상태에 영향을 미치는 거래나 사건의 경제적 실질이 누구에게 있느냐를 밝히는 데 있다. 즉, 법적 소유권이 아니라 경제적 실질에 의해 통제여부를 판단한다. 이렇게 생각하면 자산으로 불리는 어떤 경제적 대상이 생겨나는 것이다. 통제에는 법적 강행성뿐만 아니라 경제적 또는 사회적 제재도 고려된다.

2.3 과거 사건

자산은 과거 사건(past events)의 결과로 보고실체에 의해 통제되어야 한다는 자산의 정의에 비추어볼 때 계획상의 자산은 배제된다. 예를 들어 회사가 이미 기계장치를 취득했다면 그것은 자산이지만 예산에 따라 취득하려고 예정되어 있는 것은 취득하기 전까지는 자산이 아니다. 왜냐하면 사건, 즉 구매라는 거래가 아직 발생되지 않았기 때문이다.

사실 과거 사건이라는 자격요건은 다소 애매한 경우가 있다. 왜냐하면 사건이란 용어는 여러 가지로 해석될 수 있기 때문이다. 계약에 서명하는 행위가 사건인가? 지정된 가격으로 건설사와 미래에 회사 건물을 건설하기로 한 계약에 서명하였다면 자산으로 계상할 수 있는 사건이 발생한 것으로 볼 수 있을까? 이런 유형의 계약을 완전불이행계약이라 한다. 완전불이행계약(wholly executory contract)이란 계약당사자들이 계약의 의무를 동일한 비율로 정확하게 이행하지 않은 경우를 말한다. 불이행계약 역시 동등한 비율로 수행되지 않은 계약과 관련하여 사용된다.

호주의 경우 1992년도에 최초로 발간한 개념보고서 제4호(SAC 4)에서는 리스와 취소불가능한 구매계약 및 선물환계약 같은 불이행계약은 자산과 부채를 발생시키므로 재무제표에 자산과 부채로 계상하도록 하였다. 그러나 이런 규정은 많은 논란을 일으켰고, 개인이나 조직들 각자가 그들이 선호하는 보고방법이 일반적으로 인정된 회계원칙이 되도록 강한 압력을 행사하는 결과를 초래하였다. 불이행계약을 자산과 부채로 계상하는 것에 반대하는 압력이 찬성하는 압력보다 훨씬 큰 것으로 나타났다. 만약, 불이행계약을 재무제표에 표시한다면 기업의 채무에는 실질적인 변화가 없지만 부채비율이 증가하여 기업들은 실무적 어려움을 겪는다는 것이다. 불이행계약을 재무상태표에 표시하는 것을 반대하는 주된 이유가 바로 이 때문이다. 모든 불이행계약을 자산과 부채로 계상한다면 재무상태표에 자산과 부채가 동일한 금액만큼 증가하게 된다. 이렇게 되면 부채비율이 증가하게 되는 것은 사실이다.

호주는 새로 발간한 1995년도의 SAC 4에서 불이행계약을 재무제표에 표시하는 것을 요구하지 않았다. 대신에 이러한 계약의 일부는 자산과 부채를 발생시키지만 실무적 측면에서 자산과 부채의 인식이 어렵다고 지적하였다. 이는 개념적으로 타당해서가 아니라 그 당시 정치적 필요성에 의해 문제를 실용적으로 처리한 사례이다.

1970년대에 FASB에서는 Ijiri에게 이 문제에 대한 연구용역을 수행하도록 하였다. Ijiri는 완전불이행계약은 재무제표에 자산으로 인식하기 위한 첫 번째 요건, 즉 자산의 정의를 충족시키는 것으로 봤다.[9] 앞의 건설계약의 예에서 양 당사자는 현재시점에서 미래 과업(수행)에 대한 권리를 갖고 있으며, 계약에 의해 성립된 권리는 미래에 생겨나는 미래 권리는 아니다. Ijiri는 계약상의 권리가 자산의 정의를 충족시킬 뿐만 아니라 인식기준을 충족시켜야만 자산으로 계상할 수 있다는 결론을 내렸다. 인식기준 중 하나는 유용성이며 다른 하나는 계약의 견고성이다. 결국 호주의 SAC 4는 불이행계약에 대한 권리가 항상 재무제표에 보고하기 위한 인식기준을 충족시키지는 않지만 자산의 정의를 충족시킨다는 점에서 Ijiri의 판단과 일치됨을 알 수 있다.

개정된 개념체계에서는 이러한 계약을 미이행계약으로 표현하였고, 미이행계약에 포함된 권리와 의무는 상호의존적이어서 분리될 수 없기 때문에 단일 자산 또는 단일 부채를 구성한다고 하였다. 따라서 교환조건이 현재 유리한 경우에는 자산이, 불리한 경우에는 부채가 된다. 그리고 그러한 자산이나 부채가 재무제표에 포함되는지 여부는 그 자산 또는 부채에 대해 선택된 인식기준과 측정기준 및 손실부담계약인지에 대한 검토(해당되는 경우)에 따라

9) 재무제표요소의 인식기준에 대해서는 제5장(3.6) 또는 본장의 제3절을 참고하기 바란다.

달라진다고 설명하고 있다.

2.4 교환가능성

몇몇 회계학자들은 자산의 정의에 교환가능성을 포함시켜야 한다고 주장한다. 교환가능성(exchangeability)이란 어떤 항목이 특정한 실체로부터 분리될 수 있으며 그의 처분가치가 해당 실체의 가치로부터 분리될 수 있다는 것을 의미한다. 교환가능성에 대해 MacNeal은 다음과 같이 주장하고 있다.10)

> "교환가능성이 결여된 재화는 경제적 가치를 가질 수 없다. 왜냐하면 그런 재화의 구매나 처분은 불가능한 상태로 지속될 수밖에 없으며 그것에 대한 시장가격이 없기 때문이다."

특히 교환가능성의 조건에 영향을 받는 자산이 영업권11)이다. 왜냐하면 다른 자산으로부터 영업권만을 분리하여 처분하거나 취득할 수 없기 때문이다. Chambers는 다음과 같은 이유로 분리가능성을 주장하면서 영업권을 자산에서 제외시켜야 한다고 하였다.12)

> "(자산의) 정의는 실체의 상태나 환경의 변화에 적응할 수 있는 실체의 능력을 알아볼 필요성에서 생겨났다. 자산과 부채의 집합으로 존재하는 영업권은 변화에 매우 민감하여 지속적인 특성을 갖지 못하기 때문에 적응력 측정에는 적합하지 않다."

또한 Chambers는 재무상태를 결정하기 위해 자산과 부채의 가치를 측정해야 하는데, 영업권은 측정항목이 아닌 평가항목이라고 주장한다. 영업권의 가치는 오직 예상적으로 계산될 수밖에 없다. 영업권 계산에 있어서 기업의

---

10) K. MacNeal, *Truth in Accounting*, Houston, Texas: University of Pennsylvania, 1939, p. 90.

11) IFRS상 영업권은 개별적으로 거래될 수 없고, 상각을 하지 않는 점이 특별하다(단, 손상차손은 인식).

12) R. Chambers, *Accounting, Evaluation and Economic Behavior*, Englewood Cliffs, NJ: Prentice Hall, 1966, pp. 209-210.

과거 업적이 사용될 수 있으나, 비교를 위해 사용되는 전반적인 계산과 기준은 가상적인 것이며 독립적인 확증에 의한 것이 아니다. 영업권으로 확정된 가치는 다른 자산의 가치와는 종류가 다르다. Chambers에 의하면 이는 사과에 오렌지를 더하는 것과 다름이 없다고 한다.

교환가능성 조건을 반대하는 학자들은 교환이란 자산의 효익을 얻기 위한 여러 방법 중의 하나에 지나지 않는다고 주장한다. 예를 들어 재고자산은 그 효익이 주로 교환을 통해 이루어지는 자산이다. 그러나 건물이나 기계장치 등의 자산은 사용을 통해 효익을 얻는다. 이들 자산의 효익은 교환가능성 유무에 따라 영향을 받지 않는다.

또한, 경제적 가치는 희소성과 효용에 달려 있지 교환가능성에 있지 않다는 비판도 제기된다. Moonitz는 교환이 가치를 만드는 것은 아니며 단순히 가치를 드러낼 뿐이라고 주장한다.[13] 그러나 반대론자들은 영업권을 무형자산의 범주에 포함시키는 것은 기업을 전체로서 평가하려는 의도가 아니고 단순히 기업에 대한 미래 효익의 특정한 원천(미래초과이익에 대한 원천)을 확인하고 평가하려는 시도에서 비롯되었다고 주장한다.

3. 자산의 인식

3.1 자산의 인식기준

제5장에서 회계상 인식이란 재무제표요소의 정의에 부합하고 특정한 기준(이는 개념체계에서 설명하는 인식기준을 말함)을 충족하는 항목을 재무상태표나 포괄손익계산서에 반영하는 과정이라 하였다. 그리고 이 과정은 해당 항목을 서술하는 계정명칭과 화폐금액으로 기술하고 그 금액을 재무상태표 또는 포괄손익계산서 총계에 산입하는 것을 포함한다고 하였다. 그러므로 자산의 인

13) M. Moonitz, "The Basic Postulates of Accounting," *Accounting Research Study No. 1*, New York: AICPA, 1961, p. 18.

자료 6-1 자산의 인식기준

자산은 자산의 정의를 충족시키고 다음 조건을 모두 충족시킬 때 재무상태표에 자산으로 인식한다.
(1) 목적적합한 정보(그 항목과 관련된 경제적 자원이 유입될 가능성이 높다)
(2) 표현충실성(그 항목에 대한 권리의 원가 또는 가치를 신뢰성 있게 측정할 수 있다)

식이란 재무상태표에 자산으로 기록 또는 반영하는 과정이며, 자산의 인식기준이란 어떤 항목을 재무상태표에 자산으로 기록 또는 반영할 것인가를 결정하는 기준이라 할 수 있다.

IASB의 개념체계의 규정에 따라 자산의 인식기준은 자료 6-1 과 같이 나타낼 수 있다. 그리고 어떤 항목이 자료 6-1 의 기준을 충족할지라도 그 항목을 재무상태표에 자산으로 인식할 것인지를 결정할 때에는 중요성(개념체계 제2장 문단 11)을 고려하여 판단할 필요가 있다. 즉, 자산의 인식기준(자료 6-1 의 기준)을 충족시킨다 해도 중요하지 않은 경우에는 독립된 자산항목으로 인식하여 재무상태표에 반영하지 않고 다른 자산에 포함시킬 수 있다.

재무제표의 요소간 상호연관성은 특정 요소의 정의 및 인식기준을 충족하는 항목과 관련된 항목(예를 들어 자산을 인식하는 경우 수익이나 부채 같은 다른 요소)이 자동으로 인식되어야 한다는 것을 의미한다. 또한 특정 시점에서는 자산의 인식기준을 충족하지 못하는 항목이더라도 후속 상황이나 사건의 결과에 따라 자산의 인식기준을 충족할 수도 있다. 이런 경우에는 후속시점에서 자산으로 인식한다.

자산인식기준의 첫 번째 특성은 목적적합성이다. 이 개념은 영업활동이 수행되는 기업환경의 특성을 반영하는 존재불확실성과 경제적 효익의 유입가능성을 고려하고자 하는 것이다. 경제적 효익의 유입에 대한 불확실성 정도의 평가는 재무제표를 작성할 때 이용가능한 증거에 기초해야 한다. 예를 들어 기업이 보유하는 특정 매출채권과 관련하여 대손가능성에 대한 증거가 없고 회수가능성이 확실하다면 해당 매출채권을 자산으로 인식하는 것이 정당화된다. 그러나 다수의 매출거래처가 존재한다면 어느 정도 대손이 발생할 가능성이 높은 것이 일반적이므로 예상되는 경제적 효익의 감소를 비용으로 인식해야 한다. 자산의 존재가 불확실한 경우에는 경제적 효익의 유입가능성이 낮고 발생가능한 결과의 범위가 광범위할 수 있다.[14] 이는 자산을 단일 금액으로만 측정하여 인식하는 것이 목적적합하지 않다는 것을 의미할 수 있다. 이 경우에는 자산인식 여부에 관계없이 존재의 불확실성에 대한 정보를 재무제표에 제공해야 할 것이다. 그리고 경제적 효익의 유입가능성이 낮더라도 자산으로 인식하는 것이 목적적합한 정보를 제공할 수도 있다. 이때 그 자산의 목적적합한 정보는 발생가능한 유입 크기, 시기, 영향을 미치는 요인에 대한 정보일 수 있으며 이러한 정보는 일반적으로 주석에 기재한다.

인식기준의 두 번째 특성은 표현충실성이다. 즉, 어떤 항목이 자산으로 인식되기 위해서는 신뢰성 있는 측정이 가능한 원가 또는 가치를 갖고 있어야 한다는 것이다. 많은 경우에 원가 또는 가치는 추정에 의존한다. 추정치가 명확하고 정확하면, 합리적인 추정의 사용은 정보의 유용성을 훼손하지 않는다. 그리고 측정의 불확실성이 높더라도 유용한 정보를 제공할 수 있다. 경우에 따라 추정의 불확실성 수준이 너무 높거나, 추정치가 조금만 변화해도 측정치가 크게 달라지는 경우도 있다. 이 경우 추정에 대한 설명과 추정에 영향을 미칠 수 있는 불확실성에 대한 설명을 동반한다면, 불확실성이 높은 추정에 의존하는 측정이더라도 유용한 정보일 수 있다.

자산의 정의는 자산을 식별하고 기업의 장부에 기록하는 과정에서 첫 번째 단계이다. 어떤 항목은 자산의 정의는 충족시키지만 자산으로 기록되지 않는 경우가 있다. 이에 대한 하나의 예가 인적자원(human resources)이다. 종업원들은 분명히 과거 사건의 결과(종업원의 채용)로 기업이 얻을 수 있는 가능한 경제적 효익을 제공한다. 그러나 이러한 자원을 자산으로 기록하는 경우는 극히 드물다.

또한, 경제적 효익이 실현될 확률과 관련된 인식기준과 자산의 인식원칙 간에 불일치가 종종 있다. 뿐만 아니라 동일한 사안에 대한 인식원칙도 국가 간에 일치되지 않는 경우를 종종 찾아볼 수 있다. 예를 들어 IAS 38(무형자산)에서는 내부 프로젝트 연구활동이나 연구단계에서는 무형자산의 인식을 금지하고 있다. 왜냐하면 IASB는 연구단계에서는 현재의 경제적 자원을 창출할 무형자산이 존재한다는 것을 입증할 수 없다고 판단했기 때문이다. 그러나 과거 호주의 회계원칙에서는 응용된 연구활동이 매우 드물지만 인식가능한

14) 결과의 범위는 미래 상태에 따른 자원의 유입범위로 생각할 수 있다. 자산의 존재가 불확실한 경우에는 경제적 효익의 유입이 없거나 유입이 있어도 그 폭이 넓을 수 있다.

무형자산의 요건을 충족시키고 의심할 여지없이 효익이 실현된다면 자산으로 인식할 수 있도록 하였다.

자산의 요건인 자산의 정의보다 자산으로 기록하는 요건(인식요건)이 보다 엄격한 개념이라는 점은 명백하다. 재무상태표에 자산으로 인식하는 것은 소위 인식규칙이라 부르는 조건을 충족시킬 때 가능하다. 이러한 규칙은 회계담당자가 불확실한 상황하에서 기록을 정당화할 수 있는 증거를 요구하고 있기 때문에 존재해 왔다. 회계담당자들은 특정한 자산이 존재하고 재무상태표에 그러한 자산을 포함시킬 때 목적적합하고 표현이 충실한 유용한 정보를 제공하고 있다는 확신을 갖기 원한다.

인식규칙 중 일부는 관습에 의해 비공식적으로 표현되기도 하며 어떤 것은 권위 있는 기관의 발표에 의해 인식기준으로 명시되기도 한다. 관습에 의해 비공식적으로 표현되는 예로는 신용판매가 이루어졌을 때 자산으로 기록하는 매출채권과 취득하였을 때 자산으로 기록하는 설비자산을 들 수 있다. 공식적으로 명시된 인식규칙의 예로는 IAS 17(리스)을 들 수 있다. IAS 17에서는 자산을 이용함으로써 기대되는 경제적 효익을 자산으로 인식하도록 규정하고 있다.[15)]

현존하는 회계실무를 검토해 보면 특정한 자산을 식별하는 데 적용하는 많은 구체적 인식규칙들은 몇 가지 기준(인식기준)으로 일반화할 수 있다는 점을 알 수 있다. 이러한 점에서 특정한 자산을 식별하는 데 적용되는 특정 규칙인 인식규칙(recognition rule)은 인식규칙(혹은 인식지침)을 규정하는 데 사용되는 일반적 지침인 인식기준(recognition criterion)과 차이가 있다. 회계의 목적은 인식기준에 대한 기초를 제공하는 데 있다. 특히, 개념체계에 있는 인식기준은 회계정보의 목적적합성과 표현충실성을 충족시키기 위한 것이라 할 수 있다.

3.2 자산의 인식기준 적용시 고려사항

회계담당자가 자산을 기록하는 시점을 결정할 때 몇 가지 인식기준을 고려해

15) 2019년부터 새로운 리스 회계기준이 적용됨에 따라 리스 이용기업은 단기리스 및 소액 기초자산리스를 제외한 모든 리스에 대해 자산 및 부채로 인식한다.

왔다. 이러한 기준 모두가 개념체계에 있는 것은 아니며, 몇몇 기준은 이론적 기반을 갖고 있지도 않다. 다음에 제기하는 몇 가지 내용은 완전한 것은 아니며 각각 별개의 다른 내용을 설명하고 있는 것도 아니다. 실무에서는 다음 사항을 자산인식시 고려해 왔다.

3.2.1 법적 소유권과 통제

자산의 법적 개념(미래 효익에 대한 법적 권리)은 자산을 인식하는 기준으로 많이 사용되고 있다. 재고자산의 판매로 인한 매출채권의 기록이나 자산을 사용할 수 있는 법적 소유권을 갖는 유형자산의 취득 등이 이에 대한 예이다. 이 기준은 회계정보의 목적적합성과 표현충실성 모두와 관련이 있다.

그런데 회계에서는 법적 소유권보다는 통제가 자산의 존재를 결정하는 데 사용된다. 그럼에도 불구하고 법적 소유권의 이전은 일반적으로 통제의 이전을 나타내며 자산의 존재를 인식하는 시점을 결정하는 데 사용될 수 있다. 법적 소유권 또는 특정 자산의 사용으로 인한 효익의 통제가 인식기준으로 종종 사용되기도 하지만, 보다 중요한 인식기준은 법적 형식보다는 경제적 실질이다. IASB와 FASB는 형식보다 실질의 우선을 표현충실성과 구별되는 별개 요소로 보지 않았다. 표현충실성은 재무정보가 단지 법적 형식만을 표현하는 것이 아닌 경제적 현상의 실질을 표현하는 것을 의미한다고 했다. 따라서 법적 형식에 의해 내재되어 있는 경제적 현상의 경제적 실질과 다르게 표현하는 것은 충실하게 표현되었다고 할 수 없다. 결론적으로 말하면 법적 권리의 존재는 자산인식을 위한 하나의 지표이지 기준은 아니다.

법적 소유권만을 고집할 수 없다는 것은 앞(2.2)의 운반용 트럭의 예에서도 알 수 있다. 할부로 구입한 자산은 할부금을 완전히 납부하기 전에는 법적 소유권이 구매자에게 이전되지 않지만 경제적 실질은 구매자에게 있다. 따라서 할부로 구입한 자산은 구매자의 재무상태표에 자산으로 표시한다.

3.2.2 거래나 사건의 경제적 실질

거래에 대한 경제적 실질을 확인하는 것은 목적적합하고 표현이 충실한 정보의 보고목적과 관련이 있다. 중요성 또한 하나의 요소이다. 만약 어느 사건이 경제적으로 중요하다면 기록하여 보고할 만큼 중요한 것이다. 어떤 정보가 생략되거나 잘못 표시되어 특정 보고실체의 재무정보에 기초한 이용자의 의사결정에 영향을 준다면 그 정보는 중요하다.16) 경제적 실질과 중요성에는 서로 다른 측면이 있어서 일반화시키는 데에는 어려움이 있다. 그러나 많은 규칙들이 이에 기반을 두고 있으며, 때로는 경제적 실질 기준이 법적 형식과 모순되어 적용되기도 한다. 이에 대한 하나의 예가 앞서 언급한 바 있는 완전불이행계약이다. 현재의 규칙은 적어도 당사자 중 일방이 수행하기 전까지는 계약에 서명만으로는 경제적 실질이 없는 것으로 보고 있다.

회계에서는 이와 같이 자산을 인식하는 경우뿐만 아니라 다양한 측면의 회계처리시 법적인 형식보다는 경제적 실질을 우선시하고 있다. 경제적 실질을 중요시하는 회계처리의 예로서 지배회사, 종속회사를 판단하는 경우를 들 수 있다. 연결재무제표 작성의 경우, 지배회사가 되기 위한 기본적 기준은 지분율 50% 이상을 보유하여 종속기업에 대한 지배력이 있어야 하는 것이다. 그러나 지배회사가 되기 위해서 반드시 50% 이상의 지분을 보유해야 하는 것은 아니다. 지분율이 50% 이상이 아니어도 실질적인 지배력을 행사할 수 있는 경우 지배회사가 되는 것이다. 따라서 50% 이상을 보유해도 지배회사가 되지 못할 수 있고, 50% 미만을 보유한 회사일지라도 그 경제적 실질이 지배력을 행사하는 경우라면 지배회사가 된다.

3.2.3 보수주의와 신중성

IASB의 2019년 개념체계에 의하면, 신중성은 불확실한 상황에서 판단할 때 주의를 기울이는 것이다. 신중을 기한다는 것은 자산과 수익이 과대평가(overstated)되지 않고 부채와 비용이 과소평가(understated)되지 않는 것을 의미한다. 마찬가지로, 신중을 기한다는 것은 자산이나 수익의 과소평가나 부채나 비용의 과대평가를 허용하지 않는다. 그러한 그릇된 평가(misstatements)는 미래 기간의 수익이나 비용의 과대평가나 과소평가로 이어질 수 있다. 신중을 기하는 것이 비대칭의 필요성(예, 자산이나 수익을 인식하기 위해서는 부채나 비용을 인식할 때보다 더욱 설득력 있는 증거가 뒷받침되어야 한다는 구조적인 필요

16) IASB, "Qualitative Characteristics of Useful Financial Information(Chapter3)," *Conceptual Framework for Financial Reporting*(September 2010), par. 11.

성)을 내포하는 것은 아니다. 그러한 비대칭은 유용한 재무정보의 질적특성이 아니다. 그럼에도 불구하고, 나타내고자 하는 바를 충실하게 표현하는 가장 목적적합한 정보를 선택하려는 결정의 결과가 비대칭성이라면, 특정 회계기준에서 비대칭적인 요구사항을 포함할 수도 있다.

그리고 보수주의는 부채는 가급적 조기에 인식하고 자산은 늦게 인식한다는 의미이다. 회계문헌에서 신중성과 보수주의는 유사한 의미로 사용되고 있다. 예를 들어 회사가 상고할 계획을 갖고 있더라도 재판에서 패소하였다면 이에 대한 부채를 계상해야 한다. 그러나 회사가 원고가 되어 승소하였지만 피고가 상고한다면 이와 관련된 자산은 기록하지 않는다. 장기건설공사의 회계처리에 있어서 완성기준을 적용하는 경우, 공사로 인하여 손실이 예상된다면 비록 공사가 완성되지 않았더라도 손실로 계상한다. 그러나 이익이 예상된다면 공사가 완성되기 전에는 이와 관련된 어떠한 자산이나 수익도 인식하지 않는다. 결국 보수주의는 기업이 불확실성과 위험의 상황에 처했을 때 신중한 회계처리를 하는 원칙이라고 볼 수 있다.

3.2.4 자산가치의 측정가능성

회계담당자가 볼 때 자산의 가치가 매우 임의적이고 주관적이어서 객관적으로 결정할 수 없다면 그 자산은 기록하지 않는다. 이에 대한 예로 인적자원과 내부에서 창출한 영업권을 들 수 있다. 측정가능성은 정보의 표현충실성과 관련이 있는 요소이다. 하지만 앞에서 설명한 것처럼 자산을 인식하기 위한 측정의 불확실성이 높더라도 유용한 정보를 제공할 수 있다. 따라서 자산의 인식여부와 관계없이 자산을 충실하게 표현하려면, 자산의 존재여부, 측정치 또는 그 결과(궁극적으로 자산에서 발생할 경제적 유입의 양 또는 시기)와 관련된 불확실성에 대한 설명정보를 제시해야 한다.

4. 부채의 정의

IASB의 개념체계에서는 부채를 다음과 같이 정의하고 있다.

> "부채는 과거 사건의 결과로 기업의 경제적 자원을 이전해야 하는 현재 의무이다."

위의 정의에 나타난 부채의 세 가지 특징은 ① 현재 의무의 존재, ② 경제적 자원의 이전, ③ 과거 사건의 결과로 요약할 수 있다.

4.1 현재 의무

IASB 개념체계에서는 부채는 경제적 자원을 이전해야 하는 현재 의무라고 정의하고 있다. 부채의 첫 번째 조건은 기업에게 의무가 있다는 것이다. 의무란 기업이 회피할 수 있는 실질적 능력이 없는 책무나 책임을 말한다. 의무는 항상 다른 당사자(또는 당사자들)에게 이행해야 한다. 다른 당사자(또는 당사자들)는 사람이나 또 다른 기업, 사람들 또는 기업들의 집단, 사회 전반이 될 수 있다. 대부분의 의무는 법적 강제력으로부터 발생하지만 그렇지 않은 부채도 있다. 예를 들면, 특정 기업실체의 형평적 또는 의제 의무로부터 부채가 발생될 수 있다. 형평적 의무와 의제 의무의 차이에 대해서는 IASB의 개념체계에서 설명하지 않고 FASB의 SFAC No. 6에 설명되어 있다. 그러나 IASB의 개념체계에서도 의무는 법적 의무뿐만 아니라 정상적인 영업 실무와 관습, 좋은 영업관계를 유지하거나 또는 형평적 방법으로 행동하기 위한 욕망에서도 발생한다고 하였다. FASB에서의 형평적 의무 또는 의제 의무를 설명하기 위해 IASB에서는 위와 같이 서술한 것으로 생각된다. IAS 37(충당부채, 우발부채 및 우발자산)에서는 의제 의무를 법적 의무와는 구별하여 정의하고 있다. 그러나 형평적 의무에 대해서는 정의하지 않고 있다.

형평적 의무(equitable obligation)란 법적으로 요구받는 의무라기보다는 도덕적 내지는 사회적 의무라 할 수 있다. 예를 들면, 기업이 토지를 오염시킨 경우에 그 토지를 깨끗이 해야 할 법적 의무는 없지만 오염된 토지를 깨끗이 하는 도덕적 의무를 부담하게 되는데, 이러한 의무가 형평적 의무이다.

의제 의무(constructive obligation; 해석적 의무)란 계약이나 협정에 의해서가 아니라 특정한 상황에 처해 있는 사실에서 추론하여 인정하는 의무이다. 즉, 의제 의무는 법적으로 강행할 수 있는 청구권으로부터 발생되는 것은 아니다. 실체가 처한 특정한 상황에서 창출되거나 추론 또는 유발되는 의무이다. 의제 의무의 예로는 계약에는 명시되어 있지 않지만 종업원에게 휴가수당을 지급하거나 명절상여금을 지급하는 정책을 세우고 있는 경우를 들 수 있다. 고용계약에 명시되어 있지 않다면 법적으로는 휴가수당이나 명절상여금을 지급하지 않아도 된다. 하지만 이것을 지급하지 않으면 사회적 지탄의 대상이 되거나 기업의 이미지가 큰 타격을 받게 되어 수당이나 상여금은 지급해야만 하는 압박(일종의 의무)이 된다. 따라서 그 의무는 법적 의무는 아니지만 현재의 보고기간에 해당되는 수당이나 상여금을 지급하지 않았다면 의무가 있는 것으로 해석된다. 또한, 법에서 그렇게 하도록 강제된 것은 아니지만 고객이 입은 손실에 대해 회사가 지급하기로 한 금액과 손상된 상품에 대해 환급해 주기로 한 금액 등도 의제 의무의 예라고 할 수 있다.

법적으로 이행할 의무가 없는 의무에 대해서 부채가 존재하는가에 대해서는 실무적 판단이 어려울 때가 있다. 실체가 미래 경제적 효익의 유출을 회피할 수 있는 경우에 그 사건은 부채를 발생시키지 않는 것이 일반적이다. 예를 들어 납품업자에게 재고자산을 주문한 행위는 일반적으로 부채(매입채무)로 기록하지 않는다. 왜냐하면 기업은 그 주문을 언제든지 취소할 수 있기 때문이다. 그렇다면 어느 시점에서 부채로 인식해야 하는 것일까? 상품을 수취한 경우 회사는 고객에게 판매할 수 있는 시점까지는 그 상품을 반품할 권리를 가지기 때문에 자원의 유출을 초래하지 않고 상품 수취 이전의 상태로 돌아갈 수 있다. 따라서 반품이 가능한 상태에서는 부채를 인식하지 않아야 한다고 주장하는 경우도 있다. 하지만 실무에서는 대부분 상품의 수취시점에 매입에 대한 부채를 인식하고 있다.

법적으로 이행할 의무 이외의 의무와 관련된 다양한 실무의 예로는 1990년대에 커다란 대가를 지불하고 기업들이 행한 구조조정을 들 수 있다. 구조조정과 관련하여 기업들은 과도한 부채와 손실을 계상한 바 있다. 특정한 연도에 많은 비용을 계상하여 커다란 손실을 기록하게 되면 구조조정비용은 기업들의 다음 연도 이후의 이익에 영향을 미치지 않게 된다. 기업들의 이러한 관행을 막기 위해 구조조정과 관련하여 부채와 손실을 기록할 수 있는 요건을 IAS 37에서 까다롭게 규정하게 되었다.

한편, 부채에는 특정 기업실체 단독의 의무만 포함되는 것이 아니다. 보증채무처럼 다른 실체와 공유하여 그 의무를 부담하는 것도 부채에 포함시킨다. 이 경우 특정 실체가 부담해야 하는 의무에 대한 한도를 정하고 그 한도에 따라 부채를 측정해야 한다.

4.2 경제적 자원의 이전

부채의 두 번째 조건은 의무의 이행이 경제적 자원의 이전으로 이루어진다는 것이다. 이 조건을 충족하기 위해, 의무에는 기업이 경제적 자원을 다른 당사자(또는 당사자들)에게 이전하도록 요구받게 될 잠재력이 있어야 한다. 그러한 잠재력이 존재하기 위해서는, 기업이 경제적 자원의 이전을 요구받을 것이 확실하거나 그 가능성이 높아야 하는 것은 아니다. 예를 들어 불확실한 특정 미래 사건이 발생할 경우에만 경제적 자원의 이전이 요구될 수도 있다. 의무가 이미 존재하고, 모든 상황이나 대다수의 상황이 아닌 적어도 하나의 상황에서 기업이 경제적 자원을 이전하도록 요구되기만 하면 된다. 경제적 자원의 이전가능성이 낮더라도 의무가 부채의 정의를 충족할 수 있다. 하지만 그러한 낮은 가능성은 부채와 관련하여 제공해야 할 정보와 그 정보를 제공하는 방법에 대한 결정에 영향을 미칠 수 있다.[17] 경제적 자원을 이전해야 하는 의무는 다음의 예를 포함한다.

(1) 현금을 지급할 의무
(2) 재화를 인도하거나 용역을 제공할 의무
(3) 불리한 조건으로 다른 당사자와 경제적 자원을 교환할 의무. 예를 들어, 이러한 의무는 현재 불리한 조건으로 경제적 자원을 판매하는 선

17) 가능성의 차이는 해당 의무를 재무제표 본문에 부채로 인식할 것인지 여부와 측정하는 방법, 그리고 정보제공 정도나 내용에 차이를 가져올 수 있다.

도계약 또는 다른 당사자가 해당 기업으로부터 경제적 자원을 구입할 수 있는 옵션을 포함한다.

(4) 불확실한 특정 미래 사건이 발생할 경우 경제적 자원을 이전할 의무

(5) 기업에게 경제적 자원을 이전하도록 요구하는 금융상품을 발행할 의무

이상의 예에서 보는 것처럼 부채는 현금을 지급하거나 재화의 인도, 용역의 제공 등이 필요하다. 부채의 명확한 증거 중의 하나는 자산의 희생을 요하는 다른 실체와의 교환거래로부터 발생하는 계약이나 협정이다. 그러나 다른 실체로부터 경제적 효익을 받아야만 부채가 되는 것은 아니다. 예를 들면, 현금배당의 의결이나 불리한 소송사건으로 인하여 부담하게 될 배상액, 취소불가능한 재고자산의 구매계약을 체결한 경우 해당 재고자산의 가격하락, 정부의 세금부과 등과 같이 다른 실체로부터 경제적 효익을 받지 못하더라도 부채가 발생될 수 있다. 또한 건물 취득으로 인한 주식의 발행처럼 경제적 효익을 받았지만 부채가 아닌 것도 있다.

부채에 대한 FASB의 다음 정의도 동일한 의미를 내포하고 있다.

"부채는 과거의 거래 또는 사건의 결과로서 장래에 자산을 다른 실체에게 이전하거나 용역을 제공해야 할 특정 실체의 현재 의무로부터 발생하는 미래의 가능한 경제적 효익의 희생이다."

그리고 부채는 지급어음이나 사채와 같이 상환할 금액과 상환일자가 확정되어야 하는 것은 아니다. 매입채무나 미지급금처럼 상환할 금액은 확정되어 있지만 상환일자가 정해지지 않은 부채도 있으며, 제품보증충당부채처럼 자산을 이전할 상대방을 모르며 상환금액과 상환시기를 합리적으로 추정해야만 하는 경우도 있다. 또한 선수금과 같이 생산물을 인도하거나 용역을 제공해야 할 부채도 있다.

4.3 과거 사건

부채의 요건 중 세 번째는 의무가 미래가 아닌 현재의 의무로 기록되는 것을

보장할 과거 사건의 결과로 발생되었어야 한다는 점이다. 즉, 경제적 효익의 희생이 예상되는 사건이 이미 발생했어야 한다. 그러나 이러한 요건은 해석하는 데 어려움이 따른다. 즉, 어떠한 종류의 과거 사건을 인정할 것인가의 문제이다. 이러한 인정요건은 우선 부채가 존재하는지를 결정하는 데 중요하다. 만약 회사가 납품업자와 재고자산을 구매하는 계약을 체결했다면 현재의 규칙은 재화를 받거나 소유권이 이전되기 전까지는 부채가 아닌 것으로 간주한다. 그러므로 이런 경우 과거 사건은 상품의 주문이 아니라 재화의 수취가 된다.

완전불이행계약은 과거 사건의 해석이 중요하다는 점을 명백히 보여주고 있다. 계약에 서명하는 행위만으로 부채를 발생시킬 수 있는가의 문제이다. 이는 계약의 내용에 따라 달라진다. 예를 들어 무조건적 구매의무는 부채인가? 계약 중에 Take-or-pay 계약과 Throughput 계약이 있다. 전자는 구매자가 재화나 용역의 대가로 재화나 용역의 인수와는 관계없이 주기적으로 일정금액을 지급하기로 하는 구매자와 공급자 간의 계약이다. 후자는 구매자가 생산물의 운반이나 처리의 대가로 일정한 금액을 지급하기로 동의하는 용역계약이다. 이때 최소 수준의 용역을 제공하지 못했더라도 주기적으로 대금을 지급할 의무를 갖게 된다. 이런 계약의 경우 구매자는 생산물이나 용역의 수취와는 관계없이 대금을 지급해야 한다. 이렇듯 무조건적 구매의무는 계약에 서명함으로써 다른 실체에게 경제적 효익을 희생시킬 의무가 발생한다. 이런 경우에 과거 사건은 계약에 서명하는 행위이며, 이후에는 부채로 간주해야 한다. 이처럼 완전불이행계약의 체결은 계약조건에 따라 부채의 인식조건인 과거 사건이 발생한 것으로 볼 수 있는 것과 아직 과거 사건이 발생하지 않은 것으로 볼 수 있는 것이 있다.

자산과 마찬가지로 대부분의 부채도 교환거래로부터 발생한다. 상품을 외상으로 구입하는 경우나 은행으로부터 운영자금을 차입하는 경우가 그 예이다. 그러나 사채를 발행할 계획을 입안했다고 해서 부채로 계상해서는 안 된다. 자산과 마찬가지로 부채를 발생시키는 거래나 사건이 이미 발생했어야 한다. 그리고 일단 부채로 기록되면 다른 거래로 인하여 그 부채가 소멸되기 전에는 계속 부채로 보고해야 한다.

5. 부채의 인식

5.1 부채의 인식기준

제5장과 본장의 전반부에서 설명했듯이 인식이란 재무제표요소의 정의에 부합하고 특정한 기준을 충족하는 항목을 재무상태표나 포괄손익계산서에 반영하는 과정이라 하였다. 그러므로 부채의 인식이란 재무상태표에 부채로 기록 또는 반영하는 과정이며, 부채의 인식기준이란 어떤 항목을 재무상태표에 부채로 기록 또는 반영할 것인가를 결정하는 기준이라 할 수 있다.

IASB의 개념체계의 규정에 따라 부채의 인식기준은 자료 6-2 와 같이 나타낼 수 있다. 부채는 현재 의무의 이행에 따라 경제적 효익을 갖는 자원의 유출가능성이 높고 결제될 금액을 신뢰성 있게 측정할 수 있을 때 재무상태표에 인식한다. 실무에서는 주문 후 아직 인도되지 않은 재고자산에 대한 부채와 같이 동일한 비율로 미이행된 계약상의 의무는 일반적으로 재무제표에 부채로 인식하지 않는다. 그러나 그러한 의무도 때로는 부채의 정의에 부합될 수 있으며 특정한 상황에서 인식기준이 충족된다면 재무제표에 인식될 수 있다. 이와 같은 상황에서는 부채의 인식과 동시에 관련 자산이나 비용도 인식된다.

부채의 인식기준에서 알 수 있듯이 부채의 인식과 관련한 주요 문제는 목적적합한 정보와 표현충실성이다. 사실 이 기준을 실무에 적용시킨다는 것은 그리 쉬운 일이 아니다. 예컨대 자산의 인식에서 언급한 바 있듯이 가능성

자료 6-2 부채의 인식기준

부채는 부채의 정의를 충족시키고 다음 조건을 모두 충족시킬 때 재무상태표에 자산으로 인식한다.

(1) 목적적합한 정보(현재 의무를 이행하기 위해 경제적 효익을 가진 자원이 유출될 가능성이 높다)

(2) 표현충실성(당해 의무의 이행에 소요되는 금액을 신뢰성 있게 측정할 수 있다)

은 어느 정도의 확률을 의미하는 것일까? 문헌에는 '가능성이 높다'는 것이 발생되지 않을 경우보다 더 많은 경우를 의미하는 것으로 되어 있지만, 동일한 경제적 현상에 대해서 사람마다 발생가능성을 각기 달리 측정할 것이다. 이는 인식과 측정에서 일관성이 지켜지지 않는 이유이기도 하다.

그렇다면 표현충실성이 의미하는 것은 무엇일까? 재무정보가 유용하기 위해서는 그와 관련 있는 현상을 나타내야 할 뿐만 아니라 그것이 나타내고자 하는 현상을 충실하게 표현해야 한다. 완벽하게 충실한 표현이 되려면 서술에 있어서 세 가지 특성이 있어야 한다. 그것은 ① 완전하고, ② 중립적이며, ③ 오류가 없어야 한다.[18] 물론 완벽하기란 극히 어렵지만 가능한 한 그러한 특성을 극대화하자는 것이다.

신뢰할 수 있는 측정치는 검증가능한 측정치를 의미한다고 생각하는 사람들도 있다. 즉, 부채의 측정은 계약금액이나 공정가치처럼 객관적인 증거와 연결될 수 있다고 한다. 그러나 많은 경우에 있어서 회계담당자들은 최선의 부채금액을 추정하기 위해 자의적으로 판단해야 하는 경우가 있다. 제품보증충당부채를 예로 들어 보자. 회계담당자는 이에 대한 부채를 추정하기 위해 지난 기간의 청구건수와 같은 과거자료와 향후 매출액과 같은 예측정보를 사용한다. 만약 그 추정치가 충분히 신뢰할 수 있다면, 물론 이는 미래에 확인할 수밖에 없지만, 그 정보는 재무정보이용자에게 목적적합할 수도 있다. 부채뿐만 아니라 자산에 관하여 어떻게 정의하고 언제 인식할 것인가는 매우 중요한 문제로 계속적인 논의가 필요한 부분이기도 하다.

부채의 인식이 쉽지 않은 실무적 예로 정부와 민간기업 간의 제휴를 들 수 있다. 이러한 제휴는 정부가 도로나 항만과 같은 공공용도의 건설계약을 민간기업과 체결할 때 이루어진다. 이런 경우 자산과 부채를 누구의 것으로 언제 얼마만큼을 보고할 것인가 하는 문제가 발생한다. 이에 대한 획일적인 기준이나 답은 없다. 다만, 회계담당자는 요소에 대한 정의와 인식기준을 면밀히 검토하여 문제를 해결해야 한다. 이런 경우 소유로 인한 위험과 효익을 누가 가지고 있는가가 문제해결의 주요 단서가 될 수 있다.

---

18) 표현충실성의 구성요소인 완전한 서술, 중립적 서술, 오류가 없는 서술에 대해서는 제5장의 표현충실성(3.3.2) 부분을 참고하기 바란다.

5.2 부채의 인식시 고려사항

일단 부채의 정의를 충족시키게 되면 특정한 부채로 식별하고 인식할 구체적 규칙이 필요하다. 오랫동안 적용된 규칙은 인식기준에 근거해 온 것으로 보인다. 자산의 인식기준에서 언급했듯이 ① 법적 의무, ② 사건의 경제적 실질, ③ 부채금액을 측정할 수 있는 능력, ④ 보수주의의 적용 등이 부채의 인식기준으로 논의되어 왔다.

만약 법적으로 이행할 의무가 있다면 부채가 존재한다는 사실은 의심할 여지가 없다. 비록 형평적 의무와 의제 의무가 부채의 정의에 포함되지만, 대부분의 부채는 이행해야 할 의무가 있는 실체에 대해 법적 청구권이 있는가에 따라 결정된다. 광업의 경우 채굴로 인한 복구가 법률에 의한 의무사항이라면 이는 법적 의무에 해당되며 당연히 부채로 기록된다. 그러나 법률에 의해 복구의무가 규정되어 있지 않더라도 미래에 다른 실체나 개인이 사용할 수 있게 복구해 주는 것이 마땅하다면 이는 형평적 의무에 해당하며, 당연히 재무상태표에 부채로 기록해야 할 것이다.

사건의 경제적 실질은 대부분 과거 사건인가를 결정하는 문제와 관련이 있다. 즉, '진정한' 의무가 발생되었는가? 경제적 실질은 회계정보의 목적적 합성과 관련이 있다. 재무상태표에 부채로 기록하고 공시하는 것은 정보이용자에게 매우 중요하다. 예를 들어 어느 기업의 종업원과 인근 주민들이 기업이 내뿜는 공해물질로 인하여 질병에 걸렸다고 하자. 만약, 그 기업이 이에 대한 원인이 자신에게 있음을 인정하면 종업원과 인근 주민에게 보상해 주어야 할 금액을 진정한 의무로 간주하여 부채로 계상해야 한다. 이렇게 부채로 계상된 금액은 투자자뿐만 아니라 채권자, 종업원 등 정보이용자들이 관심을 가지고 보게 될 것이다. 투자자나 채권자들은 이로 인하여 기업의 경제적 자원이 얼마만큼 유출될 것인가에 대해 관심을 갖게 될 것이다. 반면, 종업원이나 인근 주민들은 얼마만큼의 보상을 받을 수 있을 것인가에 대해 관심을 갖게 될 것이다. 이렇듯 사건의 경제적 실질로 인해 기업의 경제적 자원의 유출가능성이 크다면 실체의 부채로 인식해야 한다.

경제적 실질과 관련된 다른 예로 복합금융상품의 하나인 전환의무어음의 발행을 들 수 있다. 부채가 되기 위해서는 그 의무가 반드시 경제적 효익이 내재된 자원의 유출을 필요로 하는지가 중요하다. 예를 들어 회사의 주식

1,000주를 주기로 하고 은행으로부터 ₩1,000,000을 빌렸다고 하자. 이러한 거래로 부채가 발생한 것일까?

전환의무어음은 일정 기간 동안 이자를 수취하고 후에는 반드시 주식으로 전환해야 하는 의무가 있는 어음이다. 반드시 전환해야 한다는 점에서 전환가능어음과 차이가 있다. 전환의무어음을 어떻게 분류할 것인가에 대해서는 많은 논쟁이 있어 왔다. 여러 주장 중에 하나는 전환의무어음을 두 단계 금융상품으로 볼 수 있다는 것이다. 첫 번째 단계는 실질적으로 현금으로 상환해야 하는 부채가 발생된 것이고, 두 번째 단계는 어음소지자가 상환으로 회수한 현금을 주식을 취득하는 데 사용한다는 것이다. 이런 주장이 타당하다면 어음이 발행되어 유통되고 있는 한(첫 번째 단계에 있는 경우) 부채로 간주하는 것이 타당할 것이다. 이에 대한 반대 주장은 기업은 이자 이외에 어떠한 자산의 희생도 없으며, 전환일에 현금을 지급하지도 않는다는 것이다. 교부해 주는 기업의 주식은 기업의 자산이 아니기 때문에 부채가 아니라는 것이다. 즉, 전환의무어음은 자본계정에만 기록된다는 것이다. 결국, 이는 지분상품과 금융부채를 구분하는 세밀한 기준 제정의 필요성을 암시한다.

이와 유사한 주장은 주식배당의 경우에도 적용될 수 있다. 현금배당이 선언되었을 경우에는 회사가 현금이라는 자산을 지급해야 하기 때문에 부채가 발생한 것이다. 그러나 주식배당이 선언되었다면 기업은 자산이 아니라 자신의 주식을 발행할 의무를 갖는다. 실체이론을 따른다면 개별 주주의 지분가치가 희석화로 인하여 감소될지언정 실체는 자산을 희생시켜야 할 어떠한 의무도 발생하지 않는다. 따라서 주식배당의 선언은 부채의 발생이 아니라고 주장한다. 또한 주식기준보상에 관한 회계처리에 관해서도 많은 논쟁이 있었다. 차변에 비용으로 계상하는 주식기준보상에 대하여 대변에 부채로 계상할 것인가 아니면 자본으로 계상할 것인가의 문제이다. 오랜 논쟁 끝에 IFRS 2에서는 주식으로 결제할 것인가 아니면 현금으로 지급할 것인가 또는 두 상품의 결합에 의할 것이냐에 따라 회계처리방법을 달리 규정하고 있다.

부채금액을 측정할 수 있는 능력은 부채의 가치를 결정하는 것과 관련이 있다. 몇몇 부채의 가치는 재화나 제공받은 용역의 대가로 지급하게 될 현금과 같은 계약금액으로 표시된다. 종업원 휴가수당의 경우 부채의 명목금액은 부채를 결제하는 데 지급해야 할 금액을 나타낸다. 그러나 부채의 가치는 명목금액과 다를 수 있다. 만약, 부채의 결제일까지 1년 이상이 소요된다면 화폐의 시간가치를 고려하는 것이 마땅하다. 이때의 부채가치는 미래 현금유출액의 현재가치에 근거하여 결정될 수 있다.

보수주의 내지 신중성은 회계담당자가 자산이나 부채를 인식할 때 적용해 왔다. 어쩌면 자산보다는 부채를 기록할 때 더 많이 적용해온 것으로 보인다. 이는 이론적으로 적절한(공정한) 회계처리방법이라 할 수 없다. 2010년에 개정된 개념체계에서는 신중성을 주요 질적특성의 구성요소에서 제외하였다.[19] 신중성은 중립적인 측정치라 할 수 없다. 중립적이지 못한 측정치는 정보이용자의 의사결정을 오도할 가능성이 있다. 따라서 신중성은 재무적 기초를 견고하게 할지는 몰라도 정보이용자의 의사결정을 오도할 가능성이 있다는 점에서 지지를 받지 못하고 있다.

6. 자본의 정의와 특성

6.1 자본의 정의

특정 금융상품의 발행을 부채와 자본 중 무엇으로 분류할 것인가 하는 문제가 종종 발생된다. 특정 금융상품은 부채와 자본의 성격을 동시에 가지고 있는 경우가 있다. 이러한 금융상품을 복합금융상품이라 한다. 전환사채나 전환우선주 등은 부채와 자본의 성격을 동시에 가지고 있는 복합금융상품의 예이다. 따라서 이런 금융상품을 발행한 기업은 기간별뿐만 아니라 기업간 부채와 자본의 상대적 비율이 변하게 된다.

IASB의 개념체계에서는 자본을 다음과 같이 정의하고 있다.

"자본(equity)은 실체의 자산에서 부채를 차감한 후에 남는 잔여지분이다."

그러므로 자본은 자산을 이전해야 할 의무가 아니라 잔여청구권이다. 뿐

---

19) 2010년에 개정된 K-IFRS의 개념체계 중 제2장 유용한 재무정보의 질적특성 및 본서의 제5장 제3절의 "유용한 재무정보의 질적특성"을 참고할 것

만 아니라 자본은 자산 및 부채의 정의를 무시하고 독립적으로 정의할 수 없다. 이와 같이 자본의 정의가 확정되어 이론적 또는 실무적 면에서 적용되려면 자산과 부채의 정의가 먼저 이루어져야 한다. 이러한 자본의 잔여지분적 특성의 결과로 자본의 금액은 자산과 부채의 인식뿐만 아니라 자산과 부채를 어떻게 측정했는가에 따라 종속적으로 결정된다. 예컨대 다른 조건이 동일한 경우 유형자산을 재평가하여 장부금액을 증가시킨 기업은 그렇지 않은 기업에 비해 자본이 더 크게 보고될 것이다. 이러한 면에서 자본의 인식문제는 별도로 다루지 않아 왔다.

소유주나 자금대여자 등이 자산을 취득하기 위한 자금을 공급한 결과 회계실체는 자산을 소유할 수 있다. 그러므로 자금을 공급한 실체들은 자산 총액에 대한 청구권을 갖게 된다. 이러한 청구권은 보통 두 종류의 청구권으로 구분되는데, 하나는 채권자에 의한 청구권(부채)이고 다른 하나는 소유주에 의한 청구권(자본)이다.

채권자에 의한 청구권과 소유주에 의한 청구권은 각기 다르다. 기업이 청산하는 경우 채권자들은 자산에 대하여 우선적 권리를 갖고 있으며, 금액이나 지급시기도 소유주 청구권보다는 구체적인 것이 일반적이다. 채권자 청구권은 보고실체의 의무이지만 보고실체는 소유주에게 특정한 자산을 이전할 의무를 갖고 있지 않는 것이 일반적이다. 다만, 배당금을 선언했을 때에만 소유주에 대한 이전의무가 발생하여 소유주의 청구권은 부채가 된다. 이와 같이 부채는 실체의 현재 의무인 반면 소유주 지분은 잔여지분 내지는 잔여 청구권이며 자산을 이전할 구체적 의무를 갖고 있지 않다.

지금까지 우리는 자산과 부채 및 자본의 개념에 대해 집중적으로 알아봤다. 이들 재무상태요소는 실질적인 실제 세계의 대상을 나타낸다는 특징이 있다. 자산은 경제적 자원이며, 부채는 경제적 의무로서 경제적 자원의 희생을 필요로 한다. 측정과 관계없이 자본을 간단히 말하면 지급할 현재의 의무가 없는 실체의 순자산에 대한 소유주의 청구권이라 할 수 있다. 기업에서 자본은 소유주 지분 또는 소유주 청구권을 나타낸다. 자본(소유주 지분)은 실체의 순자산에 대한 청구권 또는 권리이다.

6.2 자본의 특성

부채와 자본을 구분하는 데 검토해야 할 두 가지 꼭 필요한 특징이 있다. 하나는 이해당사자의 권리이고 다른 하나는 계약의 경제적 실질이다. 법적 권리는 매우 중요한 고려요소이다. 그러나 법적 권리만이 채권자와 소유주를 구분하는 유일한 기준이 되는 것은 아니다. 왜냐하면 부채의 정의에는 법적 의무뿐만 아니라 의제 의무 및 형평적 의무도 포함되기 때문이다. 또한 법적 소유권 개념은 관점이 너무 좁아서 회계목적의 하나인 의사결정 유용성을 달성하는 데 유용하지 않을 수도 있다. 이런 이유로 경제적 실질을 반드시 고려해야 한다.

6.2.1 이해당사자의 권리

법률에 의하든 회사의 방침에 의하든 이해당사자에게 주어지는 권리의 한 가지 특징은 회사가 사업을 청산하는 사건이 발생하였을 때 지급해야 하는 권리의 우선순위와 관계가 있다. 개인기업이나 조합기업의 경우 채권자는 법적으로 소유주에게 청구할 수 있는 권리가 있지만 주식회사의 경우에는 기업에 대해서만 청구권이 있다. 그러나 기업의 형태와는 관계없이 회계이론에서는 실체가 회계책임의 단위로 인정된다. 따라서 채권자는 실체와 실체의 자산에 대한 청구권이 있다.

일반적으로 채권자는 자산(재화나 용역)의 이전을 통해 지정된 날짜까지 청구금액을 상환받을 권리와 청산시에 기업의 자산에 대해 소유주보다는 우선적으로 잔여재산을 청구할 수 있는 권리를 갖는다. 채권자 청구권은 계약조건에 따라 기간별로 변동될 가능성도 있지만 특정한 금액으로 한정되어 있는 것이 일반적이다. 반면에 소유주는 계약에 의해 우선권에 차이가 있을 수 있지만 잔여지분만을 가질 수 있다.

또한, 채권자와 소유주의 권리는 자산의 사용이나 사업운영과 관련하여 차이가 있다. 채권자는 특별한 계약에 의하지 않고는 기업의 자산을 사용할 권리를 갖고 있지 않다. 그리고 간혹 간접적인 방법으로 사업운영에 관여할 수도 있지만 일반적으로 사업운영의 의사결정에 참여할 수 있는 권리가 없다. 채권자는 계약에 의해 제한된 방법으로 이익잉여금의 처분을 제한하거나 특정한 자산의 처분에 제한을 가하는 방법 등으로 경영에 관여할 수 있다.[20] 반면에 소유주는 사업을 운영할 수 있는 권리와 권한을 갖고 있다.

6.2.2 경제적 실질

법적 소유권과 경제적 실질은 상관관계가 높지만 항상 일치하는 것은 아니다. 자산에 대한 법적 소유권은 없더라도 자산을 점유하여 통제할 수 있거나 위험과 효익(보상)을 갖는 경제적 실질을 가질 수 있다.

부채와 자본은 실체에 대한 청구권을 나타낸다. 실체에 대한 청구권자들은 손실위험을 부담하고 있지만, 채권자는 우선적 권리를 갖고 있으므로 소유주에 비해 적은 위험을 부담하고 있다. 소유주는 기업의 활동으로부터 발생하는 손실을 감당해야 한다. 각각의 기업에 있어서 채권자와 투자자에 대한 위험의 정도는 그들의 권리 정도에 달려 있다. 이와 같이 채권자와 소유주 권리의 주요 차이점은 채권자는 우선적으로 상환받을 권리를 갖고 있는 반면 소유주는 잔여재산이나 이익에 참여할 수 있는 권리를 갖고 있다는 것이다. 이러한 차이는 경제적 위험과 효익을 반영한다. 즉, 채권자는 위험을 적게 부담하지만 확정된 금액(이자와 원금)을 얻는 반면, 소유주는 위험을 크게 부담함에 따라 이익참여를 통한 변동적 이익(기업의 성과가 큰 경우 더 큰 것이 일반적임)을 얻는다.

소유주나 그 대리인은 기업 자산의 취득과 구성, 사용 및 처분을 통제할 수 있다. 그들은 기업 운영과 생존 및 수익성에 대해 통제할 수 있으며 책임을 부담하게 된다. 기업의 소유주(주주)는 이와 같은 책임과 통제의 대부분을 경영자에게 위임하는 것이 일반적이다.

이러한 주장은 경제에 있어서 모험사업가(entrepreneur)의 개념과 일치한다. 모험사업가 개념을 규모가 크고 주식이 널리 분산된 주식회사의 주주들에게 적용하는 것은 비현실적일 수 있다.[21] 이러한 문제점은 모든 기업 형태

20) 예를 들어, 채무이행조항에 청산배당을 못하도록 하는 등의 제한을 둘 수 있다.

21) 규모가 크고 널리 분산된 주식회사의 주주들은 경제적 실질에 있어서 기업의 운명과 생존 및 수익성에 대해 통제하며 책임을 분담하는 모험사업가와 차이가 난다. 즉, 이러한 주주들의 경제적 실질은 엄밀한 의미에서 소유주로서의 권리(기업의 운영, 생존, 수익성 등에 대한 통제권리)와 차이가 있다. 따라서 대기업에 대해서 부채(채권자 청구권)와 자본(소유주 청구권)만으로 구분하는 것은 비현실적일 수 있다.

에 대해 부채와 자본을 구별하려는 회계담당자들의 고집에 기인한다. 자본의 인식과 구분은 소유주 이론을 가정한 것인데, 무엇보다도 이를 대기업에 적용하기는 곤란한 면이 있다.

6.2.3 자본유지개념

자본에 관한 회계처리는 회사법 규정에 의해 많은 영향을 받는다. 특히, 자본유지의 원칙에 따라 기업은 소유주(주주)가 출자한 자본을 유지해야 할 의무를 갖고 있다. 이렇게 자본을 유지하도록 하는 주된 이유는 채권자 보호에 있다. IASB의 개념체계에서는 실체의 몫으로서 지분(equity)의 정의뿐만 아니라 유지할 자본(capital)의 개념에 대해 규정하고 있다.

자본은 투하한 화폐 또는 투하한 구매력(화폐자본), 실체의 생산능력(실물자본)으로 개념화할 수 있다. 더욱이 유지할 자본은 명목가치나 구매력 척도로 측정할 수 있다. 유지할 자본개념과 측정척도의 여러 가지 조합은 각기 다른 회계모형에서 사용되며, 각 모형마다 유지할 자본의 측정치가 상이하다. 개념체계에서는 어떠한 자본유지개념이 가장 적절한가에 대해서는 언급이 없지만 각기 다른 자본개념하의 자본을 유지하기 위해서는 기업이 보유할 자원의 양이 서로 다를 수 있음을 시사하고 있다.

7. 주요 항목의 인식문제

7.1 차입원가

영업활동에 사용할 목적으로 자산을 건설 또는 제조하는 경우에 직접원가(직접재료원가와 직접노무원가)를 자산의 원가에 포함시키는 데에는 학자간 이론의 여지가 없다. 그러나 제조간접원가와 더불어 차입원가를 자산의 원가에 포함시키자는 데에는 이견이 있다. 과거의 회계기준을 살펴보면, 어떤 때에는 차입원가를 자산의 원가에 포함시켜야 한다고 하기도 하고, 또 어떤 때에는 자산의 원가에 포함시키거나 기간비용으로 처리할 수 있도록 선택적으로 적용할 수 있게 한 경우가 있었다.

먼저 건설중의 차입원가를 자산의 원가에 포함시키지 않는 방법은 건설기간중에 발생된 모든 차입원가를 기간비용으로 처리하는 방법으로서 차입원가를 건설원가로 간주하지 않는 방법이다. 이 방법의 주장근거는 다음과 같다.

(1) 차입원가는 직접원가와는 달리 자본조달과 관련된 재무비용이지 자산의 원가(구성요소)가 아니다.
(2) 건설기간중에 발생하는 차입원가는 자가건설자산의 가치에 영향을 미치지 않는다. 따라서 동일한 자산이라 할지라도 타인자본을 사용하느냐 자기자본을 사용하느냐에 따라 자산의 원가가 달라진다면 기업간 및 기간별 비교가능성이 저해된다.
(3) 차입원가를 자산의 원가에 포함시키면 이자비용이 자산의 원가에 포함되므로 자가건설로 당기순이익이 증가하게 되는 결과를 초래하게 된다.

그러나 차입원가가 자산의 원가가 아니라는 명백한 증거가 없으며, 차입원가는 자금의 원천과는 관계없이 자금의 사용과 관련하여 발생한다. 따라서 자기자본이든 타인자본이든 간에 발생된 모든 암묵이자(implicit cost; 혹은 내재이자)를 자산의 원가에 포함시키는 것이 타당하다는 주장이 있다.

건설중에 사용된 모든 차입원가를 자본화하는 방법은 자가건설에 사용된 모든 자금에 대해 실제로 발생한 차입원가뿐만 아니라 암묵이자(내재이자)도 원가에 산입시키는 방법이다. 이 방법의 주장근거는 다음과 같다.

(1) 차입원가도 직접재료원가나 직접노무원가와 마찬가지로 자산의 원가임을 부인하기 곤란하다. 즉, 자산은 그 의도된 목적을 달성하기 위한 상태나 위치에 이르기까지 발생된 지출을 자본화해야 한다는 것이다.
(2) 이 방법은 자금의 원천과는 관계없이 자산의 원가가 결정되므로 기업간 비교가능성을 유지할 수 있다.

그러나 이 방법은 자기자본에 대한 차입원가 계산시 객관성을 유지하기 곤란하며, 자가건설로 인하여 이익이 발생될 수 있다는 점에서 문제가 있다. 즉, 이익은 자산의 사용이나 처분과정에서 발생되는 것이지 취득과정에서 발생될 수 없다는 논리에 위배된다.

한편, 건설중에 실제 발생한 차입원가만을 자본화하는 방법은 건설기간 중에 실제로 발생된 차입원가만을 자본화하고 자기자본의 사용과 관련된 암묵이자(내재이자)는 자본화하지 않는 방법이다. 이 방법의 주장근거는 다음과 같다.

(1) 차입원가도 직접재료원가나 직접노무원가처럼 자산의 원가(구성요소)임을 부인하기 어렵다.
(2) 실제로 발생된 차입원가만을 자산의 원가로 자본화하는 것이 역사적 원가원칙에 부합된다.
(3) 자기자본에 대한 차입원가의 자본화는 측정상의 문제점이 있다.

그러나 자산의 원가는 자금조달방법에 관계없이 동일하게 결정되어야 한다는 점에서 이 방법도 문제가 있다. 즉, 자기자본을 사용하는 경우와 타인자본을 사용하는 경우에는 동일한 자산이라 할지라도 자산의 원가가 달리 계상되므로 기간별 및 기업간 비교가능성이 문제된다.

IASB는 차입원가에 대한 대체적 회계처리방법 중 실제 발생한 차입원가만을 자산의 원가에 포함시키는 방법을 지지하고 있으며, 그것도 선택적 규정이 아니라 강행규정이다. 적격자산의 취득, 건설 또는 제조와 직접 관련된 차입원가는 당해 자산 원가의 일부로 자본화해야 하며, 기타 차입원가는 발생기간에 비용으로 인식해야 한다. 여기서 적격자산이란 의도된 용도로 사용하거나 판매가능한 상태에 이르게 하는 데 상당한 기간을 필요로 하는 자산을 의미한다. 그리고 차입원가는 자금의 차입과 관련하여 발생하는 이자 및 기타 원가로 ① IAS 39(금융상품 : 인식과 측정)에 기술된 유효이자율법을 사용하여 계산된 이자비용과 ② 외화차입금과 관련되는 외환차이 중 이자원가의 조정으로 볼 수 있는 부분 등이 포함될 수 있다.

적격자산은 ① 재고자산, ② 제조설비자산, ③ 전력생산설비, ④ 무형자산, ⑤ 투자부동산 등이 될 수 있다. 그러나 금융자산과 단기간 내에 제조되거나 다른 방법으로 생산되는 재고자산은 적격자산에 해당하지 아니한다. 취득시점에 의도된 용도로 사용할 수 있거나 판매가능한 상태에 있는 자산인 경우에도 적격자산에 해당하지 아니한다.

7.2 연구개발지출

회계기준제정기구들이 연구개발지출에 대한 회계처리만큼 고민한 것도 없을 것이다. 연구개발지출을 발생 즉시 모두 비용화할 경우에는 기업의 당기순이익이 상대적으로 저조해져 채권자와의 계약에서 불이익을 받을지도 모른다. 동일한 이유로 경영자에게 순이익에 근거한 보상을 지급하기로 한 경우에는 경영자가 의도적으로 연구개발활동에 대한 투자를 꺼릴 수도 있다. 그렇다고 연구개발지출에 대한 회계처리를 자의적 판단에 맡겨 둘 경우에는 기간별 또는 기업간 비교가능성이 저해될 수도 있다.

이런 이유로 미국에서는 1973년도에 FASB가 발족되자마자 SFAS No. 2를 발표하여 모든 연구개발비를 발생 즉시 비용화시키도록 하였다. 그러나 IASB에서는 연구비는 비용화시키되 개발비 중 일정한 요건을 충족시키는 경우에는 무형자산으로 계상할 수 있도록 하였다.

연구(research)는 새로운 과학적, 기술적 지식이나 이해를 얻기 위해 수행하는 독창적이고 계획적인 탐구활동을 말한다. 프로젝트의 연구단계에서는 미래 경제적 효익을 창출할 무형자산이 존재한다는 것을 입증할 수 없기 때문에 연구단계에서 발생한 지출은 무형자산으로 인식할 수 없고 발생한 기간의 비용으로 인식한다.

개발(development)은 상업적인 생산이나 사용 전에 연구결과나 관련 지식을 새롭거나 현저히 개량된 재료, 장치, 제품, 공정, 시스템이나 용역의 생산을 위한 계획이나 설계에 적용하는 활동을 말한다.

개발단계는 연구단계보다 훨씬 더 진전되어 있는 상태이기 때문에 프로젝트의 개발단계에서는 무형자산을 식별할 수 있으며, 그 무형자산이 미래 경제적 효익을 창출할 것임을 입증할 수 있다. 따라서 개발비는 무형자산으로 인식한다.

7.3 영업권

영업권(goodwill)은 동종산업에 속하는 타기업에 비해 상대적으로 높은 이익률을 창출할 수 있는 경우에 발생된다. 영업권을 발생시키는 요인은 수없이 많은데, 이에 대한 예로 유리한 입지조건, 우수한 경영진과 종업원, 독과점의 지위, 우수한 기술력, 원만한 노사관계, 고객의 높은 신용도 등을 들 수 있다.

영업권은 다른 무형자산과는 달리 개별적으로 식별이 불가능하다는 특성이 있다. 사업결합으로 취득하는 영업권은 개별적으로 식별되지 않고 분리하여 인식될 수 없는 자산으로부터 미래 경제적 효익을 기대하여 취득자가 지급하는 대가를 말한다. 그 미래 경제적 효익은 취득한 식별가능한 자산 사이의 시너지효과에서 발생하거나, 개별적으로 재무제표상 인식기준을 충족하지는 않지만 취득자가 사업결합에서 대가를 지급하고자 하는 자산으로부터 발생할 수 있다.

식별불가능한 모든 무형자산을 포함하는 영업권은 두 가지 방법으로 정의할 수 있는데, 하나는 종합평가계정으로서의 영업권이고 다른 하나는 초과이익의 현재가치로서의 영업권이다. 종합평가계정(master valuation account)으로서의 영업권은 식별(확인)가능한 순자산의 공정가치와 이를 초과하는 기업전체의 평가액의 차이를 의미한다. 초과이익의 현재가치로서의 영업권은 식별가능한 순자산의 공정가치로부터 획득가능한 정상이익을 초과하는 이익(초과이익)을 창출할 수 있는 기업의 능력으로 정의된다.

그러나 어떠한 방법으로 정의되든 영업권 자체만으로는 교환가능성이 없으며, 식별이 불가능하고 전체 기업으로부터 영업권만을 분리할 수도 없다. 따라서 장부에의 기록도 기업 전체와 관련된 거래, 예컨대 합병이나 영업양수, 조직변경, 연결재무제표 및 결합재무제표의 작성 등 사업결합시에만 인정되며 내부적으로 창출한 영업권은 인정되지 않는다. IASB에서도 취득법(acquisition method)에 의한 사업결합시에만 영업권의 계상을 인정하고 있다.

한편, 영업권과는 반대로 확인가능한 순자산의 공정가치보다 저렴한 가격으로 타기업을 취득한 경우에 발생하는 차액을 염가매수차익(gain on bargain purchase)이라 한다. 이는 좀처럼 발생되지 않지만 시장의 불완전성으로 인하여 간혹 기업의 인수 또는 합병 시에 발생된다. IASB에서는 이를 당기손익에 포함시키도록 요구하고 있다.

7.4 충당부채와 우발부채

IAS 37(충당부채, 우발부채 및 우발자산)에서는 부채의 범주를 부채와 충당부채 및 우발부채로 한정하고 있다. 이는 FASB에서 부채와 우발부채로 구분하고 있는 것과는 대조된다. 충당부채는 금액과 지급시기가 불확실한 부채를 말한다. 앞서 개념체계의 부채의 정의에 비추어 볼 때 금액과 지급시기의 불확실성이 부채의 정의에 들어 있기 때문에 충당부채를 별도의 부채범주에 포함시킬 필요성이 없다는 주장도 있다. IAS 37에서는 충당부채가 다른 부채에 비해 지급시기나 금액에 있어서 불확실성이 큰 부채로 간주하고 있는 것은 분명하다.

충당부채와 우발부채는 현재 의무와 미래 의무 사이의 경계선에 있는 경우 발생한다. 모든 충당부채는 금액과 지급시기가 불확실하기 때문에 우발적이라고 서술한 IAS 37의 문단 12를 보면 IASB는 두 부채의 정의가 중복되고 있음을 인정하고 있다. 현재 의무와 미래 또는 잠재적(우발적) 의무를 구분하는 것은 보기에도 간단해 보이지 않는다. 차이는 대부분 과거 사건의 성격에 달려 있다. 우발성은 이 분야에서 많은 어려움을 나타내고 있다.

IAS 37의 문단 10은 우발부채를 다음의 (1) 또는 (2)로 정의하고 있다.

> (1) 과거 사건에 의하여 발생하였으나, 기업이 전적으로 통제할 수 없는 하나 이상의 불확실한 미래 사건의 발생여부에 의하여서만 그 존재가 확인되는 잠재적 의무
>
> (2) 과거 사건에 의하여 발생하였으나 다음 (가) 또는 (나)의 경우에 해당하여 인식하지 아니하는 현재 의무
>
> (가) 당해 의무를 이행하기 위하여 경제적 효익이 내재된 자원이 유출될 가능성이 높지 아니한 경우
>
> (나) 당해 의무를 이행하여야 할 금액을 신뢰성 있게 측정할 수 없는 경우

IAS 37 문단 14의 충당부채 인식기준은 개념체계의 인식기준과 일치한다. 따라서 충당부채를 포함한 부채는 ① 현재 의무이어야 하며, ② 의무를 상환하기 위해 경제적 효익이 구현된 자원의 유출가능성이 커야 하며, ③ 그

금액을 신뢰성 있게 측정할 수 있어야만 인식할 수 있도록 허용하고 있다. 우발자산이 자산의 인식요건을 충족시키지 못하듯이 우발부채는 위의 기준을 충족시키지 못한다. 따라서 우발부채의 범주에 속하는 부채는 재무제표에 부채로 인식하지 않는다. 보험에 부보되지 않은 손실이나 수선에 대비한 충당부채는 보고실체가 자산을 희생시켜야 할 사건이 발생되기 전에는 부채로 인식하지 않는다.

그러나 IAS 37 문단 86에서는 몇몇 상황에 대해 주석으로 공시할 것을 요구하고 있다. 왜냐하면 부채에 대한 이러한 주석공시는 재무제표이용자의 자원 배분에 관한 의사결정에 도움이 될 것이라고 판단하였기 때문이다. 즉, 미래에 상환할 가능성은 있지만 그 가능성이 공식적으로 부채를 인식할 만큼 크지 않을 때에는 부채로 인식하지 않고 주석으로 공시한다. 그런데 이러한 판단은 기업의 주관적 확률에 달려 있어 기업이 재무제표에 부채를 보고하지 않을 빌미를 제공하고 있다. 그러나 이에 대한 내용을 주석으로 공시하게 되면 정보이용자는 의사결정에 이를 고려할 것으로 기대된다.

한편, 기업은 대가를 지급하는 휴가나 병가 때문에 미래에 종업원의 결근으로 인한 부채를 인식해야 하는 문제가 발생한다. 이러한 경우 부채를 발생시키는 적절한 과거 사건은 무엇인가? 종업원이 실질적으로 용역을 제공하는 시점인가 아니면 실제로 종업원이 결근한 시점인가? 개념체계와 IAS 37에서 그러한 사건은 과거에 종업원이 용역을 제공함으로써 발생되는 권리를 취득하였을 때 부채로 인식할 수 있다고 하였다. 휴일임금과 장기용역근무는 부채로 인식할 수 있다. 그러나 계약상대방인 종업원에게 권리가 가득되지 않은 상태에서 종업원이 퇴사하거나 사망할 경우에는 지급하지 않고 특정한 사건(병)이 종업원이 근무하는 상태에서 발생할 경우에만 기업의 의무(병가지급)가 발생하는 경우에는 부채를 인식하지 않는 점은 흥미롭다. 기업은 종업원이 질병에 걸리기 전에는 어떠한 현재의 의무도 발생하지 않으므로 부채로 계상하지 않으며 이런 점에서 우발적이라 할 수 있다. 우리가 알다시피 우발부채는 부채로 표시되지 않으며 관련 내용이 주석으로 공시될 수 있을 뿐이다. 따라서 미래에 특정한 사건이 발생함에 따라 발생되는 의무는 사건의 발생 이전에 부채로 인식하지 않는다.

7.5 부채와 자본의 구분

우선주는 전통적으로 자본의 일부로 간주해왔지만 부채와 유사한 특징을 갖는 경우가 있다. 일반적으로 우선주는 ① 확정된 청구권을 갖고 있고, ② 확정된 배당률에 의한 배당금(이자와 유사) 이외에는 배당에 참여할 수 없고, ③ 잔여재산 청구권이 보통주에 앞서고, ④ 의결권이 없다는 특징을 갖고 있다.

우선주는 주식으로 부르지만 때때로 부채의 정의를 충족시키는 우선주가 있는데, 이는 마땅히 부채로 분류해야 한다. 이에 대해 IAS 32의 문단 18에서는 다음과 같이 규정하고 있다.

> "금융상품은 법적 형식이 아니라 실질에 따라 재무상태표에 분류되어야 한다. 일반적으로 실질과 법적 형식이 일치하지만 반드시 그러한 것은 아니다. 어떤 금융상품은 지분상품의 법적 형식을 가지고 있지만 실질적으로는 금융부채에 해당되는 경우가 있고, 어떤 금융상품은 지분상품의 특성과 금융부채의 특성이 결합되어 있는 경우도 있다. 이러한 예는 다음과 같다.
>
> (1) 우선주의 발행자가 보유자에게 확정되었거나 결정가능한 미래의 시점에 확정되었거나 결정가능한 금액을 의무적으로 상환해야 하거나, 우선주의 보유자가 발행자에게 특정일이나 그 이후에 확정되었거나 결정가능한 금액의 상환을 청구할 수 있는 권리를 보유하고 있는 경우에 이러한 우선주는 금융부채이다.
>
> (2) 금융상품의 보유자가 발행자에게 당해 금융상품의 환매를 요구하여 현금 등 금융자산을 수취할 권리가 부여된 금융상품('풋가능 금융상품')은 금융부채이다." (이하 생략)

예를 들어 발행자가 지정된 날짜에 일정한 금액으로 강제적으로 상환할 수 있는 우선주는 금융부채에 해당한다. 마찬가지로 발행자가 현금이나 다른 금융자산을 지급해야 하는 금융상품은 발행자의 금융부채에 해당된다. 우선주와 전환사채 등은 금융상품의 성격을 정확하게 나타내는 용어는 아니다.

금융상품이 부채 또는 자본으로 분류되느냐에 따라 재무상태표뿐만 아니라 포괄손익계산서에도 커다란 영향을 미친다. 왜냐하면 금융상품에 대한 이자나 배당금은 비용으로 처리되기도 하고, 때에 따라서는 이익의 처분으로 처리되기도 하기 때문이다. 부채와 관련된 금융상품에 대한 이자나 배당금은 포괄손익계산서에 비용으로 인식한다. 이와는 대조적으로 지분상품의 소유자에게 배분되는 것은 이익의 처분으로 간주한다.

회계전문기구의 이러한 입장과는 별도로 전환사채는 희석주당이익을 계산할 때 지분상품으로 간주된다. 또한 복합금융상품은 부채요소와 자본요소로 분류하여 공시한다.

요약하면, IAS 32는 금융상품을 법적 형식보다는 경제적 실질에 근거하여 분류할 것을 요구하고 있는데, 이는 정의에 대한 이론적 기초와 일치한다. 보유자의 선택으로 상환가능한 우선주는 부채로 분류한다. 복합금융상품은 부채와 자본의 특성을 동시에 갖고 있다. 따라서 복합금융상품은 부채와 자본으로 각각 분리하여 회계처리한다. 예를 들어 전환사채 발행자는 사채발행대금을 부채와 자본에 배분하여 재무상태표에 구분하여 표시한다. 따라서 원금 이외에 금융상품보유자에게 지급하는 금액은 부채나 자본으로 정의된 금융상품의 금액비율에 따라 이자비용이나 배당금으로 분류한다.

자본과 부채를 구분하는 목적은 의사결정에 유용성을 높이기 위한 것이다. 그러나 혼성증권(예로 상환우선주)의 유용성을 연구한 Kimmel과 Warfield는 상환우선주의 자본 또는 부채로의 분류는 의사결정에 유용하다고 볼 수 있는 위험과 효익 관계를 보여주지 못한다고 하였다.[22] Kimmel과 Warfield는 순수한 부채와 자본을 갖고 있는 기업과 상환우선주와 자본을 갖고 있는 기업 사이에 주식의 위험과 효익에 어떠한 관계가 있는가를 조사하였다. 위험과 효익 관계가 유사하다면 상환우선주는 부채처럼 간주된다는 것이다. 이들은 상환우선주는 때로는 지분상품에 더 가깝거나, 때로는 부채에 더 가까운 속성을 갖고 있다고 주장한다. 그러나 상환우선주가 순수부채와 같은 위험과 효익을 갖고 있다는 점은 발견하지 못하였다. 따라서 그들은 금융상품을 부채로 분류하는 것은 경제적 실질을 오도할 가능성이 있다고 주장한다. 즉, 혼성증권은 두 부분으로 분류하는 것보다는 별도로 구분하는 것이 나을지도 모른다는 것이다.

최근 우리나라 기업들이 신종자본증권이라 불리는 자본과 부채 성격이 혼합된 하이브리드증권을 발행하여 자본을 조달하는 경우가 늘고 있다. 이에

22) P. Kimmel and T. D. Warfield, "The Usefulness of Hybrid Security Classification: Evidence from Redeemable Preferred Stock," *The Accounting Review*(January 1995), pp. 151-167.

대한 대표적 사례로서 2012년 10월 두산인프라코어의 5,113억원가량 영구채 발행이 사회적 이슈가 된 바 있다. 이는 다음 해인 2013년 한국회계기준원에 의해 자본으로 인식하는 것으로 결론지어졌으나 여전히 그 실질이 자본인지 부채인지에 관한 의문을 남기기도 했다. 따라서 이러한 신종자본증권에 대해 그 계약내용의 실질에 따라 부채인지 자본인지를 명확히 분류할 수 있는 근거를 기업이 공시하도록 함으로써 정보이용자가 실질에 맞게 판단할 수 있도록 하는 것이 필요하겠다.

7.6 실질상환

부채는 채권자에게 현금을 지급하거나 용역을 제공하는 것 이외의 방법으로도 이행될 수 있다고 하였다. 예를 들어 채권자가 권리를 포기하여 채무자가 자산을 희생할 필요 없이 채무를 면제받을 수 있다. IAS 32에서는 채무의 상계와 상환 또는 실질상환과 관련된 상황을 다루고 있다. IAS 32에서는 실체가 인식된 금액을 순액기준으로 상계할 수 있고(능력), 상계할 의도나 자산의 실현과 부채의 상환을 동시에 행할 의도가 있는 경우에만 부채를 재무상태표에서 제거하고 순금융자산(또는 순금융부채)을 보고할 수 있게 규정하고 있다.

부채를 상환할 목적으로 해지할 수 없는 기금에 현금이나 무위험자산(예, 국공채)을 신탁한 거래는 부채의 상환과 경제적 실질이 동등하므로 부채와 자산을 상계하자고 주장할 수 있다. 그러나 기업은 채무자로서 여전히 부채에 대한 의무가 있으며 자산의 불확실성이 존재할 경우 상계가 적절하지 못하다고 주장할 수 있다.

1980년대에 실질상환이 세계적으로 유행된 이유를 알아보기 위해 다음의 예를 보자.

어느 기업이 액면 ₩1,000,000, 표시이자율 8%, 만기 10년인 사채를 액면으로 발행했다고 하자. 만약 실질이자율이 표시이자율보다 더 높다면 사채의 시장가격은 만기금액인 액면가보다 작아질 것이다. 이런 경우 이 기업은 ₩800,000을 지급하고 표시이자율 8%, 만기 10년, 액면금액 ₩1,000,000인 국공채를 매입한 후, 사채를 상환할 목적으로 매입한 국공채를 변경할 수 없는 신탁기금에 넣을 수 있다.

이런 경우 다음과 같은 분개가 이루어질 것이다.

(1) (차)	투 자 자 산	800,000	(대)	현 금	800,000
(2) (차)	사 채	1,000,000	(대)	투 자 자 산	800,000
				사채상환이익	200,000

이러한 회계처리로 기업은 다음과 같은 회계상의 혜택을 얻을 수 있다.

(1) 부채가 제거되므로 기업의 부채비율을 개선시킬 수 있다.
(2) 사채상환이익으로 기업의 당기순이익을 증가시킬 수 있다.
(3) 세무목적으로 국공채에 대한 이자수익이 회사채의 이자비용에 의해 상쇄된다.
(4) 세무목적상 사채상환이익은 기업이 여전히 사채에 대한 법적 의무를 부담하고 있으므로 세무상 익금으로 인정되지 않는다.
(5) 실질상환은 시장성 유가증권에 대한 투자여부에 따라 자산을 관리할 수 있듯이 재무상태표에 보고되는 부채를 관리할 수 있게 해 준다.

실질상환은 회계상 여러 문제를 유발시키는데, 부채를 제거할 수 있는 상황으로 볼 수 있느냐는 것이 대표적 문제이다. 부채에 관한 개념체계의 정의에서 부채는 자산이나 용역을 타 실체에게 이전함으로써 상환된다고 한다. 한편, 의무가 장부로부터 제거된다 할지라도 부채는 채무자에게 의무를 다시 발생시킬 수 있다. 즉, 신탁기관의 문제로 인하여 자산을 잃거나 유용당하는 일이 발생될 수도 있다. 이렇게 되면 부채는 채무자에게 다시 귀속된다.

지금까지 설명하였듯이 실질상환에 대해서는 이론의 여지가 많으며 실무에서 다양하게 회계처리할 가능성이 크다. IASB에서는 실질상환에 대해 별도로 규정하고 있지는 않다. 아마도 총액주의원칙에 위배되기 때문에 실질상환을 인정하지 않는 것 같다.

익힘문제

1. 자산개념은 어떻게 변화되어 왔는가?

2. 자산의 정의와 특성에 대해 설명하시오.

3. 자산의 인식기준에 대해 설명하시오.

4. 부채의 정의와 특성에 대해 설명하시오.

5. 부채의 인식기준에 대해 설명하시오.

6. 자본의 정의와 특성에 대해 설명하시오.

7. 차입원가의 자본화 논쟁에 대해 설명하시오.

8. 충당부채와 우발부채의 인식상 차이점은 무엇인가?

9. 상환우선주와 영구사채의 자본 혹은 부채에의 포함여부에 대해 설명하시오.

10. 실질상환의 의미와 인식에 대해 설명하시오.

CHAPTER 7

재무상태요소의 측정과 분류

1. 자산과 부채 측정의 중요성
2. 대체적인 측정기준
3. 진정한 경제적 가치의 근사치
4. 주요 항목의 측정문제
5. 재무상태요소의 분류

재무제표에 보고되는 자산과 부채 및 자본은 실질적인 경제적 요소들이다. 재무제표이용자들은 실체가 어떠한 자산을 통제하고 있고 실체에 대해 어떠한 청구권이 있는지를 알기 원한다. 회계정보가 정보이용자의 의사결정에 유용하려면 자산과 부채 및 자본을 보고하는 재무제표는 단순히 항목을 열거하는 이상의 추가적 정보를 전달해야 한다. 회계정보는 화폐단위로 표시된다. 왜냐하면 자산과 청구권은 화폐가치로 표현하는 것이 일반적일 뿐만 아니라 정보이용자들도 그러한 형태의 재무정보를 원하기 때문이다. 본장에서는 자산과 부채의 측정에 대해 알아본다. 먼저 측정이 중요한 이유와 여러 가지 가치 개념에 대해 살펴보며, 진정한 가치가 무엇이고 어떻게 측정하는지에 대해 알아본다. 이어서 주요 자산과 부채의 측정에 대해 살펴보고, 마지막으로 자산과 부채 및 자본의 분류에 대해 살펴보기로 한다.

1. 자산과 부채 측정의 중요성

행동과학적 관점에서 볼 때 자산과 부채의 측정은 재무제표이용자들의 의사결정에 영향을 미치기 때문에 매우 중요하다. 예를 들어 재무제표요소의 측정은 부채비율이나 총자산이익률과 같은 재무비율에 영향을 미친다. 측정은 또한 채권자와 투자자들이 중요하게 생각하는 재무적 안정성 및 유동성의 평가에도 영향을 미친다. 따라서 측정은 투자와 자금대여에 관한 의사결정에 영향을 미칠 수 있다. 뿐만 아니라 측정은 납품업자의 납품여부나 납품조건에 대한 의사결정 및 기업을 경영하는 방법에도 영향을 미친다. 그리고 대부분의 채권자와의 계약은 기업의 부채비율이 일정 수준을 초과하는 것을 허락하지 않거나 이자보상비율을 일정한 비율 이내로 유지해야 하는 내용을 포함하고 있다. 또한 경영자에 대한 보상이 기업의 보고이익에 근거하고 있는 기업들을 쉽게 찾아볼 수 있다. 이와 같이 계약적 관점에서 볼 때에도 자산과 부채 및 자본의 측정은 의사결정에 영향을 미친다.

한편, 계약에 사용된 측정치의 변경은 이러한 계약과 관련된 잠재적 현금흐름에 영향을 미치기도 한다. 다음은 측정치의 변경이 현금흐름에 영향을 미치는 예이다.

(1) 기업의 부채비율과 이자보상비율이 계약에서 정한 한도에 근접할 때에는 추가적인 부채를 조달할 수 없게 된다.
(2) 기업이 부채계약을 위반하게 되면 부채를 상환하거나 재협상을 해야 하는데 이에 따른 비용이 발생하게 된다.
(3) 기업은 안정적 수준의 부채비율과 이자보상비율을 유지하기 위하여 가능하면 보다 낮은 이자율로 추가 차입한다.

측정치의 변경은 이익에 근거한 경영자의 보상에 영향을 미치기도 한다. 이와 같이 측정은 기업과 계약관계에 있는 채권자와 주주 및 경영자 간의 부의 배분에 영향을 미친다. 이러한 영향이 경영자의 이해관계에 불리한 것이라고 판단되면 경영자는 그 영향을 줄이는 행동을 취할 수도 있다. 예를 들어 경영자는 당기의 보고이익을 부풀리기 위해 연구개발비와 수선유지비 또는 광고선전비의 지출을 감소시킬 수도 있다. 또한, 경영자들은 자산과 부채를 측정하는 방법에 의해 야기되는 기술적 채무불이행을 방지하기 위해 자산 취득이나 기업에 유리한 투자를 연기하여 유동성 자원을 보유하기도 한다. 이러한 행위를 실제이익조정(Real Earnings Management : REM)이라 한다.

계약관계로 인하여 기업의 현금흐름에 변화를 초래한다면 투자자들은 보유한 기업의 주식으로부터 기대되는 현금흐름을 수정하게 되어 자본시장에 영향을 미칠 가능성이 크다. 그동안의 실증연구들이 그러한 현상을 일관되게 발견하지는 못했지만 연구결과가 일관되지 않다는 것이 그러한 현상이 발생하지 않는다는 것을 의미하지 않는다. 자본시장의 반응은 회계정보의 발표시점 이후에 나타날 수도 있으며, 회계에 영향이 나타나기 이전에 발생될 수도 있다. 왜냐하면 시장은 계정에 반영되기 전에 자산과 부채의 측정에 내재되어 있는 변화를 반영할 수 있기 때문이다.

이와 같이 정보이용자들은 자산과 부채의 측정에 의존하여 의사결정을 하기 때문에 이의 측정은 중요하다. 중요한 부채가 총체적으로 과소계상되거나 자산이 총체적으로 과대계상된다면 자본공급자인 투자자와 채권자들이 손실을 입을 가능성이 크다. 이러한 손실을 근거로 투자자들은 소송을 제기하기도 한다. 한편, 부채의 과대계상이나 자산의 과소계상은 차입이자율이나 투자의사결정시 요구수익률을 높게 정하게 하여 투자와 자금대여 의사결정의 효율성을 감소시킬 수 있다.

2. 대체적인 측정기준

회계에서는 자산과 부채 각각의 가치를 측정하려 한다. 이때 가치는 무엇이며 그것을 어떻게 측정할 수 있는가? 회계에는 화폐로 측정하는 몇 가지 가치의 속성들이 있는데, 예를 들면 취득원가와 대체원가, 산출가치 및 순실현가능가치 등이다. 그동안 회계담당자들은 어떠한 가치가 회계정보이용자들에게 가장 정보력이 큰가에 관해 논의를 해 왔다. 몇몇 사람들은 정보이용자들

자료 7-1 **측정기준(속성)의 특성과 적용**

측정속성	장 점	단 점	현행기준에의 적용 예
① 역사적 원가/ 역사적 현금수취액 (=취득원가)	• 검증가능성이 우수함 • 정보의 입수가 용이함 • 수탁책임을 보고하는 데 유용함	• 물가가 변동하는 경우 자산가치를 제대로 반영 못함 • 물가가 변동하는 경우 경영성과를 왜곡 보고할 가능성이 큼	• 취득시점에서 자산측정의 기본원칙임 • 대부분의 유형자산(감가상각누계액 차감) • 일반적인 재고자산의 측정 • 선수수익, 선급비용
② 공정가치/ 현행원가	• 목적적합성이 우수함 • 수익·비용 대응이 적절함 • 영업활동으로 인한 이익과 보유손익을 구분 표시함 • 실물자본유지개념으로서 화폐자본유지개념보다 우수함	• 공정가치를 객관적으로 구할 수 없는 경우가 많음 • 전통회계의 실현개념에 위배됨	• 재평가모형에 의한 유형자산과 무형자산 • 시장성 있는 금융상품 • 판매보증충당부채 • 재고자산(원재료)의 저가평가 • 단기채권·단기채무
③ 순실현 가능가치/ 이행가치	• 목적적합성이 우수함 • 재무위험을 평가하는 데 유용함 • 자산을 보유할 때의 기회비용을 나타냄 • 부채를 상환할 때 실제 소요액으로 평가됨	• 영업활동에 사용할 목적으로 보유하고 있는 자산에의 적용은 부적합함 • 정보의 신뢰성이 떨어짐 • 전통회계의 실현개념에 위배됨	• 대여금 및 수취채권(손상후) • 재고자산(제품, 상품, 재공품)의 저가평가 • 매입채무, 미지급비용 등 • 단기채권과 단기채무 가능
④ 상각후원가/ 상각후가액	• 현금유입액과 유출액의 현재가치에 근접함 • 유효이자율이 현행 시장이자율과 같은 경우 자산과 부채의 현재가치를 나타냄 • 화폐의 시간가치를 고려함	• 금융자산이나 금융부채 등 특정한 항목에만 적용이 가능함 • 유효이자율이 현행 시장이자율과 다른 경우 자산이나 부채의 현재가치를 반영하지 못함	• 상각후원가측정금융자산과 기타포괄손익-공정가치측정금융자산으로 분류되는 투자사채 • 대여금 및 수취채권 • 사채

⑤ 기업특유 가치	• 영업활동에 사용할 목적으로 보유하고 있는 경우 자산의 실질가치를 반영함 • 계약상 현금으로 지급해야 하는 경우 현행유출가치와 동일함 • 기업의 내부정보가 반영됨으로써 공정가치보다 더 유용한 정보가 될 수 있음	• 측정의 신뢰성이 떨어질 수 있음 • 기업의 입장에서 주관적으로 측정함으로써 평가의 일관성이 결여될 수 있음 • 기업간 비교가능성이 떨어질 수 있음	• 판매보증충당부채 • 사용가치로 평가되어 손상차손을 인식하는 자산

에게 기업의 목적달성에 대한 정보를 가장 잘 나타내는 측정치의 추론이 필요하다고 주장한다. 이를 위해서 기업의 목적을 확인하고 그 목적의 달성을 가장 잘 나타내는 화폐가치의 추론(측정치)이 필요하다고 주장한다. 또 어떤 사람들은 측정치가 투자자 및 채권자가 실체에 대해 부담하고 있는 위험을 반영해야 하며 그래서 시장가치, 특히 산출가치가 목적적합하다고 제안한다.

현행 회계시스템은 역사적 원가(취득원가), 현행원가 및 산출가치를 포함한 여러 측정치를 채택하고 있다. 현재 국제회계기준에서 거론되는 측정기준(측정속성)을 요약하여 나타내면 자료 7-1 과 같다. 각 측정기준의 개념은 제5장의 자료 5-6 을 참고하기 바란다.

2.1 주관적 가치와 진정한 경제적 가치

경영자들은 기업의 목표이익률 달성에 공헌할 것이라 기대되는 자산과 부채를 보유하는 것을 목표로 하고 있다. 이러한 목적을 달성하기 위해 경영자들은 기업이 보유해야 할 각 자산의 금액과 이를 위해 자금을 조달하는 가장 적절한 방법 및 형태를 결정해야 한다. Edwards와 Bell은 이를 다음과 같이 세 가지 문제로 표현하였다.[1)]

1) E. Edwards and P. Bell, *The Theory and Measurement of Business Income*, Berkeley: University of California Press, 1961, p. 34.

(1) 확장문제(expansion problem)로 보다 많은 부채와 자본을 조달함으로써 총자산 가치를 증가시킬 수 있다.
(2) 구성문제(composition problem)로 경영자는 항상 총자산의 구성내역을 결정해야 한다.
(3) 자금조달문제(financing problem)로 경영자는 총부채와 자본의 구성내역(자본구조)을 결정해야 한다.

이 각각의 문제들에 대한 경영자의 해결책(의사결정)은 경영자의 특정한 운영계획(경영계획)에 나타나며 각각의 계획은 기대되는 현금수입과 현금지출을 포함하고 있다. 경영자는 이런 형태의 운영계획 각각에 대해 주관적 가치를 부여하게 된다.

그런데 어떠한 자산을 취득할 것인가 또는 어떠한 자금조달방법을 선택할 것인가에 대한 경제적 기준은 없다. 기업의 경영자가 이익극대화를 추구한다면 가장 큰 현재가치나 경제적 가치를 가져오는 자산과 자금조달방법의 구성내역을 선택해야 한다. 물론 이익극대화의 가정은 비현실적일 수 있다. 그러나 경영자가 이익극대화가 아니라 목표이익을 달성하려 할 경우에도 경영자는 각각의 운영계획에 대한 주관적 가치를 계산할 필요성이 있다.

기업의 운영계획은 미래와 관련된다. 따라서 상황과 기대의 변화로 인하여 운영계획은 수정된다. 기간이익과 현금흐름 및 자산/부채/자본의 구성과 가치는 경영자의 운영계획 수정 결정에 도움이 됨에 틀림이 없다. 투자자와 채권자들도 기업의 현금흐름전망을 평가하여 자신들에게 돌아오는 궁극적인 현금흐름을 평가하는 데 유용한 정보를 얻기 원한다. 중요한 문제는 자산과 부채에 대한 어떠한 가치가 경영자와 투자자, 채권자에게 목적적합하고 충실한 표현인가를 결정하는 일이다.

재무제표이용자에게 가장 유용한 가치는 자산과 부채의 '진정한' 경제적 가치이다. 그러나 불행하게도 진정한 경제적 가치가 무엇인가를 확신할 수 없는 상황이다. 경제적 가치는 다른 대상에 대비되는 것으로 하나의 대상에 대해 가지고 있는 선호 또는 바람직함과 관련 있는 개념으로서 주관적이며 미래지향적이다. 사람들의 선호와 그들이 특정한 자산과 부채에 부여하는 가치에 영향을 미치는 요소(변수)는 무수히 많다. 어떤 요소(변수)는 다른 것보다 더 중요하지만 얼마만큼 더 중요한지 그 가중치를 정확히 알 수 없다. 가치측정에 영향을 미치는 모든 변수를 알 수 없을 뿐만 아니라 변수들의 상대적 중요성도 알 수 없기 때문에 진정한 경제적 가치를 알 수 없다. 이러한 어려움이 있기 때문에 가치측정에 고려되는 요소(변수)들은 욕구를 반영하는 특정한 목적과 관련 있는 보다 작고 보다 다루기 쉬운 요소(변수)들의 집합으로 압축된다. 즉, 평가에 있어서 진정한 가치를 측정하기보다는 진정한 가치를 반영하면서 다루기 쉬운 측정방법을 사용하게 되었다.

회계에는 여러 가지 평가방법이 있다. 이러한 측정치들은 원가 또는 가치의 범주로 분류할 수 있다. 또한 의사결정의 형태가 상이할 때에는 상이한 측정치를 선호하게 된다.

지금까지의 논의를 요약하면 경영자들은 운영계획에 주관적 가치를 부여하여 선택하게 되는데, 가장 유용한 가치는 진정한 경제적 가치이다. 그러나 진정한 경제적 가치를 알 수 없으므로 여러 가지 측정치, 예컨대 원가나 가치로 대별되는 측정치를 대신하여 사용할 수밖에 없다. 다음에서는 측정치로서 원가와 가치에 대하여 각각 살펴본다. 하지만 의사결정의 내용에 따라 선호하는 측정치도 달라진다.

2.2 원 가

우리가 가장 흔하게 사용하는 회계용어 중의 하나가 원가(cost)이다. 그렇다면 원가란 무엇인가? 원가는 가치와 다른가? 다르다면 어떻게 다른가?

다음의 간단한 예는 원가와 가치를 이해하는 데 도움이 될 것이다. 당신이 대학교를 졸업한다고 가정하고 두 가지 문제를 생각해 보자. 하나는 '나의 대학교 교육의 원가는 무엇인가?'이며, 다른 하나는 '나의 대학교 교육의 가치는 무엇인가?'이다. 학사학위를 취득하는 데 걸리는 기간이 4년인데, 이 기간 동안 방학을 제외하고는 당신이 다른 일을 하지 않고 공부만 하였다고 가정하자. 심리적인 것과 정신적인 것 등 원가와 가치의 종류는 다양하지만 여기에서는 주로 경제적 측면에서의 원가 개념에 대해서만 살펴보자. 이때 당신의 교육원가는 4년간의 경제적 희생이다. 원가는 경제학자가 기회원가라고 부르는 것으로서, 포기 또는 희생한 차선의 대안(또는 기회)이다. 원가에 대한 FASB의 정의를 보면 FASB도 이러한 개념에 동의하고 있다. 원가에 대한

FASB의 정의는 다음과 같다.

> "원가는 경제적 행위에서 발생된 희생이다. 이는 소비, 저축, 교환, 생산하기 위해 포기 또는 그만둔 것이다."

IASB는 IAS 16(유형자산)에서 원가를 다음과 같이 정의하고 있다.

> "자산을 취득하기 위하여 자산의 취득시점이나 건설시점에서 지급한 현금 또는 현금성자산이나 제공한 기타 대가의 공정가치. 경우에 따라서는 IFRS 2(주식기준보상)와 같은 다른 국제회계기준서의 규정에 따라 최초인식시점에서 자산으로 귀속시킨 금액"

그리고 IAS 16의 문단 16에서는 원가의 구성요소로 다음의 세 가지를 규정하고 있다.

(1) 관세 및 환급불가능한 취득 관련 세금을 가산하고 매입할인과 리베이트 등을 차감한 구입가격
(2) 경영진이 의도하는 방식으로 자산을 가동하는 데 필요한 장소와 상태에 이르게 하는 데 직접 관련되는 원가
(3) 자산을 해체, 제거하거나 부지를 복구하는 데 소요될 것으로 최초에 추정되는 원가

대학에 다니는 대신에 차선책이 직장에서 일을 하는 것이었다면 대학교육에 따른 희생은 당신이 직장에서 벌 수 있었던 소득이다. 당신이 4년간 벌 수 있었던 총수입액에서 소득세를 차감하고 대학에 다니는 동안 번 소득(아르바이트 수당)을 차감해야 할 것이다. 여기에다 수업료와 도서비처럼 대학에 다니지 않으면 발생되지 않았을 고유의 현금지출비용을 가산해야 한다. 이처럼 기회원가와 대학생활에서의 소득과 지출을 모두 고려한 것이 대학교육의 원가이다. 이렇게 계산된 대학교육의 원가는 대학교육을 통해 향상된 자신의 능력이나 개인적 품성 등과 같은 경제적 보상이나 비금전적 효익과는 다르다.

희생은 효익이 수반될 것이라는 기대하에 이루어진다. 많은 학생들은 미래에 경제적 보상을 받을 뿐만 아니라 다른 비금전적 효익 때문에 대학교육의 원가를 기꺼이 감내하려고 한다. 경제적 측면만 고려하면 대학교육의 가치는 대학을 졸업했을 때의 소득과 대학을 졸업하지 않았을 때의 소득 사이의 연간 차이를 은퇴할 때까지 계산하고 이 금액을 현재가치화하면 계산할 수 있을 것이다. 아마도 이 금액이 양(+)이 되길 바랄 것이다.

여기서 우리는 원가와 가치(기대가치 또는 사용가치) 간에 차이가 있음을 알 수 있다. 원가는 희생을 나타냄에 비해 가치는 미래의 효익과 관련이 있다. 원가는 가치가 있는 어떤 것을 받을 것이라는 기대하에 발생되기 때문에 원가와 가치는 서로 관련이 있다. 무엇인가 바람직한 것이 희생되어야 한다는 점에서 모든 원가는 가치이다. 만약, 가치가 없다면 감수해야 할 희생도 없다. 이와 같이 원가는 가치의 한 종류로서, 포기한 기회의 가치이다. 대학교육의 예에서 당신이 주로 경제적 가치를 위해 대학을 선택한 경우, 기대원가가 기대가치를 초과한다면 대학 진학은 비합리적인 의사결정이다. 경제적 입장에서 볼 때 누구든 원가를 발생시키는 이유가 원가를 초과하는 가치를 얻는 데 있다는 점을 매 사안마다 설명하기는 쉽지 않다. 물론, 기대한 대로 실현되지 않을 수 있으며, 사실상 원가가 가치를 초과할 수도 있다. 그러나 원가가 가치를 초과한다는 사실을 사전에 알고 있다면 합리적인 사람은 원가를 발생시키지 않으려 할 것이다.

원가와 가치는 같지 않다. 하지만 원가는 중요하다. 그 이유는 원가가 가치가 있는 것을 받았다는 증거이기 때문이다. 이에 대해 Paton은 다음과 같이 요약하고 있다.[2)]

> "원가는 취득시점의 공정가치에 가깝기 때문에 일차적으로 중요하다. 원가는 기본적으로 지급한 금액을 나타내기 때문에 중요한 것이 아니라 취득한 것의 가치측정치로서 중요하다."

우리는 독립된 당사자 사이의 거래를 당연한 것으로 생각하므로 원가는 자산을 취득할 당시의 가치에 가깝다. 이것은 우리의 추론이며 대부분의 경

---

2) W. Paton, "Cost and Value in Accounting," *Journal of Accountancy*(March 1946), p. 193.

우 정당한 것으로 보인다. 그러나 여기에는 예외가 있다. 회계에서 가치에 대한 기대는 궁극적으로 객관적인 입증이 필요하다. 사람이 예술품에 대해 1천만원을 지급하려 하는 것은 그 예술품이 그 이상의 가치가 있다고 믿을 때이다. 그러나 다른 사람이 그러한 믿음을 공유하지 않고 어느 누구든 8백만원 이상을 지급하려고 하지 않는다면 개인적 기대와는 관계없이 객관적 손실이 발생된다. 적어도 객관적인 입장에서 볼 때 원가의 발생이 반드시 원가에 상응하는 가치를 창출하는 것은 아니다. 한편, 거래가 발생한 시점에 구매자나 판매자 사이에 지급한 금액(원가)이 실현한 가치와 다를 가능성도 있다. 예컨대, 토지를 취득하였는데 후에 해당 토지에서 가치 있는 광석이 발견될 경우이다. 이러한 경우 광석이 발견되었을 때 최초 취득시의 원가보다는 새로운 가치로 토지를 평가하는 것이 바람직할 것이다.

원가가 중요한 이유는 교환시점에 수취한 가치를 나타낸다는 데 있다. 기간이 경과하여 가치가 원가 이하로 하락하거나 원가를 심하게 초과한다면 가치를 적정히 반영하기 위해 조정해야 한다.

원가와 가치의 차이와 관련된 특수한 문제는 생물자산의 경우에 발생한다. 생물자산에는 숲, 가축, 과수, 정원수 등의 자산이 포함된다. 이들 자산의 근본적 특성은 성장 또는 재생산할 수 있는 능력이 있다는 점이다. 또한 이들 자산의 성장이나 재생산은 숲으로부터 목재, 양으로부터 양모와 양고기, 과수로부터 과일, 가축으로부터 계란과 고기와 같은 미래의 경제적 효익을 창출한다. 이때 생물자산과 관련한 중요한 문제는 측정이다. 분명한 것은 취득시점의 생물자산의 원가는 성장 후의 가치를 제대로 반영하지 못하고 있다는 점이다. 예를 들면 송아지의 원가와 완전히 성장한 황소의 가치는 중요한 차이가 있다. 그렇다면 생물자산을 원가로 측정해야 하는가, 아니면 보다 적정한 다른 측정가치로 표시해야 하는가?

과거에는 원가에 의한 측정과 가치에 의한 측정 모두가 사용되었다. 원가에 의한 측정이 가치에 의한 측정보다 일반적으로 사용되었지만 가끔 현행가치에 관한 정보가 주석으로 추가 공시되어 왔다. 생물자산에 있어서 원가는 가치를 제대로 나타내지 못한다. 원가에 의한 측정은 가격변화에 기인하는 가치의 변화를 무시할 뿐만 아니라 성장에 따르는 가치의 변화도 무시한다. 성장을 위해 지출하는 금액은 때때로 적거나 영(zero)이어서(자본적 지출이 거의 없어서) 취득원가가 그대로 유지될 수도 있다. 예를 들어 숲의 목재는 숲

소유자의 추가적인 지출이 없더라도 대부분 저절로 성장한다. 취득원가의 한계로 인하여 현행가치로의 측정이 거론되었다. 현재가치에 의해 측정되는 현행가치는 가치를 보다 훌륭하게 반영하지만 측정상의 문제를 안고 있다. 시장가치나 현행대체원가는 입수하기 어려울 수 있다. 특히, 활성시장이 없는 거대한 숲과 관련해서는 더욱 그렇다. 이러한 측정상의 문제점에도 불구하고 IAS 41(농립어업)에서는 생물자산에 대해 순공정가치로 평가할 것을 요구하고 있다.

앞서 언급한 바와 같이 원가는 경제적 용어로 최선의 대안을 선택함으로써 차선의 대안을 포기한 가치인 기회원가로 나타내는 경우가 종종 있다. 가치를 확신시켜주는 수단이 없다면 원가를 측정하는 것은 불가능하다. 왜냐하면 원가는 가치의 희생이기 때문이다. 기업에서 자원은 일정 기간 동안 사용되도록 위임된다. 만약, 이 자원에 대한 차선책이 처분하는 것이라고 가정하면 그 자원을 처분할 때 기업이 받을 수 있는 금액이 희생된 가치를 나타내며, 따라서 처분가액은 그 자원을 사용하는 원가이다. 예를 들어 기업이 제품의 제조에 사용할 목적으로 원재료 A를 단위당 ₩200에 100단위를 1월에 현금으로 구입하였다고 가정하자. 1월에 50단위가 제조에 사용되었고 3월에 재고 50단위의 대체원가는 단위당 ₩250으로 상승하였다. 1월에 50단위가 사용되었을 때 기업이 희생한 것은 단위당 ₩200씩 ₩10,000으로서 생산에 사용하는 대신에 A를 판매함으로써 받을 수 있는 금액(기회원가)과 동일하다.[3)]3월에는 단위당 가격이 상승하여 희생가치는 단위당 ₩250으로 총기회원가는 ₩12,500이다. 이 시점에서 취득원가는 기회원가와 같지 않게 된다. 자산의 취득시점과 사용시점 사이의 기간이 길면 길수록 가격변화 때문에 취득원가와 기회원가의 차이가 클 가능성이 높다. 앞서의 예에서 A의 대체원가는 A를 사용하는 기회원가를 결정하는 기준이 된다. 그러므로 때에 따라서는 자산 가치측정의 가장 우수한 대용치로 대체원가가 사용될 수 있다.

3) 1월에는 가격변화가 없으므로 단위당 구매원가와 판매원가(사용하지 않을 때의 기회원가)가 동일하다.

2.3 가 치

경제적 가치는 사람들에게 인지된 효익으로 인하여 특정 항목에 대해 갖게 되는 선호와 관계가 있다. 궁극적으로 가치는 사람들이 재화나 용역을 소비할 때 받는 만족과 관련이 있다. 가치는 사람 또는 실체와 경제적 대상(물체)의 관련성을 나타낸다. 가치(value)는 그 상품에 내재된 고유의 가치라기보다는 그것을 얻기 위해 어떤 것을 포기하는 소비자의 의지와 관련이 있다. 또한 가치는 그 재화를 생산하는 데 얼마만큼의 노력이 발생했는가에 달려 있지도 않다. 어떤 사람이 고급요리보다는 과일을 선호한다면 준비하는 데 몇 시간 소요되는 고급요리보다는 과일을 얻기 위해 무엇인가를 기꺼이 희생하려고 할 것이다.

경제학에서는 한계효용이 체감하기 때문에 사람들이 특정한 상품을 많이 가지면 가질수록 상품의 가치가 점점 작아질 것이라고 한다. 즉, 그들이 가지고 있는 양이 적으면 적을수록 가치는 점점 커진다. 신고전파 경제이론에 따르면 재화의 가치는 마지막 단위를 소비함으로써 소비자가 느끼는 만족과 동일하다. 예를 들어 아래에서 보는 바와 같이 두 가지 서로 다른 재화, 즉 A와 B의 조합에 대해 동일한 만족을 느낀다고 하자. 여러 가지 조합, 즉 X와 Y 및 Z 간에 만족감에 차이가 없다면 가치를 범위로 결정할 수 있다. 만약 A를 4단위 이미 갖고 있을 때 A의 단위당 가치는 B의 4단위(=15－11)와 같다.[4] 만약 A를 5단위 가지고 있다면 A의 단위당 가치는 B의 2단위(=11－9)와 같다.

조 합	A의 수량	B의 수량
X	4	15
Y	5	11
Z	6	9

같은 상품에 대해서도 사람들은 서로 다른 선호를 갖고 있다. 교환이 이루어지면 재화는 그것에 보다 큰 가치를 두고 있는 사람에게 이동된다. 교환

4) 이는 A를 한 단위 더 소유하기 위해 기꺼이 희생하려는 B의 수량을 말한다.

은 소비자들의 다양한 가치를 서로 조정하게 하는 경향이 있다. 왜냐하면 A에 더 낮은 가치를 부여하는 사람들은 A를 포기하는 반면 B에 높은 가치를 부여하고 있는 자들은 B를 더 많이 획득하려고 한다. 사람들은 특정 상품의 마지막 단위에 부여하는 가치가 그 상품의 가격보다는 더 크게 되도록 구매행위를 조정한다. 예를 들어, A의 가격이 단위당 ₩60이고 첫 번째 단위에 ₩80의 가치가 부여된다면 한 단위의 A를 구입할 것이다. A 한 단위를 얻은 후에 추가적으로 한 단위 더 취득하는 데 ₩65의 가치가 부여된다면 추가적으로 한 단위를 더 구입할 것이다. 두 단위를 구입한 후에 세 번째 단위에 ₩50의 가치가 부여된다면 그때는 구입하지 않을 것이다. 왜냐하면 최종단위에서 느끼고 있는 가치(₩50)가 가격(₩60)보다 작기 때문이다. 이처럼 소비자들은 특정한 재화에 부여하는 가치가 시장가격에 근접하도록 재화의 구매를 조정한다. 따라서 무수한 소비자가 경쟁하는 시장에서 결정되는 시장가격은 생산물의 가치를 표시하고 있다고 생각한다.

고도로 단순화된 인위적 상황을 제외하고는 효용이나 선호를 측정하는 직접적인 방법은 없다. 20세기 초에 경제학자들은 상품의 시장가격이 소비자의 한계효용의 평균을 간접적으로 측정한 것이라고 하였다. 그러므로 가격은 측정해야 할 변수라기보다는 주어진 것으로 받아들이고 있다. 경제학 이론에 의한 이러한 설명이 전적으로 만족스러운 것은 아니다. 효용(또는 선호)은 그것의 구성에 영향을 미치는 모든 변수들에 대한 요약된 용어이다. 효용은 소비자가 받는 만족과 관계가 있다. 그러나 선호는 효용의 다른 관점이다. 선호는 만족을 줄 것이라는 재화에 대한 소비자의 바람을 강조하고 있다. 앞서 언급한 바와 같이 효용이나 선호에 영향을 미치는 모든 변수들을 열거하고 상대적 중요성을 규정하는 것은 어렵다. 즉, 모든 개인 각각의 진정한 경제적 가치를 계량화하는 방법은 없다. 그러나 개인이 모여 있는 시장에서의 수요와 공급 곡선은 각각의 수요 및 공급 수량에 대해 상품에 부여하는 가치를 나타낸다. 수요와 공급 곡선의 교차점인 시장가격은 가치에 대한 시장의 합의를 나타낸다.

비록 시장가격이 시장에서 자산의 가치에 대한 훌륭한 근사치임에 틀림없지만 시장은 개인과 기업의 집성체이며 그들 각각은 특정한 자산에 대해 서로 다른 가치를 부여하고 있다. 자산을 판매하는 자에게 자산의 가치는 시장가격이다. 왜냐하면 판매로 인해 그들이 받는 현금효익이 판매가격이기 때문이다. 자산을 구매하는 사람들은 그 자산에 시장가격을 초과하는 가치를 부여한다. 그렇지 않으면 그들은 대체적 투자안에 사용할 현금(또는 다른 자산)을 포기하지 않으려 하기 때문이다. 자산을 보유하고 있는 자들은 그 자산에 대해 순실현가능가치를 초과하는 가치를 부여하고 있다. 그렇지 않으면 그들은 그 자산을 시장에 내놓을 것이다. 개인이나 실체가 특정 자산에 대해 시장가격을 초과하거나 하회하는 가치를 얼마만큼 부여할 것인가는 상황에 따라 달라진다.

효용이나 선호는 직접적으로 측정될 수 없기 때문에 진정한 경제적 가치는 결정될 수 없으며 몇 가지 근사치만 존재한다. 각각의 근사치는 나름대로의 의미를 갖고 있으며 가치측정의 욕구에 대한 배경이나 목적에 따라 달라진다. 그중에서 시장거래가격은 판매자와 구매자 간의 합의를 나타내는 것으로 시장참여자들이 평가한 가치를 나타내는 훌륭한 근사치가 될 수 있다.

3. 진정한 경제적 가치의 근사치

3.1 현재가치

회계담당자가 현재가치 개념을 측정도구로 사용할 수 있게 만든 사람은 경제학자인 Fisher이다. 그러나 실제적으로 회계개념과의 관련성을 설명한 것은 Canning이었다. Canning은 이론상 적어도 자산이나 부채의 가치는 그것과 관련 있는 미래의 순현금흐름의 현재가치라는 것을 보여주었다. 현재가치 개념의 핵심은 화폐가치에 시간적 차원이 있다는 점이다. 그것은 '잡은 새 한 마리는 숲속의 새 두 마리의 가치가 있다'고 말하는 수학적 공식이다. 수학적 공식은 사람들이 미래보다는 현재에 주어진 화폐금액을 선호한다는 행동적 가정을 내포하고 있다. 그러나 두 대안이 주어졌을 때 나중까지 기다리는 별도의 대가를 받는다면 두 대안이 무차별해질 수도 있다. 물론, 별도의 대가란 소위 이자를 일컫는다. 관련된 당사자들은 거래가 이행되기 전에 적절한 이자율에 동의해야 한다. 예컨대, 합의에 의한 적정이자율이 연 10%라는 것은 현재의 ₩1,000은 1년 후 ₩1,100과 같다는 것을 의미한다. 양 시점간 금액은 다르더라도 가치나 선호는 동일하다. 왜냐하면 화폐가치에는 시간적 차원이 있기 때문이다.

Canning은 현재가치화하는 절차를 직접적인 평가방법이라 하였다. 왜냐하면 자산의 가치를 계산하는 데 있어서 자산의 미래 효익이나 용역과 관련있는 미래 순현금수취액은 가치를 직접적으로 나타내는 것이기 때문이다. 현재가치를 알기 위해서는 세 가지 변수가 필요한데, 미래의 현금수취액과 할인율 및 기간이다. 공장의 기계장치와 같은 특정한 유형자산의 현재가치는 미래의 효익이 제공할 용역으로부터 가득될 순현금수취액이나 그 자산에 의해 생산된 재화이다. 복리기준으로 사용되는 할인율에는 기다리는 원가(시간가치)와 위험을 감수하는 원가가 포함된다.

앞서 우리는 기업의 경영자들이 자산과 부채 및 자본의 구성내역을 결정하기 위해 주관적 가치를 부여한다고 하였다. 본질적으로 주관적 가치는 각각의 운영계획으로부터 기대되는 미래의 순현금수취액의 현재가치이다. 경영자들은 각 대안을 평가할 때 현재가치법을 종종 사용한다. 경영자들은 항상 현재가치법의 결과대로 행동하지 않을 수 있지만 합리적 의사결정을 위해서는 반드시 알고 있어야 할 방법이다.

어느 기업이 회사채나 MMF에 투자하여 연간 15%의 평균이익을 낸다고 가정하자. 또한 기업은 ₩100,000을 즉시 투자하여 다음의 세 가지 대안 중 하나를 선택한다고 가정하자. A안은 2년말에 ₩150,000의 현금이 유입될 것으로 기대되며, B안은 4년말에 ₩210,000의 현금이 유입될 것으로 기대된다. C안은 7년간 매년말에 ₩30,000의 현금이 유입될 것으로 기대된다.

15%의 할인율을 사용하여 각 대안의 주관적 가치, 즉 기대되는 순현금수취액의 현재가치를 계산하면 다음과 같다.

A안 : $\text{NPV} = \dfrac{₩150{,}000}{(1.15)^2} = ₩113{,}421$

B안 : $\text{NPV} = \dfrac{₩210{,}000}{(1.15)^4} = ₩120{,}068$

C안 : $\text{NPV} = \dfrac{₩30{,}000}{(1.15)^1} + \cdots + \dfrac{₩30{,}000}{(1.15)^7} = ₩124{,}813$

각 대안을 비교 평가해 보면 C안이 최선의 대안이고, A안보다는 B안을 선호하게 된다. 위의 예는 고도로 단순화되었지만 경영자들이 특정한 행위를 결정하기 전에 고려해야 할 변수의 종류와 관련성을 보여주고 있다. 분석의 핵심은 각 대안에 대한 주관적 가치의 추정에 있다. 현재가치법은 경영자가 주관적 가치를 결정할 때 고려해야 할 중요한 요소들을 내포하고 있다. 따라서 현재가치법은 가치를 확신하기 위한 하나의 방법이다.

위의 예에서 알 수 있듯이 자산의 사용의도와 이에 수반하는 미래의 현금흐름은 할인율 및 기간과 마찬가지로 추정의 문제이다. 현재가치법은 가치를 추정하는 방법이다. 따라서 그 가치가 신뢰할 수 있으려면, 관련 변수 추정을 신뢰할 수 있어야 한다. 현재가치법은 내부목적으로만 이용될 수 있는 것은 아니다. 회사채에 대한 이자와 원금 지급처럼 미래의 현금흐름을 충분히 예측할 수 있고 할인율과 기간을 합리적으로 추정할 수 있을 때 현재가치법은 신뢰할 수 있으며 재무회계의 외부보고 목적으로 사용된다.

그러나 현재가치법은 널리 사용되고 있지 않다. 왜냐하면 대부분의 비화폐성 자산에 대해서 미래의 현금흐름을 신뢰성 있게 추정하기 어렵기 때문이다. 다른 여러 자산과 결합하여 집합적으로 사용되는 자산 중의 하나인 특정 비유동자산에 대해서 순현금수취액의 구체적 흐름을 직접 대응시켜 식별하는 것은 실질적으로 불가능하다. 기업의 순현금수취액은 보유한 모든 자산을 집합적으로 사용하여 발생한다. 따라서 각각의 비유동자산에 특정 금액을 배분하는 것은 지극히 자의적이다. 사무실의 컴퓨터가 일 년 동안 기업의 순현금 창출에 얼마만큼 기여했는가? 배분은 자의적 절차 없이는 이루어질 수 없다. 이러한 어려움 때문에 가치를 결정하기 위해 다른 간접적 방법이 사용될 수밖에 없다.

그러나 실무에서는 자산이나 부채의 평가에 현재가치법을 사용하고 있기도 하다. 예컨대 생물자산의 공정가치를 계산하기 위해 현재가치법을 사용하는 기업들도 더러 있다. 현재가치법은 리스이용자가 장부에 기록할 부채를 결정하는 데 사용된다. 또한, 현재가치법은 기간시설, 예컨대 도로나 공항, 댐 등의 가치를 측정하는 데 사용되기도 한다.

3.2 시장가치

상품의 시장가치는 시장이 그것에 부여한 가치를 나타낸다. 시장은 다수의 구매자와 판매자로 구성된다. 엄격히 말하면 우리는 특정 생산물의 시장가격이 시장가치를 진정하게 또는 정확하게 반영한다고는 말할 수 없다. 왜냐하면 시장이 불완전하기도 하며, 시장참여자간에 정보불균형의 상태가 있을 수 있기 때문이다. 그런데 이러한 단점에도 불구하고 시장가치와 시장가격을 동일시하는 경향이 크다. 시장가격을 한계구매자와 한계판매자가 합의한 가격으로 간주한다면 일정 시점의 시장가격은 시장가치를 나타낸다고 말할 수 있다. 구매자와 판매자가 선택권을 가지고 있는 한, 즉 팔거나 사지 않아도 될 때 둘 사이의 거래는 독립된 당사자 사이의 거래가 되며 거래가격은 선호(가치)를 나타낸 것으로 인정할 수 있다.

자산의 가격에 의해 알 수 있듯이 자산의 시장가치에 영향을 미치는 특정한 조건이 있다. 첫째는 서로 다른 시장이 존재해야 한다. 지리적 위치에서 차이가 있을 뿐만 아니라 교환이 이루어지는 상황도 달라야 한다. 장갑의 가치는 더운 지역보다는 추운 지역의 소비자에게 더 크다. 차가운 음료는 수분을 섭취해 온 사람보다는 사막에서 헤매고 있는 목마른 사람에게 보다 중요하게 취급된다. 또한 도매상과 소매상 또는 소비자 간에 가격이 차별적이며, 신상품 시장이 있듯이 중고품 시장도 있다. 둘째는 시장의 불완전성을 인지하였을 때 가장 유리한 가격과 조건을 찾기 위해 시간과 노력을 투하해야 하며 이러한 노력의 성공에 따라 최종가격은 변할 수 있다. 셋째는 현금이나 외상 판매, 운반비의 부담여부, 제품보증유무 등 서로 다른 판매조건은 소비자에게 재화의 가치에 차이를 발생시킬 수 있다.

회계에서 실체가 구매하는 시장은 유입(투입)과 관련이 있으며 실체가 판매하는 시장은 유출(산출)과 관련이 있다. 유입가격과 유출가격은 이를 구분하기 위해 사용하는 용어이다. 전자(유입)는 대체원가 또는 현행원가이며, 후자(유출)는 판매가격이다. Edwards와 Bell은 만약 시장이 중개업자와 구매자 또는 판매자에 의하여 통제된다면, 독점가격이 형성되어 구입가격과 판매가격 차이는 더 커질 것이라고 하였다. 운반원가와 설치원가 또한 유입가격과 유출가격의 차이를 초래하는 원인이 된다.

가치는 선호를 나타낸다. 그러므로 그러한 선호를 나타내는 사람이나 실체가 있어야 한다. 우리는 다른 선택의 여지가 없기 때문에 시장이 참여자들의 가치 표현을 계량화한 시장가격을 수용해야 한다. 특정한 개인이나 기업이 하나의 항목에 부여한 가치는 개인적인 것이며 다른 사람들이 그것에 동의하지 않으면 실체(개인이나 기업)의 견해를 인정하지 않으려 할 것이다. 객관적인 가치는 개인적인 보고실체의 관점을 넘어서는 것이어야 한다. 시장가격은 기업 외부에 있는 다른 사람들의 요약된 진술이라는 점에서 객관적이다. 회계에서 시장가격이 중요한 이유가 바로 이 점 때문이다.

가치는 선호에 속하기 때문에 관점, 즉 선호를 나타내는 사람이나 실체가 있어야 한다. 시장가격의 존재를 인정한다면 기업의 소유주는 자산의 가치를 어떻게 생각하고 있을까? 소유주에 대한 가치개념은 법적 해석에 근거하여 Bonbright에 의해 공식화되었으며 후에 Solomons 등에 의해 발전되었다.[5] 소유주 또는 기업에 대한 가치는 박탈가치(deprival value)로 불린다. 이것은 당해 자산이 박탈된다면 소유주가 겪게 되는 손실이다. 그것은 계속기업에 대한 가치를 의미한다.

하나의 자산이 개별적으로 대체될 수 있는 한 자산가치의 상한선은 대체원가가 될 것이다. 자산을 박탈당함으로써 겪는 손실은 그것을 대체하는 원가를 초과할 이유가 없다. 이러한 개념은 현행원가에 대한 다음의 두 가지 중요한 문제에 대한 답을 분명히 하고 있다.

(1) 중고자산의 현행원가는 그것을 신자산으로 대체하는 원가인가, 아니면 유사하게 사용한 자산으로 대체하는 원가인가?
(2) 기술혁신을 감안할 때 구자산의 현행원가는 그것을 동일한 것으로 대체하는 원가인가, 아니면 보다 진보한 모형으로 대체하는 원가인가?

소유주에 대한 가치개념은 자산에 의해 제공받는 용역을 대체하는 데 소요되는 최소원가는 박탈로 인한 손실의 측정치라는 것을 암시한다. 그러므로 첫 번째 문제와 관련하여 내용연수가 4년 남은 자산의 현행원가는 내용연수가 10년인 신자산의 원가가 아니다. 신자산의 원가는 6년간 감가상각된 금액으로 조정되어야 한다. 두 번째 문제와 관련하여 현재 보유하고 있는 자산보

5) J. C. Bonbright, *The Valuation of Property*, New York: McGraw-Hill, 1937.

다 낮은 원가로 4년간 용역을 제공할 수 있는 신자산이 있다면, 현존하는 자산의 현행원가는 신자산의 원가보다 분명히 적을 것이다. 만약, 신자산이 용역의 질을 높이는 기술적 개량이 이루어졌다면 구자산의 현행원가를 신자산의 원가로 결정하기 전에 이러한 차이를 조정해야 한다. 이러한 대응은 현행원가의 정의와 일치한다.

소유주에 대한 자산가치의 하한선은 순실현가능가치이다. 소유주가 해당 자산이 박탈당할 때 입게 되는 손실은 판매금액에서 판매부대원가를 차감한 금액과 최소한 동일해야 한다. 그렇지 않으면 그 자산은 이미 처분되었을 것이다.

이상의 설명으로부터 Solomons는 다음과 같은 결론을 내린 바 있다.[6]

> "소유주나 기업에 대한 자산가치는 다음을 제외하고는 해당 자산의 현행원가로 한다. 첫 번째로, 사용할 목적으로 보유하고 있는 자산의 현행원가가 그로부터 기대되는 순현금수취액의 현재가치보다 크다면, 이때는 현재가치가 적절한 가치이다. 두 번째로, 판매할 목적으로 보유하고 있는 자산의 현행원가가 순실현가능가치보다 크다면, 이때는 순실현가능가치가 적절한 가치이다."

이상의 설명은 현행원가가 보수주의가 우선되는 기업에 대한 자산가치 평가원칙을 제공하지만 기업에 대해 청구권을 갖고 있는 채권자에게는 별로 도움이 되지 않는다는 것이다. 뿐만 아니라 기업의 적응력을 알기 원하는 자들에게도 도움이 되지 못하고 있다.[7] 두 가지 경우 모두 순실현가능가치가 보다 유용하다.

대부분의 경우 소유주의 관점에 적절한 자산의 가치는 현행원가이며 이는 모든 비화폐성 자산에 사용되어야 한다고 주장한다. 만약 이후에 사용목적인 자산의 현재가치나 판매목적인 자산의 순실현가능가치가 현행원가보다 작아진다면 그때 자산은 감액되어야 한다. 그러나 몇몇 자산에 대해서는 그 가치를 결정하는 데 많은 어려움이 따른다.

6) D. Solomons, *Modern Accounting Theory*, New York: Prentice Hall, 1966.

7) 적응력은 자산의 산출물에 대한 미래 현금수취의 현재가치가 처분가치보다 큰 자산을 기업이 보유하고 그렇지 않은 자산을 처분하고 있는가에 대한 기업의 능력을 의미한다.

4. 주요 항목의 측정문제

4.1 최초인식시의 측정

회계에 있어서 측정은 크게 두 시점으로 구분할 수 있는데, 하나는 취득시점에서의 측정이고, 다른 하나는 취득 후의 시점으로 주로 보고기간 종료일의 측정이다. 취득시점에서의 측정을 최초측정이라 하고 취득 후 보고기간 종료일의 측정을 후속측정이라 한다. 후속측정의 예로는 기말에 감가상각비 또는 손상차손을 인식하거나 공정가치로 평가하는 것을 들 수 있다.

비금융자산의 최초인식시 측정의 속성으로 주로 사용하는 것은 취득원가(일명, 역사적 원가)이다. 이는 구입가액에 부대원가를 가산한 금액이다. 부대원가를 포함시키는 이유는 부대원가가 자산의 취득과 관련된 관련원가라는 점과 부대원가가 자산의 효용을 증가시켜 준다고 믿기 때문이다. 예컨대 취득과정에서 발생되는 운임은 일반적으로 자산의 장소효용이나 시간효용을 증대시켜 준다.

한편, 금융자산은 금융상품의 계약당사자가 되는 때에만 재무상태표에 인식한다. 금융자산은 최초인식시 공정가치로 측정하되, 당기손익-공정가치측정(fair value through profit or loss : FVPL)금융자산[8]은 거래원가를 포함하지 않은 최초인식시점의 공정가치로 측정하며, 상각후원가측정(amortized cost : AC)금융자산, 기타포괄손익-공정가치측정(fair value through other comprehensive income : FVOCI)금융자산은 공정가치에 취득과 관련된 거래원가를 가산하여 측정한다. 여기서 거래원가란 금융상품의 취득, 발행 또는 처분과 직접 관련된 증분원가를 의미하는데, 증분원가는 금융상품의 취득, 발행 또는 처분이 없었다면 발생하지 않았을 원가를 말한다. 거래원가에는 대리인(판매대리인 역할을 하는 종업원을 포함), 고문, 중개인 및 판매자에게 지급하는 수수료와 중개수수료, 감독기관과 증권거래소의 부과금 및 양도세 등이 포함된다. 그러나 채무할증액이나 채무할인액, 금융원가나 내부 관리・보유원가는 거래원가에 포함되지

8) 당기손익-공정가치측정금융자산은 일반적 FVPL금융자산과 당기손익으로 인식하도록 지정된 금융자산으로 구성되며, 이에 대한 평가손익은 당기손익에 반영한다.

않는다.

당기손익-공정가치측정금융자산을 취득할 때에는 거래원가를 포함시키지 않고 공정가치로 기록해야 하므로 취득시 손실이나 이익이 발생될 수 있다. 하지만 취득 후 공정가치의 변동을 당기손익으로 인식하기 때문에 취득관련 거래원가를 최초인식금액에 반영한 경우와 비교할 때 당기손익에 미치는 영향에는 차이가 없다. 최초인식시 금융자산의 공정가치는 일반적으로 거래가격으로, 제공하거나 수취한 대가의 공정가치이다. 그러나 제공한 대가 중 일부가 금융자산이 아닌 다른 것에 대한 대가라면 해당 금융자산의 공정가치를 추정하고 나머지 금액을 적절한 과목으로 처리해야 한다. 예를 들면, 이자를 지급하지 않는 장기대여금이나 장기수취채권의 공정가치는 유사한 신용등급을 가진 유사한 금융상품(통화, 기간, 이자율 유형 및 그 밖의 요소에 관하여 유사함)의 시장이자율로 할인한 미래 현금수취액의 현재가치로 추정하고 그 금액과 실제 현금흐름의 차이는 이자비용으로 처리한다.

또한, 금융부채도 최초인식시점에서는 공정가치로 평가한다. 다만, 당기손익-공정가치측정금융부채 이외의 금융부채의 발행과 직접 관련되는 거래원가는 최초인식하는 공정가치에서 차감하여 측정한다. 그러나 당기손익-공정가치측정금융부채의 발행과 직접 관련되는 거래원가는 당기비용으로 처리한다.

이하에서는 주요 항목의 후속측정에 대해 알아보기로 한다.

4.2 재고자산

재고자산을 취득한 후에는 개별적으로 또는 일정한 원가흐름가정을 선택하여 단가를 산정한다. 이렇게 해야만 포괄손익계산서에 매출원가로 보고할 금액과 재무상태표에 표시될 재고자산의 금액이 결정된다. 기업들이 사용하는 원가흐름가정으로는 평균법과 선입선출법 등이 있다. 그런데 IASB에서는 후입선출법이 ① 실제 원가흐름을 신뢰성 있게 반영 못하고, ② 흔히 절세의 목적으로 사용하고 있으며, ③ 재무상태표에 표시되는 재고자산이 오래전에 취득한 단가를 반영함으로써 영업성과를 왜곡표시할 가능성이 크다는 이유로 후입선출법의 적용을 배제하고 있다.

그러면 재고자산의 후속측정은 무엇일까? 어떤 자산에 대해서는 취득원가 그대로 재무상태표에 보고하기도 하고, 또 다른 자산에 대해서는 보고기간 종료일의 공정가치로 측정하기도 한다. 자산을 공정가치로 평가하는 주된 이유는 정보이용자에게 목적적합한 정보를 제공하여 정보의 유용성을 높이는 데 있다. 그렇다면 재고자산도 공정가치로 평가하면 보다 유용한 정보를 제공할 수 있을 것으로 생각할 수도 있다. 그러나 전통적으로 재고자산은 공정가치로 평가하지 않아 왔다. 왜냐하면 공정가치(재고자산의 경우 판매가격)의 상승으로 인한 것은 미실현이익으로 재고자산의 경우 판매가 이루어져야만 현금으로 전환되기 때문이다. 즉, 재고자산은 정상적인 영업순환과정에서 판매를 위해 보유하고 있는 자산이기 때문에 특별한 경우를 제외하고 판매되기 전에는 수익을 인식하지 않았다. 이것이 바로 전통적으로 강조해온 실현주의이다.

그러나 판매를 위해 보유하고 있는 재고자산의 경우 물리적으로 손상되거나 진부화 또는 판매가격이 하락하여 원가도 회수하기 곤란한 경우에는 어떻게 할 것인가? 재고자산은 기업수익창출의 대부분을 차지하고 있다. 그러므로 위의 원인으로 효용이 감소된 재고자산을 그대로 보고할 경우에는 기업의 재무상태나 재무성과 또는 미래의 현금흐름을 적정히 평가하는 데 문제가 될 수 있다. 이런 이유로 재고자산의 경우에는 공정가치법 또는 원가법을 지양하고 시가가 원가보다 하락한 경우에만 시가로 표시하는 방법을 사용해 왔다. 이것이 바로 저가법이다.

재고자산의 저가법(lower of cost or market : LCM)이란 원가와 시가 중에서 낮은 금액으로 평가하는 방법이다. 이렇게 저가로 평가하는 이유는 예상되는 손실은 즉시 인식하자는 것과 재고자산의 과대계상을 방지하는 데 있다. 재고자산을 저가로 평가하는 데에는 보수주의가 커다란 역할을 하였다. 즉, 예상되는 이익은 인식하지 않아도 예상되는 손실은 인식한다는 것이다.

그러면 재고자산의 원가와 비교할 시가로 어떠한 측정속성을 채택할 것인가? IASB에서는 순실현가능가치를 시가로 간주하는 것을 원칙으로 하고 있다.[9] 여기서 순실현가능가치(net realizable value : NRV)는 정상적인 영업과정

9) IAS 2(재고자산)의 문단 32에서는 원재료의 경우에는 현행대체원가가 순실현가능가치에 대한 최선의 이용가능한 측정치가 될 수 있음을 제시하고 있다. 여기서 현행대체원가란 동일한 재고자산을 현재시점에서 매입하는 데 소요되는 금액을 말한다.

의 예상판매가격에서 예상되는 추가 완성원가와 판매비용을 차감한 금액으로 정의하고 있다.

재고자산에 대한 저가법은 개별 항목(종목)별, 그룹별(조별) 또는 총액을 기준으로 적용할 수 있다. 이 중에서 가장 낮게 평가되는 방법은 개별 항목별 기준이며 국제회계기준에서도 개별 항목별 적용을 원칙으로 하고 있다. 그러나 어떤 경우이든 총액기준을 적용해서는 안 된다.

재고자산은 매 후속기간에 순실현가능가치를 재평가한다. 재고자산의 감액을 초래했던 상황이 해소되거나 경제상황의 변동으로 순실현가능가치가 상승한 명백한 증거가 있는 경우에는 최초의 장부금액을 초과하지 않는 범위 내에서 평가손실을 환입한다. 그 결과 새로운 장부금액은 취득원가와 수정된 순실현가능가치 중 작은 금액이 된다. 판매가격의 하락 때문에 순실현가능가치로 감액한 재고자산을 후속기간에 계속 보유하던 중 판매가격이 상승한 경우가 이에 해당한다. 그리고 순실현가능가치의 상승으로 인한 재고자산평가손실의 환입(재고자산평가충당금의 감액)은 환입이 발생한 기간의 비용으로 인식된 재고자산 금액(예, 매출원가)의 차감액으로 인식한다고 규정하고 있다. 지금까지 살펴본 국제회계기준에 의한 재고자산의 저가평가절차를 요약하면 자료 7-2 와 같다.

그러나 재고자산의 저가평가는 다음과 같은 문제점을 갖고 있다.

(1) 정보의 신뢰성 문제이다. 재고자산을 저가로 평가하기 위해서는 순실현가능가치를 구할 수 있어야 한다. 실무에서 이 금액을 신뢰성 있게 구할 수 있는지가 의문이다.

자료 7-2 재고자산의 저가평가

- 취득원가와 순실현가능가치 중 낮은 금액으로 측정(예외, 원재료의 경우 현행대체원가가 순실현가능가치를 대신할 수 있음)
- 항목별 적용을 원칙으로 함(유사항목은 통합하여 적용할 수 있음)
- 평가충당금은 재고자산에서 차감표시
- 평가손실의 환입은 환입이 발생한 기간의 비용으로 인식된 재고자산 금액(예, 매출원가)의 차감액으로 인식

(2) 재고자산의 가격이 일시적으로 하락한 경우에는 기간손익을 왜곡표시할 가능성이 있다. 즉, 특정한 기간의 재고자산 가격 하락이 일시적일 경우에는 그 기간의 순이익은 과소표시되고 해당 재고자산이 판매되는 회계연도의 순이익이 과대표시된다.

(3) 논리의 일관성 문제이다. 즉, 보수주의가 가지고 있는 문제점으로 가격의 하락은 인식하면서 가격의 상승을 인식하지 않는 이유에 대한 설명이 궁색하다.

4.3 유형자산과 투자부동산

국제회계기준에 의한 유형자산의 취득 후 후속측정은 취득원가 또는 공정가치이다.[10] 즉, 원가(취득원가, 역사적 원가)모형이나 재평가모형 중 한 가지를 선택할 수 있으며, 일단 선택한 방법은 매 기간 계속적으로 적용해야 한다. 미국의 회계원칙은 공정가치에 의한 평가를 지양하고 취득원가를 고수해 왔다. 이는 아마도 1930년대 대공황을 겪은 이유 중의 하나를 자산의 과대평가로 보았기 때문인 것으로 풀이된다. 취득원가를 채택하는 주된 이유는 정보의 신뢰성에 기인한다. 그리고 유형자산의 공정가치가 상승하더라도 그것은 미실현이익이며, 영업활동에 사용할 목적으로 보유하고 있는 자산이므로 가치의 증가를 인식할 필요가 없다는 것이다.

한편, 유형자산의 재평가모형은 정보의 목적적합성을 중요시하는 방법이다. 재평가에 의한 공정가치는 정보이용자의 의사결정에 목적적합하여 유용성을 증대시킬 수 있다는 것이다. 그러나 유형자산의 공정가치를 신뢰성 있게 구할 수 있느냐와 재평가차액이 중요하지 않은 경우 원가·효익 관계에서 정보창출의 원가가 더 크다는 점이 문제점으로 제기된다.

사실 법인세를 무시한다면 어떠한 모형을 적용하든 기업의 가치에는 영향을 미치지 않는다. 다만, 기간별로 당기순이익에 미치는 영향에 차이가 있을 뿐이다. 비감가성 유형자산(토지)의 공정가치가 상승하는 경우 원가모형은

---

10) 우리나라가 국제회계기준을 도입하기 훨씬 전에 자산재평가법이라는 법률에 의해 사업용 자산을 재평가할 수 있게 한 적이 있었다. 이러한 제도는 미국을 제외한 영국이나 호주 등에서도 인정되어 왔다.

가격상승으로 인한 이득을 당해 자산의 처분시점에 인식하여 처분한 기간의 당기순이익과 순자산을 증가시킨다. 그러나 재평가모형의 경우에는 재평가가 이루어진 기간의 순자산만 증가시킬 뿐 당기순이익에는 영향을 미치지 않는다.[11] 결국 처분시점에 당기순이익을 통해서 순자산(자본)이 증가되느냐 아니면 가치변화시점에 재무상태표에서 직접 순자산의 증가를 초래하느냐의 차이이다. 오히려 공정가치가 상승하는 경우 감가성 자산(건물 등)에 대해 재평가모형을 적용하면 높은 감가상각비로 인해 당기순이익이 감소되는 결과를 초래할 수도 있다.[12]

앞서 언급한 바 있듯이 어떠한 방법을 선택하느냐는 것은 기업의 자의적 판단에 달려 있다. 어느 방법을 선택하느냐에 따라 이해관계자의 부에 영향을 미치는 것은 당연하다. 기업의 재평가 실시가 자본시장에서 호재로 인식될 수도 있을 것이며, 이로 인한 이득은 경영자나 투자자에게 돌아갈 수도 있다. 그러나 기업의 현금흐름에 영향을 미치지 않고 부채비율만 감소시키는 재평가는 추가적인 차입을 가능하게 하여 채권자에게 보다 큰 위험을 초래하게 할 수도 있다. 결론적으로 어떠한 모형을 선택하느냐는 것은 기업에 있어서 매우 중요한 의사결정이다.

국제회계기준은 투자부동산에 대해서도 원가모형이나 공정가치모형을 선택하여 적용할 수 있게 하였다. 각 방법의 주장근거는 유형자산에서 설명한 바와 차이가 없다. 다만, 회계처리방법상 차이가 있다면 감가상각의 실시 여부이다. 원가모형에서는 감가성 투자부동산에 대해 감가상각을 하도록 하였다. 그러나 공정가치모형을 적용할 경우에는 감가상각을 하지 않고 공정가치의 상승이나 하락을 당기손익에 반영하도록 하였다. 이는 투자부동산의 취득목적이 사용이 아니라 가치상승에 있다는 점을 반영한 것으로 볼 수 있다. 이러한 규정도 이론적 면이나 일관성 면에서 비난을 면치 못한다. 왜냐하면 감가상각의 목적은 원가배분에 있는 것이지 공정가치의 평가에 있지 않기 때문이다. 그런데 국제회계기준은 이를 혼동하고 있는 것으로 보이며, 일관성을 위해서는 원가모형을 적용하는 투자부동산에 대해서도 감가상각을 하지

11) 가치의 변화는 기타포괄손익으로 인식되어 당기순이익에 영향을 미치지 않는다.

12) 현재의 IFRS에서는 자산재평가에 따른 자산재평가차익(기타포괄손익항목)은 후속적으로 당기순이익에 영향을 미치는 재순환조정(recycling adjustment)항목이 아니다. 따라서 재평가에 의하여 감가상각비가 증가하면 당기순이익은 감소한다.

말아야 할 것이다.

4.4 무형자산과 영업권

무형자산에 대한 국제회계기준의 규정은 유형자산과 다를 바 없다. 즉, 보고실체는 원가모형이나 재평가모형 중에 한 가지 방법을 적용하여 매기 계속적으로 적용하면 된다. 그러나 유형자산과는 달리 무형자산에 대해서는 활성시장이 많지 않을 뿐만 아니라 공인된 기관에 의한 재평가액을 쉽게 구할 수도 없기 때문에 재평가모형을 적용하기가 쉽지 않을 것으로 판단된다.

영업권은 다른 무형자산과는 성격이 완전히 다르다. 영업권을 제외한 대부분의 무형자산은 식별이 가능하여 기업으로부터 분리가 가능한데 영업권은 그렇지 않다. 영업권은 식별이 불가능할 뿐만 아니라 영업권만 별도로 분리할 수도 없기 때문에 측정과 보고에 있어서 많은 논란이 있어 왔다.

영업권에 관한 회계처리규정은 IFRS 3(사업결합)에 있다. IASB에서는 사업결합시 취득법에 의한 회계처리를 요구하고 있다. 취득법의 핵심은 취득자산과 인수 부채를 취득일의 공정가치로 인식하는 데 있다. 즉, 사업결합은 동일지배하에 있는 기업실체나 사업을 수반하는 결합을 제외하고 취득법을 적용하여 회계처리해야 한다. 사업결합의 결합참여기업 중 한 기업은 항상 취득자로 식별될 수 있으며, 취득자는 피취득자에 대한 지배력을 획득하는 결합참여기업을 말한다. IFRS 3에서는 식별가능한 각 자산과 부채는 취득일의 공정가치로 측정하도록 하고 있다. 피취득자에 대한 비지배지분은 공정가치나 피취득자의 식별가능한 순자산의 비지배지분의 비례지분으로 측정한다.

IFRS 3에서는 식별가능한 자산, 부채, 비지배지분을 인식한 취득자에게 다음의 (가)와 (나)의 차이를 인식하도록 요구하고 있다.

(가) 이전대가와 피취득자에 대한 비지배지분 및 단계적으로 이루어지는 사업결합의 경우 취득자가 보유하고 있던 피취득자에 대한 지분 취득일의 공정가치의 합계
(나) 취득한 식별가능한 순자산

(가)가 (나)보다 큰 경우 그 차이는 영업권으로 측정하여 표시해야 한다. 만약, (나)가 (가)보다 큰 경우에는 그 차액을 염가매수차익으로 인식하여 당기손익에 반영한다. 즉, 영업권은 기업을 전체로서 평가한 취득대가에서 식별가능한 순자산의 공정가치를 차감한 금액으로 측정한다. 여기서 주의할 것은 비지배지분에 대한 영업권의 인식과 측정문제이다. IFRS 3에서는 주식의 공정가치 범위 내에서 비지배지분에 대한 영업권을 인식할 수 있도록 하였다.

한편, 사업결합으로 취득한 영업권은 내용연수가 비한정적인 것으로 간주하여 상각하지 않는다. 그러나 매년 또는 손상을 시사하는 징후가 있을 때에는 손상검사를 수행하여 손상이 발생한 경우 손상차손을 인식한다. 그리고 일단 인식된 손상차손은 추후에 환입하지 않는다.

4.5 금융자산

일반적인 의미의 금융상품은 예금, 채권 등의 금융기관 취급상품을 말하지만, 국제회계기준에서의 금융상품은 거래당사자 일방에게 금융자산을 발생시키고 동시에 다른 거래상대방에게 금융부채나 지분상품을 발생시키는 모든 계약을 뜻한다. 여기에서의 금융자산에는 현금 이외 다른 기업의 지분상품 등을 다루기로 한다.

금융자산은 최초인식시점에서 공정가치로 측정한다. 그리고 이후 사업모형과 계약상 현금흐름의 특성에 근거하여 상각후원가측정(AC)금융자산, 기타포괄손익-공정가치측정(FVOCI)금융자산, 당기손익-공정가치측정(FVPL)금융자산으로 구분한다. 그러면 이들 항목의 후속측정에 대해 알아보도록 하자.

대여금 및 수취채권의 후속측정은 상각후원가이다. 즉, 만기금액을 취득시점의 유효이자율로 할인한 현재가치로 평가하여 재무상태표에 표시한다. 그러나 중요성의 관점에서 일반적 상거래에서 발생하는 매출채권이나 유동자산은 현재가치 표시를 생략할 수 있다.

그리고 대여금 및 수취채권에 대해서는 보고기간말에 손상차손이나 대손을 인식한다. 이 점에 대해서는 상각후원가를 장부금액으로 하는 또 다른 금융자산인 상각후원가측정금융자산과 동일하다. 대여금 및 수취채권이나 상각후원가측정금융자산에서 손상이 발생하였다는 객관적 증거가 있는 경우,

손상차손은 당해 자산의 장부금액과 최초의 유효이자율(최초인식시점에 계산된 유효이자율)로 할인한 추정미래현금흐름의 현재가치의 차이로 측정한다. 이 경우 아직 발생하지 아니한 미래의 대손은 미래예상현금흐름에 포함하지 아니한다. 손상차손은 당해 자산의 장부금액에서 직접 차감하거나 충당금계정을 사용하여 차감하고 당기손익으로 인식한다.

개별적으로 유의적인 금융자산의 경우 우선적으로 손상발생의 객관적인 증거가 있는지를 개별적으로 검토하며, 개별적으로 유의적이지 않은 금융자산의 경우에는 개별적으로 또는 집합적으로 검토한다. 개별적으로 검토한 금융자산에 손상발생의 객관적인 증거가 없다면, 그 금융자산의 유의성에 관계없이 유사한 신용위험의 특성을 가진 금융자산의 집합에 포함하여 집합적으로 손상여부를 검토한다. 개별적으로 손상검토를 하여 손상차손을 인식하거나 기존 손상차손을 계속 인식하는 경우, 해당 자산은 집합적인 손상검토에 포함하지 아니한다.

후속기간 중 손상차손의 금액이 감소하고 그 감소가 손상을 인식한 후에 발생한 사건과 객관적으로 관련된 경우(예, 채무자의 신용등급 향상)에는 이미 인식한 손상차손을 직접 환입하거나 충당금을 조정하여 환입한다. 회복 후 장부금액은 당초 손상을 인식하지 않았다면 회복일 현재 인식하였을 상각후원가를 초과하지 않도록 한다. 환입한 금액은 당기손익으로 인식한다.

상각후원가측정금융자산의 회계처리는 대여금 및 수취채권의 경우와 동일하다. 즉, 취득 후 후속측정은 상각후원가이며 손상차손을 인식한다. 상각후원가측정금융자산은 사업모형을 변경하는 경우 기타포괄손익-공정가치측정금융자산이나 당기손익-공정가치측정금융자산으로 재분류가 가능하며, 그 반대의 경우에도 가능하다.

공정가치 변동을 당기손익으로 인식하는 당기손익-공정가치측정금융자산은 평가손실을 당기손익으로 인식하기 때문에 별도로 손상차손을 인식하지 않는다. 또한 지분상품은 계약상 현금흐름(즉, 이자 및 원금)이 발생하지 않기 때문에 손상규정을 적용하지 않는다. 따라서 상각후원가측정금융자산, 기타포괄손익-공정가치측정금융자산으로 분류되는 계약상 현금흐름이 발생하는 채무상품, 대여금, 수취채권 등이 손상차손을 인식하는 금융자산에 해당된다.

당기손익-공정가치측정금융자산과 기타포괄손익-공정가치측정금융자산의 취득 후 후속측정은 공정가치에 의한다.[13] 둘 사이의 차이는 공정가치평가손익을 당기손익에 반영하느냐 아니면 자본계정에 반영하느냐이다. 당기손익-공정가치측정금융자산의 경우 평가손익을 당기손익에 즉시 반영하도록 하여 투자성과를 직접 파악할 수 있도록 하였다.

금융자산의 공정가치는 투자자, 채권자 및 기타의 정보이용자들이 기업의 투자성과를 평가하는 데 가장 유용한 정보이다. 투자자들은 기업으로의 유입이 예상되는 순현금액의 크기, 시기, 그리고 불확실성에 대하여 관심이 있는데, 공정가치에 의한 평가정보는 기업의 현금흐름의 원천을 가장 잘 표시해 준다. 공정가치는 현재의 이자율과 미래의 위험에 대한 시장측정치를 반영한 미래현금흐름의 현재가치를 나타낸다. 특별한 경우를 제외하고는 금융자산의 공정가치는 합리적으로 추정할 수 있다. 따라서 금융자산에 관한 공정가치는 정보이용자들이 합리적인 투자와 신용 판단 등의 의사결정을 하는 데 목적적합하고 유용하다. 왜냐하면 공정가치 정보는 금융자산을 일정 시점에 매수하여 미확정기간 동안 보유하려는 경영자의 의사결정에 대한 성과를 가장 잘 반영하기 때문이다.

보유하고 있는 당기손익-공정가치측정금융자산의 공정가치 변동액이 미실현손익임에도 불구하고 이를 당기손익에 포함시키는 것은 공정가치의 변

자료 7-3 금융자산의 후속측정

분 류	공정가치 변동의 인식	기타포괄손익의 후속적 당기손익 재분류 여부	이자수익의 인식
AC금융자산	해당 없음	해당 없음	유효이자율법 적용
FVOCI금융자산	기타포괄손익	재분류	유효이자율법 적용
FVOCI선택금융자산 (지분상품이 해당됨)	기타포괄손익	재분류 불가	지분상품이므로 해당 없음
FVPL금융자산	당기손익	해당 없음	• 지분상품의 경우 해당 없음 • 채무상품의 경우 명시적 규정 없음

13) 공정가치를 신뢰성 있게 정할 수 없는 금융자산의 후속측정은 원가에 의한다.

동이 발생한 회계기간에 그 효과를 보고함으로써 현재의 주주들에게 주주지분(자본)의 변동과 그 성과에 대하여 적절히 보고할 수 있기 때문이며, 보다 더 목적적합한 재무정보를 제공하기 위한 것이다.

금융자산의 분류에 따른 공정가치 평가에 관한 후속측정을 요약하면 자료 7-3 과 같다.

4.6 금융부채

금융부채는 최초인식시점에서는 공정가치로 측정하지만 후속적으로 상각후원가로 측정하는 금융부채와 상각후원가로 측정하지 않고 별도의 후속측정기준을 적용하는 금융부채로 분류하며, 당기손익-공정가치측정금융부채로 지정하는 경우도 있다. 사채를 포함한 대부분의 금융부채는 후속적으로 상각후원가로 측정한다. 그리고 금융부채는 재분류하지 않는다.

5. 재무상태요소의 분류

분류란 표시와 공시를 위해 자산, 부채, 자본, 수익이나 비용을 공유되는 특성에 따라 구분하는 것을 말한다. 이러한 특성에는 항목의 성격, 기업이 수행하는 사업활동 내에서의 역할(또는 기능), 이들 항목을 측정하는 방법이 포함되나 이에 국한되지는 않는다. 상이한 자산, 부채, 자본, 수익이나 비용을 함께 분류하면 목적적합한 정보를 가려서 불분명하게 하고, 이해가능성과 비교가능성이 낮아질 수 있으며, 표현하고자 하는 내용을 충실하게 표현하지 못할 수 있다.

특정한 기준에 의해 자산과 부채를 분류하는 것은 정보이용자들이 이해하기 쉽고, 분석하기 편리하도록 회계정보를 적절히 요약하여 제공하려는 데 그 목적이 있다. 회계정보의 유용성을 높이기 위해서는 재무제표상의 각 항목을 분류함에 있어서 기업의 재무상태나 재무성과를 이해하기 쉽고 기간별 또는 기업별로 비교가 용이하도록 해야 할 것이다. 자산과 부채는 이를 구분하는 목적에 따라 여러 가지로 분류할 수 있다.

자산과 부채의 분류와 공시에 있어서 주의해야 할 것이 상계이다. 상계는 기업이 자산과 부채를 별도의 회계단위로 인식하고 측정하지만 재무상태표에서 단일의 순액으로 합산하는 경우에 발생한다. 예를 들어 A은행에 당좌예금이 ₩1,000,000 있고 B은행에 당좌차월이 ₩300,000 있는 경우 재무상태표에 당좌예금 ₩700,000을 보고하거나, C기업에 외상매출금 ₩500,000과 단기차입금 ₩300,000이 있는 경우 재무상태표에 외상매출금 ₩200,000을 보고하는 경우이다. 상계는 서로 다른 항목을 함께 분류하는 것이므로 일반적으로는 적절하지 않다.[14)]

재무상태표 작성을 위해 전통적으로 구분해 온 방법이 유동/비유동법이다. 이는 기업의 유동성에 관한 정보를 중요시하는 방법이다. 그리고 재무상태에 보고되는 금액의 성격에 따라 화폐성과 비화폐성으로 구분하기도 하는데, 이는 물가변동회계나 외화환산시 매우 중요한 분류기준이 된다. 이하에서는 이에 대한 정리와 함께 자본 및 수익과 비용의 분류에 대해 설명한다.

5.1 유동과 비유동

재무제표와 관련하여 유동성(liquidity)이란 특정한 자산이 현금으로 전환되거나 부채가 상환될 때까지 소요되는 기간을 의미한다. 그러므로 기업의 유동성은 단기적으로 도래하는 채무를 상환할 수 있는 능력을 나타내는 지표로 활용된다. 따라서 유동과 비유동의 구분기준을 명확히 하지 않을 경우에는 유동성을 왜곡하여 정보이용자의 의사결정을 달리하게 할 수 있다.

IASB의 유동과 비유동의 구분기준은 자료 7-4 와 같다. 영업주기(operating cycle)는 영업활동을 위한 자산의 취득시점부터 그 자산이 현금이나 현금성자산으로 실현되는 시점까지 소요되는 기간이다. 정상영업주기를 명확히 식별할 수 없는 경우에는 그 기간이 12개월인 것으로 가정한다. 보고기간 후 12개월 이내에 실현될 것으로 예상되지 않는 경우에도 재고자산 및 매출채권과

14) K-IFRS에서는 특별한 경우를 제외하고 원칙적으로 상계표시를 금하고 있다. 따라서 위에서 예로 제시한 당좌예금이나 외상매출금을 순액으로 표시하는 것은 원칙적으로 K-IFRS에 위배된다.

자료 7-4 유동과 비유동의 구분

• 유동자산의 분류기준

(1) 기업의 정상영업주기 내에 실현될 것으로 예상하거나, 정상영업주기 내에 판매하거나 소비할 의도가 있다.
(2) 주로 단기매매목적으로 보유하고 있다.
(3) 보고기간 후 12개월 이내에 실현될 것으로 예상한다.
(4) 현금이나 현금성자산으로서, 교환이나 부채상환 목적으로의 사용에 대한 제한기간이 보고기간 후 12개월 이상이 아니다.

• 유동부채의 분류기준

(1) 정상영업주기 내에 결제될 것으로 예상하고 있다.
(2) 주로 단기매매목적으로 보유하고 있다.
(3) 보고기간 후 12개월 이내에 결제하기로 되어 있다.
(4) 보고기간 후 12개월 이상 부채의 결제를 연기할 수 있는 무조건의 권리를 가지고 있지 않다.

• 유동자산과 유동부채로 분류되지 않는 모든 항목은 비유동자산이나 비유동부채로 분류한다.

같이 정상영업주기의 일부로서 판매, 소비 또는 실현되는 자산은 유동자산에 포함된다. 또한, 유동자산은 단기매매목적으로 보유하고 있는 자산인 단기매매자산과 비유동금융자산의 유동성 대체 부분을 포함한다.

매입채무나 영업활동으로 인한 종업원 또는 공급자 등에 대한 미지급비용과 같은 유동부채는 기업의 정상영업주기 내에 사용되는 운전자본의 일부이다. 이러한 항목은 보고기간 후 12개월 후에 결제일이 도래한다 하더라도 유동부채로 분류한다. 동일한 정상영업주기가 기업의 자산과 부채의 분류에 적용된다.

정상영업주기 이내에 결제되지는 않지만 보고기간 후 12개월 이내에 결제일이 도래하거나 단기매매목적으로 보유하는 항목도 유동부채로 분류한다. 이에 대한 예로는 IAS 39에 따라 단기매매목적으로 분류된 금융부채, 당좌차월, 비유동금융부채의 유동성 대체 부분, 미지급배당금, 법인세 및 기타지급채무 등이 있다.

5.2 화폐성과 비화폐성

자산을 경제적 자원으로 정의할 경우 화폐성 자산과 비화폐성 자산으로 분류할 수 있다. 화폐성 자산(monetary asset)이란 현금 및 이에 준하는 현금등가자산으로서 그 자체는 효익을 제공하지 않지만 교환가치 또는 구매력을 가진 자산을 말한다. 화폐성 자산은 법령이나 계약에 의해 확정된 화폐액으로 표시되어 있으므로 물가가 변동하더라도 그 금액은 수정할 필요가 없다. 다만 이러한 자산은 물가가 변동하게 되면 그 구매력이 변하므로 구매력 이득이나 손실이 발생하게 된다. 화폐성 자산의 평가는 이미 확정되어 있는 액면가액으로 하는 것이 일반적이다.

비화폐성 자산(non-monetary asset)이란 엄밀한 의미의 경제적 자원이며 그 자체로서 특정 목적을 위하여 직접 사용하거나 소비되는 자산을 말한다. 동태론의 입장에서 이와 같은 자산은 미래기간에 수익획득에 직접 사용하기 위하여 저장하고 있는 장래의 비용으로 볼 수도 있기 때문에 비용자산이라고도 한다. 비화폐성 자산은 확정된 금액으로 표시되지 않으므로 물가가 변동하게 되면 그 가액이 달라진다. 따라서 이러한 자산은 원가와 시가 중 어느 것으로도 평가할 수 있게 된다. 대부분의 비화폐성 자산은 구입거래를 통해 성립한 취득원가를 그 자산의 용역잠재력으로 보아 사용기간에 따라 배분하여 비용으로 인식하고 있다.

화폐성 부채(monetary liability)란 법령이나 계약에 의해 확정된 화폐액으로 표시된 부채로서 물가가 변동되더라도 표시금액이 변동되지 않는다. 반면, 비화폐성 부채(non-monetary liability)는 주로 재화를 인도하거나 용역을 제공함으로써 소멸되는 부채로 고정된 화폐금액으로 표시되지 않는 부채이다. 부채는 대부분 화폐성 부채이며, 비화폐성 부채로는 충당부채나 선수금 등을 들 수 있다.

5.3 자본의 분류

자본을 납입된 자본과 가득된 자본으로 구분하는 것은 회계담당자뿐만 아니라 정보이용자에게도 유용하다. 이를 구분하는 이유는 투자한 금액과 재투자할 금액을 구분하여 유지하려는 데 있다.

투자한 금액은 금융(자본)거래에 기인한 것으로 주로 소유주가 납입한 금액이며 재투자할 금액은 가득자본, 즉 이익추구활동으로부터 발생된 경우가 대부분이다. 이익잉여금이나 미처분이익잉여금 등이 가득자본을 구성한다.

이익잉여금(유보이익)은 자발적 또는 법규에 의해 여러 목적으로 처분된다. 이익잉여금은 그 자체로는 자산이 아니며, 따라서 이익잉여금을 특정한 적립금으로 처분하는 것은 특정한 자산을 보유하고 있다는 것을 나타내는 것이 아니다. 1950년도에 미국회계학회에서는 이익잉여금의 처분형태를 다음과 같이 세 가지로 분류하여 설명한 바 있다.

(1) 이익의 재투자와 관련하여 경영정책을 설명할 의도로 처분하는 형태
(2) 법률이나 기타 규정의 요구에 따라 배당을 제한할 목적으로 처분하는 형태
(3) 예상되는 손실에 대비할 목적으로 처분하는 형태

미국회계학회에서는 첫 번째 형태의 경우 목적을 효과적으로 달성하는 것은 아니며 다른 곳에 서술형태로 설명하는 것이 더 낫다고 하였다. 두 번째 형태에 대해서는 주석으로 공시하는 것보다 우수한 방법이라 하고, 세 번째 방법은 필요 없는 처분이고 정보이용자를 오도할 가능성이 있으며, 처분보다는 주석으로 공시하는 것이 보다 적합하다고 하였다.

이익잉여금의 처분은 이익결정에 영향을 미치지 않는다. 이익잉여금의 처분에 의해 달성할 수 있는 것은 거의 없다. 간혹 지급하는 배당금 수준이 낮다는 불평을 줄이기 위해 배당가능한 금액을 줄일 계책으로 이익잉여금의 처분방법을 사용하는 기업을 주주들이 고발하기도 한다. 그러나 이러한 주장은 경영자들이 주주들은 순진하다고 믿고 있다는 것을 가정한 것이다.

납입자본과 가득자본의 경계가 엄격히 구분될 수 있는 것은 아니다. 왜냐하면 어느 범주에 포함시키는 것이 명확하지 않은 거래가 존재하기 때문이다. 예를 들어 주식배당은 가득자본으로부터 납입자본으로 분류하는 거래의 한 형태이다.

현재 IASB에서는 자본을 납입자본과 이익잉여금 및 기타자본요소로 구분하도록 규정하고 있다. 납입자본은 주주(소유주)가 불입한 자본이며, 이익잉

여금은 가득한 이익 중 사외로 유출되지 않고 기업 내부에 유보된 유보이익이다. 기타자본요소는 납입자본이나 이익잉여금으로 분류하기 곤란한 것으로 주로 임시적 성격의 항목들이다. 기타자본요소의 대표적 예가 기타포괄손익누계액과 자기주식 등이다.

IASB에서는 자본의 분류에 대해 상세한 규정을 두고 있지 않다. 이는 국제회계기준이 원칙중심의 회계원칙이기 때문이기도 하지만 각 나라마다 회사법의 규정이 상이하기 때문인 것으로 풀이된다. 전장에서 언급했듯이 자본에 관한 사항은 채권자 보호를 위해 각 나라마다 회사법에서 별도로 상이하게 규정하고 있기 때문이다.

5.4 수익과 비용의 분류

수익과 비용의 분류에 대해서는 재무보고를 위한 개념체계 제7장 표시와 공시 부분에서 다음 (1) 또는 (2)가 적용됨을 명시하고 있다.

(1) 자산이나 부채에 대해 선택된 회계단위에서 발생하는 수익과 비용
(2) 수익이나 비용의 구성요소의 특성이 서로 다르며 이들 구성요소가 별도로 식별되는 경우 그러한 수익과 비용의 구성요소. 예를 들어, 자산의 현행가치 변동에는 가치변동의 영향과 이자의 발생이 포함될 수 있다. 이 경우 그러한 구성요소를 별도로 분류하면 결과적인 재무정보의 유용성이 향상될 수 있으므로 별도로 분류하는 것이 적절할 것이다.

이러한 수익과 비용을 집계하여 보여주는 포괄손익계산서에는 당기손익 부분과 기타포괄손익 부분에 추가하여 당기순손익, 총기타포괄손익, 당기손익과 기타포괄손익을 합한 당기포괄손익을 표시한다.

그리고 기업은 비용의 성격별 또는 기능별 분류방법 중에서 신뢰성 있고 더욱 목적적합한 정보를 제공할 수 있는 방법을 적용하여 당기손익으로 인식한 비용의 분석내용을 표시한다.[15)] 비용은 빈도, 손익의 발생가능성 및 예측가능성의 측면에서 서로 다를 수 있는 재무성과의 구성요소를 강조하기 위해

세분류로 표시한다. 비용의 분석내용은 성격별 또는 기능별 분류형태 중 하나로 제공된다.[16)]

두 방법 모두 기업의 매출 또는 생산 수준에 따라 직접 또는 간접으로 연계하여 변동함을 시사한다. 각 방법이 상이한 유형의 기업별로 장점이 있기 때문에 K-IFRS 제1001호 재무제표 표시에 관한 기준서에서는 신뢰성 있고 보다 목적적합한 표시방법을 경영진이 선택하도록 하고 있다. 그러나 비용의 성격에 대한 정보가 미래현금흐름을 예측하는 데 유용하기 때문에, 비용을 기능별로 분류하는 경우에는 성격별 분류에 따른 추가공시가 필요하다.

15) K-IFRS 제1001호 재무제표 표시, 문단 99～105 참조.

16) 비용의 성격별, 기능별 분류에 대한 구체적인 예와 자세한 설명은 본 교재 제10장의 4. 현행실무의 비용 분류방법에 기술된 내용을 참고하기 바란다.

익힘문제

1. 자산과 부채의 측정이 중요한 이유를 계약적 관점에서 설명하시오.

2. 측정기준을 3가지 이상 제시하고, 각 측정기준의 장점, 단점에 대해 설명하시오.

3. 원가와 가치를 비교 설명하시오.

4. 현재가치와 시장가치에 대해 설명하시오.

5. 자산과 부채의 최초측정에 대해 설명하시오.

6. 유형자산과 투자부동산의 후속측정을 비교 설명하시오.

7. 금융자산의 후속측정에 대해 설명하시오.

8. 화폐성 자산과 비화폐성 자산을 비교 설명하시오.

CHAPTER 8

이익의 개념과 측정

1. 이익의 개념
2. 기업이익
3. 불확실한 상황에서의 이익
4. 각 모형하의 이익 계산

이익의 개념과 측정은 주로 측정기준과 측정단위 및 자본유지개념과 관련하여 많은 논의가 있어 왔다. 경제학과 회계학은 이익의 개념에 대해서는 일치된 의견을 갖고 있지만 이익의 측정방법에 대해서는 입장을 달리하고 있다. 이런 이유로 이익측정에 관한 논쟁이 활발히 진행되어 왔고, 현재에도 계속되고 있다. 이익의 측정방법은 매우 중요하다. 왜냐하면 어떠한 방법을 사용하느냐에 따라 기업가치에 영향을 미치기 때문이다. 본장에서는 회계정보와 공시의 맥락에서 이익의 개념과 측정에 관한 내용을 살펴보며, 마지막 부분에서는 측정속성(취득원가 또는 현행원가)과 측정단위 및 자본유지개념에 따라 이익이 어떻게 다르게 측정되는가를 설명한다.

1. 이익의 개념

전통적으로 회계는 이익(profit)의 측정과 보고에 많은 관심을 기울여 왔다.[1] 그렇다면 이익이란 무엇이며 어떻게 정의되고 있는가? 대부분의 사람들은 경제학적 정의에 익숙해져 있으며, 이는 회계학적 관점과도 거의 일치하고 있다. 거시적 관점에서 이익은 일정 기간 동안 개인이나 실체가 얼마나 부유해졌는가와 관련이 있다. 경제학에서 개인은 재화나 용역을 소비함으로써 욕구를 충족시킨다고 가정한다. 개인이 이익을 얻으려고 하는 주된 이유 중의 하나는 욕구충족을 위해 재화나 용역을 획득하는 데 있다. 경제학자인 Hicks는 개인의 이익을 '주말에 주초의 유족한 상태를 유지한다고 기대하면서 개인이 일주일 동안 소비할 수 있는 최대한의 가치'로 정의한 바 있다.[2] Hicks의 정의를 기업에 적용하면 기업이익은 다음과 같이 정의할 수 있다.

> "일정한 기간 동안 소유주에 의한 추가출자나 인출의 영향을 제거한 후의 순재산(net wealth) 증가가 그 기간의 이익이다."

전통적으로 회계는 이익을 중요시해 왔지만 IASB의 개념체계에서는 이익에 대한 정의를 찾아볼 수 없다. 다만, 수익과 비용에 대해서는 순자산에 초점을 두어 자산이나 부채의 유입 또는 유출에 대한 영향으로 정의하고 있다. 이는 이익에 대한 논의가 정의 도출에 내재되어 있는 요인들을 고려할 필요성이 있다는 점을 의미한다. 즉, 대부분의 회계개념과 마찬가지로 여러 종류의 가정과 회계적 관점 등이 이익개념을 도출하는 데 필요한 요인들이다.[3] 본장에서는 이익개념에 대한 포괄적 논의를 위해 다양한 가정과 관점에서 이익을 설명하기로 한다.

---

1) 이익개념에 있어서 IASB에서는 영문자로 'Profit'을 사용하고, 미국에서는 전통적으로 'Income'이란 용어를 사용해 왔다.

2) J. Hicks, *Value and Capital*, Oxford: Clarendon Press, 1946.

3) 예컨대 소유주 이론에서는 재무자본유지개념에 의한 이익 계산을 주장하고, 실체이론에서는 실물자본유지개념에 의한 이익 계산을 주장한다.

2. 기업이익

기업은 개인의 욕구를 충족시키기 위해 자원을 소비할 수 없으며, 다만 소비자가 원하는 재화와 용역을 생산하는 임무를 맡고 있다. 기업의 이익은 기업의 생산물에 대해 개인이나 다른 실체가 지급하는 가격에서 발생된 비용을 차감한 금액이다. 즉, 비용을 초과하여 획득한 금액이 일정 기간 동안 기업이 창출한 가치의 증가분이다. Bedford는 기업이익을 기업의 생산성에 대해 개인들이 기업에 주는 보상이며, 이는 자유시장경제를 활성화시키는 역할을 한다고 하였다.[4)]

이익에 대한 열망은 기업활동을 부추기는 원동력이다. 기업의 목적 중 하나는 최초의 자산가치가 손상되지 않으면서 이에 대한 적절한 투자이익을 달성하는 데 있다. 이는 이익이 자본유지개념과 관련이 있을 뿐만 아니라 경영자의 자산운용능력에 따라 달라질 수 있다는 점을 암시하고 있다.

이익개념을 보다 분명히 이해하기 위해 다음의 두 가지 극단적인 상황을 검토해 보기로 하자. 하나는 기업의 수명이 종료되는 상황이고 다른 하나는 미래에 대한 불확실성이 없는 상황이다.

2.1 기업의 수명이 종료되는 상황

우선 1년간 사업을 하는 가상의 기업을 가정해 보기로 하자. 소유주는 최초에 ₩100,000을 투자하여 모두 비품을 취득하는 데 사용하고, ₩200,000의 상품을 외상으로 취득하였다고 한다. 그리고 다음 날 원가 ₩100,000인 상품을 외상으로 ₩150,000에 판매하였다고 가정하자. 그러면 이튿날의 재무상태는 다음과 같이 나타낼 수 있다.

4) N. Bedford, *Income Determination Theory: An Accounting Framework*, Kansas: Addison-Wesley, 1965, pp. 23-24.

재무상태

매 출 채 권	₩150,000	매 입 채 무	₩200,000
상 품	100,000	자본(이익포함)	150,000
비 품	100,000		
	₩350,000		₩350,000

기업은 해산하기 전에 다음과 같은 활동을 할 것이라고 가정한다.

① 매출채권은 현금으로 회수한다.
② 상품은 판매되어 결국 현금으로 회수한다.
③ 비품은 사업종료시 현금을 받고 처분한다.
④ 매입채무는 현금으로 상환한다.

소유주는 자산에서 부채를 차감한 잔액인 자본(이익포함)의 금액이 얼마가 되든지 그 금액을 회수해 갈 것이다. 결국, 모든 자산은 현금화되고 모든 부채는 현금으로 상환되며 나머지는 소유주의 몫이 된다.

1년 동안 나머지 상품을 ₩150,000에 판매하고 모든 매출채권은 현금으로 회수되며 매입채무는 현금으로 상환하였다고 가정하자. 그리고 연도말에 비품을 처분하여 ₩90,000의 현금을 회수하였다고 하자. 그러면 기업의 이익은 얼마인가? 소유주의 투자와 소유주에 대한 배분을 제외하고 모든 현금수입에서 현금지출을 차감하면 다음과 같이 ₩90,000으로 계산된다.

현금수입 :	
상품판매	₩300,000
비품처분	90,000
합 계	390,000
현금지출 :	
비품구입	100,000
상품구입	200,000
합 계	300,000
현금잔액(=이익)	₩90,000

위의 예에서 이익은 결국 현금잔액과 동일하다는 것을 알 수 있다. 기업의 미래가 없다면 모든 항목은 현금으로 환원되므로 수익은 현금수입과 같고 비용은 현금지출과 같다고 할 수 있다. 물론, 정확한 이익을 위해서는 최초투자시점 이후의 구매력 변화에 대한 조정이 이루어져야만 할 것이다.

이익을 계산하는 다른 방법은 기초자본과 기말자본을 비교하는 방법이다. 물론, 이 경우 자본은 소유주에 의한 투자와 소유주에 대한 배분을 조정한 후의 금액이어야 함은 당연하다. 이 방법에 의한 이익은 앞의 방법에 의한 이익과 동일하다.

기초자본		기말자본	
소유주의 투자	₩100,000	현금수취 :	
		매출채권회수와 상품판매	₩300,000
		비품처분	90,000
		합 계	390,000
		현금지급 :	
		부채상환	200,000
		순현금	₩190,000

기말자본(현금)	₩190,000
기초자본(현금)	100,000
기간이익	₩90,000

2.2 미래가 확실한 경우

다음으로는 모든 미래 사건이 완전히 확실한 경우를 가정한다. 즉, 미래의 불확실성이 없는 이상적인 상황이다. 이때에는 현금유입과 현금유출 및 기업에 대한 최상의 투자이익률이 확실하기 때문에 자산과 부채의 가치를 결정할 때 현재가치법을 사용할 수 있다.

현금의 수취액과 지급액을 정확히 아는 확실한 상황에서는 비유동자산을 포함한 모든 자산으로부터의 현금유입액과 모든 부채에 대한 현금지급액을 파악할 수 있다. 이를 염두에 두고 20×1년 1월 1일에 다음의 예상자료를 갖는 기업을 고려해 보자.

	20×1년	20×2년
연말 예상현금수취액	₩10,000	₩12,000
연말 예상현금지급액	6,000	7,000

이 기업에 적합한 투자이익률은 12%이고, 소유주는 연말에 모든 현금잔액을 인출한다고 가정한다.

기업의 모든 유동자산과 비유동자산을 사용함으로써 발생되는 현금수취액은 미수금이 될 것이기 때문에, 확실한 상황에서 미래현금수취액은 20×1년 1월 1일의 미수금이라는 자산으로 간주한다. 동일한 논리로 부채에 대해서는 현금지급이 이루어질 것이므로 미지급금이라는 부채로 간주한다. 그렇다면 미수금과 미지급금은 각각 얼마의 가치를 갖고 있는가? 미수금은 ₩22,000이고 미지급금은 ₩13,000이지만 이 금액은 화폐의 시간가치를 고려하지 않은 금액이다. 현재가치법을 사용하면 다음과 같은 각 시점의 가치와 가치의 증가액을 계산할 수 있다.

	20×1년			20×2년			
	미수금/미지급금의 가치 (20×1.1.1)	12% 증가	미수금/미지급금의 감소	미수금/미지급금의 가치 (20×1.12.31)	12% 증가	미수금/미지급금의 감소	미수금/미지급금의 가치 (20×2.12.31)
20×1년 미수금	₩8,929	₩1,071	₩10,000	₩0			
20×2년 미수금	9,566	1,148		10,714	₩1,286	₩12,000	₩0
자 산	18,495	2,219		10,714			
20×1년 미지급금	5,357	643	6,000	0			
20×2년 미지급금	5,580	670		6,250	750	7,000	0
부 채	10,937	1,313		6,250			
자 본	₩7,558	₩906	₩4,000	₩4,464	₩536	₩5,000	₩0

20×1년 1월 1일의 총자산가치는 ₩18,495(= ₩10,000 × 0.89286 + ₩12,000 × 0.79719)이고 총부채가치는 ₩10,937(= ₩6,000 × 0.89286 + ₩7,000 × 0.79719)이며, 자본의 가치는 차액인 ₩7,558이다.[5] 기초의 미수금 가치 ₩8,929은 1년 동안

5) 총자산과 총부채의 가치는 미래현금흐름을 12% 할인율로 할인한 현재가치이다.

₩1,071(=₩8,929×12%)이 증가되어 20×1년 12월 31일의 가치는 ₩10,000으로 증가하였다. ₩10,000의 미수금은 현금으로 전환되기 때문에 가치 감소액은 ₩10,000이 된다. 그리고 미지급금을 지급하고 난 후에 현금잔액(₩4,000)은 소유주가 인출해 간다. 20×2년도에 회수예정인 미수금은 ₩1,148만큼 증가되어 ₩10,714이 되었고, 이는 20×1년 12월 31일 기업이 보유하고 있는 유일한 자산이다. 마찬가지로 미지급금의 가치도 각각 ₩643과 ₩670이 증가되고, 20×1년 12월 31일에 지급이 이루어지고 난 후 유일한 부채는 ₩6,250이다.

미수금과 미지급금의 가치는 투자이익률인 12%씩 증가된다. 그리고 자산가치의 증가액인 ₩2,219만큼이 20×1년도의 수익이 된다. 한편, 부채가치의 증가액인 ₩1,313만큼이 20×1년도의 비용이 된다. 그리고 그 차액인 ₩906이 이익이다. 이때 현금회수액 ₩10,000이 수익이 아니고, 현금지급액 ₩6,000이 비용이 아니라는 점을 주의해야 한다. 즉, 수익은 일정 기간 동안 총자산가치의 증가액인 ₩2,219(=₩20,714−₩18,495)이고, 비용은 일정 기간 동안 총부채가치의 증가액인 ₩1,313(=₩12,250−₩10,937)이다.

모든 가치는 투자이익률인 12%씩 증가된다는 점에 주목할 필요가 있다. 그러므로 수익은 기초의 자산가치인 ₩18,495에 12%를 곱하여 계산할 수도 있다. 마찬가지로 비용은 기초의 부채가치인 ₩10,937에 12%를 곱하여 계산할 수도 있다. 그리고 이익은 수익과 비용의 차액이므로 기초자본인 ₩7,558에 12%를 곱하여 ₩906으로 계산할 수도 있다.

따라서 미래가 확실한 상황에서는 다음과 같은 결론을 내릴 수 있다.

(1) 모든 자산과 부채는 미래현금흐름의 기대치(미수금과 미지급금)로 환원된다. 그러므로 비유동자산 자체는 기록되지 않으며 이에 대한 감가상각비도 없다.
(2) 일정 기간 동안 자본의 증가를 초래하는 총자산가치의 증가액이 수익이다. 이는 소유주가 회사에 재투자하지 않는다는 것을 가정한다.
(3) 일정 기간 동안 자본의 감소를 초래하는 총부채가치의 증가액이 비용이다. 이는 채무면제가 없다는 것과 소유주에게 배분하지 않는다는 것을 가정하고 있다.
(4) 일정 기간의 이익은 기초시점과 기말시점에 측정한 자본가치의 증가액과 일치한다.

(5) 모든 가치는 미리 정해진 비율만큼 증가한다. 이런 이유로 수익은 총자산에서 벌어들인 이자이고, 비용은 총부채에서 발생한 이자이며 이익은 투자액(자본)에 대한 이자로 설명할 수 있다.
(6) 엄격한 발생주의 회계가 적용되며, 수익의 인식과 대응의 문제가 발생되지 않는다.

이상의 예에서 알 수 있듯이 이상적인 상황에서 이익은 두 시점간 자본의 경제적 가치의 증가분이다. 자본의 가치를 결정하는 자산과 부채의 가치는 이익의 계산에 고려하지 않을 수 없다. 그러므로 자산과 부채의 평가와 이익의 결정은 동전의 양면과 같다. 수익은 현금유입과 관련이 있지만 그 금액과 일치하는 경우는 거의 없다. 비용도 역시 현금유출과 관련이 있지만, 그 금액과 일치하는 경우는 거의 없다. 계속기업에 있어서 일정 기간 동안의 부(자본)는 현금만이 아니다. 그러므로 이익은 일정 기간 동안의 순현금수취액과 일치하지 않는다. 왜냐하면 수익(비용)은 순자산(자본)가치의 증가(감소)분이므로 발생주의를 적용함에 따라 대부분의 경우 현금수취(지급)액과 일치되지 않기 때문이다.

한편, 자산과 부채는 그들의 가치와는 별도로 실제 세계에 존재하는 경제적 대상(물체)이다. 그리고 이익과 그 구성요소(수익, 비용)의 의미는 이러한 대상의 가치와 직접적으로 연관되어 있다. 이상적 상황에서 이익은 자본가치의 증가분, 즉 기초와 기말의 자산가치와 부채가치 차이의 증가분이다. 그러므로 자산과 부채는 실제 존재하는 대상이 되고, 이익과 그 구성요소인 수익과 비용은 그들 가치의 변화를 가리킨다. 이러한 맥락에서 회계등식(자산=부채+자본)은 수학적 관계를 나타내는 것이 명확하며, 이는 자산과 부채 및 자본의 가치를 나타낸다. 전통적으로 이러한 용어는 대상 또는 가치를 포함하고 있다. 따라서 해당 용어가 사용되는 방법과 적절한 해석은 반드시 구별해야 한다.

본래 원가와 가치는 동일한 의미가 아니다. 그러나 앞의 이상적인 상황에서 그 금액은 같았다. 그 이유는 원가가 미래 효익의 기대치에서 발생되기 때문이다. 이상적인 투자이익률을 도출한 것처럼 구매자와 판매자가 미래의 경제적 효익이 얼마인가를 확신할 때에 원가는 효익과 관련된 현금의 현재가치와 같게 된다. 또한 확실한 상황에서 원가는 거래일의 가치와도 동일하다는 것을 알 수 있다. 그러나 실제 세계에서는 사람의 기대치가 변하듯이 시간이 흐름에 따라 가치가 변동되기 때문에 취득원가는 현행가치와 같을 수 없다. 가치를 배분하는 데에는 수많은 대안이 존재하고, 미래가치는 불확실하기 때문에 진정한 가치를 측정하는 일은 거의 불가능한 일인지도 모른다.

3. 불확실한 상황에서의 이익

불확실한 상황에서의 이익은 현금수입과 현금지출이 모두 이루어진 기업의 수명이 종료되는 상황(이하 종료상황이라 함)과 이상적 상황인 엄격한 발생주의 회계 사이의 어딘가에 해당될 것이다. 어떤 의미에서는 두 가지 극단적인 상황의 타협인지도 모른다. 취득원가 지지자들은 종료상황에 내재되어 있는 내용을 선호하는 경향이 있는 반면, 현행가치 옹호자들은 이상적 상황의 추론을 선호한다. 이상적 상황에서 이익은 현금의 회수와 지급이 아니라 자산과 부채의 가치를 변화시키는 경제적 사건에 중점을 두고 있다. 이 점이 발생주의 회계가 정당한 이유이기도 하다.

종료상황에서 알 수 있듯이 기업의 수명이 비교적 짧고 그 시점을 알 수 있다면 이익의 계산이 그리 복잡하지는 않다. 이때 이익은 단순히 현금 유입액과 유출액의 차이이다. 발생과 이연의 개념은 기업의 수명이 장기이면서 종료시점을 알 수 없고 회사가 소멸하기 이전에 이익에 관한 정보가 요구될 때 의미를 가진다. 이것이 계속기업의 가정이 도입된 이유이다.

필요에 의하든 아니면 관습이나 법적 요구에 의하든 기간이익은 반드시 계산해야 한다. 그리고 이익 계산은 실행가능한 정의에서 출발해야 한다. 그러나 IASB의 개념체계에서는 이익의 정의에 대해서 직접 언급하지 않고 있다. 이익은 단순히 수익과 비용의 차이로 간주될 수 있는데, IASB의 개념체계에서는 수익과 비용만을 정의하고 있다. 그리고 이익결정은 자본유지개념과도 밀접하게 연관되어 있다. 즉, 유지해야 할 자본을 초과하는 순자산의 유입액을 이익으로 간주한다.

IASB의 개념체계에서는 이익에 대해 다음과 같이 규정하고 있다.

"이익은 수익에서 비용(필요한 경우 자본유지조정액을 포함)을 차감한 후의 잔여액이다. 만일, 비용이 수익을 초과한다면 그 초과액은 손실이다."

이러한 접근법은 이익을 부의 변화로 간주하는 이상적인 상황과 종료상황에서의 이익결정 방법과 일치한다고 볼 수 있다.

이익에 대한 상세한 정의는 FASB에서 발표한 보고서에서 찾을 수 있다.

"포괄이익(comprehensive income)은 소유주 이외의 거래와 기타 사건 또는 상황으로부터 일정한 기간 동안 실체의 지분(순자산)변동액이다."

FASB에서는 순이익(earning)이라는 용어와 구분하기 위해 포괄이익이란 용어를 사용하였다. 순이익은 포괄이익을 구성하는 하부요소이다. FASB는 SFAC No. 5에서 순이익의 개념을 다음과 같이 설명하고 있다.

"순이익에는 당기에 인식된 전기의 특정한 회계조정의 누적효과를 포함시키지 않는다. 현재 포괄이익에는 포함시키지만 순이익에서 제외하는 주된 예는 회계원칙 변경의 누적효과이지만 다른 것은 미래에 식별될 수 있다. 순이익은 일정 기간 동안의 업적측정치이며 그 기간과 관련이 없는 항목, 즉 주로 다른 기간에 속하는 항목들을 제외하는 것은 어느 정도 가능하다."

이상적 상황이든 종료상황이든 두 가지 모두 이익은 실체의 부의 변화를 나타내고 있다는 점을 암시하고 있다. 전통적 회계이론에서는 기간이익을 기업과 경영진의 업적측정치로 간주해 왔다. 그렇다면 이익을 나타내는 두 개념, 즉 업적과 부의 변화는 같다고 할 수 있겠는가? FASB에서는 그렇게 생각하지 않는다. 따라서 포괄이익과 순이익을 구분하고 있는 것이다. 포괄이익은 부의 변화와 일치하는 반면에 순이익은 업적측정치로 보고 있다. IASB에서도 순이익의 구성요소와 포괄이익의 구성요소를 구분표시하도록 규정하고 있다.

FASB의 포괄이익에 대한 정의는 인정할 수 있지만 이에는 고려해야 할 여러 문제를 내포하고 있다. 여기에서는 관련된 모든 문제를 분석하기 위해 다음과 같이 이익을 정의한다.

"이익은 소유주에 의한 투자와 소유주에 대한 배분으로 인한 변화를 제외하고, 두 시점간 실체의 자본변동액이다. 이때 자본은 가치(value)로 측정하며 일정한 단위(scale, 척도)에 근거하고 있다."

이상의 정의를 정확히 이해하기 위해서는 네 가지 개념, 즉 ① 가치, ② 자본, ③ 단위(척도), ④ 가치변화의 측정에 대해 이해할 필요가 있다.

3.1 가 치

가치는 통상 경제적 가치를 의미한다. 이때 가치는 미래 효익의 기대이다. 그런데 효익은 선호와 관련되므로, 가치는 상품에 대한 선호와 관련이 있다. 따라서 개인마다 가치에 차이가 있을 수 있다. 하나의 상품이 어떤 사람에게는 미래 효익이 커서 그것의 가치가 높이 평가되지만 다른 사람에게는 가치가 없을 수도 있다. 그런데 시장의 평가는 서로 다른 가치를 가진 사람들의 총체적 평가가 된다. 따라서 시장가치는 상품의 가치에 대한 객관적 기준을 제공해 준다.[6)]

일반적으로 재화와 용역을 측정하는 기준으로 화폐를 사용하고 있다. 만일, 화폐가 아닌 포도를 기준으로 사용한다고 할 때 특정한 시점에서 다음의 상황이 성립된다고 하자.

- 하나의 포도는 두 개의 오렌지와 교환한다.
- 하나의 포도는 세 개의 사과와 교환한다.
- 하나의 포도는 다섯 개의 바나나와 교환한다.

이는 오렌지의 가격은 포도가격의 1/2이고, 사과가격은 포도가격의 1/3이며, 바나나의 가격은 포도가격의 1/5이라는 것을 의미한다. 기준으로 포도 대신 화폐(₩)를 사용한다면 포도가격이 ₩10이면 오렌지의 가격은 ₩5, 사과의 가격은 ₩3.3, 바나나의 가격은 ₩2이 된다.

---

6) 가치와 시장가격에 대해서는 제7장 제2절의 2.3에서 상세히 기술하였다.

화폐로 표시되는 특정 시점의 가격구조는 상품의 상대적 가치를 나타내기 위해 필요하다. 이러한 구조는 과거와 현재 및 미래 가격을 포함한다. 회계에서 과거가격은 취득원가(역사적 원가)를 의미한다. 그리고 현재가격에는 현행대체원가, 현행산출가치 및 할인된 현재가치 등이 있다. 그런데 미래가치는 객관적이지 못하기 때문에 회계에서는 미래가치를 보고목적으로 사용하는 경우는 거의 없다. 가장 이상적인 가치는 화폐성 항목에 사용하는 현재가치개념이다. 그러나 단기 항목에 대해서는 할인된 가치를 사용하지 않는다. 비화폐성 항목에 대해서 사용가능한 가치로 취득원가와 대체원가 및 산출가치가 있다. 전통회계에서는 가장 바람직한 대안으로 취득원가를 선택하였다. 그러나 현재에는 현행원가에 대한 수요가 증가하여 재무보고 목적으로 이를 많이 사용하고 있다.

IAS 41(농업부문)은 수목과 기타 생물학적 자산을 순공정가치로 평가할 것을 요구하고 있다. 또한 IAS 16(유형자산)에서는 취득원가 접근법인 원가모형이나 공정가치로 재평가하는 재평가모형 중 한 가지를 선택하여 사용할 수 있게 하였다. 재평가모형에서 보고기간의 가치감소는 일반적으로 포괄손익계산서에 비용으로 인식하고 있으며 가치의 증가는 재무상태표의 자본으로 기록한다. 그러나 유형자산을 매년 재평가해야 하는 것은 아니며 가치의 중요한 변화가 있을 때에 재평가한다. 더욱이 몇몇 자산은 공정가치로 평가할 수 있는 반면, 어떤 자산에 대해서는 원가로 남겨둘 수도 있다. 이는 일관성이 결여된 방법임에 틀림이 없으며 기업의 자산가치 변동을 부분적으로 반영하는 특성을 갖고 있다.

IAS 36(자산손상)에서는 자산손상의 징후가 있는 경우 자산의 장부금액과 회수가능액(산출가치)을 비교할 것을 요구하고 있다. 자산손상은 포괄손익계산서에 비용으로 보고하며 자산가치도 동액만큼 감액시킨다. 회수가능액은 순공정가치와 사용가치 중 큰 금액으로 결정한다. IAS 36에서는 사용가치를 기대되는 미래현금흐름의 현재가치로 측정하게 함으로써 전통적 측정기법과 큰 차이가 있다.

IASB의 개념체계에서는 측정에 대해 몇 가지 지침을 제시하고 있지만 측정분야는 발전이 미흡한 분야 중의 하나이다. IASB의 개념체계에서는 측정기준으로 역사적 원가(취득원가)와 현행원가, 순실현가능가치(이행가치) 및 현재가치 등을 제시하고 있지만 어떠한 것을 사용할 것인가에 대한 기준은 제시하고 있지 않다.

IASB도 개념체계가 앞으로 보다 자세한 규정으로 구성될 필요성이 있다는 점을 인정하고 있다. 개념체계에서는 자세한 규정의 필요성을 다음과 같이 서술하고 있다.

> "측정기준과 자본유지개념의 선택에 따라 재무제표의 작성에 있어 사용되는 회계모형이 결정된다. 각각의 회계모형은 상이한 목적적합성과 신뢰성을 나타내며, 경영진은 다른 경우와 마찬가지로 목적적합성과 신뢰성 간에 균형을 추구하여야 한다. 이 개념체계는 다양한 회계모형에 적용가능하며 선택된 모형하에서 재무제표의 작성과 표시에 대한 지침을 제공한다. 현재 국제회계기준위원회는 초인플레이션하에 있는 통화로 보고해야 하는 기업의 경우와 같은 예외적 상황을 제외하고는, 특정한 모형의 사용을 규정하려는 의도를 가지고 있지는 않다. 그러나 이러한 의도는 사회의 발전에 따라 재고될 것이다."

3.2 자 본

회계에서 자본은 순자산으로서 자산총계와 부채총계의 차이로 측정한다. 이익은 기초자본을 유지하지 못하면 발생되지 않는다. 즉, 원가를 회복할 수 없는 경우에는 이익이 발생되지 않는다. 자본의 의미에 대해서는 두 가지가 있는데, 하나는 재무자본이고 다른 하나는 실물자본이다.

3.2.1 재무자본

재무자본 관점은 화폐가치를 강조한다. 즉, 자본은 자산의 화폐가치에서 부채의 화폐가치를 차감한 금액으로 측정한다. 따라서 자산을 취득하기 위해 소유주가 실체에 투자한 (화폐)금액을 중시한다. 재무자본은 소유주가 투자한 현금에 사업활동으로 재투자된 이익을 가산한 금액으로 측정한다. 대부분의 사람들은 재무자본 관점을 채택하고 있으며, 이는 전통회계에서 취한 입장이기도 하다.

재무자본유지 지지자들은 부 또는 자본이 기말에 기초와 동일한 화폐금액을 유지하면서 투자할 수 있는 능력과 관련이 있다고 주장한다. 재무자본에 근거한 이익은 결국 소유주가 기업에 투자한 현금을 초과하여 기업이 회수한 현금액이다.

3.2.2 실물자본

실물자본 관점은 재화나 용역을 생산할 수 있는 기업의 능력을 중시하고 있다. 실물자본 관점 지지자들은 영업활동에서 소비된 자산들(실물자산)이 대체되지 않는 한 자본이 유지되었다고 말할 수 없다고 주장한다. 실물자본유지 지지자들은 자본이 기말에 기초와 동일한 실물생산능력을 달성할 수 있는 능력으로 구성된다고 한다. 즉, 실물자본 관점에서 복구해야 할 원가는 현재의 자산과 동일한 생산능력을 갖는 자산의 현행원가라고 주장한다. 현재의 자산이 행할 수 있는 생산능력과 동일한 능력을 유지해야 한다고 생각하므로 관련이 있는 가치는 현행원가 또는 대체원가이다. 실물자본유지의 목적은 지분가치를 효과적으로 조정함으로써 회계기간 초와 동일한 생산능력을 가질 수 있도록 보장하는 데 있다.

생산능력의 의미는 세 가지로 나타낼 수 있다. 첫째는 생산능력을 실체가 기초에 소유하고 있는 실물의 비화폐성 자산과 동일한 것으로 간주하는 방법이다. 이 개념하에서 자본유지는 회계기간초에 보유하고 있던 자산을 대체할 수 있는 기업의 능력을 유지하는 것이다. 따라서 이익은 기초자산을 대체할 수 있는 기업의 능력을 유지시키고 난 후에 가득된 금액을 나타낸다. 그러나 이러한 개념은 기술적 개량(개선)을 인정하고 있지 않다. 따라서 바람직하지 않은 자산의 유지를 초래할 수 있다.

두 번째로 가능한 생산능력의 의미로는 생산수량(산출량)을 들 수 있다. 이 개념하의 자본유지는 어떠한 기술을 사용하든 관계없이 기업이 기초에 생산할 수 있는 양과 동일한 양을 생산할 수 있는 능력을 유지해야 한다고 한다. 결국, 이 개념에서의 이익은 기초시점에서 생산할 수 있는 제품의 수량을 생산할 수 있게끔 유지시키고 난 후에 가득된 금액이다. 이 개념은 기술적 개량을 고려하고 있지만 실무에 적용하기에는 어려운 점이 있다.

생산능력에 대한 마지막 해석은 생산능력을 매출수량으로 보는 것이다. 이때의 자본유지는 기초에 가지고 있는 매출가능수량이 된다. 따라서 이 개념하의 이익은 기말에 기초에 가지고 있는 매출가능수량을 유지시키고 난 후에 가득된 금액을 의미한다. 이 개념하의 자본유지에서도 매출수량을 유지하는 데 필요한 원가에 영향을 미치는 기술적 발전을 허용하고 있다. 만약, 매출수량 대신 매출액을 기준으로 한다면 자본유지와 이익결정에 영향을 미치는 판매가격의 변화도 허용하게 된다.

지금까지 알아본 실물자본유지개념은 영국과 호주 및 미국 등 여러 국가에서 그 예를 찾아볼 수 있다. 그러나 유지할 생산능력이 위의 세 가지 해석 중 어느 것인지에 대한 규정은 없다.

3.2.3 보유이득과 자본유지조정

이익과 관련하여 재무자본과 실물자본 사이의 주된 차이는 자산과 부채의 화폐가치 변화(물가변동에 따른 보유손익)를 이익에 포함시키느냐 아니면 제외시키느냐 하는 문제이다. 재무자본유지와 현행원가모형 옹호자들은 자산과 부채에서의 가치변화를 보유이득(또는 보유손실)이라 하여 이익에 포함시킨다. 그러나 실물자본유지 옹호자들은 기업이 사업을 계속할 경우 가지고 있어야 할 항목들의 가치변화를 이익결정에 포함시켜서는 안 된다고 주장한다. 이들은 이런 항목을 '자본유지조정'항목으로 자본계정에 직접 보고해야 한다고 주장한다. 이 금액은 자산을 대체하는 데 필요한 금액이라는 것이다. 자산가치의 감소를 자본유지조정으로 간주할 것인가에 대해서는 명확하지가 않다. 현행원가의 감소는 기존의 자본유지조정 항목에서 차감할 것이 아니라면 포괄손익계산서에 보유손실로 보고해야 할 것이다.

다음의 예는 실물자본 관점에서의 이익측정과 보유이득을 자본유지조정으로 보고하는 방법을 보여주고 있다. TV를 구매해서 판매하는 작은 기업을 가정하자. 첫해에는 TV를 ₩300에 매입하여 ₩500에 판매하였다고 하고 1년 동안 대체원가가 ₩350으로 증가되었다고 하자. 취득원가 기준으로 이익을 계산하면 ₩200이 될 것이다. 만약 이익만큼 현금을 인출해가면 회사에 남아 있는 ₩300은 다음 연도에 사업을 계속하기에는 부족한 금액이다. 왜냐하면 TV를 취득하려면 ₩350이 필요하기 때문이다.

한편, 현행원가를 기준으로 할 때 이익은 다음과 같이 계산된다.

(1) 재무자본 관점 :

매 출 액	₩500
현행매출원가	350
영 업 이 익	150
보 유 이 득	50
이 익	₩200

(2) 실물자본 관점 :

매 출 액	₩500
현행매출원가	350
이 익	150
자본유지조정	₩50

재무자본유지를 주장하는 자들은 기업의 이익을 기간초에 투자한 금액(₩300)을 감소시키지 않고 배분될 수 있는 금액으로 간주하고 있다. 반면에 실물자본유지를 주장하는 자들은 이익을 ₩150이라 하고, ₩50은 자본유지조정으로서 원가의 증가로 발생된 것이라 한다. 자본유지조정은 기업이 전과 동일한 실물자본을 유지할 수 있게 해주는 것으로서, TV를 구매해서 판매할 수 있는 능력을 유지시키고 있다. 실물자본유지의 경우 이익인 ₩150만큼 인출할 수 있으며, 나머지 ₩350으로 사업을 계속할 수 있게 해 준다.

3.2.4 자본유지 관점에 대한 비판

재무자본 관점에 대한 비판은 주로 실물자본 관점을 주장하는 입장에서 이루어진다. 재무자본 관점에 대한 비판의 핵심은 기업의 실물자본을 유지하는 데 필요하다고 보는 금액을 재무자본 관점에서는 이익에 포함시키고 있다는 점이다. 실물자본유지 옹호자들은 비화폐성 자산의 대체원가가 증가되는 경우 재무자본 관점하의 이익은 자본유지를 위해 필요한 대체원가의 증가액만큼 과대계상된다고 주장한다. 즉, 재무자본 관점의 이익은 자산가치 증가액이 이익에 포함된다. 이 경우 이익에 포함된 보유이득을 배당금으로 배분하면 동일한 재화나 용역을 창출할 수 있는 능력을 손상시키게 된다. 투자자들은 그들이 받는 배당을 예측하려 하기 때문에 재무자본에 근거한 이익은 배당에 대한 의사결정을 오도할 가능성이 있다. 그리고 물가가 상승하는 경우 경영자들은 자산을 대체하는 원가가 더 크다는 사실을 알고 있기 때문에 자산을 대체하는 데 필요한 이익만큼은 배당에서 제외해야 한다고 주장한다.

실물자본 관점에 대한 비판은 재무자본 관점을 주장하는 입장에서 이루어진다. 재무자본 유지론자들은 실물자본 관점에서의 자본유지조정은 사실상 기업의 이익이라는 것이다. 일정 수준의 생산능력이 유지되어야 한다는 것은 회계담당자의 역할이 아니라 경영자의 역할이라고 주장한다. 그러므로 실물자본 관점은 재무성과를 결정하는 회계담당자의 역할과 바람직한 수준의 영업활동을 보장하는 경영자의 역할을 혼동하고 있다는 것이다.

또한, 자산을 대체하는 데 증가된 원가를 자본을 통해서만 조달하려는 것도 문제라는 것이다. 경영자들은 부채를 통해서도 필요한 자금을 조달하려고 한다는 것이다. 또한 자본유지조정을 기록한다는 것은 자금조달이 신주발행으로 이루어질 수 없다는 것을 가정한다고 비판한다. 사실상 자본유지조정은 실체가 주주의 자금을 재투자하게끔 강제하는 것과 다름이 없다는 것이다.

현재의 생산능력 감소나 기업 실패가 때로는 주주에게 유리하게 작용할 수도 있다. 즉, 주주에게는 자산의 일부를 처분하여 회사를 청산하고 잔여현금을 배분하는 것이 바람직할 수 있다는 것이다. 따라서 현재의 실물자본유지가 소유주에게 항상 유리한 것만도 아니다. 그리고 현재의 생산능력을 유지하는 것은 경영의사결정이다. 따라서 회계전문기구는 회계규제를 통해 경영자의 특권을 침해하면 안 된다.

실물자본 관점에서는 배분가능한 이익이나 지속가능한 이익이란 용어가 사용된다. 지속가능한 이익개념 속에는 가격변동이 없다면 실물자본 관점의 영업이나 매출이 가치의 변화 없이 전과 같이 계속 지속될 것이라는 가정이 내재되어 있다. 또한, 배분가능한 이익에는 투입가격과 산출가격의 차이가 일정하다는 가정이 내재되어 있다. 그러나 이러한 가정이 충족되기는 어렵다. 따라서 실물자본 관점에서의 이익수치는 그 자체가 나타내려는 것을 제대로 측정하지 못하고 있다고 비판한다.

마지막으로 재무자본 관점에서의 보유이득과 실물자본 관점에서의 자본유지조정의 차이는 사업을 계속하는 데 해당 자산이 필수적인 것으로 간주하는지 여부에 달려 있다. 사업을 계속하는 데 해당 자산이 필수적이라면 대체원가의 증가액은 자본유지조정으로 간주해야 할 것이며, 그렇지 않다면 이익에 포함시켜야 할 것이다. 그러나 사업에 필수적인 자산인지 아닌지를 구분하는 것도 명확하지 않고 임의적임에 틀림이 없다.

3.3 단위(척도)

자산이나 부채의 가치를 측정할 때에는 숫자에 대해 의미를 부여하는 단위(척도)가 반드시 있어야 한다. 단위는 숫자가 표시하는 정보의 크기, 즉 얼마만큼의 정보를 표시하고 있는가를 의미한다. 회계에서 가치는 화폐단위(우리나라의 경우 원화)로 표시하기 때문에 비율척도는 당연한 것으로 생각한다. 즉, ₩1,000은 ₩100의 10배의 가치가 있고, ₩10,000은 ₩100의 100배의 가치가 있다고 가정한다.

그런데 화폐가치의 해석에는 문제가 있다. 전통회계에서는 시간과 관계없이 화폐가치를 단순히 양으로 표시하고 있다. 그러나 화폐가치는 질, 즉 구매력을 갖고 있다고 생각하는 사람이 많다. 이익을 계산할 때 모든 화폐는 동일한 구매력을 나타낸다고 가정한다. 그런데 이익계산시점에 따라 구매력에 차이가 있다면 이익측정치의 측정단위에 대한 해석에 차이가 있을 수 있다. 재무제표에 나타내는 측정치에 의미를 부여하는 데에는 두 가지 단위가 관련된다. 하나는 명목단위(화폐단위 또는 화폐수량)이고 다른 하나는 구매력단위(불변가치)이다.

3.3.1 명목단위

전통회계에서는 명목단위를 사용하였으며, 이는 매우 간단하다. 명목단위에서는 서로 다른 기간의 화폐가치는 동일하다고 가정한다. 그러므로 그들의 양을 서로 합산하기도 하고 차감하기도 한다. 단위의 의미는 화폐수량이다. 명목단위는 복잡하지 않고 분명하고 편리한 면이 있지만, 너무 단순하다는 문제점을 갖고 있다.

3.3.2 구매력단위

가치는 화폐단위로 표시된다. 따라서 경제적 가치를 나타내는 지표로 구매력으로 표시되는 화폐금액을 사용한다. 이런 면에서 화폐는 가치의 측정잣대(measuring stick)이다. 그런데 화폐는 그 자체로 수요와 공급의 요인을 갖고 있다. 시간이 흐름에 따라 화폐가치는 사람의 기대치와 기타 요인에 기인한 공급과 수요에 의해 변동된다. 화폐가치는 변동되기 때문에 상품에 대한 경제적 가치의 지표로서 사용되는 화폐의 측정단위 역시 변동된다. 즉, 측정잣대는 시간이 흐름에 따라 일정하지 않고 변동된다. 예컨대 사람의 신장을 측정하는 단위로 센티미터 자를 사용한다고 하자. 그 결과 A씨의 신장이 175cm로 측정되었다. 그리고 10일 후에 그 자로 동일한 A씨의 신장을 측정한 결과 170cm라 하자. 그렇다면 A씨는 10일 동안 5cm만큼 키가 작아졌다고 할 수 있겠는가? 즉, 175cm로 측정할 때의 자와 170cm로 측정할 때의 자는 실제로 동일한 자인지는 모르겠지만 질적인 면에서 동일하다고 볼 수 없는 것은 당연하다. 즉, 실제로 신장에는 변화가 없었지만 측정에 사용된 자의 눈금에 물리적 변화가 발생하면 한 눈금이 과거와 다른 길이를 나타낼 수 있다. 마찬가지로 시간이 경과함에 따라 화폐가치는 완전히 같을 수 없다. 즉, 2020년도의 ₩10,000과 2010년도의 ₩10,000을 같다고 하는 사람은 아무도 없을 것이다.

위의 신장 측정의 예에서 어떠한 부분이 잘못되었는가를 알 수 있다면 잘못된 부분을 제거하거나 수정하여 올바르게 할 수 있을 것이다. 구매력단위를 사용하는 이유도 동일한 논리에서 비롯된다. 즉, 서로 다른 연도의 모든 화폐가치를 연말 단위이든 연중 단위이든 당해 연도의 구매력으로 표시하자는 것이다. 이렇게 하면 모든 화폐가치가 동일한 구매력 기준으로 표시되기 때문에 이를 불변가치회계(constant dollar accounting) 또는 일반(전반)물가수준회계라 한다.

모든 화폐가치는 동일한 구매력을 나타낸다고 보기 때문에 이렇게 조정된 숫자를 서로 합산하거나 차감하는 것은 논리적으로 가능하다. 수학적으로 숫자는 차원이 같지 않다면 덧셈이나 뺄셈을 할 수 없다. 예컨대 미국의 $1와 홍콩의 $1를 합산하여 $2로 표시한다면 이를 수긍할 사람이 없을 것이다.

재무제표와 관련하여 인플레이션 문제는 결국 측정단위에 영향을 미치는 문제로 귀결된다. 즉, 서로 다른 연도의 측정치를 비교가능하게 하려면 적절한 수정이 이루어져야 하는데, 이는 수학적 문제(계산의 문제)이다. 이는 취득원가나 현행원가, 또는 산출가치 중에서 어떠한 모형을 선택할 것인가 하는 측정속성을 결정하는 문제와는 근본적으로 다른 측정단위의 문제이다.

3.3.3 일반물가조정과 현행원가의 관계

현행원가회계나 산출가치회계를 가끔 인플레이션 회계라고 부르고 있는데, 이는 정확한 표현이 아니다. 인플레이션은 일반물가수준(이를 전반물가수준이라고도 부름)의 상승을 의미하는 것에 반하여 현행원가와 산출가치 회계는 주로 개별자산의 가격변화에 관심을 두고 있다. 자산의 개별가격은 일반물가와 동일한 방향으로 움직일 수 있지만 그렇지 않을 수도 있다. 또한 동일한 방향으로 움직이더라도 변화율이 같지 않은 것이 일반적이다. 이와 같이 일반물가수준회계에서의 조정은 일반물가수준의 변화를 반영하는 것이며 측정단위의 문제를 내포하고 있다. 즉, 화폐의 수량인 명목단위에서 질적 단위인 구매력단위로 통일시키자는 데 목적이 있다.

반면에 산출가치와 현행원가 회계에서의 조정은 측정단위와 관련 있는 것이 아니라 특정 자산의 경제적 가치와 관련이 있다. 즉, 현행원가회계를 인플레이션 문제에 대한 해결책이라고 하는 것은 본질을 잘못 이해하고 있는 것이다. 비록 현행원가회계에 의한 당해 연도 재무제표의 수치는 다소 비교가능한 정보를 제공할 수 있겠지만 이러한 수치는 측정단위가 다른 전년도 수치와 비교가능한 의미를 제공하지는 않는다. 왜냐하면 여전히 측정단위의 문제를 해결하지 못하고 있기 때문이다.[7)]

일반물가수준에 의한 조정은 경제적 가치를 나타내는 데 사용한 가격의 선택, 즉 취득원가나 현행원가를 변화시키지 않는다. 다만 측정단위만을 변화시키는 것이다. 예를 들어 토지를 일반물가지수가 100일 때인 20×0년에 ₩100,000을 지급하고 취득하여 일반물가지수가 150인 20×5년에 ₩220,000에 처분하였다고 하자. 명목단위를 사용할 때 이득은 다음과 같이 계산된다.

20×5년도 처분가액	₩220,000
20×0년도의 원가	100,000
이 득	₩120,000

7) 예를 들어 전년도 ₩10,000으로 측정된 A자산의 현행원가가 ₩12,000이 되어 A자산을 ₩12,000으로 측정했다고 하자. 이 경우 ₩2,000의 측정액 증가는 인플레이션 요인(구매력 요인)과 개별자산의 상대적 가치변화 요인을 합한 것이 된다. 따라서 현행원가회계는 구매력의 변화에서 생기는 측정단위의 문제를 해결하지 못한다.

만약, 구매력단위를 사용한다면 이득은 다음과 같이 계산된다.

20×5년도 처분가액	₩220,000
20×5년도의 구매력단위로 수정한 원가(= ₩100,000 × 150/100)	150,000
이 득(실질)	₩70,000

₩120,000의 이득 중에서 ₩70,000만큼이 실질이득이고 ₩50,000은 인플레이션(즉, 측정잣대의 길이의 변화)으로 인한 가공이득(fictional gain)이다.

여기서 ₩150,000은 여전히 취득원가임에 주의해야 한다. 그러나 이는 취득원가를 명목단위가 아닌 구매력단위로 재측정한 금액이다. 이것은 높이가 66피트인 건물을 20미터의 건물로 번역하는 것과 유사하다. 즉, 숫자는 다르지만 같은 길이를 나타내고 있다. 마찬가지로 구매력단위로 전환하는 것은 항목의 가치변화를 반영하는 것이 아니라 화폐가치를 나타내는 측정단위만을 변화시키는 것이다.

이익은 측정단위에 의해서가 아니라 자산이나 부채의 가치변화에서 발생한다. 그렇다면 명목단위에서 구매력단위로 변화시키면 왜 구매력 이득이나 손실이 발생하여 이를 이익에 포함시키는지에 대해 이해할 필요가 있다. 명목단위에서 구매력단위로 전환하는 것은 자산이나 부채의 가치변환은 없지만 측정단위인 화폐가치의 변화를 나타낸다. 따라서 변경된 화폐가치로의 수정에서 나타나는 손익(화폐가치의 변경효과)은 이익에 포함되어야 한다. 즉, 명목단위를 경제적 가치의 측정단위인 구매력단위로 수정하는 과정에서 화폐가치의 변화에 따른 구매력단위의 변화는 자산과 부채의 가치변화처럼 이익에 포함되어야 한다.

아주 오래된 19세기 말의 회계이론 교과서에도 재산의 가치는 구매력에 의해 결정된다고 하였다. 그럼에도 명목단위를 사용하는 이유는 간편성에 있으며 구매력단위의 변화는 미미하여 무시할 정도라고 간주되어 왔다. 명목단위에서 구매력단위로의 전환은 화폐 측정단위의 수정을 나타내며, 이러한 수정에 따른 측정단위(구매력단위)의 가치변화는 당연히 이익에 포함된다.

3.3.4 일반물가수준 조정에 대한 반대의견

일반물가수준에 의한 조정은 수학적 문제(계산의 문제)를 바로잡는 것이다. 따라서 그러한 절차에 반대하는 논리적 근거를 제시하기 쉽지 않다. 그러나 구매력단위를 사용하는 것에 반대하는 의견도 많이 있다.

첫 번째는 결과에 대한 의미를 혼동하고 이해를 제대로 하지 못한다는 이유로 반대하고 있다. 회계담당자뿐만 아니라 일반적인 정보이용자들은 구매력단위라는 용어에 익숙하지 않고, 그 결과가 현행가치를 나타내고 있다고 오해하고 있다는 것이다. 영국에서는 1975년도에 의무는 아니지만 일반물가수준으로 조정한 재무제표를 공시할 것을 권고한 바 있다. 그 이후 많은 기업에서는 공시를 포기하였는데, 주된 이유 중의 하나가 정보이용자들을 혼동시킨다는 데 있었다. 그러나 시간을 갖고 이에 대한 적절한 해석을 교육시킨다면 이에 의한 공시가 유용할 수도 있다는 의견이 있다.

두 번째 반대이유는 일반물가수준으로 수정하는 데 소요되는 원가 때문이다. 초기에 일반물가수준으로 수정하는 일에는 추가적인 원가가 발생된다는 점을 부인할 수 없다. 그러나 그 원가는 기간이 경과함에 따라 점차 감소할 것으로 예상하고 있다.

세 번째 반대이유는 일반물가수준으로 적절한 지수를 선택하는 데 발생되는 문제점 때문이다. 일반물가수준을 나타내는 지수로 국내총생산(Gross Domestic Product : GDP), 소비자물가지수(Consumer Price Index : CPI), 투자지수(Investment Prices Index) 등이 거론되어 왔다. 그러나 이 중에서 모든 재화나 용역의 가격변동을 가장 잘 나타내는 지표가 무엇인지에 대한 일치된 견해가 없다. 따라서 적절한 지수의 선택에 어려움이 있으며, 또한 선정된 지수라도 모든 기업에 적합한 것은 아니다.

네 번째는 일반물가수준으로 조정한 정보는 정보이용자에게 유용하지 않다는 이유로 반대하고 있다. 그동안 일반물가수준으로 조정한 정보가 유용한지에 대한 실증연구가 많이 이루어져 왔다. 이에 대한 실증적 연구결과는 대체로 부정적이다.

일반물가수준에 대한 이상의 문제점에 대해 Whittington은 두 가지로 요약하고 있다.[8] 하나는 일반물가수준으로 조정한 취득원가는 자산이나 부채의 가치를 평가하는 방법으로 적절하지 않다는 것이며, 다른 하나는 일반물가수준에 의한 조정은 개별 주주의 삶(일상생활)에서의 원가변화와 기업이 자본을 유지하기 위해 필요하다고 생각되는 재화의 원가변화를 제대로 반영하지 못하고 있다는 점이다.

3.4 가치변화의 측정 문제

과거에 회계담당자는 이익으로 간주되는 가치변화를 나타내는 외부거래에 의한 이익측정을 더 선호하였으나, 경제학자들은 외부거래에 의해 증명할 수 없더라도 가치의 증가(감소)에 의한 이익측정에 더 큰 의미를 두었다. 현재에는 회계담당자도 이익결정의 필요조건에 외부와의 거래가 필수적이지 않다는 것을 인정하여, 외부와의 거래가 없더라도 가치의 변동을 수익으로 기록할 수 있게 하였다. 즉, 거래에 근거하지 않고도 이익의 요소를 기록하고 있다. 이에 대한 예로는 외화환산손익, 생물자산의 순실현가능가치의 증가, 관계기업에 대한 이익지분 등을 들 수 있다.

FASB의 이익에 대한 정의 중 '거래나 기타 사건 또는 상황'이라는 표현이 있다. FASB에서는 SFAC No. 6, 문단 60에서 '가격변화와 재난, 기업과 경제적 · 법적 · 사회적 · 정치적 · 물리적 환경 사이의 기타 상호작용효과'라고 언급한 것은 외부와의 거래만을 고집하지 않는다는 뜻이라고 하였다. 그러나 포괄손익계산서에 외부와의 거래가 없이 발생하는 미실현이익을 보고하는 것은 전통적으로 사용해 온 원칙에 위배된다. 회계담당자는 포괄손익계산서에 이득이나 손실을 인식하기 전에 거래가 있었는가를 요구하고 있다. 사실 시장가치의 증가를 이익으로 보고하는 문제점 중의 하나는 보고이익의 변동성이 매우 심하다는 데 있다.

기업들이 포괄손익계산서에 미실현이익의 인식을 탐탁지 않게 생각하고 있는 것은 매우 흥미로운 일이다. 호주에서는 연금산업에 종사하는 기업들이 순시장가치회계(net market value accounting)를 도입하는 것에 반대한 바 있다. 순시장가치회계의 주된 특징은 투자로 인한 가치의 변동을 포괄손익계산서의 영업이익에 포함시키자는 것이었다. 또한 보험업계와 은행에서도 시장가치의 변화

8) G. Whittington, *Inflation Accounting: An Introduction to the Debate*, Cambridge: Cambridge University Press, 1983, p. 84.

는 재무성과에 너무나 커다란 영향을 미치며, 또한 증가된 이익의 변동성은 금융기관에 대한 신뢰성을 감소시킨다는 이유에서 순시장가치회계를 반대하였다.

이익은 소유주에 의한 투자와 소유주에 대한 배분을 제외하고 기말자본에서 기초자본을 차감하여 계산된다. 이러한 이익측정방법을 순자산비교법이라 한다. 그런데 정보이용자들은 보다 자세한 정보를 원하기 때문에 회계담당자들은 이익의 일반적 정의를 수익과 비용, 이득 및 손실 등에 의해 실무적으로 해석할 수밖에 없었다. 그러나 이러한 거래접근법에 의한 이익측정을 자본유지개념과 대조시키는 것은 오해의 소지가 있다. 즉, 이익측정방법인 거래접근법은 자본유지가 아닌 가치변화와 대조된다. 이익을 계산할 때에는 순자산비교법이든 거래접근법이든 항상 자본유지개념을 도입해야 한다. 왜냐하면 이익은 기초자본을 초과하는 자본의 증가액이기 때문이다.

불확실한 상황에서 회계담당자들은 주어진 기간에 언제, 얼마의 이익을 기록해야 하는지를 알고자 한다. 이러한 목적으로 여러 가지 원칙이 개발되었는데, 이에 관한 원칙이 수익인식의 원칙과 수익·비용 대응의 원칙 등이다. 이에 대해서는 제9장과 제10장에서 상세히 설명한다.

4. 각 모형하의 이익 계산

이익을 기초자본을 유지하고 난 뒤에 기말에 배분할 수 있는 금액으로 정의하고 지금까지 살펴본 대체적 방법에 의한 이익 계산에 대해 알아보도록 하자. 즉, 이익은 가치와 자본 및 측정단위로 어떠한 개념이나 기준을 사용하느냐에 따라 달리 계산된다. 각 모형의 이익을 계산하기 위해 다음의 자료를 이용하기로 한다.[9)]

하나회사는 20×1년도에 설립되었는데, 20×3년 1월 1일의 재무상태표가 다음과 같다고 하자.

---

9) 가치개념, 자본유지개념, 그리고 측정단위 각각의 결합에 따라 다양한 모형이 제시될 수 있는데, 본서에서는 4개 모형에 대해서만 다룬다.

재무상태표

하나회사	20×3년 1월 1일 현재		(단위 : 원)
자 산 :		부채와 자본 :	
현 금	₩80,000	사 채	₩40,000
매 출 채 권	60,000	자 본 금	100,000
설 비 자 산	50,000	주식발행초과금	20,000
감가상각누계액	(10,000)	이익잉여금	20,000
자산총계	₩180,000	부채와자본총계	₩180,000

20×3년 1월 2일 하나회사는 설비자산을 ₩40,000의 현금을 지급하고 추가로 취득하였는데, 이것의 내용연수는 10년이고 잔존가치는 없다고 한다. 20×3년도에 하나회사는 10,000단위의 재고자산을 취득하였는데 그 자료는 다음과 같다.

- 일반물가지수가 220일 때 단위당 ₩2씩 3,000단위
- 일반물가지수가 227일 때 단위당 ₩3씩 3,000단위
- 일반물가지수가 232일 때 단위당 ₩4씩 4,000단위

감가상각비를 제외한 영업비용은 연간 균등하게 발생하였으며, 그 금액은 ₩21,000이다. 이 중 ₩5,000은 연말에 미지급상태로 남아 있다. 하나회사는 연간 6,000단위의 재고자산을 평균가격 ₩9에 연간 균등하게 판매하였다. 원가흐름가정은 선입선출법을 가정하고 판매한 재고자산의 평균현행원가는 단위당 ₩3이라고 가정한다.

연말 재고자산의 현행원가는 단위당 ₩4이며, 하나회사는 재고자산의 판매가격을 단위당 ₩10으로 올리기로 결정하였다. 20×3년 12월 31일 현재 20×3년 1월 2일에 구입한 신설비자산의 현행대체원가는 ₩48,000이다. 구설비자산은 20×1년도에 ₩50,000에 취득한 것으로서 내용연수는 10년이고 잔존가치는 없으며 이 당시 일반물가지수는 180이다. 구설비자산의 20×3년초 현행원가는 ₩60,000이며 연말의 현행원가는 ₩62,000이다. 감가상각방법은 정액법을 사용하고 법인세는 무시한다. 20×3년도 일반물가지수에 관한 자료는 다음과 같다.

20×3년초 : 220 20×3년말 : 235 20×3년 평균 : 227

4.1 모형 1

모형 1에 의한 이익 계산의 특징은 다음과 같다.

> 가치 : 취득원가, 자본 : 재무자본, 단위 : 명목단위

이상의 속성을 갖는 모형을 취득원가 모형(역사적 또는 전통적 회계 모형)이라 하는데, 이때의 이익은 다음과 같이 계산된다.

매 출	(6,000×₩9)		₩54,000
매출원가 :	3,000×₩2	₩6,000	
	3,000×₩3	9,000	15,000
매출총이익			39,000
영업비용 :			
감가상각비		9,000	
기타비용		21,000	30,000
이 익			₩9,000

4.2 모형 2

모형 2에 의한 이익 계산의 특징은 다음과 같다.

> 가치 : 취득원가, 자본 : 재무자본, 단위 : 구매력단위(연평균)

이상의 속성을 갖는 모형을 일반물가수준회계(또는 전반물가수준회계)라 하는데, 이때의 이익은 다음과 같이 계산된다.

매 출	(₩54,000×227/227)		₩54,000
매 출 원 가 :	3,000×₩2×227/220	₩6,191	
	3,000×₩3×227/227	9,000	15,191
매출총이익			38,809
영 업 비 용 :			
감가상각비	₩5,000×227/180	6,306	
	₩4,000×227/220	4,127	
기 타 비 용	₩21,000×227/227	21,000	31,433
구매력손실전이익			7,376
구매력손실			4,174
이 익			₩3,202

구매력손실은 다음과 같이 계산한다.

	명목단위		구매력단위
순화폐성자산 :			
기 초 잔 액	₩100,000*	×227/220=	₩103,182
증 가 :			
매 출	54,000	×227/227=	54,000
합 계	154,000		157,182
감 소 :			
설비자산 취득	40,000	×227/220=	41,273
재고자산 매입	6,000	×227/220=	6,191
	9,000	×227/227=	9,000
	16,000	×227/232=	15,655
기 타 비 용	21,000	×227/227=	21,000
감소합계	92,000		93,119
기 말 잔 액	₩62,000		64,063
	₩62,000	×227/235=	59,889
구매력손실			₩4,174

* 현금(₩80,000)+매출채권(₩60,000)−사채(₩40,000)

구매력 이득이나 손실은 화폐성 자산과 부채를 보유함으로써 발생하게 된다. 화폐성 항목이란 물가변동과는 관계없이 보유하는 화폐단위 및 확정되었거나 결정가능한 화폐단위 수량으로 회수하거나 지급될 자산·부채를 말한다. 예를 들어 현금과 매출채권, 대여금, 매입채무, 차입금, 현금으로 지급하는 충당부채 등이 화폐성 항목에 속한다. 반면, 비화폐성 항목은 자산으로부터 회수할 금액이나 부채의 지급금액이 일정 화폐단위로 고정할 수 없는 항목이다. 예를 들어, 재화와 용역에 대한 선급금, 재고자산, 유형자산, 무형자산, 비화폐성 자산의 인도에 의해 상환되는 충당부채 등이 비화폐성 항목에 속한다.

위 예에서 현금과 매출채권, 사채는 화폐성 항목이다. 일반물가수준이 상승할 경우 화폐성 부채보다 화폐성 자산을 더 많이 보유하고 있으면 구매력손실이 발생하고, 화폐성 자산보다 화폐성 부채를 더 많이 보유하고 있으면 구매력이득이 발생한다. 즉, 구매력 이득이나 손실은 화폐의 구매력이 변동될 때 화폐성 항목을 보유함으로써 발생하는 일종의 보유손익이다. 본 예에서는 물가가 상승하는 상황에서 조정 전 화폐성 항목의 잔액이 차변잔액이고, 조정 후에도 차변잔액이기 때문에 구매력손실이 발생한 것이다.

구매력단위로 표시한 포괄손익계산서는 항목들의 진실가치를 나타낸다. 왜냐하면 측정잣대의 왜곡으로 발생하는 가공요소(fictional element)가 제거되었기 때문이다. 그러나 일반물가수준으로 조정한 결과가 현행가치를 나타내지는 않는다. 그 수치들은 현행구매력(연말이나 연중)을 나타낸다. 현행가치는 시장에서 결정된다. 즉, 매출원가로 표시된 ₩15,191은 여전히 취득원가이며 그 금액은 취득원가를 당해 연도 평균구매력으로 표시한 것이다.

4.3 모형 3

모형 3에 의한 이익 계산의 특징은 다음과 같다.

가치 : 현행원가, 자본 : 재무자본, 단위 : 명목단위

매　　출		₩54,000
매 출 원 가(6,000×₩3)		18,000
매출총이익		36,000
영 업 비 용 :		
감가상각비	₩10,500	
기 타 비 용	21,000	31,500
영 업 이 익		4,500
실현보유이득 :		
판매한 재고자산	3,000	
사용한 설비자산	1,500	4,500
실 현 이 익		9,000
미실현보유이득 : 설비자산		7,600
이　　익		₩16,600

취득원가 모형에서는 영업활동과 보유활동이 혼합되었다. 현행원가를 사용한다면 영업활동과 보유활동의 구분이 이루어진다. 영업활동은 이익을 얻기 위해 행하는 활동이며, 보유활동은 해당 기간 동안 보유하고 있던 비화폐성 자산의 가격변동과 관련이 있다. 이러한 가격변동은 보유이득 또는 보유손실을 발생시킨다. 가격변동은 실체의 통제범위 내에서 이루어지지 않는 것이 일반적인 반면, 영업활동은 기업의 경영자의 의사결정에 의해 이루어진다.

매출원가는 제품을 판매한 시점의 현행원가로 표시한다. 본 예에서는 연간 균등히 판매가 이루어졌다고 가정하였으므로 평균현행원가인 단위당 ₩3으로 표시된 것이다. 그리고 설비자산은 1년간 사용하였으며 용역잠재력이 균등한 율로 감소되었다고 가정한 것이다. 신설비자산에 대한 감가상각비는 평균현행원가인 ₩44,000[=1/2(₩40,000+₩48,000)]의 10%로 계산하였다. 구설비자산에 대한 감가상각비도 평균현행원가인 ₩61,000의 10%로 계산하였다.

당해 연도 동안 판매한 재고자산과 사용한 설비자산의 현행원가가 증가되었으므로 실현보유이득이 발생되었다. 설비자산과 관련된 보유이득은 설비자산이 이익을 창출하기 위한 기업의 사업활동에 사용되었다는 측면에서 실현된 것이다.

실현보유이득은 다음과 같이 계산한다.

판매한 재고자산에 대한 실현보유이득 :		
판매시점에서의 현행원가(6,000×₩3)		₩18,000
판매한 상품의 취득원가 :		
3,000×₩2	₩6,000	
3,000×₩3	9,000	15,000
실현보유이득		₩3,000

사용한 설비자산에 대한 실현보유이득 :	
현행원가에 의한 감가상각비	₩10,500
취득원가에 의한 감가상각비	9,000
실현보유이득	₩1,500

기말재고자산 4,000단위에 대해서는 가격변동이 이루어지지 않았으므로 미실현보유이득이 발생되지 않았다.

순액으로 표시한 설비자산의 현행원가와 취득원가의 차이가 당해 기간의 미실현보유이득이 아니다. 그 금액은 미실현보유이득을 누적시킨 금액과 일치한다. 그러므로 기말시점에서의 현행원가와 취득원가의 차이에서 기초시점의 현행원가와 취득원가의 차이를 차감한 금액이 당기의 미실현보유이득이다. 이를 정확히 표현하면 미실현보유이득변동분이다.

설비자산에 대한 미실현보유이득은 미래 사용과 관련되는 현행원가의 증가분이다. 신설비자산의 현행원가 증가액은 ₩8,000(=₩48,000−₩40,000)인데, 이 중 ₩400은 실현되었다. 그리고 현행원가 증가액 중 ₩400만큼을 추가로 차감하여 감가상각누계액계정으로 대체한다. 이는 설비자산의 현행원가에 맞게 잔액을 조정해 주기 위한 절차이다. 연말 신설비자산은 총액 ₩48,000에서 감가상각누계액 ₩4,400을 차감한 ₩43,600으로 표시된다. 그런데 감가상각비는 ₩48,000의 10%인 ₩4,800이 아니라 평균현행원가기준으로 계산하므로 ₩4,400이 된다. 따라서 총현행원가증가액 ₩8,000 중 ₩400은 실현이익으로 계상되고, 추가로 ₩400은 차감하여 감가상각누계액계정에 대체되어 연말미실현보유이득은 다음에서 보는 바와 같이 ₩7,200이 된다.

미실현보유이득은 다음과 같이 계산한다.

신설비자산에 대한 미실현보유이득 :

연말잔액 :		
현행원가(총액)	₩48,000	
(차감)감가상각누계액	4,800	₩43,200
취득원가	40,000	
(차감)감가상각누계액	4,000	36,000
연말미실현보유이득		7,200
연초잔액(차감) :		
현행원가(순액)	40,000	
취득원가(순액)	40,000	0
연간미실현보유이득		₩7,200

구설비자산에 대한 미실현보유이득 :

20×3년 기말잔액 :			
현행원가	₩62,000		
(차감)감가상각누계액(3년)	18,600	₩43,400	
취득원가	50,000		
(차감)감가상각누계액(3년)	15,000	35,000	
3년말 미실현보유이득 총액			₩8,400
20×3년 기초잔액(차감) :			
현행원가	60,000		
(차감)감가상각누계액(2년)	12,000	48,000	
취득원가	50,000		
(차감)감가상각누계액(2년)	10,000	40,000	
3년초 미실현보유이득 총액			8,000
20×3년도 미실현보유이득			₩400

모형 3에서 실현이익 ₩9,000이 취득원가 모형(모형 1)하에서의 이익과 동일함에 주의해야 한다. 왜냐하면, 취득원가 모형(모형 1)은 실현된 이익만을 순이익에 포함시키기 때문이다. 차이가 나타나는 것은 미실현보유이득이며 두 모형 모두 명목단위를 사용하므로 구매력손익은 나타나지 않는다.

4.4 모형 4

모형 4에 의한 이익 계산의 특징은 다음과 같다.

가치 : 현행원가, 자본 : 실물자본, 단위 : 명목단위

매 출		₩54,000
매출원가		18,000
매출총이익		36,000
영업비용 :		
감가상각비	₩10,500	
기타비용	21,000	31,500
배분가능이익		₩4,500
자본란의 자본유지조정 :		
재고자산		₩3,000
설비자산		9,100
		₩12,100

자본유지조정은 영업능력을 유지하기 위하여 당해 연도에 발생한 원가의 증가분이다. 그 금액은 모형 3에서 계산한 총보유이득과 동일하다.

4.5 각 모형의 비교

모형 1은 전통적 포괄손익계산서 그대로이다. 다른 모형과 가치, 자본 및 측정단위에서의 차이는 다음과 같다.

4.5.1 가 치

취득원가 대신에 현행원가를 사용하면 두 가지 주요 차이점이 발생한다. 첫째, 이익은 영업활동과 보유활동(실물자본 관점이라면 자본유지)으로 구분하여

계산한다. 둘째, 미실현보유손익(재무자본의 경우)을 포괄손익계산서에 포함시키는데, 이는 전통적인 수익인식기준에 위배된다.

만약 산출가치를 사용한다면 전통적인 이익가득과정 이외에 시장가치의 변화를 강조하게 된다. 그러나 여전히 매출액이나 매출원가, 비용계정의 용어 사용은 가능하다.

4.5.2 자 본

실물자본 관점을 채택한다면 현행원가를 반드시 선택해야 한다. 보유활동으로 인한 현행원가의 변화는 이익에서 제외하며 자본유지조정으로 간주한다. 이는 기업이 기말에 기초와 동일한 영업능력을 유지하기로 한다면 보유하고 있어야 할 금액을 나타낸다.

4.5.3 측정단위

불변단위를 사용한다면 구매력손익을 계산해야 한다. 이는 화폐성 항목을 보유함으로써 발생되는 구매력 가치의 변화이다. 포괄손익계산서의 금액은 가상이 아닌 실질(real) 금액이다.

익힘문제

1. 이익개념에 대해 설명하시오.

2. 이익측정에 있어서 가치의 종류와 개념에 대해 설명하시오.

3. 이익측정에 있어서 자본의 종류와 개념에 대해 설명하시오.

4. 이익측정에 있어서 단위의 종류와 개념에 대해 설명하시오.

5. 보유손익의 발생원인과 보고방법에 대해 설명하시오.

6. 미래가 확실한 상황과 불확실한 상황하에서의 이익 계산의 차이점은 무엇인가?

CHAPTER 9

수익의 본질과 인식

기업에서 수익만큼 중요한 항목을 찾기란 쉽지 않다. 왜냐하면 수익이 있어야 판매비와 관리비 및 금융비용 등을 부담할 수 있기 때문이다. 또한 수익은 기업의 재무성과를 측정하는 데에도 필수적이다. 왜냐하면 기업의 이익은 수익에 비용을 대응시켜 계산하기 때문이다. 따라서 수익에 포함시켜야 할 항목의 결정과 수익을 어느 기간의 수익으로 보고해야 할 것인가를 결정하는 문제가 중요하다. 그런데 수익의 인식은 그리 쉬운 문제가 아니다. 지금까지 수익은 실현주의에 의해 인식해 왔지만 이를 실무에 획일적으로 적용하는 데에는 문제점이 있다. 왜냐하면 기업의 성격에 따라 수익인식기준의 적용에 차이가 있기 때문이다. 본 장에서는 수익의 본질과 인식에 대해 다루기로 한다.

1. 수익의 본질

1.1 수익의 정의

수익을 정의하기 위해 먼저 수익을 창출하는 요소를 검토해 보기로 하자. 앞장에서 검토한 이상적 상황은 가정의 비현실성으로 인하여 현실에 적용하지는 못하지만 몇 가지 중요한 사실을 시사하고 있다. 수익은 자산과 자본 가치의 증가와 관련이 있으며 그 증가는 결과적으로 현금과 관련된다는 점이다. 사업활동(기업활동)으로 인한 현금유입은 주로 기업이 제품을 생산하고 판매함으로써 이루어진다. 따라서 우리는 사업활동과 관련된 두 가지 흐름을 확인할 수 있는데, 하나는 물량흐름이고 다른 하나는 화폐흐름이다.

물량흐름은 생산물을 생산하고 판매하는 사건을 포함하는데, 그 대상은 생산물 또는 제품 그 자체이다. 화폐흐름은 기업의 생산물을 생산하여 고객에게 판매함으로써 기업의 가치를 증가시키는 활동을 포함한다. 화폐흐름과 관련된 대상은 생산하여 판매한 자산의 화폐금액이다. 이들 모두가 수익과 관련이 있다. 그러면 수익의 본질적인 부분을 구성하는 것은 무엇일까?

앞장의 이상적 상황에서 알 수 있듯이 수익은 대상(objects)이 아니라 사건(증가 또는 흐름)이라는 점은 분명하다. 또한 수익이 화폐가치라는 점도 확실하다. 자산은 경제적 대상(물체)이지만 수익은 자산가치의 증가와 관련이 있다. 이상적 상황의 사례가 시사하고 있듯이 수익은 기업에 있어서 생산물의 생산과 판매로 유발되는 가치증가의 화폐적 사건(흐름)과 관련이 있다. 이는 Paton과 Littleton이 수익을 '기업의 생산물'로 정의한 것과는 다르다. Paton과 Littleton은 비록 수익은 종국적으로 고객으로부터의 자금흐름에 의해 표시된다고는 했지만 자금흐름보다는 물량의 흐름에 기초하여 수익을 정의한 듯하다.[1]

IAS 18(수익) 문단 7에 의하면 수익은 흐름특성을 갖는 것으로서 다음과 같이 정의된다.

---

1) W. Paton and A. C. Littleton, *An Introduction to Corporate Accounting Standards*, Florida: AAA, 1940, pp. 46-47.

"자본참여자의 출자 관련 증가분을 제외한 자본의 증가를 수반하는 것으로서 회계기간의 정상적인 활동에서 발생하는 경제적 효익의 총유입"

또한 2019년에 발표된 IASB의 개념체계 제4장에서는 수익에 대해 다음과 같이 정의하고 있다.

"수익은 자산의 증가 또는 부채의 감소로서 자본의 증가를 가져오며, 자본청구권 보유자의 출자와 관련된 것을 제외한다." [문단 4.68]

"광의의 수익의 정의에는 수익과 차익이 모두 포함된다. 수익은 기업의 정상영업활동의 일환으로 발생하며 매출액, 수수료수익, 이자수익, 배당수익, 로열티수익 및 임대료수익 등 다양한 명칭으로 구분된다." [문단 4.29]

한편, FASB에서는 수익(revenue)을 다음과 같이 정의하고 있다.[2)]

"수익은 일정 기간 동안 실체의 계속적인 주요 또는 중심 활동으로 인한 재화의 인도와 생산, 용역의 제공 또는 기타활동으로 나타나는 자산의 유입액이나 증가액 또는 부채의 청산액이다."

IASB의 개념체계에서 수익의 정의와 FASB의 수익의 정의는 실체의 계속적인 주요 또는 중심 활동으로 인한 자산의 유입 또는 증가에 중점을 둔 점에서 서로 일치하고 있다. 수익에 의해 수취하거나 증가된 자산으로는 현금, 매출채권, 제공한 재화나 용역의 교환으로 받은 재화나 용역 등이 있다. 수익의 정의에서 명시하였듯이 수익은 부채의 청산으로도 발생될 수 있다.

IASB의 개념체계에서 광의의 수익(income)에는 수익과 이득(gain)이 포함되므로 이득에 대한 설명도 필요하다.[3)] 광의의 수익 개념에 포함되는 이득은

2) FASB, "Elements of Financial Statements," *Statement of Financial Accounting Concepts No. 6*(December 1985).

3) 수익에 대한 영문자로 IASB는 'Income'을 사용하고 FASB에서는 'Revenue'를 사용하고 있다. 그리고 이득은 차익과 동일한 의미로 사용되며, 손실은 차손과 동일한 의미로 사용된다. '개념체계'에 따르면 'income'은 'revenue'와 'gains'를 포함하는 '광의의 수익' 개념이고, 한국채택국제회계기준에서는 'income'과 'revenue'를 동일하게 '수익'으로 번역하고 'gains'를 '차익 또는 이익'으로 번역함을 원칙

정상적인 활동에서 발생할 수도 있고 그렇지 않을 수도 있다. 이득은 미래 경제적 효익을 나타내기 때문에 광의의 수익에 포함시키는데, 본질면에서는 수익과 차이가 없다. 이런 이유로 IASB의 개념체계에서는 이득을 광의의 수익개념에 포함시킨 것이다. 한편 광의의 수익에 대한 정의에는 미실현이득이 포함되기도 한다.

IASB의 입장과는 달리 FASB에서는 수익과 이득 모두를 이익결정에는 포함시키지만 그 의미는 구별하고 있다. FASB는 이득을 부차적 또는 부수적 활동으로 인한 순자산의 증가를 의미하는 것으로 정의했는데, 이는 대부분 기업이 통제할 수 없는 사건으로부터 발생한다. 반면에 수익은 계속적인 주요 또는 중심 활동으로 인한 순자산의 증가를 뜻한다. 그러나 수익과 이득의 인식과 측정에 있어서 동일한 원칙을 따르지 않을 이유는 없어 보인다. 수익과 이득은 근본적으로 순자산의 증가를 초래하는 것이며, 따라서 동일하게 취급한다고 해서 문제가 발생하는 것은 아니다.

1.2 수익의 행동과학적 관점

앞서 살펴보았듯이 수익은 소유주의 추가출자를 제외한 자산과 자본 가치의 총증가액(부채의 감소액)을 나타낸다. 이러한 가치 증가는 보통 기업이 특정 활동을 수행함으로써 발생되는데, 이를 달리 표현하면 기업의 성과라고 할 수 있다. 즉, 일반적으로 수익은 실체가 수익이 발생할 수 있는 무엇인가를 행하였기 때문에 발생된다.

수익은 단순히 화폐금액의 합이 아니며, 기업의 성과를 나타낸다. 즉, 이익추구활동으로 인한 실체의 총성과를 나타내는 측정치이다. 비용을 기업이 행한 노력의 측정치라 할 때 이익은 수익과 비용의 대응을 통해 계산된다. 수익이 기업활동의 총성과라면 이익은 기업활동의 순성과라 할 수 있다. 이처럼 수익과 비용 및 이익이 기업활동에서 발생한다고 보고 기업활동의 관점에서 수익과 비용 및 이익을 정의하는 것을 행동과학적 관점이라 한다.

유사한 맥락으로 Bedford도 이익이 단순히 회계처리방법의 결과가 아닌

으로 하였다. 다만, 'income'과 'revenue' 두 개의 용어를 명확하게 구분할 필요가 있는 경우 'income'은 '(광의의) 수익'으로 번역하였다.

실체가 수행한 활동으로 정의된다고 하고, 수익과 이익의 행동과학적 관점을 강조하였다.[4] Bedford에 따르면 이익은 계획된 영업활동으로부터 발생한다. 따라서 기업활동(행동)과 관련이 없는 특정한 가치의 증가나 감소는 제외된다. 예컨대 국가로부터 보조금을 받는 행위는 수익을 발생시키는 사업활동이 아니므로 수익에서 제외시킨다.

Myers는 수익 및 이익의 개념은 특정한 결정적 사건과 기업의 경영자가 행한 의사결정과 관련이 있다고 하였다.[5] 그는 이익은 거래과정 중에 가장 결정적인 의사결정을 한 시점이나 가장 어려운 과업을 수행했을 때 가득된다고 주장하였다. 이러한 시점이나 과업을 결정적 사건(critical or crucial event)이라 한다. 그러나 그는 결정적 사건의 시점은 사업의 성격에 따라 서로 다를 수 있다는 점을 강조하였다. 예를 들어, 제조기업의 경우에 결정적 사건은 제품의 판매로 볼 수 있다. 반면에 금융기관에서는 대출해 주기로 한 의사결정을 결정적 사건으로 볼 수 있을 것이다. 이렇게 결정적 사건에 대해 실무에서 서로 일치되지 않더라도 Myers의 결정적 사건 개념은 회계담당자가 수익을 인식해야 할 시점을 결정하는 데 유용한 면이 있다.

수익과 이익은 기업이 행하는 무엇인가가 있기 때문에 발생한다는 것은 자명한 사실이다. 일반적으로 기업이 이익을 얻기 위해 행하는 모든 활동을 이익과정(earning process)이라 한다. 일반적인 제조기업의 이익과정을 나타내면 자료 9-1 과 같다.

수익에 대한 FASB의 정의는 앞서 언급한 이론적 견해와 일치하고 있다. 즉, 수익이 고객에게 판매한 매출액만이라고 규정하고 있지 않다. 수익을 정의하는 일은 실무에서 그것을 인식(기록)하기 위한 첫 번째 조건이 된다. 실

자료 9-1 제조기업의 이익과정

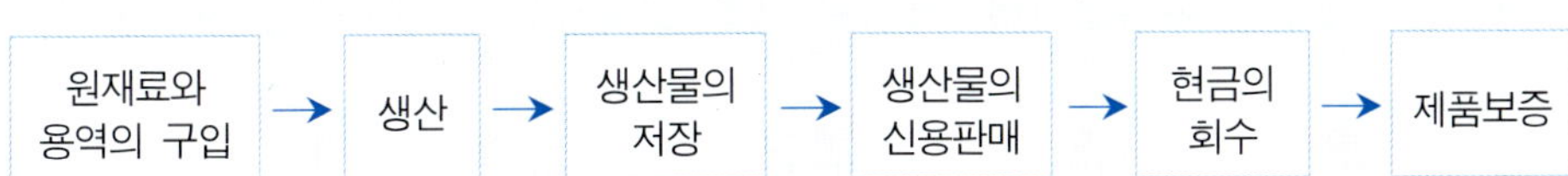

4) N. Bedford, *Income Determination Theory: An Accounting Framework,* Kansas: Addison-Wesley, 1965.

5) J. Myers, "The Critical Event and Recognition of Net Profit," *The Accounting Review*(October 1959).

무에서 수익을 식별하고 그 금액을 객관적으로 인식하기 위해서는 정의에 기초하여 도출된 일련의 규칙이 필요하다. 우선 수익의 정의를 내리고 정의에 근거하여 실무에서 수익을 인식하는 일련의 규칙을 만들 필요가 있다.

2. 수익의 인식

2.1 역사적 관점

19세기만 하더라도 사업으로 인한 이익은 순재산(순가치, net worth)의 증가로 결정하였다. Chatfield는 이익은 대체원가회계모형을 회계정책으로 적용하거나, 자산을 주기적으로 평가하는 방법에 의해 이루어진다고 서술하고 있다.[6] 현재 널리 사용되고 있는 실현이나 인식 원칙이 처음부터 표준적인 회계실무의 일부분으로 자리잡고 있었던 것은 아니다. 이에 대해 May는 다음과 같이 서술한 바 있다.[7]

> "회계와 법률 및 경제 문헌을 검토해 보면 실현공준은 제1차 세계대전 이전에는 없었던 것 같다. 1913년에 영국과 미국의 이 분야의 권위 있는 선도적 기관들은 이익의 개념으로 순재산의 증가에 동의한 것처럼 보인다."

순재산의 증가를 이익으로 보는 관점은 점차 이익은 실현되어야 한다는 사고로 바뀌게 되었다. 이러한 변화는 특수한 용도로 사용할 목적으로 기업이 보유하고 있는 비유동자산이 제1차 세계대전과 1930년 사이에 엄청나게 증가되었기 때문에 발생하였다. 이러한 특수한 용도의 자산가치를 결정하는 것은 어려운 일이며, 자산가치의 변화를 계산하는 것은 더욱더 어려운 일이다.

수익을 인식하기에 앞서 자본과 이익의 구별이 선행되어야 한다. 20세기 초부터 자본에 대해서는 과세를 해서는 안 된다고 하면서 자본과 이익을 구

6) M. Chatfield, *A History of Accounting Thought*, Illinois: Krieger, 1977, p. 257.
7) G. May, "Business income," *Accountant*(September 1950), p. 316.

분하려는 노력이 있어 왔다. 이에 대해서는 1919년에 이미 미국의 대법원에서 입장을 표명한 바 있다.

"자본과 이익의 근본적인 관계에 대해서는 경제학자들간에 많은 논의가 있어 왔는데, 전자는 나무나 토지와 연결되고 후자는 과일이나 수확물과 연관되어 있다. 전자는 샘으로부터 공급되는 저장소로 묘사되며 후자는 일정한 기간 동안 흐름으로 측정되는 것으로서 방출량으로 묘사된다."

또한 미국의 대법원에서는 수익의 인식에 대해서도 판례를 제시하였는데, 그 내용은 다음과 같다.

"수익이 실현되어야 한다는 것은 필수적이다. 잠재력만으로는 충분하지 않다. 수익은 반드시 분리와 실현을 의미한다. 숲속의 수목이 성장하는 것은 그것을 베기 전에는 수익이 아니다. 사회의 성장이나 번영으로 인한 토지가치의 증가는 그것이 실현되기 전에는 수익이 아니다. 투자가 관련되는 한 분리되거나 이득을 실현하기 전에는 수익이 아니다."

호주에서도 이익과 자본을 구분하는 두 가지 사례가 Ryan에 의해 잘 요약되어 있다.[8] 두 가지 사례 모두 외화환산과 관련이 있다. 첫 번째는 호주의 기업이 필요한 자본을 조달하기 위해 미국의 금융기관으로부터 자금을 빌린 사례이다. 후에 빌린 자금을 상환할 때 호주의 기업은 호주의 화폐가치가 미국에 비해 높게 평가되어 이득을 보았다. 호주의 법원은 이러한 이득을 자본으로 판결하였다. 왜냐하면 그 이득이 차입의 주된 목적인 기업을 강하게 하기 위한 것에서 발생한 것이지 규칙적인 이익을 얻기 위한 기업의 정상적인 영업활동에서 발생한 것이 아니기 때문이다.

두 번째 사례는 위에서와는 달리 외화환산이익이 이익의 구성요소가 된다는 판결이었다. 왜냐하면 이때의 이득(외화환산이익)은 전년도에 인도한 재화의 대금결제의 결과로 발생되었기 때문이다. 이때의 이득은 기업의 무역활동으로 인한 반대급부라는 것이다.

---

8) K. Ryan, *Manual of the Law of Income Tax in Australia*, Melbourne: Law Book Co., 1980.

이익은 교환거래의 결과물로 자본과 구분되고 분리되어야 한다는 원칙은 법률적인 관점에서는 아직도 우세한 것 같다. 그러나 회계담당자들은 외화환산이익을 수익으로 간주하는 것에 거리낌이 없는 것 같다. IAS 21(환율변동효과)에서는 외화자산이나 외화부채로 인한 대부분의 외화환산손익은 발생한 기간의 이득이나 손실로 인식하도록 하였다.

미국에서는 1920년대 평가의 남용이 1930년대의 경제대공황을 초래하는데 일조했다고 생각한다. 당시 기업들이 그들의 자산가치를 지나치게 과대평가하는 것을 허용하여 대공황이 발생된 것으로 생각하고 있기 때문에 이러한 재난에 대해 회계전문기구가 일부 책임을 져야 한다는 여론이 들끓었다. 이러한 비난에 직면하게 되자 회계담당자들은 보수주의적인 태도를 취하였으며 이러한 방어적 자세의 결과로 실현주의가 생겨났다. Chatfield는 실현이란 용어를 최초로 권위 있게 사용한 시점은 1932년이라고 지적하였다. 이 당시 수익의 인식에 있어서 실현기준을 지지하고 시가에 의한 자산평가방법을 반대하였다. 이후에도 미국에서는 시가에 의한 평가를 일부 도입하지만 보수적인 관점을 견지한다. 비유동자산의 손상차손은 인식하지만 재평가이익은 허용하지 않으려 한다.

2.2 수익인식기준

재무보고를 위한 개념체계에서는 수익을 자본청구권 보유자의 출자를 제외한 자본의 증가를 가져오는 것으로 정의하고 있으며, 자본의 증가는 자산의 증가나 부채의 감소 결과로 나타난다. 따라서 수익은 자산이나 부채의 인식과정과 연계되어 인식된다. 수익은 자산이나 부채의 인식과정에서 자본의 변동을 가져오게 되며 그 과정에서 인식된다. 기초와 기말의 총자본의 변화를 연계하는 과정에서 수익과 비용(이익)이 인식되게 된다. 재무보고를 위한 개념체계에서는 이러한 재무제표요소의 인식에 따라 재무제표요소, 재무상태표 및 재무성과표의 연계과정을 자료 9-2 와 같이 표시하고 있다.

재무보고를 위한 개념체계에서는 이러한 연계관계에서 수익이 인식된다고 하고 있다. 개념체계 문단 5.4에서는 수익(비용)의 인식을 다음과 같이 기술하고 있다.

자료 9-2 **인식에 따라 재무제표요소들이 연계되는 방법**

보고기간 기초의 재무상태표	
자산－부채＝자본	
＋	
재무성과표	
수익－비용	자본의 변동
＋	
자본청구권 보유자로부터의 출자 －자본청구권 보유자에의 분배	
＝	
보고기간 기말의 재무상태표	
자산－부채＝자본	

출처 : 재무보고를 위한 개념체계 문단 5.4의 그림 5.1

하나의 항목(또는 장부금액의 변동)의 인식은 하나 이상의 다른 항목(또는 하나 이상의 다른 항목의 장부금액의 변동)의 인식 또는 제거가 필요하기 때문에 재무제표들은 예를 들어 다음과 같이 연계된다.

(1) 수익의 인식은 다음과 동시에 발생한다.

(가) 자산의 최초인식 또는 자산의 장부금액의 증가

(나) 부채의 제거 또는 부채의 장부금액의 감소

(2) 비용의 인식은 다음과 동시에 발생한다.

(가) 부채의 최초인식 또는 부채의 장부금액의 증가

(나) 자산의 제거 또는 자산의 장부금액의 감소

그런데 자산이나 부채의 증가나 감소는 특정 시점에 일시에 발생하기보다는 일정 기간의 기업활동결과나 경제활동의 변화에서 나타난다. 예를 들어 매출채권이라는 자산은 특정 시점에서 나타나기보다 기업의 매출활동(일련의 상품의 매입·판매활동)의 결과로 나타난다. 다만 매출활동과정의 결과를 특정 시점에 파악(인식)하여 자산의 증가로 기록(매출채권의 증가)하며 이에 따라 수익이 인식된다. 따라서 수익의 인식은 수익을 가득하는 과정 중 어느 시점에

자료 9-3 수익 가득과정과 인식시점

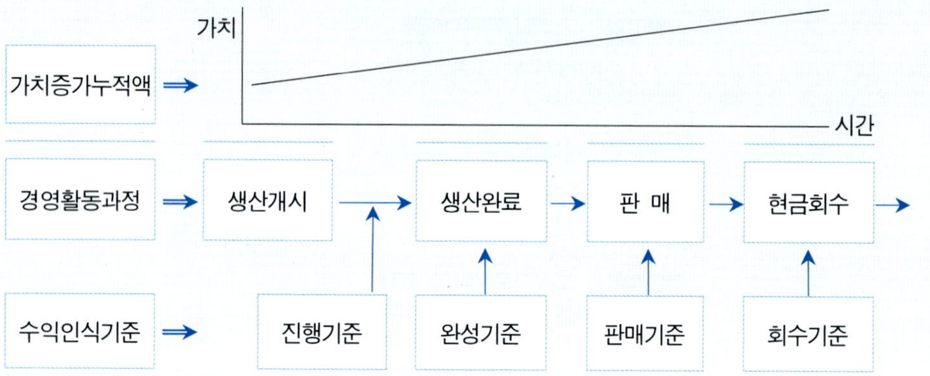

자산의 증가나 부채의 감소를 기록하는가와 연결될 수 있다.

제조기업의 수익획득활동은 원재료를 매입한 다음, 제조과정을 거쳐 제품이 완성되면 이를 고객에게 판매하고, 판매대금을 현금으로 회수하는 과정을 통해 이루어진다. 상기업의 수익획득활동도 제조과정만 없을 뿐 제조기업과 다를 바 없다. 그런데 기업이 창출하는 가치는 일정한 시점에 발생하는 것이 아니라 자료 9-3 에서 보는 바와 같이 영업활동 전 과정을 통해 이루어진다. 측정만 가능하다면 수익은 각 기간에 이루어진 가치의 증가분(부가가치)만큼 인식하는 것이 성과측정 면에서는 바람직할지 모른다. 자료 9-3 은 이런 관계를 나타낸 것이다. 즉, 경영활동과정을 통해 가치의 증가는 계속적으로 이루어진다.

그러나 각 기간의 가치증가분을 객관적으로 측정하는 것은 거의 불가능하다. 그뿐만 아니라 가치의 증가가 곧 기업의 수익으로 직결되는 것도 아니다. 왜냐하면 아무리 품질이 좋은 제품이라도 일단은 적정한 가격으로 판매가 이루어져 현금으로 회수되어야 하기 때문이다. 이러한 이유로 회계에서는 수익을 인식하기 위한 인위적인 수익인식기준을 제정하여 각 회계기간의 수익으로 기록할 금액을 객관적으로 결정하게 하였다.

재무보고를 위한 개념체계에서는 수익은 정의를 충족하고 수익활동결과 나타나는 자산이나 부채의 변동 결과로 자본변동에 대한 목적적합한 정보와 충실한 표현이라는 두 조건을 충족할 때 인식된다.[9] 즉, 수익은 판매시점뿐만 아니라 그 이전에도 수익의 인식이 가능하며 판매시점까지 두 기준을 충족시키지 못하면 판매시점 이후로(대금회수) 수익인식을 미뤄야 한다. 수익인식의 두 기준에 따라 수익은 보통 판매시점, 완성시점, 대금회수시점에서 인식한다. 귀금속이나 농산물의 경우에는 완성시점(생산시점)에서 수익의 인식이 가능하며, 장기할부판매인 경우에는 대금회수시점(회수기준)에서 수익을 인식하기도 한다. 또한, 발생주의에 입각하여 시간의 경과나 원가가 발생됨에 따라 수익을 인식하기도 하는데, 이자수익이나 임대수익, 로열티수익, 원가가산일정수수료계약에 의한 공사의 경우가 좋은 예이다.

수익을 기록하기로 하였다면 이익과정 중에서 어떠한 시점에서 수익이 가득된 것으로 할 것인가를 결정해야 하는 문제에 봉착하는데, 이를 위해서는 객관적이고도 충분한 증거가 있어야 한다.

그렇다면 무엇을 충분하고도 객관적인 증거로 볼 것인가를 결정하는 데 도움을 주는 구체적 기준의 설정이 필요하다. 즉, 어떠한 금액으로 수익을 신뢰성 있게 측정할 것인가를 결정하기 이전에 우리가 필요로 하는 증거의 형태가 무엇인지를 알 필요가 있다. 수익은 수익에 영향을 미치는 자산이나 부채의 존재여부와 경제적 효익의 유입가능성을 고려하여 인식해야 한다(목적적합성). 그뿐 아니라 수익은 또한 자산이나 부채의 변동과 그에 따른 수익과 비용 또는 자본 변동에 대한 충실한 표현을 제공할 때 인식된다(표현충실성). 따라서 수익은 목적적합성과 표현충실성이라는 두 가지 질적기준을 만족할 때 인식한다. 지난 수십 년 동안 수익(이득 포함)이 인식될 수 있는지를 확신하기 위한 세 가지 기준이 제시되어 왔다. 세 가지 인식기준은 ① 자산가치의 측정가능성, ② 거래의 존재, ③ 이익과정의 실질적 종료(완성) 등이다. 그러면 세 가지 인식기준에 대해 자세히 알아보도록 하자.[10)]

9) 재무보고를 위한 개념체계 문단 5.7 참고.

10) 재무보고를 위한 개념체계는 이러한 세 가지 인식기준을 반영한 것으로 보이나 명확히 일치하지는 않는다.

2.3 수익인식기준의 분석

2.3.1 자산가치의 측정가능성

수익은 주로 기업의 총자산가치를 증가시키는 동시에 순자산의 증가를 초래하는 유입이기 때문에 자산가치의 측정가능성 기준은 합리적인 것으로 판단된다. 객관적으로 결정할 수 있는 자산가치의 유입이 없다면 수익은 객관적으로 측정할 수 없다. IAS 39(금융상품 : 인식과 측정)와 IAS 40(투자부동산) 및 IAS 41(농업부문)에서 공정가치에 의한 측정은 자산의 실제 유입이나 실물 유입보다는 자산가치의 상승을 더 강조하고 있다. 각각의 경우 여전히 객관성면에서 문제가 남는다. 그래서 자산가치의 증가를 측정할 수 있는 타당한 근거가 있는가를 요구하고 있다.

과거에는 보다 보수적인 관점을 견지하는 측정기법이 타당하다고 하였다. 보수적 관점에서는 자산가치의 증가가 실제로 실현되었을 때 수익이나 이득으로 기록되어야 한다고 한다. 그러나 공정가치회계에서는 자산가치 변화는 자산을 보유하는 과정에서도 가치의 변화를 인식하여, 실현되기 이전이라도 가치의 변화가 이루어진 기간에 비용이나 수익으로 기록한다. 이러한 방법은 발생주의 회계와 전적으로 일치하지만 취득원가에 근거한 보수주의나 실현개념과는 모순된다. 주식시장에 상장된 주식처럼 거래가 활발히 이루어질 때에는 자산가치의 변동을 인식하는 데 그리 큰 문제가 발생하지 않는다. 그러나 시장가치를 쉽게 구할 수 없는 경우이거나 사용가치가 장부금액보다 큰 경우에는 문제가 될 수 있다. 이처럼 수익의 인식은 측정의 문제와 밀접한 관련이 있다.

수익인식기준에 있어서 측정가능성은 자산의 유동성 문제와 회수가능성 문제로 나누어 살펴볼 수 있다.

1 자산의 유동성 문제

FASB에서는 수익이나 이득은 일반적으로 실현되었거나 실현가능하기 전에는 인식하지 않는다고 규정하고 있다. 여기서 실현되었다는 용어는 회수한 자산이 현금이나 현금청구권이라는 것을 의미하고, 실현가능하다는 용어는 회수한 자산이 알려진 금액의 현금이나 현금청구권으로 쉽게 전환될 수 있다는 것을 의미한다. 쉽게 전환가능한 자산이란 상호교환가능한 단위가 있고 활성시장에서 거래되는 가격이 있다는 것을 나타낸다.

대부분의 경우 기업은 판매대가로 자산을 받으며 받은 자산의 가치를 수익금액으로 기록한다. 그러면 수익으로 기록하기 위해서는 유입되는 자산이 현금이나 매출채권처럼 유동성이 있어야 하는가? 만약 기업이 제품을 판매한 대가로 원재료나 비유동성 자산을 받았다면 어떻게 할 것인가? 한때는 유입되는 자산이 유동성이 있어야 한다는 주장이 지배적이었다. Paton과 Littleton은 이러한 견해를 다음과 같이 피력한 바 있다.

> "지배적인 견해에 의하면 수익은 현금이나 매출채권, 기타 새로운 유동성 자산의 수취에 의해 입증될 때 실현되었다고 한다."

FASB가 수익의 인식요건으로 '실현되었거나 실현가능한'이란 조건을 요구한 이유 중의 하나는 경영자들로 하여금 유동성이 작을 때 기업의 운전자금을 고갈시키는 배당을 못하게 하거나 투하자본을 초과하는 배당금 지급을 방지하는 데 있다. 수익의 실현으로 받은 자산이 유동성이 있어야 한다는 주장에 대한 또 다른 이유는 이익을 초과하는 배당금 지급을 법에서 금지하고 있기 때문이다.

이러한 관점에 대해, 수익인식기준과 같은 회계규정을 통하여 기업의 운전자본수준이나 배당금을 지급할 수 있는 능력과 관계되는 경영의사결정과정에 간섭할 수 있는가에 대한 의문을 제기하는 회계학자가 많다. 결국 기업이 비유동자산을 취득하는 대가로 제품을 팔기 원한다면 기업의 현금상태에 제한이 있을 텐데 이는 기업의 경영의사결정문제이지 회계문제가 아니라는 것이다. 회계는 경영자의 의사결정을 돕는 데 필요한 것이지 경영자를 위한 의사결정에 필요한 것은 아니다. 또한 받은 자산이 유동성이 있어야 한다는 규정은 이미 지분법(피투자회사의 이익 중 지분상당액을 투자회사의 이익으로 인식하는 회계처리방법)을 채택함으로써 지킬 수 없게 되었다.

이처럼 수익의 인식은 자산의 유입이나 측정가능한 자산가치의 변화를 요구한다. 반면, 실현은 유동성 자산의 유입을 요구한다. 예를 들어 상장기업의 주식을 보유하고 있는 은행은 해당 주식을 시장의 평가에 맡겨 보고기간 종료일에 실현여부와 무관하게 이득이나 손실을 인식할 수 있다. 만약 A은행이 갑주식을 주당 ₩1,000씩 1,000주 구입하였는데, 보고기간 종료일 현재 주당 ₩1,200에 거래가 이루어진다면 ₩200,000의 투자수익을 포괄손익계산서에 보고할 것이다. 그러나 보고기간 종료일 현재 주당 ₩900에 거래된다면 ₩100,000의 투자손실을 포괄손익계산서에 보고할 것이다. 이렇듯 이득(손실)이 실현되지 않았지만 매 회계기간에 인식된다. 모든 자산을 신뢰성 있게 측정할 수 있다면 인식에 의한 측정은 재무상태표에 보고되는 금액이 일관된 가치를 갖게 한다.

그러나 자산의 시가를 신뢰성 있게 측정할 수 없다면 여러 종류의 가치가 혼합되어 보고된다. 즉, 어느 자산은 취득원가로 표시되고 다른 자산은 현행시장가치로 표시된다. 이러한 현상은 비유동자산에서 잘 나타난다. 비유동자산 중 일부 항목만 재평가되거나 재평가가 불규칙한 주기로 발생되는 경우 재무상태표에 보고되는 자산금액은 여러 가지 가치가 혼합된 금액이 된다.

한편, 실현이란 용어와 인식이란 용어를 혼동하는 문헌을 종종 볼 수 있다. 일상적인 의미에서든 회계에서든 두 용어는 근본적으로 다른 용어이므로 각기 구분해서 사용되어야 한다. 일상적인 의미에서 실현은 증권이나 재산권을 나타내는 증서의 처분으로 현금이나 화폐로 전환된 것을 의미하며, 인식은 실제 존재하는 것으로 취급한다는 뜻을 갖고 있다. 회계문헌에서도 용어의 혼용을 방지하기 위해 실현이란 현금 수취나 현금청구권의 취득을 의미하는 것으로 엄격히 제한되며 수익인식에 관한 문제와 관련되어서는 안 된다고 하고 있다. 이러한 입장에서 볼 때, 인식이란 용어는 비단 수익뿐만 아니라 자산이나 부채 및 비용 등에도 사용되는 용어이다. 실현이란 비화폐성 항목(재고자산이나 유형자산 등)이 현금이나 현금청구권으로 전환되었을 때 사용되는 용어이다.

회수가능성 문제

측정가능성 기준을 적용할 때 고려할 요소 중 하나는 현금으로 회수할 가능성이 비교적 확실한지 여부이다. 즉, 자산가치의 측정가능성은 회수가능성과 관련이 있다. 회수가능성은 판단의 문제로서 보통 기업의 과거 경험에 근거하여 판단한다.

회수기간이 길면 길수록 현금으로 회수하는 데에는 불확실성이 더 커진다. 회수가능성의 결정은 수익의 실현과 관련된 불확실성을 해결하는 일이다. 즉, 수익금액의 측정가능성에서 용인할 수 있는 범위를 넘어서는 불확실성이 있다면 수익의 인식을 미루어야 할 것이다.

불확실성의 해소는 수익인식에서 아주 기본적인 것이다. 이에 대해 Coombes와 Martin은 다음과 같은 의견을 제시하였다.[11]

> "불확실성의 해소를 수익인식을 위한 기준으로 인정하려면 불확실성이 해소되기 전에 충족시켜야 할 조건으로 측정가능성과 업적 개념을 받아들이는 것이 유익하다."

위에서 첫 번째 요소인 측정가능성은 수익금액에 가치를 부여하는 객관적인 능력과 관련이 있다. 객관적이란 용어는 편견이 없거나 또는 다른 유능한 전문가에 의해 검증될 수 있음을 뜻하는 것으로 해석된다. 두 번째 요소인 업적은 일단 인식되면 추후에 수익계정에서 차기해야 할 어떠한 이유도 없다는 뜻이다. 즉, 인식된 수익은 이후에 취소되지 않는다는 것을 뜻한다.

2.3.2 거래의 존재

공정거래에 있어서 외부당사자가 기업의 생산물에 대해 특정한 금액을 지급할 의사를 표시할 때 이 거래는 기업가치의 증가에 관한 객관적 증거를 제공함에 틀림이 없다. 이런 경우를 제외하고 기업은 거래에 있어서 직접적인 참여자가 되어야 수익을 인식할 수 있다는 주장이 있다. 수익을 인식하기 전에 기업이 거래의 당사자가 되어야 한다고 주장한다면, 이때 자산평가를 위한 가장 실현가능한 기준은 취득원가이다. 그러므로 수익인식을 위해서는 거래당사자가 되어야 한다는 기준을 비판하는 자들은 현행원가회계 또는 산출가치회계를 옹호하려는 경향이 있다는 것은 놀라운 일이 아니다. 그들은 기업이 거래의 당사자가 될 필요성이 없다고 하면서 거래를 하지 않았어도 일반적인 시장상황(예를 들면, 시장가치의 상승)의 변화만으로 수익인식 기준을 충족한다고 주장한다. 이러한 상황이 허용된다면 자산은 재평가될 수 있으며 판매 이전에 이득을 기록할 수 있다고 주장한다.

11) R. Coombes and C. Martin, "The Definition and Recognition of Revenue under Historical Cost Accounting," *Theory Monograph No. 3*, Melbourne: AARF, 1982, pp. 6-7.

거래가 존재해야 한다는 것을 주장하는 주요 이유는 객관적인 증거의 필요성 때문이다. 그렇다면 기업이 개입한 외부와의 거래를 고집하지 않더라도 기업의 생산물 가격과 관련하여 객관적인 증거가 있다면 수익인식이 가능한가? 기업이 직접적인 참여자가 아니더라도 시장상황은 기업의 재고자산 가치에 관한 충분한 증거를 제공한다. 따라서 현재에는 재고자산이나 기타자산의 평가에 시장가치를 사용하는 예가 많아지고 있다. 즉, 시장가치의 상승에 근거해 수익이나 이득을 기록한다. 예를 들면 고기와 쌀 같은 특정한 생산물의 재고자산은 현행시장가치로 평가할 수 있다. 이에 대해 미국의 ARB No. 43에서는 다음과 같이 기술하고 있다.

> "그러나 어떠한 품목에 대해서는 예외가 허용된다. 금과 은 같은 재고자산은 확정된 화폐금액으로 정부가 효과적으로 통제할 수 있는 시장이 있다면 판매가격으로 표시하는 것이 정상적이다. 이런 방법을 상호교환가능한 단위가 있고, 정해진 가격으로 즉시 판매가능하면서 적절한 원가를 파악하기 곤란한 경우, 예컨대 농산물, 광물 기타 산출물을 나타내는 재고자산에 유사하게 적용하는 것은 이상한 일이 아니다."

그렇다면 제품을 판매하는 기업이 직접 당사자가 되는 거래가 발생되지 않더라도 수익을 기록할 수 있게 하는 이유는 어디에 있는가? 그 이유는 회계담당자들이 판매시점 이전이라도 수익을 인식하기에 충분하고도 객관적인 증거가 있다고 믿고 있기 때문이다. 생산물은 판매될 것이라고 보장될 수도 있다. 즉, 중요한 것은 거래 자체라기보다는 결정적 요인인 객관적 증거이다.

평가의 기준으로 시장가격을 사용하는 예가 많음에도 불구하고 시장가격이 충분하고도 객관적인 증거를 구성하지 못한다고 주장하는 사람도 있다. 시장가격을 신뢰할 수 없는 몇몇의 경우에는 그러한 주장이 타당할 수도 있다. 즉, 객관적인 증거가 부족한 경우에는 수익인식을 위해 기업이 직접적인 거래당사자가 되어야 한다는 주장은 타당할 수 있다. 그러나 모든 경우에 있어서 수익을 기록하기 전에 기업이 직접적인 거래의 당사자이어야 한다는 것을 요구하지는 않는다.

거래요건은 대부분의 경우에 있어서 수익인식의 타당성을 검증하는 데 적합할 수 있다. 그러나 말로 이루어진 거래에는 모호함이 내재되어 있다는 문제점이 제기된다. 결과적으로 거래요건은 종종 실현요건 등과 같이 다른 연관된 요건과 관련하여 사용되기도 한다. 특히, 거래가 존재해야 한다는 요건은 설득력이 떨어진 것 같다. 자산은 재평가로 가치가 증가 또는 감소될 수 있으며, 때로는 평가이익이 순이익으로 표시되기도 한다. 거래가 발생했어야 하는 요구조건은 수익인식에 있어서 필요조건이지 충분조건이 아니라는 것이다.

2.3.3 이익과정의 실질적 완성

개념체계에는 명확히 규정되어 있지 않지만 이익과정의 실질적 완성기준은 기업이 수익을 얻는 활동의 대부분을 수행하기 전에는 수익이 발생(가득)되지 않는다는 점을 강조하고 있다. 이러한 기준에 의하면, 수익이 가득된 것으로 간주되기 이전에 기업은 특정한 일을 수행해야 한다. 예를 들어 대부분의 경우에 있어서 계약의 서명만으로는 수익을 창출하지 않는다. 왜냐하면 그 시점에서는 판매자가 수익을 얻기 위해 행한 실질적 업무가 없기 때문이다. 기업이 이익과정을 구성하는 대부분의 활동을 수행했을 때 그러한 활동과 관련된 원가도 결정되어야 한다. 그런데 이익과정의 대부분을 수행했을 때에는 이익과정과 관련된 미래원가는 쉽게 추정할 수 있기 때문에 총원가는 거의 확실하게 파악할 수 있다. 가치증가를 지지할 수 있는 객관적인 증거는 원가를 객관적으로 결정하는 것과 관련이 있다.

이익과정의 완성요건은 주관적으로 결정된다는 점 때문에 어려움이 있다. 수익은 생산부터 시작하여 판매 및 대금을 회수하는 일련의 모든 활동으로부터 발생된다. 가득요건을 주장하는 자들은 가득과정이 완성된 시점을 언제로 할 것인가 하는 문제에 직면하게 된다. 이에 대해 Myers는 결정적 사건기준을 옹호하면서 이익은 가장 결정적인 사건 또는 영업순환과정에서 가장 어려운 과업을 수행한 시점에서 가득된다고 주장하였다.

3. 수익인식에 관한 현재의 기준

수익과 비용의 인식문제를 해결하는 방법으로는 현금주의와 발생주의가 있다.[12] 현금주의는 현금의 수입과 지출을 중심으로 수익·비용을 인식하는 방법을 말한다. 현금주의는 객관성을 유지할 수는 있지만, 신용거래가 많은 기업회계에는 기간손익배분이 부적절하여 거의 사용되지 않는다. 다만, 현금주의는 회수가능성이 매우 희박한 경우 수익인식기준으로 사용되고 있다.

반면에 발생주의는 거래의 발생사실에 근거하여 수익과 비용을 인식하는 방법이다. 재무회계에서는 현금주의가 거의 사용되지 않고 발생주의에 의해 수익과 비용을 인식한다. 왜냐하면 발생주의에 의한 정보가 미래의 이익을 예측하는 데 보다 유용할 뿐만 아니라 기업의 재무상태나 경영성과를 보다 적정하게 표시하고 있기 때문이다.

발생주의에 의하여 수익을 인식할 경우에는 경영활동별로 수익의 금액을 각각 측정해야 하는데, 이는 현실적으로 번거롭고 주관이 개입될 가능성이 높다. 또한 수익은 다른 재무제표요소의 인식기준과 마찬가지로 ① 수익의 정의를 충족시키고, ② 자원의 유입가능성이 높으며, ③ 금액을 신뢰성 있게 측정할 수 있을 때 인식한다. 발생주의와 더불어 이러한 기준을 실무에 적용하여 수익의 인식문제를 해결하는 데에는 충분하지 못하고 많은 문제점이 나타난다. 이런 이유로 실무에서는 수익을 인식할 수 있는 요건을 보다 상세히 정하려는 노력을 해왔다.

2014년 이전까지는 수익인식에 있어서 IASB의 기준과 FASB의 기준이 서로 달랐다. 2014년 이전 IASB의 수익기준에는 서로 다른 원칙들이 포함되었고, 때로는 이해하기 어려우며 단순한 거래 외에는 적용하기 어려웠다. 또 이에 근거한 K-IFRS는 복수 요소 약정(multiple-element arrangements)의 수익인식과 같이 중요한 주제에 대해 제한된 지침만 있었다. 그러다가 2014년에 IASB와 FASB는 광범위한 거래와 산업에 적용되는 포괄적인 수익인식모형을 제

12) 인식이란 어떤 항목을 자산, 부채, 수익, 비용 등으로 재무제표에 공식적으로 기록하거나 통합하는 과정을 말한다. 그러므로 수익의 인식이란 어떤 항목을 어느 기간의 수익으로 보고할 것인가를 결정하는 기준이다.

공하기로 하고, IFRS와 US GAAP를 다음과 같이 개선하기로 하였다.

① 수익인식 논제를 다루는 더 확고한 체계를 제공한다.
② 기업간, 산업간, 국가(법적 관할구역)간, 자본시장간에 걸쳐 수익인식 실무의 비교가능성을 개선한다.
③ 기업이 반드시 참조해야 하는 지침의 양을 줄여 재무제표의 작성을 단순화한다.
④ 인식된 수익의 특성, 금액, 시기, 불확실성을 재무제표이용자가 더 잘 이해하는 데 도움을 주기 위해 강화된 공시를 요구한다.

이에 따라 IAS 18 등을 수정, 통합하여 2014년에 IFRS 15를 제정하게 되었는데, 이에 근거한 것이 K-IFRS 제1115호(고객과의 계약에서 생기는 수익)이다.[13] K-IFRS 제1115호의 핵심원칙은 기업이 고객에게 약속한 재화나 용역의 이전에 따른 수익은, 이전하는 재화나 용역과 교환을 통하여 권리를 갖게 될 것으로 예상되는 대가를 반영한 금액으로 인식해야 한다는 것이다. 이러한 핵심원칙을 적용하기 위해 모든 유형의 계약에 자료 9-4 의 5단계 모형을 적용

자료 9-4 수익인식을 위한 5단계

- 제1단계 : 고객과의 계약 식별
- 제2단계 : 수행의무 식별
- 제3단계 : 거래가격 산정
- 제4단계 : 거래가격을 계약 내 수행의무에 배분
- 제5단계 : 수행의무를 이행할 때(또는 기간에 걸쳐 이행하는 대로) 수익을 인식

---

13) K-IFRS 제1115호는 다음을 제외한 고객과의 모든 계약에 적용한다.
(1) K-IFRS 제1017호 '리스'의 적용범위에 포함되는 리스계약
(2) K-IFRS 제1104호 '보험계약'의 적용범위에 포함되는 보험계약
(3) K-IFRS 제1109호 '금융상품', 제1110호 '연결재무제표', 제1111호 '공동약정', 제1027호 '별도재무제표', 제1028호 '관계기업과 공동기업에 대한 투자'의 적용범위에 포함되는 금융상품과 그 밖의 계약상 권리 또는 의무
(4) 고객이나 잠재적 고객에게 쉽게 판매하기 위해 행하는 같은 사업영역에 있는 기업 사이의 비화폐성 교환. 예를 들면 서로 다른 특정 지역에 있는 두 정유사의 고객 수요를 적시에 충족하기 위해, 두 정유사끼리 유류를 교환하기로 합의한 계약에는 이 기준서를 적용하지 않는다.

하도록 하였다.

수익인식을 위한 5단계 모형의 각 단계를 구체적으로 설명하면 다음과 같다.

제1단계 : 계약은 둘 이상의 당사자 사이에 집행가능한 권리와 의무가 생기게 하는 합의이다. K-IFRS 제1115호의 규정은 정해진 조건을 충족하는 고객과 체결한 계약에만 적용된다. 어떤 경우에는 K-IFRS 제1115호에서 여러 계약을 결합하여 하나의 계약으로 회계처리할 것을 요구하기도 한다.

제2단계 : 하나의 계약은 고객에게 재화나 용역을 이전하는 여러 약속을 포함한다. 그 재화나 용역들이 구별된다면 각각의 약속은 서로 구분되는 수행의무이고 별도로 회계처리한다. 고객이 재화나 용역 그 자체로 또는 쉽게 구할 수 있는 다른 자원과 함께 효익을 얻을 수 있고, 그 약속을 계약 내의 다른 약속과 별도로 식별해 낼 수 있다면 재화나 용역은 구별된다.

제3단계 : 거래가격은 고객에게 약속한 재화나 용역의 이전과 교환하여 기업이 권리를 갖게 될 것으로 예상되는 대가금액이다. 거래가격은 고객이 지급하는 고정된 금액일 수도 있으나, 어떤 경우에는 변동대가를 포함하거나 현금 외의 형태로 지급될 수도 있다.

제4단계 : 거래가격은 통상적으로 계약에서 약속한 각 구별되는 재화나 용역의 상대적 개별 판매가격을 기준으로 배분한다. 개별 판매가격을 관측할 수 없다면 추정해야 한다.

제5단계 : 기업이 약속한 재화나 용역을 고객에게 이전하여(고객이 재화나 용역을 통제하게 된 때) 수행의무를 이행할 때(이행하는 대로) 수익을 인식한다. 인식하는 수익금액은 이행한 수행의무에 배분된 금액이다. 수행의무는 한 시점에 이행하거나(통상적으로 고객에게 재화를 이전하는 약속), 기간에 걸쳐 이행한다(통상적으로 고객에게 용역을 이전하는 약속). 기간에 걸쳐 이행하는 수행의무의 수익은 그 수행의무의 진행률을 적절하게 측정하는 방법을 선택하여 기간에 걸쳐 인식한다.

수익인식의 5단계 모형을 이해하기 위해 가상의 예를 들어보자. 20×2년 1월 1일 (주)팬오션은 강릉항여객터미널에 여객용 선박을 10억원에 인도하고 안전점검용역을 제공하는 대가로 3년간 매달 300만원을 수취하는 계약을 체결하였다. 선박은 20×2년 7월 1일에 강릉항여객터미널에 인도되어 여객용으로 사용되고 있으며 (주)팬오션은 계약에 따라 안전점검용역을 제공하고 있다. 이런 경우 5단계 모형에 의한 수익인식과정을 설명하면 자료 9-5 와 같다.

자료 9-5 수익인식의 5단계 모형 적용사례

제1단계 : 고객과의 계약 식별	고객은 강릉항여객터미널이고, 계약은 (주)팬오션이 선박을 인도하고 안전점검용역을 제공한다는 내용이다.
제2단계 : 수행의무 식별	수행의무는 (주)팬오션이 강릉항여객터미널에 선박을 인도하는 의무와 3년간 안전점검용역을 제공하는 의무이며, 두 의무가 구별되므로 별도로 처리한다.
제3단계 : 거래가격 산정	거래가격은 선박 인도대가와 안전점검용역 제공대가 금액이다.
제4단계 : 거래가격을 계약 내 수행의무에 배분	선박 인도 의무에 10억원, 안전점검용역에 매달 300만원씩 배분한다.
제5단계 : 수행의무를 이행할 때(또는 기간에 걸쳐 이행하는 대로) 수익을 인식	선박을 인도한 시점에 수익으로 10억원을 인식하고, 안전점검용역을 제공하는 대로 매달 300만원씩 수익으로 인식한다.

4. 거래형태별 수익인식의 기준

여기에서는 IAS 18(수익)에 규정된 다음의 세 가지 다른 형태의 수익, 즉 ① 재화의 판매, ② 용역의 제공, ③ 이자수익, 로열티수익 및 배당수익 등에 대한 구체적 기준을 살펴본다.

4.1 재화의 판매

이론적 관점에서 판매시점은 앞 절에서 설명한 세 가지 인식기준을 가장 잘 충족시키고 있다. 따라서 이익과정에서 판매시점은 인식기준을 가장 잘 충족시키기 때문에 수익을 기록하는 가장 적절한 시점으로 간주되어 왔다. 판매시점에서는 거래가 발생하였으며, 판매자는 측정가능한 자산을 수취하게 되고, 이익과정이 실질적으로 종료하게 된다.

IAS 18(수익)에서 재화의 판매로 인한 수익은 자료 9-6 과 같이 인식하도록 규정하고 있다.

자료 9-6 재화의 판매로 인한 수익인식(문단 14)

재화의 판매로 인한 수익은 다음 조건이 모두 충족될 때 인식한다.

(1) 재화의 소유에 따른 유의적인 위험과 보상이 구매자에게 이전된다.

(2) 판매자는 판매된 재화의 소유권과 결부된 통상적 수준의 지속적인 관리상 관여를 하지 않을 뿐만 아니라 효과적인 통제를 하지도 아니한다.

(3) 수익금액을 신뢰성 있게 측정할 수 있다.

(4) 거래와 관련된 경제적 효익의 유입가능성이 높다.

(5) 거래와 관련하여 발생했거나 발생할 원가를 신뢰성 있게 측정할 수 있다.

4.1.1 판매의 본질

그렇다면 판매란 무엇일까? 즉, 판매되었다는 것을 어떻게 알게 되는 걸까? 이에 대한 법률적 해석에 의하면 판매를 발생시키는 보통의 사건은 판매자가 생산물을 고객에게 인도하거나 용역을 제공하는 것이라고 한다. Martin은 수익에 대한 검증가능한 증거는 주로 외부와의 판매거래이며, 따라서 일반적으로 판매시점 이전에는 수익을 인식해서는 안 된다고 하였다.[14]

때때로 판매자는 재화를 옮기지 않고 서류상 소유권만을 이전하는 경우가 발생하기도 한다.[15] 이처럼 소유권만 이전하는 판매도 수익으로 인식해야 하는가? 또는 교환으로 상품에 대한 소유권이 고객에게 이전되는 경우에만 판매로 간주되는 것일까? 대부분의 경우 판매에 대한 법적 견해는 소유권의 이전을 포함하기 때문에 상품에 대한 소유권은 판매시점에서 고객에게 이전된다. 그러나 단순한 법적 소유권보다는 거래의 경제적 실질이 강조되어야 함은 두말할 나위가 없다. 소유권의 이전은 판매가 이루어졌는가를 결정하는데 고려할 하나의 요소에 지나지 않는다. 따라서 회계적 관점에서는 소유권 이전을 결정적 요인으로 간주해서는 안 된다.

판매형 리스에 관한 회계처리방법은 경제적 실질과 법적 관점이 어떻게 다른가를 보여주는 좋은 예라 할 수 있다. IAS 17(리스)에서는 장부금액과 공정가치가 다른 자산의 소유권과 관련하여 보상(효익)과 위험의 대부분을 실질적으로 리스이용자에게 이전하는 리스계약에 대해 리스제공자는 판매로 처리하고, 리스이용자는 자산의 취득으로 처리하도록 규정하고 있다. 리스계약에도 불구하고 회계적 관점에서 그 거래는 판매인 것이다. 따라서 판매형 리스의 경우 리스제공자가 리스이용자에게 자산을 이전한 경우에는 매출과 매출원가를 인식하는 회계처리를 해야 한다. 다시 한 번 강조하지만 판매가 발생했는가를 결정할 때 고려해야 할 주된 요인은 법적 형식이 아니라 거래나

---

14) C. Martin, *An Introduction to Accounting*, 2nd ed., New York: McGraw-Hill, 1987, p. 390.

15) 이에 대한 예로 재취득조건부 판매(sales with buyback agreement)를 들 수 있다. 이는 기업이 필요한 자금을 조달하기 위하여 재고자산을 재취득하기로 약속하고 판매하는 행위로서, 제품금융계약(product financing agreements)이라고도 한다. 이런 경우 법적 소유권은 구매자에게 이전되지만 경제적 실질(위험과 효익)은 판매자에게 있으므로 판매자의 재고자산과 차입금으로 보고하는 것이 타당하다. 실무에서는 재고자산을 타기업의 재무상태표에 일시적으로(단기간) 보고한다는 의미에서 주차거래(parking transaction)라고도 한다.

사건의 경제적 실질이다.

4.1.2 판매와 관련된 다른 문제

판매자가 재화를 고객에게 인도하였을 때 판매가 발생했다는 규정은 매우 단순하다. 그러나 기업의 거래는 매우 복잡하고 다양하게 이루어질 수 있다. 예를 들어 재화를 인도한 후에도 판매자가 소유에 따른 유의적인 위험을 부담하는 경우에는 판매로 간주해서는 안 될 것이다. IAS 18(수익) 문단 16에서는 판매로 보지 않는 거래유형을 다음과 같이 예시하고 있다.

(1) 인도된 재화의 결함에 대하여 정상적인 품질보증범위를 초과하여 책임을 지는 경우
(2) 판매대금의 회수가 구매자의 재판매에 의해 결정되는 경우
(3) 설치조건부 판매에서 계약의 중요한 부분을 차지하는 설치가 아직 완료되지 않은 경우
(4) 구매자가 판매계약에 명시된 사유에 따라 구매를 취소할 권리가 있고, 해당 재화의 반품가능성을 예측하기 어려운 경우

소유에 따른 유의적인 위험과 보상의 대부분이 구매자에게 이전된 시점을 결정하기 위해서는 거래의 상황을 분석해야 한다. 재화의 판매에서 소유에 따른 유의적인 위험과 보상의 이전은 일반적으로 법적 소유권의 이전 또는 재화의 물리적 이전과 동시에 일어난다. 그러나 경우에 따라서는 소유에 따른 유의적인 위험과 보상의 이전시점이 법적 소유권의 이전시점이나 재화의 물리적 이전시점과 다를 수 있다.

앞서 언급한 바와 같이 거래 이후에도 판매자가 관련 재화의 소유에 따른 유의적인 위험을 부담하는 경우에는 그 거래를 판매로 보지 않으므로 수익을 인식하지 않는다. 이러한 경우 수익을 인식하는 시점은 자료 9-7 과 같다.

그러나 거래 이후에 판매자가 소유에 따른 위험을 일부 부담하더라도 그 위험이 별로 중요하지 않은 경우에는 해당 거래를 판매로 보아 수익을 인식한다. 예를 들면, 판매자가 판매대금의 회수를 확실히 할 목적으로 해당 재화의 법적 소유권을 계속 가지고 있더라도 소유에 따른 위험과 보상의 상당 부

자료 9-7 특수한 재화판매의 수익인식

<table>
<tr><th colspan="2">구 분</th><th>수익인식방법</th></tr>
<tr><td colspan="2">위탁판매</td><td>수탁자가 제3자에게 판매한 시점</td></tr>
<tr><td colspan="2">상품권판매</td><td>상품권을 회수한 시점, 상품권 판매시 선수금 처리</td></tr>
<tr><td colspan="2">할부판매</td><td>재화가 인도되는 시점(단, 현재가치와 명목가액이 중요한 차이가 나는 경우에는 현재가치평가)</td></tr>
<tr><td colspan="2">부동산판매</td><td>법적 소유권 이전시점과 위험과 효익이 이전되고 판매자의 중요한 추가의무완료시점 중 빠른 날</td></tr>
<tr><td colspan="2">설치 및 검사조건부 판매</td><td>설치 및 검사가 완료된 때</td></tr>
<tr><td colspan="2">반품조건부판매
(반품가능성이 불확실한 경우)</td><td>구매자가 인수를 수락한 시점 또는 반품기간의 종료시점</td></tr>
<tr><td rowspan="2">정기
간행물
구독</td><td>구독품목의 가액이 동일한 경우</td><td>구독기간에 걸쳐 정액법으로 수익인식</td></tr>
<tr><td>구독품목의 가액이 다른 경우</td><td>발송품목의 가액이 구독신청을 받은 예상총판매가액에서 차지하는 비율에 따라 수익인식</td></tr>
</table>

분이 실질적으로 구매자에게 이전되었다면 해당 거래를 판매로 보아 수익을 인식한다. 또 다른 예로, 고객이 만족하지 않는 경우에 판매대금을 반환하는 소매판매를 들 수 있다. 이러한 경우에 과거의 경험과 기타 관련 요인에 기초하여 미래의 반환금액을 신뢰성 있게 추정할 수 있다면, 판매시점에 수익을 인식하고 추정반환금액은 부채로 인식한다.

4.1.3 판매기준의 예외 적용

판매시점 이외에서 수익을 기록할 수 있는 상황이 있을 수 있다. 이에는 다음의 세 가지 상황이 있다.

① 생산중의 수익인식
② 생산완료시점의 수익인식
③ 판매 후 대금회수시점의 수익인식

수익인식기준이 객관적인 증거를 요구하고 있기 때문에 객관적 증거가 충분한 경우에는 판매시점 이전이라도 수익을 인식할 수 있다. 위의 ①과 ②의 경우가 이에 해당한다. 그러나 판매가 이루어졌더라도 객관적 증거가 충분하지 못해 수익인식기준을 충족시키지 못할 경우에는 대금을 회수할 때까지 연기해야 한다. ③의 경우가 이에 해당한다. 위 세 가지 방법은 일반적 원칙에 대한 예외이므로 특정한 조건을 충족시킬 경우에만 사용가능한 방법이다.

생산중의 수익인식

몇몇 경우에는 생산물이 생산중인 기간에 수익을 인식할 수 있다. IAS 18(수익)에서도 진행기준에 의해 수익을 인식하는 것을 허용하고 있다. IAS 11(건설계약)에서는 장기건설공사계약에 대한 진행기준의 적용방법에 대해 규정하고 있다. IAS 11에 의하면, 건설계약은 단일 자산의 건설이나 설계, 기술 및 기능 또는 그 최종 목적이나 용도에 있어서 밀접하게 상호연관되거나 상호의존적인 복수 자산의 건설을 위해 구체적으로 협의된 계약을 의미한다.

기간이익을 적정히 계산할 목적으로 진행기준을 사용한다는 주장은 수익인식기준에 근거한 것이라기보다는 수익은 영업순환주기에 걸쳐 발생된다는 주장에서 정당성을 찾을 수 있다. 수익은 판매가 이루어진 시점에 갑자기 발생되는 것이 아니라 연속적인 영업순환주기 동안 점증적으로 발생하는 것이다. 따라서 수익이 생산기간 동안 순차적이면서 점증적으로 증가한다는 견해는 타당성이 있다. 이때 가장 결정적인 이익과정은 생산중에 있다는 것이며, 이를 확인할 수 있는 객관적이고 충분한 증거가 있어야 한다.

건설공사에 있어서 진행기준을 적용하기 위해서는 공사수익이 정해지고 공사진행률과 완성시까지 발생될 공사원가 등을 합리적으로 추정할 수 있어야 한다. 이러한 요건은 수익인식에 있어서 측정가능성 및 회수가능성과 관련이 있다. 대부분의 건설공사는 발주자와 시공자 간의 계약이므로 공사수익금액의 측정가능성은 문제되지 않는다. 회수가능성은 판단의 문제이다. 발주자가 그 의무를 이행할 수 있을 것이라는 믿음이 있을 때 공사를 진행시킬 것이다. 진행기준에서 중요하면서도 결정적인 추정치는 공사진행률이다. IAS 11(건설계약)의 문단 30에서는 공사진행률을 추정하는 방법으로 다음과 같이 세 가지를 제시하고 있는데, 발주자에게서 수령한 기성금과 선수금은 수행한 공사의 정도를 적절히 반영하지 못한다고 규정하고 있다.

(1) 수행한 공사에 대하여 발생한 누적계약원가를 추정총계약원가로 나눈 비율
(2) 수행한 공사의 측량
(3) 계약공사의 물리적 완성비율

수익인식기준의 두 번째인 거래의 존재요건은 총공사금액이 명시된 공사계약서에 서명함으로써 충족된다. 이는 비록 불이행계약이지만 공사금액을 객관적으로 정하고 그 금액을 기꺼이 지불하려는 자세를 보이는 한 문제되지 않는다. 대부분의 공사계약은 거래상대방에게 의무를 이행할 수 있도록 하는 강행규정이 포함되어 있다. 시공자(판매자)는 공사를 완성시키기 위해 발주자(구매자)에게 공사진행률에 따라 공사대금의 일부를 요구할 수 있는 권리가 있다. 공사진행률을 합리적으로 추정할 수만 있다면 총계상수익의 일정부분을 공사를 수행하는 기간의 공사수익으로 인식할 수 있다.

공사가 종료될 때에만 이익과정이 종료된 것으로 간주될 때에는 공사가 진행될 때 세 번째 인식기준(가득과정의 종료)이 충족되었다고 할 수 없다. 그러나 진행기준의 의도는 기업이 수행한 정도의 수익을 기록하자는 데 있다. 즉, 당기의 수익을 얻는 데 필요한 임무를 수행했다는 것을 확인하는 것이다. 그 기간에 발생된 원가는 기업의 성과를 나타낸다. 앞서 언급했듯이 수익을 얻기 위해 필요한 활동이 아직 완료되지 않고 남아 있는 경우에 판매시점에서 모든 수익을 인식하는 것은 적절하지 않다. 그러나 진행기준에 의해 당해 기간의 수익으로 기록할 금액은 당해 기간 동안 발생된 원가와 관련이 있으며, 이 수치가 당해 연도의 성과를 나타낸다. 따라서 공사가 이루어진 기간의 수익은 총공사분량 중 실질적으로 수행한 비율만큼 인식하게 된다.

생산완료시점의 수익인식

생산의 완료가 수익창출의 결정적 사건이고 판매는 당연히 이루어지는 산업의 경우에는 생산이 완료되는 시점에 수익을 인식하는 것이 보다 바람직하다. 생산완료시점에 수익을 인식할 수 있는 상황은 상품에 대한 가격과 수요가 보장되었을 때 가능하다. 이러한 예로는 귀금속이나 희소자원, 농산물 등을 들 수 있다.

생산완료시점에서 수익을 인식하기 위해서는 실제 판매가 이루어지기

전에 상품에 대한 수요가 있는지에 대한 충분한 증거가 있어야 한다. 예컨대 농산물의 경우 농산물 가격이 안정되어 원하는 가격으로 얼마든지 판매할 수 있어야 하며, 대금의 회수 등에 불확실성이 없어야 한다. 그러나 대부분의 경우 이런 조건을 충족시키기 어려워 완성시점에서는 수익을 인식하지 않는 것이 일반적이다.

판매 후 대금회수시점의 수익인식

판매 후 대금을 회수한 시점에 수익을 인식하는 방법으로는 할부법과 원가회복법이 있다. 할부법은 대금을 회수하는 비율에 따라 수익을 인식하는 방법이다. 반면에 원가회복법은 원가를 충당하기 전까지는 현금수취액을 모두 비용으로 처리하고 원가를 초과하는 금액을 회수하였을 때 그 금액을 수익으로 계상하는 방법이다.

이 방법은 제품의 판매가 수익이 가득되었다는 충분한 증거를 제시하고 있지 않다고 보기 때문에 수익인식에 있어서 보수적인 방법이다. 고객으로부터 실제로 현금을 수취하는 것만이 객관적인 증거요건을 충족시킨다. 할부법과 원가회복법은 첫 번째 기준인 측정가능성(회수가능성)과 세 번째 기준인 가득과정의 완성요건이 충족되지 않기 때문에 필요한 방법이다. 세 번째 기준하에서는 기업이 필요한 임무를 수행함으로써 수익이 가득된다고 할 때 그 임무를 수행하기 전에는 수익을 인식하지 않는다. 첫 번째 기준을 충족시키지 못하는 이유는 판매자는 판매대금의 전체를 회수한다는 보장이 없기 때문이다.

판매대금의 회수에 불확실성이 매우 클 때에는 수익인식에 있어서 보수주의적 방법을 사용하게 된다. 그렇다면 대금회수에 있어서 어느 정도의 불확실성이 있어야 하는가? 회수가능성의 정도를 합리적으로 추정할 수 있는 객관적 기준은 없다. 다만, 앞서 언급한 바 있듯이 이는 기업의 과거의 경험에 의한 주관적 판단에 의존할 수밖에 없다.

4.2 용역의 제공

용역의 제공으로 인한 수익은 용역제공거래의 결과를 신뢰성 있게 추정할 수

자료 9-8 용역제공으로 인한 수익인식(문단 20)

용역의 제공으로 인한 수익은 용역제공거래의 결과를 신뢰성 있게 추정할 수 있을 때 보고기간말에 그 거래의 진행률에 따라 인식한다. 다음 조건이 모두 충족되는 경우 용역제공거래의 결과를 신뢰성 있게 추정할 수 있다.

(1) 수익금액을 신뢰성 있게 측정할 수 있다.
(2) 거래와 관련된 경제적 효익의 유입가능성이 높다.
(3) 보고기간말에 그 거래의 진행률을 신뢰성 있게 측정할 수 있다.
(4) 이미 발생한 원가 및 거래의 완료를 위한 원가를 신뢰성 있게 측정할 수 있다.[16)]

있을 때 보고기간말에 그 거래의 진행률에 따라 인식하도록 규정되어 있다. 이에 대한 IAS 18의 규정을 제시하면 자료 9-8 과 같다.

이와 같이 용역거래는 용역을 제공한 기간에 수익으로 인식한다. 이 방법에 의한 수익의 인식은 그 기간에 기업이 제공한 용역활동과 성과에 관한 유용한 정보를 제공한다. 이는 장기건설공사에 있어서 완성기준 대신 진행기준에 의해 수익을 인식할 경우 기대되는 효과와 동일하다. IAS 18의 문단 23에서는 거래상대방과 다음 모든 사항에 대하여 합의한 경우에는 일반적으로 수익금액을 신뢰성 있게 추정할 수 있다고 하였다.

(1) 수수되는 용역과 관련한 거래당사자들의 법적 구속력이 있는 권리
(2) 용역제공의 대가
(3) 결제방법 및 결제조건

용역은 한 번만 제공할 수도 있고 아니면 여러 번 제공할 수도 있다. 수익인식에 있어서는 용역제공활동의 성격과 시기를 고려해야 한다. 만약, 완성해야 할 중대한 활동이 있다면 그 활동을 수행하기 전에는 수익을 인식하지 않는다. 용역제공이 일정 기간 동안 불특정 다수의 활동에 의해 수행되는 경우, 그 진행률을 더 잘 나타낼 수 있는 다른 방법이 없다면 각 기간의 수익을 정액기준으로 인식할 수 있다. 이는 실무적 편의를 고려한 것이다.

16) 기업회계기준해석서 제2027호 '법적 형식상의 리스를 포함하는 거래의 실질에 대한 평가' 및 기업회계기준해석서 제2031호 '수익 : 광고용역의 교환거래' 참조.

한편, 수익금액은 제공한 용역의 성과를 적정히 반영할 수 있어야 한다. 예컨대 여행사처럼 대행업무를 행하는 기업들이 총액기준으로 수익을 인식하고 있는 것을 볼 수 있다. 만약, 여행사가 고객으로부터 ₩1,000,000을 수취하였는데 그 금액 중 ₩970,000은 비행기 운임으로 항공사에 지급하고 나머지 ₩30,000은 여행사가 갖게 되는 수수료라고 한다면, 여행사가 수익으로 인식할 금액은 얼마인가? 이런 경우 여행사는 ₩30,000을 수익금액으로 인식해야 함에도 불구하고 실제 실무에서는 ₩1,000,000을 수익으로 계상하고 ₩970,000을 비용으로 계상하는 경우가 많았다. 물론 이익에 미치는 영향은 동일하더라도 수익금액을 올바르게 인식하지 않아 정보이용자들의 의사결정을 오도할 가능성이 있다. 이런 잘못된 관행은 백화점이나 수출대행업체, 전자쇼핑몰 등에서도 오랫동안 지속되어 왔다.

용역의 제공과 관련된 수익을 진행기준 또는 발생기준에 의해 인식하는 예를 보이면 자료 9-9 와 같다.

자료 9-9 용역제공과 관련된 수익인식방법

구 분		수익인식방법
설치용역수수료		설치용역이 주목적인 경우 진행기준 적용
재화판매가액에 추후 제공될 용역대가 포함시		용역에 대한 대가가 식별가능한 경우 이연처리하고 용역이 제공되는 기간 동안 수익으로 인식
방송사의 광고수익		광고를 대중에게 전달하는 시점
광고제작 용역수익		진행기준
공연입장료		행사가 개최되는 시점
수강료		강의기간 동안 발생기준 적용
입회비 및 연회비	회원자격유지	회수가 확실하게 되는 시점
	재화 등의 저가구매 권리의 부여	가입기간 동안 제공되는 효익을 반영하는 합리적인 기준에 따라 수익인식
프랜차이즈 수익	설비 제공	당해 자산을 인도하거나 소유권을 이전하는 시점
	창업지원용역 운영지원용역	용역의 대부분을 수행한 시점(단, 회수가능성이 불확실한 경우에는 현금수취시점)
주문개발하는 소프트웨어의 대가		진행기준에 따라 수익인식

4.3 이자수익, 로열티수익 및 배당수익

IAS 18(수익)에 규정된 이자수익과 로열티수익 및 배당수익을 인식하는 기준은 자료 9-10 과 같다.

어떤 항목은 시간의 경과가 가득과정의 중요한 부분일 수가 있다. 이런 이유 때문에 외부와의 거래가 발생하지 않았더라도 시간이 경과함에 따라 발생된 수익을 인식한다. 보고기간 종료일에 발생된 것으로 인식하는 항목의 예로 이자수익을 들 수 있다. 이자수익의 경우 사실상 자금을 사용할 수 있도록 용역을 매일매일 제공하는 것과 다름이 없다. 따라서 이자수익은 외부와의 거래 유무가 아니라 시간의 경과에 따라 인식한다. IAS 18의 문단 30에서는 유효이자율법에 의해 이자수익을 인식하도록 규정하고 있다.

로열티수익은 관련된 약정의 실질을 반영하여 발생기준에 따라 인식한다. 로열티수익이 매출액에 근거하여 약정이 이루어졌다면 이를 기초로 수익을 인식해야 한다. 그런데 대부분의 경우에는 기간별로 약정이 이루어지기 때문에 기간이 경과함에 따라 수익을 인식하는 것이 통례이다. 한편, 배당수익은 주주로서 배당을 받을 권리가 확정되는 시점에 인식한다. 이러한 시점은 나라마다 상이할 수 있는데, 우리나라는 주주총회에서 결의가 이루어진 시점에 권리가 확정되는 것으로 본다.

자료 9-10 이자수익, 로열티수익 및 배당수익의 인식

〔문단 29〕 자산을 타인에게 사용하게 함으로써 창출되는 이자수익, 로열티수익 및 배당수익은 다음 조건을 모두 충족하는 경우에 문단 30에 따라 인식한다.

(1) 거래와 관련된 경제적 효익의 유입가능성이 높다.
(2) 수익금액을 신뢰성 있게 측정할 수 있다.

〔문단 30〕 수익은 다음의 기준에 따라 인식한다.

(1) 이자수익은 기업회계기준서 제1039호 문단 9 및 문단 AG5~AG8에 따라 유효이자율법으로 인식한다.
(2) 로열티수익은 관련된 약정의 실질을 반영하여 발생기준에 따라 인식한다.
(3) 배당수익은 주주로서 배당을 받을 권리가 확정되는 시점에 인식한다.

익힘문제

1. 수익의 정의에 대해 논하시오.

2. 이익과정에 대해 설명하시오.

3. 수익인식기준에 대해 논하시오.

4. 수익인식기준 중 자산가치의 측정가능성에 대해 설명하시오.

5. 수익의 인식과정을 5단계로 구분하여 설명하시오.

6. 수익의 인식과정에서 고객과의 계약이 식별되는 단계에서 충족되어야 하는 기준을 설명하시오.

7. 수행의무의 이행시기는 어떻게 판단하는가?

CHAPTER **10**

비용의 본질과 인식

1. 비용의 본질
2. 비용인식기준과 대응개념
3. 대응개념의 평가
4. 현행실무의 비용 분류방법

앞장에서는 수익의 본질과 인식에 대해 살펴보았다. 전통적으로 비용은 수익에 비해 관심을 적게 받아 왔다. 이는 아마도 수익인식의 원칙에 의해 인식된 수익에 비용을 대응시켜 기간손익을 결정하는 방법에 대해 커다란 이의가 없기 때문인 것으로 해석된다. 본장에서는 비용의 본질과 인식에 대해 살펴보기로 한다. 비용의 인식에 있어서 가장 중요한 점은 수익과의 인과관계를 파악하는 일이다. 마지막 부분에서는 현행실무의 비용 분류방법에 대해 설명한다.

1. 비용의 본질

1.1 비용의 정의

제8장의 "이익의 개념과 측정"에서 검토한 이상적 상황은 확실한 상황을 가정했으므로 실무에서는 효과적이지 못하지만, 비용이 기업에 있어서 가치의 감소와 관련이 있다는 것을 알 수 있다. 실체의 자본에 영향을 미치는 가치의 감소는 재화나 용역의 소비에 의해 이루어진다.

사업을 운영하기 위해 기업은 다음과 같은 형태로 재화나 용역을 획득하고 소비한다. 이는 기간을 중심으로 분류한 것인데, 원가배분을 포함하는 비용의 인식에 중요한 의미를 제공해 준다.

(1) 특정 기간에 재화(용역)를 구입하거나 생산하여 그 이후 여러 기간에 걸쳐 사용한다. 이에 대한 예로는 기계를 취득 또는 제작하여 3년 동안 사용하는 경우이다. 또 다른 예로 광고선전비를 미리 지급하고 향후 2년간의 서비스를 받는 경우를 들 수 있다.

(2) 특정 기간에 재화(용역)를 구입하거나 생산하여 당기에 즉시 사용한다. 이에 대한 예로는 노동용역의 구입을 들 수 있다. 노동용역의 사용(소비)은 자산가치(주로 현금)를 감소시키거나 부채(미지급비용)를 증가시키게 된다.

(3) 여러 기간 동안 재화(용역)를 구입하거나 생산하여 하나의 거래에 사용할 수 있다. 공사가 완성되면 쉽게 판매될 수 있는 건축물을 장기간에 걸쳐 건설하여 공사가 완성된 후 즉시 판매하는 경우가 이에 해당한다.

(4) 여러 기간 동안 재화(용역)를 구입하거나 생산하여 미래에 여러 기간 동안 사용할 수 있다. 이에 대한 예로는 장기간 건설한 건물을 기업의 영업활동에 장기간 사용하는 경우를 들 수 있다. 여러 기간 동안 제작한 자산을 2년 또는 그 이상의 기간 동안 리스해 주는 경우도 이에 해당한다.

위의 네 가지 경우 모두 재화나 용역의 구입이나 생산에 대한 대가를 지급해야 하는데, 지급시기는 사용하기 전이 될 수도 있고 사용과 동시에 혹은 사용하고 난 후에 이루어질 수도 있다. 앞장에서 수익은 화폐적 활동을 중시한다고 하였는데, 비용도 마찬가지로 화폐적 활동을 중시한다.

IASB의 개념체계에서는 비용을 다음과 같이 정의하고 있다.

> "비용은 자산의 감소 또는 부채의 증가로서 자본의 감소를 가져오며 자본청구권 보유자에 대한 분배와 관련된 것을 제외한다."

정상적인 활동과정에서 발생하는 비용으로 매출원가, 급여, 감가상각비 등을 들 수 있다. 비용의 대부분은 현금이나 재고자산 또는 유형자산과 같은 자산의 유출이나 소멸의 형태를 띠고 있다.

광의의 비용에는 실체의 정상적인 활동과정에서 발생하는 비용뿐만 아니라 손실(차손)도 포함된다. 손실은 실체의 정상적인 활동과정에서 발생할 수도 있고 그렇지 않을 수도 있다. IASB의 개념체계에서는 손실을 경제적 효익의 감소로 규정하고 있어서 성격면에서 차이가 나는 비용과 차별을 두고 있지 않다. 따라서 개념체계에서는 두 항목을 별도로 구분하지 않고 있다.

때로는 기업들이 정상적인 활동과정 내에서 발생하는 비용항목과 그렇지 않은 것을 구별하기도 한다. 기업들은 정상적인 활동 이외의 과정에서 발생하는 비용을 포괄손익계산서에 특별항목 또는 이상항목 등으로 별도로 표시하기도 한다. 그러나 IASB에서는 이러한 방법을 인정하지 않고 있다. 즉, 개념체계에서는 비용과 손실을 모두 동일선상에서 취급하고 있으며, 따라서 특별항목으로 수익이나 비용을 표시해서는 안 된다고 규정하고 있다.

IASB의 비용에 대한 관점은 FASB의 관점과는 차이가 있다. FASB의 SFAC No. 6에서는 비용(expenses)과 손실(losses)을 구분하고 있다. 이에 대한 FASB의 정의를 소개하면 다음과 같다.

> "비용이란 일정 기간 동안 실체의 자산의 유출 · 기타의 사용 또는 부채의 발생으로 나타나는 것으로, 실체의 계속적인 주요 또는 중심 활동이 되는 재화의 인도, 생산 또는 용역의 제공, 기타 활동의 수행으로 발생하는 것이다."

> "손실이란 일정 기간 동안 실체의 부차적 또는 부수적 거래와 기업에 영향을 주는 기타의 모든 거래나 사건, 상황으로부터 발생하는 지분(순자산)의 감소로서 비용 또는 소유주에 대한 분배는 제외한다."

FASB의 관점에 따르면 손실은 주로 기업의 통제범위 밖에서 발생하는 것으로 실체의 부차적 또는 부수적 거래(entity's peripheral or incidental transactions)로 인한 순자산의 감소이다. 반면, 비용은 실체의 계속적인 주요 또는 중심 활동(entity's ongoing major or central operations)으로 인한 순자산의 감소로 정의하고 있다. 이에 대해 Henderson 등의 지적이 흥미롭다.1)

> "FASB의 비용과 손실의 구분은 그렇게 유용해 보이지 않는다. 이를 구분하기 위해서는 거래가 실체의 계속적인 주요 또는 중심 활동에 해당되는지를 판단해야 하기 때문이다. 비용과 손실을 구분하지 않는 것은 뚜렷한 장점을 갖고 있다. 경영자는 자산의 유출을 손실로 간주하여 영업이익의 결정에 그것을 제외할 것인가 하는 고민을 더 이상 할 필요가 없게 된다."

1.2 자산과 부채 가치의 변화와 비용

앞서 언급한 바와 같이 수익과 비용은 자산과 부채의 가치 측면과 직접적으로 관련되어 있으며, 성격상 수익과 비용은 모두 화폐적이다. 비용은 사업에 있어서 재화와 용역의 소비를 초래하는 사건 때문에 발생된다. 사실 부채의 증가나 자산의 감소를 초래하는 화폐적 사건을 관찰한다는 것은 쉬운 일이 아니다.

개념체계에서 자산의 감소는 실체에게 원가를 발생시킨다는 것을 의미한다. 이는 앞서 비용이 가치의 감소를 나타낸다는 점과 일치한다. 가치의 변화는 기업이 해당 용역을 얻기 위해 반드시 해야 할 희생과 관련이 있다. 원가가 없다면 비용도 없다. 예를 들어 종업원이 경험을 쌓기 위해 대가 없이 노동력을 제공한다면 회사는 급여라는 비용으로 기록할 이유가 없다. 만약,

1) S. Henderson, G. Peirson and R. Brown, *Financial Accounting Theory: Its Nature and Development*, 2nd ed., Melbourne: Longman Cheshire, 1992, p. 247.

기계장치를 주주로부터 기증받아 이를 공정가치로 표시하였다 하더라도 취득원가회계하에서 감가상각비를 계상하는 것은 이론상 타당하지 않다. 대신에 자산계정에 차기하고 기타포괄손익(또는 자본유지조정)계정에 대기한다. 그 다음 증여받은 자산은 추정내용연수 동안 상각하여 기타포괄손익계정에 차기하고 감가상각누계액계정에 대기한다. 이러한 회계처리를 통해 자산의 감소는 인식하지만 수익에 대한 비용은 인식하지 않게 된다.[2)]

그리고 기계장치의 처분가격보다는 이를 유지하거나 사용하는 데 발생되는 기회원가를 기계장치의 공정가치로 하자는 주장이 있다. 따라서 감가상각비도 각 기간의 공정가치를 기준으로 계상하는 것이 적절하다고 한다. 왜냐하면 이런 방법에 의한 감가상각비가 기회원가를 나타내기 때문이다. 이러한 방법은 현행원가회계에서 인정될 수 있는 방법이지만 취득원가회계에서 인정되는 방법은 아니다. 취득원가회계모형하에서 기계장치에 구현된 미래 경제적 효익은 자산으로 기록한 원가이며 감가상각비는 그 금액을 기준으로 비용으로 기록한다.

비용은 가치가 있는 어떠한 것의 희생이다. 가치는 취득원가 또는 현행원가일 수 있는데, 채택한 회계모형에 따라 달라진다. 가치가 있는 어떠한 것이란 보통 자산을 의미하는데, 자본이 될 수도 있다. 그러므로 비용은 자본의 감소를 초래한다는 정의를 주의 깊게 해석해야 한다. 종업원이 노동력을 제공하는 거래를 생각해 보자. 기업은 노동력을 소비하면 종업원에게 즉시 현금으로 지급하거나 일정 기간 후에 현금으로 지급하기도 하며, 또는 주식을 발행(자본의 증가)하여 그 대가를 지급하기도 한다. 정의에 의하면 이런 경우 급여를 비용으로 처리하지만 해석을 적절히 하지 못하면 이런 결론에 도달하지 않을 수 있다.

한편, 사채발행차금의 상각이 자산이나 부채 또는 자본이 아님에도 어떻게 이자비용의 일부분이 될 수 있는가에 대한 의문이 제기될 수 있다. 이에 대한 답은 사채할인발행차금은 사채에 대한 차감적 평가계정이며 사채할증발행차금은 사채에 대한 부가적 평가계정이라는 점이다. 이자비용은 빌린 자금을 사용하는 데 대한 원가를 나타낸다. 사채발행차금의 상각이 비용을 발생시키지는 않지만 주어진 기간에 대한 적절한 비용금액을 표시하기 위해 현

---

2) 이러한 회계처리는 취득원가회계를 충실히 따르는 경우에 한한다.

금이자지급액을 수정하는 기능을 수행한다. 따라서 사채발행차금의 상각은 이자비용금액의 조정인 것이다.

IAS 23(차입원가)은 차입원가에 대한 회계처리를 다루고 있다. 근본적으로 차입한 자금의 원가(예, 각종 수수료와 이자비용 등)는 발생된 기간의 비용으로 처리되는 것이 원칙이다. 그런데 차입원가를 적격자산의 취득이나 건설에 직접 연결시킬 수 있다면 적격자산의 원가에 포함시켜야 한다고 한다. 따라서 차입원가가 미래 경제적 효익을 가져올 개발중이거나 취득을 계획한 자산에 사용된다면 그 차입원가는 미래기간으로 이월될 수 있다. 이는 기업이 미래의 수익을 창출할 자산에 대한 비용을 이월시키는 의사결정을 할 수 있다는 것을 의미한다.

간혹 비용을 소멸된 원가로 부르기도 한다. 예를 들면 AAA의 1957년도 보고서에는 비용을 다음과 같이 정의하고 있다.[3)]

> "비용은 시장으로의 재화나 용역의 흐름 및 관련 활동으로 인한 소멸된 원가로서 특정 회계기간과 직접 또는 간접적으로 관련된 것이다."

이상의 정의에서 '소멸된 원가'라는 용어는 원가부착이론에 근거하고 있다.[4)] 이와 관련된 것으로 자산에 대해 미소멸 또는 미상각 원가라는 용어가 있다. 원가부착이론에 의하면 자산은 생산과정에 있어서 취득원가의 누적이라고 주장하고 있지만 이에 대한 실증적 증거는 없는 실정이다. 그 용어는 자산이나 용역의 소멸이라는 물리적 사건은 경제적 대상의 가치변화에 대한 화폐적 사건과 동등하다는 것을 의미한다. 그런데 물리적 사건은 화폐적 사건을 발생시키는 것으로 기업이 수행하는 활동이다.

발생주의 회계에서는 당해 보고기간의 비용으로 어떠한 항목들을 포함시킬 것인가에 관한 문제가 매우 중요하다. IAS 1(재무제표의 표시)에서는 다른 회계규정에서 요구하는 경우를 제외하고 모든 수익과 비용을 손익결정에 포함시킬 것을 요구하고 있다. 기간손익 결정에 제외될 수 있는 항목으로는 전기의 오류수정항목과 회계정책의 변경효과를 들 수 있다. 또한 재평가잉여

---

3) AAA, *Accounting and Reporting Standards for Corporate Financial Statements*, Florida, 1957.

4) 원가부착이론(cost attach theory)은 모든 원가는 기간비용이 아니라 산출물에 부착시켜야 한다는 이론이다.

금과 외화환산조정, 일부 금융자산의 재측정손익처럼 자본계정에 직접 기록되는 항목들도 있다.

당기에 자산의 감소나 부채의 증가를 계산하는 것은 매우 단순한 작업처럼 보인다. 그러나 부채는 영업활동에 사용할 유형자산을 취득하기 위한 자금을 조달하기 위해 증가할 수도 있다. 또한 성숙시점까지는 많은 시간이 요구되어 몇 년 후에나 수익을 창출할 가축을 위해 당기에 투자하는 항목들(사료나 인건비 등)도 있다. 이는 수익을 창출하는 기간에 비용을 어떻게 배분할 것인가에 관한 의사결정이 필요하다는 것을 암시한다. 이러한 문제를 해결하기 위한 여러 회계기준이 있으며, 수익과 비용의 배분방법을 선택하는 데에도 다양한 방법이 있다. 예를 들면 IAS 16(유형자산)에서는 감가상각대상금액과 감가상각방법 결정에 기업이 임의적으로 선택할 수 있는 많은 대체안을 허용하고 있다. 마찬가지로 IAS 41(농업부문)은 생물자산(수목이나 가축 등)의 가치변화 측정에 있어서 다양한 방법에 의한 공정가치결정을 허용하고 있다. 결정기준은 관련된 기간의 수익에 비용을 대응시키는 발생주의 개념에 기반을 두고 있다. 본장의 주요 관심사 중의 하나도 이러한 과정의 복잡성과 신중한 배분 및 측정기법의 선택에 관한 것이다.

1.3 비용의 행동과학적 관점

대부분의 비용은 기업이 어떠한 활동을 수행하기 때문에 발생한다. 즉, 기업이 수익을 창출하기 위해 과업을 수행함에 따라 비용이 발생한다. 기업이 그러한 기능을 수행함으로써 수익이 창출되고, 이에 따라 재화와 용역을 소비한다. 비용의 금액은 이익을 얻기 위해 기업이 행한 노력을 나타낸다. Paton과 Littleton은 '원가는 노력을 측정하고, 수익은 업적을 측정하는 것으로 간주된다'고 주장하였다.[5] 그 차이가 이익으로서 기업의 순성과 혹은 경영성과의 측정치를 나타낸다.

이러한 행동과학적 관점은 회계에서 널리 인정되고 있다. 이러한 관점은 수탁책임기능, 즉 '경영자는 최소한 기초의 순자산을 유지해야 하고 영업활

5) W. Paton and A. C. Littleton, *An Introduction to Corporate Accounting Standards*, Florida: AAA, 1940, p. 15.

동을 통해 순자산의 가치를 증가시키는 데 책임이 있다'는 것과 일치한다. 이는 회계정보가 경영자의 행동과 의사결정 및 활동에 직접적인 영향을 미친다는 것을 암시한다. 특정 기간에 소비된 노력, 즉 비용을 측정하기 위해 이를 식별할 필요가 있다. 필요한 것은 자산과 용역의 소비를 식별하는 데 도움이 되는 일련의 비용인식기준이다.

2. 비용인식기준과 대응개념

IASB 개념체계 제5장 "인식과 제거"에서 수익과 비용은 자산이나 부채의 변동을 통하여 발생한다고 하였다. 개념체계 문단 5.4에서 비용은 "재무상태표의 부채의 최초인식 또는 부채의 장부금액의 증가" 혹은 "자산의 제거 또는 자산의 장부금액의 감소"와 동시에 발생한다고 하여 비용의 발생을 자산과 부채의 인식 및 장부금액 변동과 연결시키고 있다. 그 외에도 비용은 "자산과 부채의 최초인식에 따라 수익과 관련된 비용을 동시에 인식할 수 있다(문단 5.5)"고 하여 수익의 발생에 부가되는 원가의 대응에 따라 비용이 인식될 수 있다. 이처럼 비용은 자산과 부채의 인식 및 평가 과정에서 인식하거나 수익의 인식에 대응하여 인식절차가 진행된다.

비용인식절차에 따라 비용을 재무성과표에 포함하기 위하여 포착하는 과정인 비용의 인식과 관련하여 문단 5.7에서는 다음과 같은 인식기준을 제시하고 있다.

> … 자산이나 부채를 인식하고 이에 따른 결과로 수익, 비용 또는 자본변동을 인식하는 것이 재무제표이용자들에게 다음과 같이 유용한 정보를 모두 제공하는 경우에만 자산이나 부채를 인식한다.
>
> (1) 자산이나 부채에 대한 그리고 이에 따른 결과로 발생하는 수익, 비용 또는 자본 변동에 대한 목적적합한 정보(문단 5.12~5.17 참조)
>
> (2) 자산이나 부채 그리고 이에 따른 결과로 발생하는 수익, 비용 또는 자본 변동의 충실한 표현(문단 5.18~5.25 참조)

비용이 재무제표에 인식되기 위해서는 두 가지 인식기준 모두를 충족해야 한다. 첫 번째 기준은 목적적합성으로 비용은 미래 경제적 효익의 유출이 발생할 가능성이 커야 한다는 것이다. 개념체계에서 확률개념은 실체가 활동하고 있는 환경의 특성을 나타내는 불확실성과 일치된다고 한다. 미래 경제적 효익의 흐름에 내재되어 있는 불확실성의 정도에 관한 평가는 재무제표를 작성할 때 이용가능한 증거에 근거하고 있다. 비용의 경우 발생가능성은 미래 경제적 효익의 소비나 손실의 발생가능성이 발생되지 않을 가능성보다 큰 것으로 해석되는 경우가 많다. 이는 약 50%의 발생가능성이 있는 것으로 해석되나 IASB의 개념체계에는 그러한 지침이 없다.

확률기준을 약 50%로 해석한다면 이의 적용은 신중성이란 정보의 특성과 어울리지 않는다. 과거의 개념체계에서는 불확실한 상황에서 요구되는 추정에 필요한 판단을 하는 경우 자산이나 수익이 과대평가되지 않고 부채나 비용이 과소평가되지 않도록 상당한 정도의 주의를 기울이는 것을 신중성으로 정의하였다. 한편, 현행 IASB의 개념체계에서는 표현충실성의 구성요소인 중립성을 다음과 같이 설명하고 있다.

> "중립적 서술은 재무정보의 선택이나 표시에 편의가 없다. 중립적 서술은 재무정보를 정보이용자가 유리하게 또는 불리하게 받아들일 가능성을 높이기 위해 치우치거나, 편파적이거나, 편중되거나, 강조되거나, 경시되거나 그 밖의 방식으로 조작되지 않는 것이다. 중립적 정보는 행동에 대해 목적이나 영향력이 없는 정보를 의미하지 않는다. 오히려 목적적합한 재무정보는 정의상 정보이용자의 의사결정에 차이가 나도록 할 수 있는 정보이다."

이와 같이 재무제표작성자들은 판단과 추정에 신중을 기해야 하지만 보고되는 정보에 편의가 없어야 한다. 예를 들면 과도한 신중성이나 중립성의 결여로 비용을 과대계상하는 것은 표현이 충실한 정보로 인정되지 않는다.

두 번째 기준은 비용을 신뢰성 있게 측정할 수 있어야 한다는 것이다. 현행의 개념체계에서는 신뢰성을 표현충실성으로 변경하여 사용하고 있으나 그 의미는 거의 동일하다. 이 기준은 감가상각비나 대손충당금의 설정과 같이 추정이 요구되지만 그 추정치의 타당성을 입증할 적절한 증거가 필요한 경우에 적용해야 할 기준이다. 현행 개념체계에서는 정보를 신뢰할 수 있는 조건, 즉 표현충실성에 대해 다음과 같이 규정하고 있다.

> "재무보고서는 경제적 현상을 글(용어)과 숫자로 나타내는 것이다. 재무정보가 유용하기 위해서는 목적적합한 현상을 표현하는 것뿐만 아니라 나타내야 하는 현상을 충실하게 표현해야 한다. 완벽하게 충실한 표현을 하기 위해서는 서술에 있어서 세 가지의 특성이 있어야 할 것이다. 서술은 완전하고, 중립적이며, 오류가 없어야 할 것이다. 물론 완벽함은 달성하기 어렵다. 회계기준위원회의 목적은 가능한 정도까지 그 특성을 극대화하는 것이다."

비용은 자산의 감소나 부채의 증가와 관련하여 미래 경제적 효익이 감소하고 이를 신뢰성 있게 측정할 수 있을 때 포괄손익계산서에 인식한다. 이는 비용의 인식이 부채의 증가나 자산의 감소에 대한 인식과 동시에 이루어짐을 의미한다. 예를 들어 자산가치의 변화는 감가상각비나 무형자산상각비 또는 손상차손을 발생시킨다. 또한 종업원급여의 발생에 따라 부채의 증가가 인식된다. 회계기준제정자의 관점에서 볼 때 비용이나 손실은 자산이나 부채의 가치변화에 따라 발생된다.

대응개념은 발생주의 회계의 기본이다. IASB의 개념체계에서는 대응개념에 대해 다음과 같이 규정하고 있다.

> "비용은 발생된 원가와 특정 수익항목의 가득 간에 존재하는 직접적인 관련성을 기준으로 포괄손익계산서에 인식한다. 수익에 원가를 대응시키는 과정에는 동일한 거래나 그 밖의 사건에 따라 직접 그리고 공통으로 발생하는 수익과 비용을 동시에 또는 통합하여 인식하는 것이 포함된다."

대응과정은 동일한 거래나 기타사건으로 인해 직접적이고 공통적으로 발생된 수익과 비용을 동시에 또는 통합하여 인식하는 것을 포함한다. 예를 들면 매출원가를 구성하는 비용의 여러 요소는 재화의 판매로 인하여 수익을 인식할 때 함께 인식한다.

회계담당자들이 일정 기간 동안 성과(수익)에 노력(비용)을 연관시키는 것은 주요 업무 중 하나이다. 그러나 실무에서 적절한 대응은 어려운 과업이며 회계담당자의 판단을 필요로 한다. 회계담당자는 일정 기간 동안 어떠한 자산이 소비되고 수익에서 차감할 금액이 얼마인가를 식별해야 한다. 이에 대해 Paton과 Littleton은 다음과 같이 서술하고 있다.

> "수익에 원가를 적절히 대응시키는 문제는 주로 만족할 만한 연관성을 발견하는 것이다. 연관성은 수익과 수익차감을 결합시키는 연결성에 대한 실마리이다. 관찰가능한 물리적 관계는 종종 추적과 배분의 수단을 제공한다. 그러나 모든 관련 조건의 측면에서 필수적 검증에는 물리적 측정보다는 합리성이 강조되어야 한다."

물론, 대응개념은 취득원가회계에서 매우 중요하다. 이는 회계담당자가 어떠한 원가가 수익에 대응되어 비용화되어야 하고, 얼마의 원가가 소멸되지 않아 재무상태표에 자산으로 기록될 것인가를 결정하는 데 도움이 되는 개념이다.

어떠한 원가가 비용화되고 어떠한 원가가 미래로 이연되어야 하는가를 결정하는 문제는 다음의 세 가지 방법 중 하나로 해결될 수 있다. 이는 ① 인과관계의 파악, ② 체계적이고 합리적인 배분, ③ 즉시 인식하는 방법 등이다. 첫 번째가 비용을 결정하는 가장 이상적인 방법이다. 반면에 두 번째와 세 번째는 첫 번째가 사용될 수 없을 때 대안으로 사용가능한 방법이다.

2.1 인과관계의 파악

수익에 비용을 대응시키는 가장 이상적인 방법은 인과관계를 파악(associating cause and effect)하는 것이다. 그런데 인과관계를 입증하기는 쉽지 않다. 그러나 사려 깊은 관찰에 근거하여 회계담당자들은 어떠한 자산이나 용역을 소비하여 해당 기간의 수익창출에 기여했는가를 결정한다. 이에 대한 예는 판매수수료, 매출원가, 종업원급여와 임금 등이다. 판매원의 노력은 당해기간의 매출수익을 발생시키는 데 기여한 것으로 가정하는 것이 합리적이다. 그러므로 그들에게 지급한 또는 지급할 수수료로 나타내는 그들의 노력은 당기의 수익과 관련이 있다. 이와 유사하게 제품판매로 인한 수익은 보통 판매된 제품의 원가와 관련이 있다. 그리고 종업원이 제공한 용역은 당기의 수익을 창출하는 데 도움이 되었다고 가정한다.

수익인식의 원칙에서 매출수익이 없다면 매출원가도 없다고 하였다. 예를 들어 장기건설계약에서 완성기준을 적용할 경우 인식할 공사수익이 없다면 기록할 공사원가(공사비용)도 없다. 발생된 건설원가는 자산계정으로 처리한다. 건설공사가 완성되어 고객에게 인도(판매)될 때 자산계정(미성공사)에 집계된 누적원가가 공사수익에 대응할 비용계정(공사비용)으로 대체된다. 만약 공사진행기준을 사용한다면 당기에 발생된 원가는 당기의 공사수익 창출에 도움이 되었다고 가정한다. 그러므로 발생된 공사원가를 비용으로 기록한다. 사실 공사진행률을 나타내기 위해 가장 보편적으로 사용하는 방법은 총발생예정원가에 대한 실제발생원가로 나타내는 원가기준법이다.

2.2 체계적이고 합리적인 배분

모든 비용을 인과관계를 파악하여 인식할 수는 없다. 즉, 인과관계를 파악할 수 없는 경우 대안의 하나로 체계적이고 합리적인 배분(systematic and rational allocation)방법을 사용한다. 이 방법의 목적은 해당 항목과 관련된 경제적 효익이 소비되거나 소멸되는 회계기간에 걸쳐 비용으로 인식하는 것이다.

자산의 원가를 당기와 미래의 기간에 배분하는 원칙은 회계에서 잘 알려진 방식이다. 대응과정은 비용을 분할된 각 기간에 연계시키는 것에서 시작한다. 이러한 절차가 수행될 때 비용의 금액이 그 기간의 수익과 상관관계가 있다고 가정한다.

IAS 16(유형자산)의 문단 6에서는 감가상각을 '자산의 감가상각대상금액을 그 자산의 내용연수 동안 체계적으로 배분하는 것'으로 정의하고 있다. 이와 같이 감가상각비는 잘 알려진 배분방법에 의해 인식하는 비용이다. 그렇다면 감가상각이란 무엇일까? 이에 대한 가장 전형적인 대답은 원가를 효익을 받으리라고 기대되는 기간에 체계적이고 합리적인 방법으로 배분하는 절차라는 것이다. 물론, IAS 16의 문단 60에서는 사용된 감가상각방법은 자산의 미래 경제적 효익이 소비되리라고 기대되는 형태를 반영해야 한다고 규정하고 있다.

감가상각을 원가배분으로 간주하는 것은 여러 가지 이유로 만족스럽지 못하다. 그것은 사건과 평가방법을 혼동하고 있기 때문이다. 그렇다면 감가상각은 하나의 절차인가 아니면 하나의 실제 사건인가? 우리는 앞서 비용은 물리적 사건에 의해 유발되는 하나의 화폐적 사건을 나타낸다고 하였다. 그러므로 감가상각은 발생하는 하나의 사건(현상)이며 기록되는 비용은 화폐적 영향이다. 따라서 감가상각을 원가의 배분으로 간주하는 것은 감가상각이라는 비용발생 사건을 원가배분이라는 측정방법과 혼돈한 것으로 볼 수 있다. 사건과 측정방법의 혼합은 원가부착이론에 기인한다.

미국공인회계사회의 회계용어위원회에서는 감가상각을 유용성의 소모로 보았다. 마찬가지로 감가상각을 자산의 용역잠재력의 감소로 묘사하는 것은 적절하다. 그러나 회계담당자가 취한 입장과 반드시 같지는 않지만 감가상각을 자산가치의 하락으로 간주하는 자들도 있다. 가치의 하락은 보통 시장가격의 감소를 의미한다. 회계담당자들은 비유동자산을 마모 같은 물리적 요인과 진부화 같은 경제적 요인 때문에 서서히 감소하는 미래용역의 집합으로 보고 있다.

감가상각은 용역잠재력의 감소이다. 그렇다면 그 감소액을 어떻게 측정할 것인가? 회계담당자들은 원가배분방법을 선택한다. 원가배분에 대한 여러 절차나 방법이 개발되었으나, 배분방법이 체계적이고 합리적인 것으로 간주되는 한 인정되는 것으로 간주한다.

원가배분은 대응개념으로서 다양한 방법이 있다. 예를 들어 감가상각방법에는 직선법(정액법), 생산량비례법, 연수합계법, 정률법 등 다양한 방법이 있다. 회계담당자는 미래의 기간에 자산이 제공하는 용역이나 효익의 형태와 어느 정도 일치하는 특정한 방법을 찾아낸다. 그러나 이러한 작업이 간단하지는 않다. 원칙을 적용하는 데 내재된 어려움 때문에 효익의 형태와 거의 관계가 없는 배분방법을 선택하는 기업도 많다. 뿐만 아니라 재무제표 작성자의 편리를 위해 대응개념이 무시되기도 한다.

2.3 즉시 인식

비용인식에 관한 마지막 방법인 즉시 인식(immediate recognition)방법은 앞의 두 방법에 의해 인식되지 않는 나머지 항목들을 회계처리하는 데 적용한다.

즉시 인식하는 비용의 예로는 광고선전비를 들 수 있다. 광고 효과는 오랫동안 지속될지도 모르지만 지속되는 기간을 결정하는 데 어려움이 있다. 예를 들어 고객이 2년 전의 광고에 영향을 받아 제품을 구매했는지도 모른다. 효익 지속기간을 신뢰성 있는 방법으로 결정할 수 없기 때문에 광고비는 즉시 비용으로 인식한다. 마찬가지로 IAS 38(무형자산)에 의해 연구비는 발생 즉시 비용으로 인식한다. IASB에서는 연구비가 자산의 인식기준을 충족시키지 못하는 것으로 보고 있다. 즉, 연구비는 미래의 경제적 효익이 발생할 가능성이 없고 신뢰성 있게 측정할 수 없다고 판단하는 것이다.

손상차손은 즉시 인식하는 또 다른 예이다. 유형자산과 무형자산은 모두 감가상각과 상각 대상이지만 배분과정의 판단에 오류가 있을 수 있고 자산가치가 다른 사건에 의해 영향을 받을 수 있다. IAS 36(자산손상)에 따라 자산의 회수가능액이 장부금액보다 작은 경우에 포괄손익계산서에 손상차손으로 인식한다. 손상차손은 자산가치의 하락 때문에 발생되는 것으로 개념체계의 비용의 정의에 부합된다.

그러나 손상차손의 인식은 보수주의에 의해 지지를 받고 있지만 문제점이 많은 회계분야 중의 하나이다. 손상차손의 회계처리상 문제점은 다음과 같이 세 가지로 요약할 수 있다.

첫째, 회계정보의 신뢰성 문제이다. 해당 자산에 대하여 손상차손이나 손상차손환입을 인식하기 위해서는 순공정가치와 사용가치뿐만 아니라 현금창출단위나 집단 등을 추정해야 한다. 과연 실무에서 이러한 정보를 어느 정도 신뢰성 있게 추정할 수 있느냐가 문제이다. 이들 정보를 신뢰성 있게 추정할 수 없는 경우에는 손상차손인식액뿐만 아니라 자산의 장부금액도 신뢰성을 잃게 된다.

둘째, 논리의 일관성이 결여된 문제로 보수주의가 가지고 있는 문제점이기도 하다. 즉, 자산가치의 손상은 인식하면서 자산가치의 증가를 인식하지 않는 이유가 궁색하다. 보수주의가 안정성을 기반으로 많은 회계분야에 적용되어온 것은 사실이다. 그러나 보수주의는 회계정보를 중립적으로 표현하려는 노력에 위배된다. 다시 말해 보수주의적 회계처리는 재무적 기초를 튼튼히 하려는 쪽으로 치우친 것으로 정보이용자의 의사결정을 오도할 가능성이 있다.

셋째, 자산의 손상이 일시적인 경우 기간손익을 왜곡시키는 문제점이 있다. 예컨대 어느 한 기간의 손상사건으로 손상차손을 인식하였는데 다음 기간에 회복되었다고 하자. 그러면 다른 조건이 일정한 경우 손상사건이 발생한 기간의 순이익은 과소계상되지만 회복이 이루어진 기간의 순이익은 과대계상된다.

3. 대응개념의 평가

Paton과 Littleton은 전통회계에 대한 논리적 체계를 제공하였다. 대응개념은 이러한 체계의 주요 특징 중 하나이다. 그들은 성과에 노력을 대응시킨다는 사고로 수익에 비용을 대응시켰다. 그들은 사업과정을 원가의 흐름으로 보고 그 흐름은 원가가 소멸됨에 따라 불가피하게 포괄손익계산서에서 종료된다고 하였다. 소멸된 원가를 결정하는 일은 회계담당자의 주요 업무 중 하나이다. 그러나 대응과정은 포괄손익계산서에 비해 재무상태표를 차순위로 만들었다. 즉, 재무상태표는 미래의 포괄손익계산서에 소멸될 때를 기다리는 것으로서 단순히 미소멸원가의 저장소 역할을 한다. 이러한 접근방법은 정보이용자의 의사결정에 있어서 재무상태표의 유용성을 감소시킨다.

회계기준제정자들은 최근 두 재무제표 모두에게 의미를 부여하려는 노력을 하였다. 재무상태표와 포괄손익계산서의 요소들을 같은 개념으로 정의하고 있으며, 그들의 정의와 인식기준을 서로 일치시키고 있다. 뿐만 아니라 개념체계의 문단 5.5에서는 자산과 부채의 정의를 충족시키지 못하는 항목을 재무상태표 항목으로 인식하는 방법으로 대응개념이 적용되어서는 안 된다고 규정하고 있다. 앞장의 전반부에서 언급했듯이 IAS 18(수익)에 규정되어 있는 수익인식의 지침을 적용할 경우 개념체계의 자산이나 부채의 정의를 충족시키지 못하는 재무상태표 항목이 발생할 수 있다. IASB는 현재 이러한 불일치를 해결하려는 노력을 하고 있는 중이다.

3.1 객관적 증거에 대한 적은 요구

대응개념은 주어진 원가를 어느 기간의 비용으로 계상할 것인가를 결정하는데 있어서 많은 판단을 필요로 한다. 회계담당자는 수익인식을 위한 객관적 증거를 중요시해 왔다. 그러나 비용인식과 관련된 논의는 적게 이루어진 점에 주목할 필요가 있다. 그 이유는 비용의 인식에 있어서 객관적 증거보다는 합리성 또는 적절성을 중요시했기 때문이다. 대응개념을 적용할 때 합리성의 기준은 무엇인가? 그것은 절차에 대한 일반적 수용성이다. 인정할 수 있는 실무라고 생각되는 것은 무엇이든 간에 합리적이고 적절한 것으로 간주된다. 예를 들어 재고자산의 회계처리방법은 선입선출법이나 평균법 등과 같이 인정되는 방법 중 하나를 선택하여 평가하는 것이다. 유형자산에 대해서는 인정되는 감가상각방법 중 하나를 선택하여 감가상각을 하는 것이다.

비용을 인식할 때 수익에 비해 객관적 증거를 적게 요구하는 또 하나의 이유는 보수주의 관습과 관련이 있다. 보수주의는 비용이나 손실 및 부채는 그 증거가 미약하더라도 가능한 한 빨리 인식할 것을 요구한다. 그러나 수익과 이득 및 자산은 그것을 기록하기 전에 보다 실제적인 증거에 의해 지지될 수 있어야 한다는 점을 요구하고 있다. 우리나라의 일반기업회계기준 제16장에서 규정하고 있는 진행기준에 의하면, 건설계약과 관련한 계약수익과 계약원가는 보고기간 말일에 공사진행률에 따라 각각 수익과 비용으로 인식하도록 하고 있다. 그런데 공사계약에서 손실이 예상될 때에는 즉시 인식해야 한다. 그러나 특정한 기간에 공사손실이 발생되더라도 공사계약 전체로 볼 때 공사이익이 예상되면 손실을 인식하지 않는다. 공사계약으로 인한 손실은 그 공사가 완성되지 않았기 때문에 완전히 실현되지 않았다 하더라도 예상되는 총손실은 즉시 인식한다. 이는 공사완성기준에 의한 회계처리에도 그대로 적용된다.[6]

보수주의는 개념체계에서 지지하고 있는 가능성과 신뢰성 기준의 기초가 된다고 주장하는 회계학자도 있다. '가능하다(probable)'는 용어는 손실이나 비용을 확신시키는 미래 사건이 발생할 것 같다는 것을 의미한다. 대손상각비는

6) 과거 IAS 11(공사계약)에서도 건설공사의 추정공사손실에 대해 우리나라 일반기업회계기준과 동일하게 회계처리하도록 하였으나, IFRS 15(고객과의 계약으로부터의 수익)가 제정되면서 IAS 11은 파기되었다. 그런데 IFRS 15에서는 추정공사손실에 대한 명확한 규정은 없다.

실체가 어느 정도의 금액을 회수할 수 없을 것이라는 점이 재무상태표일에 확인가능하기 때문에 기록하는 것이다. 이러한 가능성은 주로 과거의 경험에 근거하고 있다. 자산몰수의 위험으로 인한 손실은 몰수가 급박하고 손실금액을 추정할 수 있다면 기록할 수 있다. 손실의 가능성과 관련하여 앞서 언급한 두 가지 조건(목적적합성과 표현충실성)이 충족되면 소송과 청구권 또는 부과(예, 세금부과)와 관련한 손실을 인식한다.

보수주의로 인하여 순자산의 가치가 감소될 가능성이 크다면 비용으로 인식해야 한다고 주장한다. 그러나 이러한 가능성(확률)을 결정하는 데 요구되는 증거의 종류는 모호하다. 이에 대해서는 관습적 처리방법을 따르며, 관습적 처리방법 중의 하나가 보수주의적 처리이다. 보통 '기대되는 이익은 계상하지 않고 기대되는 손실은 모두 계상한다'라는 지침을 따른다. 따라서 실무에서 대응개념의 해석은 보수주의 관습의 영향에 의해 왜곡된다. 보수주의는 객관적 증거를 중시하지 않지만 순자산이나 이익의 과대계상은 꺼린다. 결과적으로 이러한 정보는 정보이용자의 의사결정을 오도할 수 있다.

그동안 보수주의는 많은 비판을 받아 왔다. 그러나 현재의 개념체계에서는 명시적으로 보수주의를 배제하고 있는 것 같지는 않다. 보수주의적 편의를 지닌 정보는 중립성 있는 정보가 아니다. 이런 이유로 새로운 개념체계에서는 표현충실성의 요건으로 신중성이 포함되지 않은 것으로 보인다. 충당부채의 인식을 통해 보수주의를 적용하여 왔던 회계실무는 IAS 37(충당부채, 우발부채 및 우발자산)의 공표로 적용에 제약을 받게 되었다. 가능성과 신뢰성에 관련된 개념체계의 인식기준에 더하여 IAS 37은 충당부채로 인식하기 위해서는 실체의 현재 의무이어야 한다는 점을 요구하고 있다. 따라서 충당부채는 실체가 그 의무를 회피할 수 있다면 인식할 수 없다. 즉, 부채를 해결할 수 있는 현실적인 대안이 없는 경우에만 충당부채로 인식할 수 있다. 결과적으로 당기의 이익을 줄이고 미래기간의 이익을 증가시키기 위해 충당부채를 설정하는 방법은 감소하게 되었다.

수선이나 구조조정과 관련된 충당부채는 인식기준을 충족시키지 못하는 한 재무제표에 표시할 수 없다. 그러므로 수선충당부채는 외부 실체에 대한 의무일 경우에만 가능하다. 구조조정충당부채는 자세하고도 공식적인 계획 등 인식기준을 충족시키는 경우에만 설정할 수 있다. 뿐만 아니라 우발부채는 인식하지 않으므로 이와 관련하여 비용으로 계상하는 금액은 없다. 우발부채는 인식기준을 충족시키지 못하기 때문에 비용으로 인식하거나 비용을 과대계상하는 수단이 되지 않는다.

3.2 각 대응방법의 평가

인과관계는 성과에 노력을 대응시키는 적절한 방법이다. 이는 합리적 절차처럼 보이지만 실무에 적용하는 데에는 어려움이 따른다. 실무의 적용에 어려움을 가져오는 이유 중의 하나는 인과관계 검증이 기초하고 있는 원가부착이론이다. 모든 원가는 궁극적으로 판매된 상품 또는 제공한 용역의 특정 항목에 부착(연관)되어 있는 것으로 간주하는 것이 이상적일 것이다. 이러한 개념이 실무에서 효과적으로 적용될 수 있다면 판매된 상품 또는 제공된 용역별로 성과측정(이익측정)이 가능해진다. 따라서 기업의 순성과는 기간별로 측정된다기보다는 산출물의 단위에 의해 측정될 수 있다. 그러나 모든 원가를 식별할 수 있는 산출물에 부착시킬 수 없다면 수익과 비용의 관계를 산출물의 단위가 아니라 기간단위로 연결시킬 수밖에 없다.

인과관계를 완전히 파악한다는 것은 사실상 불가능한데, 그 이유 중의 하나는 원가부착이론이 잘 알려진 이론이 아니기 때문이다. 또한, 원가배분이 정당하다는 것을 납득시킬 수 있는 (인과)관계를 발견하기 어려운 상황도 있다. 그러므로 사실상 회계담당자들은 수익에 비용을 산출물 단위별로 직접 관련시키지 않고 원가를 기간별로 대응시키려 하고 있다. 특정한 기간에 비용으로 배분된 원가는 그 기간의 수익창출에 도움이 되었다는 가정이 성립되어야 한다.

인과관계 규칙은 특정한 수익의 금액은 특정한 금액의 비용에 기인한 것으로 돌릴 수 있다는 것을 암시하고 있는데, 이에 대한 해석이 항상 옳은 것은 아니다. 예를 들어 총수익이 ₩100,000이고 총비용이 ₩60,000이며 그중 1/4인 ₩15,000이 급여라고 하자. 우리가 인과관계를 따진다면 급여, 즉 종업원이 제공한 용역으로 총수익의 1/4인 ₩25,000의 수익을 창출했다고 주장할 것인가? 아마도 그렇게 주장하는 사람은 아무도 없을 것이며, 또한 증명할 수도 없다.

자산이 여러 회계기간 동안 경제적 효익을 제공하는 경우 인과관계에 의한 방법을 이용할 수 없다면 그 원가는 체계적이고 합리적인 방법으로 해당 기간 동안 배분된다. 이러한 절차는 '임의적 방법'이라고 기술되는 것으로 추정과 가정을 내포하고 있다. 자산이 제공하는 효익이나 용역 중 얼마만큼이 미래의 각 기간에 해당되는지를 사전에 어떻게 알 수 있느냐는 것이다. 즉, 감가상각의 경우 잔존가치나 내용연수를 어떻게 객관적으로 추정할 수 있느냐는 것이다.

시간에 비례한 자의적 원가배분의 예로 과거에 인정되던 영업권의 상각을 들 수 있다. 과거 우리나라에서는 영업권에 대해 20년을 초과하지 않는 기간 동안 정액법에 의해 상각할 수 있었다. 상각방법으로 정액법을 요구한 것은 다른 방법을 사용함으로써 발생될 수 있는 이익조정 의도를 감소시킬 목적인 것으로 생각된다. 영업권은 가치가 감소되지 않으므로 어떠한 경우든 상각해서는 안 된다고 주장하는 학자들도 있다. 우리나라도 국제회계기준을 채택함에 따라 영업권을 상각하지 않게 되어 상각과정에 사용되는 자의적 추정을 피할 수 있게 되었다. IFRS 3(사업결합)에서는 사업결합으로 발생된 영업권은 손상차손을 차감한 원가로 측정하도록 규정하고 있다. 이와 같이 영업권 상각과 관련된 추정과정은 더 이상 필요하지 않게 되었다. 그러나 실체는 매년 영업권이 손상되었는지를 검토해야 하는데, 이는 다른 형태의 추정에 해당되므로 여전히 임의적이라는 문제점을 완전히 벗어나지 못하고 있다.

마지막 방법인 즉시 인식은 원가를 지급한 기간 또는 지급하게 된 기간의 비용으로 처리하는 방법이다. 이 방법은 구입한 재화나 용역에 대해 미래의 경제적 효익을 기대할 수 없다면 효과가 있다. 그런데 이러한 결정은 항상 쉽게 이루어지는 것은 아니다. 예를 들어 광고선전비나 연구비가 미래의 경제적 효익을 기대할 수 없는 지출이라는 점이 사실일까? 아마도 이 질문에 쉽게 응답하는 독자들은 거의 없을 것이다.

3.3 배분의 문제

회계정보는 주로 배분에 근거하고 있기 때문에 회계담당자가 보고하는 것의 대부분은 쓰레기나 다름이 없다는 주장이 있다. 배분은 한 집합의 분할이다. 이 점과 관련하여 배분은 앞서 언급한 두 번째 방법뿐만 아니라 수익인식절차를 포함한 모든 방법과 관련이 있다. 배분은 일정한 크기의 금액을 하나 또는 그 이상의 범주나 부문에 할당하는 것으로 보통 미래기간에 이루어진다.

그렇다면 배분의 문제점은 무엇인가? Thomas는 배분이 이론적으로 정당화될 수 없다고 주장한다.7) 배분의 정당성이 확보되려면 다음의 세 가지 기준이 충족되어야 한다.

① 가산성(additivity) : 전체는 부분의 합과 같아야 한다. 만일 총계를 배분하였다면, 총계의 분할은 그 총계를 모두 소진해야 하며 남아도 안 되고 모자라도 안 된다. 다시 말해 배분된 금액의 총계는 배분 전의 총계와 같아야 한다.

② 명료성(unambiguity) : 배분방법은 유일한 배분결과를 나타내야 한다. 즉, 배분방법이 명료해야 한다.

③ 방어가능성(defensibility) : 일단 특정 배분방법이 선택되면 그 방법이 선택가능한 다른 방법보다 정당하다는 것을 입증할 수 있어야 한다.

Thomas는 회계에서의 배분은 위의 기준, 특히 세 번째 기준을 충족시키지 못한다고 주장한다. 특정한 방법을 옹호하는 것은 가능하다. 사실상 다양한 방법이 존재하는데, 각 방법은 나름대로의 정당성이 있다. 따라서 자의적이지 않고는 다른 방법에 우선하는 결정적인 하나의 방법을 선택하는 것은 어렵다.

회계담당자는 두 가지 근거로 배분을 옹호하고 있다. 한 가지 근거는 특정한 투입이 당기와 미래의 기간에 용역을 제공한다면 원가배분형태는 특정한 기간에 받게 되는 용역의 원가를 반영해야 한다는 것이다. 또 다른 근거는 배분된 자료는 유용한 목적에 사용된다는 것이다. 배분된 자료가 포함된 회계보고서의 이용자들은 배분된 자료가 포함된 보고서들이 유용하다는 것을 알고 정보를 이용한다.

첫 번째 주장과 관련하여 Thomas는 회계담당자들은 특정 투입에 의해 제공되는 용역이 얼마만큼의 현금흐름이나 수익 또는 원가절감에 기여했는가를 보여줘야 한다고 주장한다. 그러나 이는 회계담당자에게 불가능한 일이

---

7) A. L. Thomas, "The FASB and the Allocation Problem," *Journal of Accountancy*(November 1975).

다. 왜냐하면 우선 배분은 어쩔 수 없는 것이기 때문이다. 배분을 객관적이고 실증적인 수단이나 방법으로 검증하거나 설명할 수 없다. Thomas는 실제세계에서 배분과 가까운 것은 아무것도 없다고 한다.

투입물과 관련된 용역 또는 기여의 양상이 실제세계에서 존재하고 있지만 이러한 양상에 관한 회계담당자의 주장이 비현실적이라고 할 만큼 실제 양상과 너무 동떨어졌다고 한다면, 회계담당자들은 현실세계를 올바로 반영하지 못한다는 비난을 받을 수 있으며 그러한 비난은 당연하다고 할 수 있다. 그런데 많은 경우 회계담당자들이 배분의 근거로 사용하는 양상은 실제세계와 동떨어져 있다. 더 나아가 Thomas는 용역이나 기여의 양상이 실제세계에는 존재하지 않고 회계담당자의 마음속에만 있는 것이라고 주장한다. 회계담당자들은 사실상 스스로 납득하지 않음에도 그러한 양상(분할)이 존재한다는 점을 그들 자신이나 다른 사람들에게 납득시켜 왔다. Thomas는 배분에 관한 주장이 마음속의 생각과 관련 있는 것(관념적인 것)이지 실제세계에 존재하는 것은 아니라고 한다.

산출물에 기여했기 때문에 배분하는 것이 정당하다는 주장이 타당하지 않은 또 다른 이유는 투입물의 상호작용에 기인한다. 특정 기간의 산출물이나 수익 또는 현금유입에 대한 투입물의 개별적 기여는 알 수 없다. 왜냐하면 모든 투입물은 그것이 개별적으로 산출물을 창출하는 것이 아니라 전체 산출물을 창출하기 위해 상호작용하기 때문이다. 예를 들면 기계를 사용하는 노동자는 기계를 사용하지 않고 맨손으로 일하는 노동자보다 더 많은 산출물을 생산한다. 산출물이 상호작용할 때에는 개별 투입물이 얼마만큼의 수익이나 현금유입에 기여했는가를 계산하는 것은 의미 없는 일이다.

Thomas가 그렇게 주장한 이유를 이해할 수 있다. 왜냐하면 사용한 시간 또는 운전한 거리처럼 자산에 의해 제공되는 용역의 일정 부분을 자산의 실제 사용과 연결시킴으로써 자산에서 제공되는 용역의 일정 부분이 실제세계의 대상을 갖고 있을 때 배분이 이치에 맞는 것이라고 주장할 수 있기 때문이다. 배분은 정확하지 않을 수 있으나 합리적일 수는 있다. 따라서 배분을 포기할 것이 아니라 용역의 일정 부분을 추정하는 보다 훌륭한 방법을 고안하는 것이 차선책일 수 있다. 그러나 Thomas는 그 분할이 실제로는 존재하지 않는다고 주장한다. 이것이 사실이라면 배분을 옹호하는 어떠한 주장도 소용없게 된다. 어쨌든 그는 기여의 개별적 양상을 결정하는 일은 상호작용 때문에 의미 없는 일이라고 주장한다.

Thomas는 또한 배분된 자료는 유용한 목적에 사용되며 따라서 그러한 자료는 유용하다는 두 번째 주장에 반대하고 있다. 그는 회계정보가 유용하다고 주장하는 실증연구들은 배분된 자료가 유용하다는 점을 실제로 보여주지 못한다고 주장한다. 그리고 사람들은 배분된 정보가 타당하다고 믿도록 세뇌되었다고 한다. 회계담당자들은 배분된 자료가 유용하다는 것을 자신들이 검증할 수 없다고 주장한다. 해결책은 배분이 없는 보고서를 작성하는 것이다. Thomas는 이에 대해 현행산출가격 보고서 또는 순당좌자산기금표(net quick assets funds statements) 등을 제시하였다. 이러한 주장에도 불구하고 회계기준제정자들은 배분을 지지하는 보고서를 계속적으로 발간하고 있다. 배분을 포기하는 것은 회계담당자가 이해하고, 존재를 믿고 있고, 현재 익숙해져 있는 것으로부터 현격한 이탈을 의미한다. 배분은 회계에 있어서 실질적인 부분을 차지하고 있다. 자산의 정의조차도 배분을 암시하고 있다. 자산은 본질적으로 미래 용역의 집합체로 간주되며 이러한 용역은 당기와 미래의 기간에 걸쳐 제공된다는 점이 바로 그것이다. 즉, 자산이 제공하는 용역을 기간별로 배분할 수 있다고 가정하여 자산을 정의한다.

3.4 배분에 대한 옹호

배분의 목적을 설명할 수 없기 때문에 배분이 임의적이라는 것은 타당할 수 있다. 전통회계에서 배분의 목적은 대응과정, 특히 인과관계에 의해 이익을 결정하는 데 있다. 대응의 효과는 수익과 비용 간에 독특하고도 식별할 수 있는 인과관계의 유무에 달려 있다. 그러나 Thomas가 지적했듯이 이는 증명할 수 있는 것이 아니다. 그러나 배분의 목적은 변할 수 있다. 예를 들면, 일정 기간의 이익을 동일한 기간에 인식된 수익과 n기간 동안 정액법에 의해 배분된 원가의 차이로 정의할 수도 있다. 이것은 이익의 과정을 인과관계에서 특수한 관련성인 정액법으로 다시 정의한 것이다.

Zimmerman은 내부목적을 위한 원가배분은 경영자의 통제나 동기부여를 위한 장치에 유용하고, 따라서 정당하다고 주장한다.[8] 그는 의사결정의 책임이 기업 내의 경영자에게 귀속될 때 원가배분은 관찰하기 어려운 발생원가를 파악할 수 있게 한다고 주장한다. 즉, 경영자가 보고되는 원가에 관심을 기울이게 하기 위하여 원가와 보상체계를 연계시킬 때, 원가배분은 기업 내의 경영자가 특정한 의사결정 권한을 갖고 있는 경우 발생할 수 있는 통제나 조정 문제를 감소시키는 데 도움이 된다. 그는 원가배분의 효익(예, 빠른 원가인식으로 원가인식의 지체 감소)이 원가배분의 원가(예, 보다 많은 기장비용)를 초과하는 한 배분방법을 사용하는 것은 합리적이라고 주장한다. Zimmerman은 고정원가의 배분은 계산하기 어려운 기회원가를 측정하는 데 도움이 될 것이라고 제안하였다.

4. 현행실무의 비용 분류방법

국제회계기준에서는 포괄손익계산서의 표시방법(단일 포괄손익계산서를 작성하는 통합형식 또는 별개의 손익계산서와 포괄손익계산서를 구분하여 작성하는 분리형식)에 관계없이 비용을 성격별 또는 기능별로 구분하여 작성하도록 되어 있다. 즉, 국제회계기준에서 비용은 발생빈도, 손익의 발생가능성 및 예측가능성의 측면에서 서로 다를 수 있는 경영성과의 구성요소를 강조하기 위해 성격별 또는 기능별로 분류하여 표시하도록 규정하고 있다. 비용을 기능별로 분류할 경우에는 비용의 성격에 대한 추가정보를 공시한다.

성격별 분류법은 당기손익에 포함된 비용을 그 성격별로 통합하며, 기능별로 재배분하지 않는다. 이 방법은 비용을 기능별 분류로 배분할 필요가 없기 때문에 적용이 간단할 수 있다. 비용의 성격별 분류의 예로 감가상각비, 원재료의 구입, 운송비, 종업원급여와 광고비 등을 들 수 있다.

기능별 분류법은 비용을 매출원가, 물류원가, 관리활동원가 등과 같이 기능별로 분류한다. 이 방법에서는 적어도 매출원가를 다른 비용과 분리하여 공시해야 하므로 매출원가법으로 부르기도 한다. 이 방법은 성격별 분류보다 재무제표이용자에게 더 목적적합한 정보를 제공할 수 있지만 비용을 기능별

---

8) J. Zimmerman, "The Costs and Benefits of Cost Allocation," *The Accounting Review*(July 1979).

로 배분하는 데 자의적인 배분과 상당한 정도의 판단이 개입될 수 있다.

비용을 기능별로 분류하는 기업은 감가상각비, 기타상각비와 종업원급여 비용을 포함하여 비용의 성격에 대한 추가정보를 공시한다. 왜냐하면, 비용의 성격에 대한 정보가 미래현금흐름을 예측하는 데 유용하기 때문이다.

비용의 성격별 또는 기능별 분류내용은 포괄손익계산서 또는 별도의 손익계산서(표시하는 경우)에 표시할 것을 권장하고 있다. 포괄손익계산서를 분리형식으로 작성하는 경우, 비용의 성격별 분류와 기능별 분류에 의한 별개의 손익계산서 각각을 예시하면 자료 10-1 과 같다.

한편, 현행의 IFRS에서는 손익계산서에 당기순이익 이외에 매출총이익이나 영업이익 등과 같은 중간단계의 이익구분에 대하여는 규정하고 있지 않다. 그렇지만 한국회계기준원에서는 2012년 K-IFRS의 개정을 통하여 영업손

자료 10-1 비용의 분류방법 예시

〈성격별 분류법(분리형식)〉

별개의 손익계산서

		20×1
수 익		×××
기타수익		×××
제품 및 재공품 재고 변동	×××	
원재료와 소모품 사용	×××	
종업원급여비용	×××	
감가상각비	×××	
유형자산손상차손	×××	
기타비용	×××	
금융원가	×××	(×××)
관계기업이익지분		×××
세전이익		×××
법인세비용		×××
당기순이익		×××
기본 및 희석주당이익		×××

〈기능별 분류법(분리형식)〉

별개의 손익계산서

	20×1
수 익	×××
매출원가	×××
매출총이익	×××
기타수익	×××
물류원가	(×××)
관 리 비	(×××)
기타비용	(×××)
금융원가	(×××)
관계기업이익지분	×××
세전이익	×××
법인세비용	×××
당기순이익	×××
기본 및 희석주당이익	×××

* 만약, 중단사업이 있는 경우에는 법인세비용 다음에 "계속영업이익"을 표시하고 다음에 "중단사업손익"을 세차감후순액으로 가감한 다음 당기순손익을 표시한다.

익과 기타손익을 구분하여 공시하도록 하고 있다. 한국에서 IFRS 도입 당시에는 영업손익 표시규정이 없었으나 일반기업회계기준(K-GAAP)에서는 영업손익의 구분을 요구하고 있어 기업간 비교의 문제가 제기되었고 코스닥시장 상장규정에서는 영업손익에 따라 관리종목지정이나 상장폐지 등이 결정되었다. 따라서 K-IFRS에서는 2012년 영업손익을 구분하여 보고하도록 요구하였다. 그런데 IASB는 2019년 12월 일반적 표시와 공시(General Presentation and Disclosure)라는 제목의 IFRS 재무제표 표시기준 개정안을 발표하면서 개정안에 영업손익을 구분표시하도록 하는 내용을 포함시켰다. IFRS의 개정안에서는 투자활동과 재무활동을 영업손익 계산의 범주에 포함시켰으나, K-IFRS에서는 매출액에서 판매비와 관리비를 뺀 금액을 영업손익으로 계산하고 나머지를 기타손익으로 구분한다. 따라서 IASB의 공개초안대로 규정이 개정되면 IFRS에서의 영업이익과 현행 K-IFRS에서의 영업이익 계산에서 손익항목의 범위가 달라지는 문제가 발생하여 K-IFRS의 영업손익을 변경해야 한다. 이 경우 증권 관련 규정 등에서와 같이 법령 등에서 영업손익의 적용으로 영향을 받는 기업이 발생할 수 있다.[9]

9) IFRS의 개정은 공개초안에 대한 의견수렴 등을 거쳐 이루어지므로 개정된 기준의 시행시기는 2023년이 될 것으로 전망된다.

익힘문제

1. 비용의 정의에 대해 논하시오.

2. 비용의 인식기준에 대해 설명하시오.

3. 직접적인 인과관계에 의한 비용의 인식에 대해 설명하시오.

4. 체계적이고 합리적인 배분방법에 의한 비용의 인식에 대해 설명하시오.

5. 즉시 인식하는 비용의 인식에 대해 설명하시오.

6. 대응개념에 대해 평가하시오.

7. 회계학에서 배분의 의미와 문제점을 설명하시오.

8. 한국채택국제회계기준에서 비용의 구분방법에 대해 설명하시오.

PART

Ⅲ

실증연구

CHAPTER 11

자본시장연구

1. 자본시장연구의 개요
2. 효율적 시장가설
3. 자본시장연구의 유형
4. 자본시장연구의 유용성과 한계

1960년대 후반부터 시작된 자본시장연구는 회계학연구에 커다란 영향을 주었다. 이를 재무회계의 혁명이라 해도 이의를 제기할 회계학자는 거의 없을 것이다. 이전의 회계연구는 주로 규범적 연구로서 연역적 접근방법을 사용하였다. 그 당시의 주요 주제 중 하나는 기업의 진실한 이익을 어떻게 계산해야 하는가에 관한 당위론적 주장이었다. 연역적 방법에 의해 계산된 이익수치가 정보이용자에게 유용한지 알 수 없었고, 다만 유용할 것이라고 가정만 했을 뿐이다. 그러나 자본시장연구는 회계수치가 유용한지에 대한 검증을 가능하게 하였고 다음 장의 실증적 회계이론과 결합하여 새로운 연구영역을 개척하였다. 여기에서는 자본시장연구의 기초개념과 유형에 대해 설명하기로 한다.

1. 자본시장연구의 개요

1.1 자본시장연구의 개념

자본시장연구(capital market research)란 회계정보가 자본시장에 알려질 때의 주가 변동이나 주식거래량 변동과 같은 자본(증권)시장의 반응을 분석하여, 해당 회계정보가 유용성이 있는지를 평가하는 연구이다. 자본시장연구는 자본시장에서 수집되는 실제 자료를 이용하기 때문에 실증적 연구의 성격을 띠게 되며, 회계정보에 대한 투자자들의 집단적 의사결정 결과(가격이나 거래량)를 살펴보기 때문에 개별 정보이용자수준을 넘어선 시장수준의 연구이다.

자본시장연구는 연역적이고 규범적인 관점에 치중되었던 회계정보의 유용성을 실제 자료를 사용하여 검증할 수 있게 했다. 주식가격이란 자본시장에 참여한 많은 투자자들이 각자 나름대로 최상의 정보를 가지고 경쟁을 함으로써 형성된 가격이다. 따라서 자본시장이 효율적이라고 가정하면, 기업의 진실한 이익은 해당 기업의 보통주 가치에 반영될 것이다. 왜냐하면 자본시장이 효율적이라면 보통주 가격은 기업의 현재 및 미래의 기대이익을 모두 반영하고 있는 것으로 간주되기 때문이다. 그러므로 보통주 가치는 진실한 이익을 반영하는 합리적인 지표가 될 수 있다. 결국 주식가격은 회계정보의 내용(contents)을 반영하게 된다. 따라서 회계학자들은 주식가격을 이용하여 회계정보의 유용성과 실상을 파악하고 이에 근거하여 합리적인 회계정책을 수립하는 데 공헌하였다. 물론 이러한 검증은 자본시장이 효율적으로 운용되고 있다는 가정에 근거하고 있음을 명심해야 한다.

자본시장에 반영된 증권가격의 변동추이를 분석하여 회계정보의 유용성을 검증하는 자본시장연구는 이전까지 연역적 방법에만 의존하던 회계학연구방법을 귀납적인 방법으로 보완하게 되었다. 회계학을 둘러싼 환경적 가정에 기초하여 연역적으로 도출된 규범적 회계이론은 완전한 것이 아니다. 왜냐하면 연역적 회계이론들이 회계실무에서 현실성 있게 반영될 수 있는지 혹은 연역적 회계이론이 타당한지에 대해서는 해답을 얻을 수 없기 때문이다. 따라서 회계실무에서 실제로 이루어지고 있는 회계의 실상과 영향을 관찰하고 자료를 수집하여 연역적으로 성립된 회계이론들을 귀납적으로 검증하고 확인하는 절차가 필요하다. 또한 회계실무의 관찰은 새로운 경험적 지식을 추론할 수도 있으며, 이에 근거하여 새로운 회계이론을 제시할 수도 있다. 이러한 측면에서 자본시장에 근거한 실증연구는 기존의 불완전한 회계연구를 보완하는 새로운 패러다임을 제공하였다고 할 수 있다.

1968년에 Ball과 Brown은 기업의 당기순이익이 주가에 미치는 영향을 조사하여 자본시장에 기반을 둔 회계연구의 본격적인 장을 열었다.[1] 같은 해에 Beaver는 기업의 연차이익정보가 주가에 반영되는 속도를 이익공시 전후의 주가와 주식거래량의 움직임을 통하여 분석하였다.[2] 이후 회계학에서 자본시장연구는 회계처리방법의 변경, 사업결합 및 무상증자 등과 같은 회계 사건(event)이 주가에 어떠한 영향을 미치는가에 대한 연구로 확대되었다.

자본시장연구는 회계학연구의 초점을 과거의 진실한 이익 측정에 관한 규범적인 논의에서 정보적 접근법으로 전환시켰다. 정보적 접근법(informative approach)은 자본시장에 기초한 연구방법과 같은 의미로 사용되기도 하지만 회계정보와 주가(기업가치)의 관련성을 더욱 강조하는 의미로도 사용된다.

이처럼 자본시장연구는 회계학연구에 있어서 새로운 패러다임을 제시함과 동시에 많은 연구주제를 제공하여 1970년대와 1980년대 회계학연구의 흐름을 주도하였고, 이후 현재까지도 여전히 회계학연구의 큰 흐름으로 자리잡고 있다.

1.2 자본시장연구의 출현배경

19세기 말을 기점으로 세계경제의 무게중심이 영국에서 미국으로 넘어가게 되었다. 미국은 주식회사제도의 발달과 1885년 뉴욕증권거래소의 개장으로 자본조달이 용이해졌고, 주주의 수가 급속히 늘어나는 등 이해관계자 집단이 다양화되었다. 모든 투자자들에게 기업의 주주가 될 수 있는 기회가 제공되

---

1) R. Ball and P. Brown, "An Empirical Evaluation of Accounting Income Numbers," *Journal of Accounting Research*(Autumn 1968), pp. 159-177.

2) W. H. Beaver, "The Information Content of Annual Earnings Announcements," *Supplement to Journal of Accounting Research*, 1968, pp. 67-92.

었을 뿐만 아니라, 기업과 이해관계가 있는 경영자, 채권자, 정보중개인, 정부, 소비자들도 기업의 회계정보가 자신들의 부에 영향을 미친다는 사실을 인식함으로써 기업의 회계정보에 점차 높은 관심을 보이게 되었다.

증권거래소 개장 이전에 회계의 역할은 경영자의 수탁책임을 평가하거나 몇몇에 불과한 소유자들의 재산상태를 파악해 주는 기능 정도로 한정되어 있었다. 이때에는 소수에게만 회계정보가 필요하였기 때문에, 기업마다 자의적인 회계기준이나 원칙을 사용하여 기업의 상태를 측정하였고 그 결과 회계정보의 영향은 미미하였다. 그러나 증권시장의 개장과 더불어 회계기준의 채택에 따라 회계는 과거의 수탁책임기능과는 달리 다양한 이해관계자들의 부에 영향을 미치게 되었다.

20세기 초에는 뉴욕증권거래소에서 주식이 공식적으로 거래되고 정보이용자인 이해관계자들의 정보요구 수준도 과거보다 훨씬 높아지게 되었다. 그렇지만 기업들은 환경의 변화를 반영하여 회계제도를 체계적으로 정비하지 못하고 이전처럼 자의적인 회계정보를 창출하였다. 이처럼 건실하지 못한 회계제도와 체계적이지 못한 증권시장의 운영으로 인하여 미국은 1920년대 말 대공황에 직면하게 되었다. 대공황을 극복하는 과정에서 미국은 증권시장을 정비하기 시작하였다. 또한, 1930년대 초에 증권법을 제정하고 증권거래위원회(SEC)를 설립함으로써, 기업의 회계업무에 대한 규제와 유용한 회계원칙의 제정에 많은 노력을 기울이기 시작했다.

1933년 증권법 제정 이후 회계학자들은 주로 회계원칙이나 지침 마련과 같은 정책 제안에 초점을 맞추게 되었다. 따라서 회계학연구는 규범적인 성격을 띠게 되었다. 당시 회계학의 주요 관심분야는 일정 기간 동안의 '진실한 이익'의 측정에 관한 것이었다. 또한 어떤 회계처리방법을 도입하는 것이 발생주의회계하에서 기업의 진실한 이익을 가장 잘 측정하며, 공정한 분배가 이루어질 수 있는가에 대해 회계연구가 집중되었다. 이해관계자들이 관심을 갖는 경영자에 대한 보상, 주주에게 지급되는 배당, 국가에 납부할 세금 등과 같은 기업성과의 분배도 진실한 이익이 파악된 이후에 결정될 수 있기 때문에, 이해관계자들은 진실한 이익의 측정을 요구하게 되었다. 그러나 진실한 이익은 추상적이고 이론적인 개념으로, 측정이 매우 어려웠다. 따라서 진실한 이익 측정에 대한 노력은 많은 논쟁을 불러일으켰으며 다양한 회계원칙을 산출하는 결과를 낳게 되었지만, 각각의 회계원칙이 설정한 가정의 타당성과 현실성에 대한 객관적 평가근거는 존재하지 않았다.

1960년대 말에 이와 같은 회계현실을 극복하기 위한 시도들이 몇몇 학자들에 의해 이루어졌다. 이들은 회계정보가 주식시장에 어떤 영향을 미치는지를 관찰함으로써 규범적 회계이론을 뒷받침하려고 시도하였다. 비록 당시의 이론적 개념과 방법론은 다소 불완전하였고 모순이 지적되기도 하였지만, 경제학과 재무학 등 근접 학문의 이론발달에 힘입어 그 방법론적 모순을 극복하게 되었다. 1960년대에 이르러 정립된 자본자산가격결정모형(capital asset pricing model : CAPM)과 효율적 시장가설(efficient market hypothesis : EMH)은 회계이론을 객관적으로 검증하는 데 효과적으로 이용되었다. 1964년 Sharpe에 의해 개발된 CAPM은 회계정보가 자본시장에 미치는 영향을 거시경제정보 등과 같은 기타의 다른 정보가 자본시장에 미치는 영향과 구분할 수 있게 해줌으로써 회계학연구에 새로운 지평을 열었다.

효율적 시장가설은 어떤 특정 정보의 내용(information contents)이 증권가격에 즉시 그리고 완전히 반영된다면 자본시장은 그 정보에 대하여 효율적이라는 가설이다. 효율적 시장가설에 의하면 공시된 정보는 자본시장에서 즉시 평가가 이루어져 증권가격에 반영되므로 투자자는 이미 공시된 정보를 이용하여 초과수익을 얻을 수 없다. 이러한 효율적 시장가설을 효과적으로 검증하게 한 것도 CAPM의 덕택이다. 효율적 시장가설과 CAPM을 기반으로 자본시장을 통해 회계이론의 타당성과 회계정보의 유용성을 검증하려는 노력은 회계학연구에 있어서 "자본시장연구"라는 새로운 패러다임을 형성하는 계기가 되었다.

1.3 회계정보와 기업가치의 관계

자본시장연구는 회계정보가 주가로 표현되는 기업가치와 관계를 가지고 있다는 개념에서 출발한다. 주가로 표현되는 기업가치는 기업의 미래 배당금 지급능력에 따라 결정된다. 미래 배당금 지급능력은 이익이나 현금보유와 같은 기업 자체의 요인과, 통화량이나 이자율과 같은 거시적 환경 변화에 따라 달라질 수도 있다. 이때 회계정보는 불확실한 환경하에서 기업의 미래 배당금 지급능력을 예측할 수 있게 해준다. 이처럼 회계정보가 기업의 미래 배당금 지급능력을 나타낼 수 있다는 가정과 자본시장이 효율적이라는 가정을 동시에 고려한다면, 회계정보와 기업가치를 연결시킬 수 있다. 이와 같이 자본시장에 기초한 많은 실증연구들은 회계정보가 기업가치를 평가하는 데 유용한 역할을 하는지 여부를 검증하였다.

주가는 모든 이해관계자들이 자본시장이라는 의사결정기구를 통하여 수요와 공급이 일치하는 곳에서 형성된 균형가격으로서, 현실에서 쉽게 관찰할 수 있으며 자료의 수집이 용이하다. 자본시장연구에서는 주가 그 자체보다 주식수익률을 더 많이 사용한다. 왜냐하면, 회계정보의 정보효과는 두 시점간의 가격차이를 살펴볼 수 있는 일정 기간에 걸쳐 관찰되기 때문이며, 주가는 그 규모가 다른 기업간 비교에 적합하지 않기 때문이다. 그리고 일반투자자의 경우에도 현 시점에서의 주가보다는 일정 투자기간에 걸쳐 '주가가 얼마나 상승 또는 하락하였는가?'에 더 많은 관심을 가진다.

2. 효율적 시장가설

자본시장연구는 회계정보의 유용성을 자본시장의 반응을 통하여 파악한다. 그런데 이러한 자본시장연구는 자본시장이 효율적이라는 가정에 기초하고 있다. 여기에서는 자본시장연구의 기초가 되는 효율적 시장가설에 대해 살펴본다.

2.1 효율적 시장가설의 개념

자본시장의 효율성을 살펴보기 위해서는 효율성의 개념을 먼저 정의해야 한다. 시장의 효율성은 경제학적으로 다음과 같은 세 가지 종류로 구분할 수 있다.[3]

3) 정혜영 외 4인, 『자본시장과 회계정보』, 양영각, 1993, pp. 64-65.

- 교환효율성(exchange efficiency): 이용가능한 자산들의 집합과 시장참여자들의 여러 가지 의견 또는 정보가 주어진 상황하에서, 다른 사람의 효용을 감소시키지 않고서는 어느 개인의 기대효용을 증가시킬 수 없는 상태, 즉 파레토 효율(Pareto efficiency)이 달성된 상태를 말한다.
- 생산효율성(production efficiency): 이용가능한 기술과 자원, 그리고 정보하에서 여러 가지 자산의 생산 및 공급 결정과 관련이 있으며, 다음의 세 가지 사항이 성립되어야 한다. ① 만약 기업들이 시장가치를 극대화한다면 자원분배는 파레토 최적(Pareto optimal)이 달성된다. ② 모든 주주들이 기업의 시장가치 극대화 정책에 동의한다. ③ 기업의 경영자들이 주주들의 이익을 극대화하는 정책을 수행하도록 통제하는 장치가 존재한다.
- 정보효율성(information efficiency): 정보효율성은 다음과 같은 사항들이 성립되어야 한다. ① 적당한 양과 질의 정보를 수집하는 데 대한 올바른 동기유발이 시장에 의하여 제공되어야 한다. ② 시장가격이 여러 거래자들의 이용가능한 정보를 즉각적으로 모두 반영해야 한다. ③ 기업들은 투자자들에게 기업의 전망에 관한 정보를 효율적으로 전달할 수 있어야 한다.

대부분의 회계학 관련 실증분석들은 정보효율성의 관점에서 결과를 해석하였으며, 회계학 실증연구에서의 시장효율성이란 대체로 시장의 정보효율성을 의미한다. 일반적으로 시장효율성은 '어떤 정보시스템에 관하여 모든 사람이 알고 있는 것처럼 가격이 움직일 때 가격은 그 정보시스템에 대하여 효율적이다'라고 정의된다. 다시 말하면 효율적 시장에서는 가격이 정보를 신속하고 정확하게, 그리고 충분히 반영하고 있음을 뜻한다.

2.2 효율적 시장의 형태

자본시장연구는 효율적 시장에 기초하고 있다. 시장이 효율적이라는 것은 시장에 유포된 정보가 즉시 그리고 완전히 시장가격에 반영된다는 것을 의미한다. 자본시장연구에서는 시장에 유포된 회계정보가 기업가치에 영향을 미치는지를 자본시장의 반응을 통하여 파악한다. 따라서 회계정보의 유용성에 대한 연구는 시장에 유포된 회계정보가 시장가치에 효율적으로 반영된다는 가정에 기초하고 있다. 그런데 자본시장의 효율성은 자본시장이 어떠한 정보집합을 가격에 반영하는가에 따라 구분된다.

Fama는 정보의 성격과 효율성의 정도에 따라 시장효율성을 세 가지 유형으로 구분하였다.[4)]

2.2.1 약형 시장효율성

주식가격이 과거의 주가변동에 대한 정보를 충분히 반영할 경우, 그 시장을 약형 효율적(weak form efficiency)이라 한다. 약형 효율성이 성립하는 시장에서는 과거에 이미 발생된 정보를 이용하는 투자자는 무작위적인 매입/보유전략을 이용하는 투자자에 비해 지속적으로 높은 투자성과를 얻을 수 없다. 따라서 약형 효율성하에서는 과거에 발생한 정보 및 과거 주가동향을 분석하여 미래 주가를 예측하고자 하는 기술적 분석(technical analysis)이 유용하지 않다고 주장한다.

2.2.2 준강형 시장효율성

주식가격이 재무제표정보를 포함한 모든 공표된 정보를 충분히 반영할 경우, 그 시장을 준강형 효율적(semi-strong form efficiency)이라 한다. 공표된 정보란 공시사항, 조회내용, 매스컴을 통해 발표되는 정치 및 경제적 상황, 회사의 결산자료 등을 의미한다. 자본시장이 준강형 효율성을 만족하는 경우, 과거에 이미 발생된 정보뿐만 아니라 현재에 공식적으로 발표된 정보까지도 관련 주가에 이미 반영되어 있다. 따라서 준강형 효율성이 성립하는 시장에서 공식적으로 발표된 정보를 이용하는 투자자는 다른 투자자보다 우수한 투자성과를 지속적으로 실현할 수 없게 된다.

---

4) E. F. Fama, "Efficient Capital Markets: A Review of Theory and Empirical Work," *Journal of Finance*(May 1970), pp. 383-417.

2.2.3 강형 시장효율성

주식가격이 내부정보를 포함한 공시되지 않은 모든 정보까지 충분히 반영할 경우, 그 시장을 강형 효율적(strong form efficiency)이라 한다. 강형 효율성을 만족하는 시장은 과거에 이미 발표된 정보 및 현재 공식적으로 발표된 정보뿐만 아니라 일반인에게 공식적으로 발표되지 않은 내부정보까지도 주가에 이미 반영되어 있다고 보는 견해이다. 그러므로 강형 효율적 시장이란 모든 정보가 투자자들에게 신속·정확하고 완전하게 전달되고, 모든 투자자들은 뛰어난 정보분석능력을 가지고 있으며 정보를 이용하여 각자의 투자가치를 극대화하려고 경쟁적으로 노력할 때 달성될 수 있는 시장효율성 형태임을 알 수 있다.

위에서 살펴본 세 가지 효율성간의 관계를 살펴보면, 시장이 강형 효율적이라면 준강형과 약형 효율성도 만족시키고 준강형 효율적 시장은 약형 효율성도 만족시키게 된다. 약형 효율적 시장은 반드시 준강형 효율적이지 않으며, 준강형 효율적 시장이 강형 효율적이라는 보장은 없다. 지금까지의 연구결과에 의하면 자본시장은 약형 효율성은 만족시키지만 강형 효율성은 만족시키지 못하는 것으로 나타났다. 그리고 자본시장이 강형 효율적이지 않다면 선의의 투자자를 보호하기 위하여 내부자거래를 엄격하게 규제해야 할 필요성이 있다는 것을 의미한다. 시장의 준강형 효율성에 관해서는 일반적으로 효율적이라는 인식이 지배적이지만, 부분적으로는 시장의 준강형 효율성을 비판하는 연구결과들도 나타나고 있다.

최근에 시장의 준강형 효율성과 상반되는 연구결과들이 소개되었지만, 이러한 연구결과들이 준강형 효율성을 전면적으로 부인하는 결과로 해석하기에는 많은 무리가 따른다. 이러한 효율성에 관한 연구는 회계 및 증권과 관련된 정책당국이나 투자자 등 많은 이해관계자들에게 매우 중요하고 관심이 집중되는 분야이기 때문에 더욱 많은 연구가 수행되어야 할 것으로 본다.

3. 자본시장연구의 유형

3.1 사건연구

사건연구(event study)는 자본시장에 새로운 정보가 공시될 때 이에 대한 시장 반응을 살펴보는 연구이다. 즉, 배당과 유상증자, 합병 및 인수, 이익공시 등과 같은 특정 기업과 관련된 사건들(firm-specific events)이 해당 기업의 주식가격에 미치는 영향을 분석하는 연구방법이다. 사건연구방법은 1969년에 Fama, Fisher, Jensen과 Roll이 효율적 시장가설을 증명하기 위해 뉴욕증권거래소에서 주식분할 공시의 정보효과를 분석하는 데 처음으로 사용하였다.[5] 이후 사건연구는 현재까지 재무 및 회계학 분야의 실증연구에서 가장 많이 사용되고 있는 연구방법 중의 하나이다.

사건연구는 회계정보의 유용성을 파악하는 데 활용되었다. 시장의 효율성을 전제로 할 때 정보공시라는 사건의 발생이 주가에 영향을 미친다면 그 정보는 시장참여자들이 활용하는 유용한 정보로 볼 수 있다. 예를 들어 재무제표의 공시를 통하여 시장에서 기대하지 않은 이익성과(unexpected earnings)를 공시한 기업의 주가가 변동되었다면 이익정보는 유용한 정보로 볼 수 있다. 이처럼 재무학에서 개발된 사건연구방법은 자본시장연구의 주요 관심사인 회계정보의 유용성을 파악하기 위한 방법으로 활용되었으며 1960년대 이후 회계연구의 주요 패러다임이 되었다.

3.2 발생주의 회계이익의 정보유용성 연구(정보적 접근)

자본시장연구를 통하여 회계학은 과거의 진실한 이익 측정에 관한 규범적인 논의에서 벗어나 정보적 접근법으로 연구의 초점이 전환되었다. 정보적 접근법은 자본시장에 기초한 연구방법과 같은 의미로 사용되지만, 회계정보와 주

---

5) E. Fama, L. Fisher, M. Jensen, and R. Roll, "The Adjustment of Stock Prices to New Information," *The International Economics Review*(February 1969), pp. 1-21.

가, 즉 기업가치의 관계를 더욱 강조하는 의미로 사용된다.

이와 같이 자본시장에 기초한 회계연구(market-based accounting research : MBAR)는 회계정보와 기업가치의 관련성 여부를 조사하는 정보적 관점(information perspective)의 연구라고 한다. 즉, 기업의 가치는 미래의 배당지급능력에 따라 결정되며 이러한 배당지급능력을 파악하는 데 회계정보가 유용한 정보를 제공한다면 회계이익은 기업의 가치를 나타내는 주가의 변동을 설명할 수 있어야 한다는 논리이다.

발생주의 회계이익의 정보유용성에 관한 최초의 실증연구는 Ball과 Brown의 논문이다.[6] Ball과 Brown은 회계정보가 시장참여자들이 내린 의사결정, 즉 주가의 움직임에 반영되고 있으며 회계정보가 공시되는 시점에서 새로운 정보를 전달하는 효과가 나타난다는 실증적 증거를 제시하였다. 이 연구결과는 취득원가에 기초한 회계이익의 측정과정으로는 의미 있는 수치가 산출될 수 없다는 우려를 불식시켰다. 또한 회계정보가 의사결정에 유용하다는 결론을 도출함으로써 회계정보가 여러 의사결정에 사용된다는 근거를 제시하였다. 주식시장에 반영되는 회계정보의 효과를 조사한 Ball과 Brown의 논문은 그 당시 경제학과 재무학 분야에서 개발된 효율적 시장가설과 자본자산가격결정모형(CAPM) 및 사건연구방법론으로부터 지대한 영향을 받았다.

사건연구방법을 통해 회계이익정보의 유용성을 최초로 실증검증한 Ball과 Brown의 논문은 이후 수많은 확장연구들을 가능하게 하였다. 즉, 이후의 많은 연구들은 회계정보가 자본시장에서 기업의 가치평가에 유용한 정보가 된다는 것을 확인하였다. 같은 해에 Beaver(1968)는 기업의 연차이익정보가 주가에 반영되는 속도를 알아보기 위해 연차이익 공시 사건에 대한 주가와 주식거래량의 움직임을 분석하였다. 연구결과 연차이익 발표주(0주)의 평균거래량은 비발표기간과 발표기간 내의 다른 주보다 훨씬 큰 것(33% 차이)으로 나타났다.[7] Beaver는 또한 거래량의 시장변동을 조정한 후의 거래량도 조사했는데, 그 결과 역시 발표주에 훨씬 큰 것으로 나타났다. 이후 회계학에서 자본시장연구는 회계처리방법의 변경, 사업결합, 무상증자 등과 같은 회계사건이 주가 및 거래량에 어떠한 영향을 미치는가에 대한 연구로 확대되었다.

6) R. Ball and P. Brown, "An Empirical Evaluation of Accounting Information Numbers," *Journal of Accounting Research*(Autumn 1968), pp. 157-177.

7) Beaver는 거래량을 주(week)단위로 파악하였다.

3.3 회계정보를 이용한 기업가치평가(측정적 접근)

3.3.1 회계정보를 이용한 기업가치평가의 출현배경

1960년대 중반 효율적 시장가설과 자본자산가격결정모형(CAPM)은 재무학 분야에 크게 기여했으며 이는 회계학연구에도 영향을 미쳤다. 이를 토대로 한 Ball과 Brown의 연구를 기점으로 회계정보가 주가에 미치는 영향을 연구하기 시작하였으며, 주로 특정 회계정보가 시장에 반영되는지 여부와 반영이 된다면 어떻게 반영되는지를 연구하였다.

정보적 접근에 의한 연구는 회계정보의 유용성이라는 측면에서는 상당한 발전을 가져왔지만, 회계의 본래 기능인 기업의 측정체계로서의 역할보다는 측정결과인 회계정보의 가치를 분석한다는 문제가 있다. 즉, 회계정보가 기업가치와 어떻게 연결되는가에 대한 연구는 상대적으로 소홀하게 되었다. 더욱이 1980년대에 효율적 시장가설에 배치되는 여러 이상현상이 보고됨에 따라 주가는 기업의 내재가치를 충분히 반영하지 못할 수 있다고 생각하게 되었다. 따라서 회계정보를 이용하여 기업의 가치를 파악하려는 노력이 다시 관심의 대상이 되었다.

회계정보를 이용하여 기업의 가치를 파악하려는 노력은 정보적 관점시대 이전부터 존재하였다. 그러나 그 당시에는 기본적 분석에 기초하여 기업의 가치를 평가하려는 것으로 회계정보가 어떻게 기업가치와 연결되는가에 대한 이론적 모형은 개발되지 않았었다. 그러나 효율적 시장가설에 근거한 정보적 접근의 한계가 대두되면서 회계정보를 이용하여 기업가치를 평가하려는 노력이 진행되었고, 그 결과 새로운 모형이 등장하게 되었다. 1990년대 중반 회계정보를 기업가치에 연결시키는 이론적 모형이 Ohlson에 의해 개발되었다.[8] Ohlson의 모형은 회계연구의 방향을 정보적 관점에서 가치평가적 관점으로 옮겨 놓았다.

8) J. A. Ohlson, "Earnings, Book Value, and Dividends in Security Valuations," *Contemporary Accounting Research* 11(1995), pp. 661-687.

3.3.2 기본적 분석에 의한 기업가치평가모형

재무학에서의 기본적 분석은 재무분석가의 기업가치분석에 활용된 기법들로 다음과 같은 모형들이 있다.

현금흐름할인모형

현금흐름할인모형(discounted cash flow model : DCF)은 주주에게 귀속되는 미래현금의 흐름을 현재가치화하여 주주지분(기업)의 내재가치를 평가하는 방법이다. 현금흐름할인모형의 대표적인 예는 배당할인모형이다. 배당할인모형은 기업(주식)의 가치를 현재 발행된 주식에서 기대되는 미래현금흐름의 현재가치로 측정하는 모형이다. 투자자가 주식보유로 인하여 받게 되는 미래현금흐름은 기업으로부터의 배당이므로 기업 주주지분의 내재가치는 기대되는 미래배당의 현재가치로 평가된다. 즉, 기업 주주지분의 내재가치는 다음과 같이 구할 수 있다.

$$S_0 = \frac{d_1}{(1+k)^1} + \frac{d_2}{(1+k)^2} + \cdots\cdots + \frac{d_n}{(1+k)^n} + \cdots\cdots = \sum_{t=1}^{\infty} \frac{d_t}{(1+k)^t}$$

단, S_0 : 현재시점에서 주주지분의 내재가치
d_n : n기의 배당수입
k : 투자자들의 요구수익률

Gordon은 미래의 배당흐름이 매년 일정하게 성장한다고 가정하고 주주지분의 내재가치를 계산하였는데, 이를 정률성장모형(constant growth model)이라 한다.[9] 정률성장모형에 의하면 성장률이 주어질 경우 당기의 배당을 알고 있을 때 다음과 같이 쉽게 주주지분의 내재가치를 평가할 수 있다.

$$S_0 = \frac{d_0(1+g)}{(1+k)^1} + \frac{d_0(1+g)^2}{(1+k)^2} + \cdots\cdots + \frac{d_0(1+g)^n}{(1+k)^n} + \cdots\cdots = \sum_{t=1}^{\infty} \frac{d_0(1+g)^t}{(1+k)^t} = \frac{d_0(1+g)}{k-g}$$

9) M. J. Gordon, *The Investment, Financing, and Valuation of the Corporation*, Irwin, 1962.

단, S_0 : 현재시점에서 주주지분의 내재가치
d_0 : 당기의 배당수입
k : 투자자들의 요구수익률
g : 매년의 성장률

현금흐름할인모형은 이론적인 측면에서 기업의 주주지분에 대한 내재가치를 평가하는 적절한 방법이라고 할 수 있다. 그러나 이 방법은 미래현금흐름을 예측해야 하는 문제를 내포하고 있다. 그리고 현재시점에서 미래의 현금흐름을 예측하고 적정한 할인율을 정하는 과정에는 오류가 발생할 수도 있다. 더욱이 회계의 관점에서 이 모형들은 회계정보가 기업가치와 어떻게 연결되는지를 보여주지는 못하고 있다.

상대적 가치평가방법

상대적 가치평가방법(relative valuation method)은 다른 비교요소에 의한 상대적 가치를 기준으로 기업 주주지분의 가치를 평가하는 방법이다. 미래현금흐름의 현재가치에 의한 평가는 이론적으로 우수하지만, 미래현금흐름을 예측하고 적정한 할인율을 추정하는 과정에서 예측오류가 발생할 수 있다. 이러한 한계로 인하여 기업가치를 평가하는 실무자들은 전통적으로 주가가 이를 평가하는 특정 요소의 몇 배가 되어야 한다는 기준을 설정하고 그 기준에 의하여 주가를 평가하는 주가배수를 이용한 평가방법을 사용해왔다. 이러한 주가배수들은 적절한 비교대상과 주가의 관계(주가배수)들의 상대적인 비교를 통하여 주가를 평가한다는 의미에서 상대적 가치평가방법이라고 불린다. 상대적 가치평가방법은 평가요소(비교대상)를 무엇으로 하는가에 따라 주가수익률(PER)법, 주가현금흐름비율(PCR)법, 그리고 주가순자산비율(PBR)법으로 나누어진다.

주가수익률(PER)은 현재의 주가를 주당순이익으로 나눈 것으로 주당이익에 비하여 주가가 몇 배인지를 나타낸다. 기업에 대한 적정주가수익률[10]을 이용하여 주가를 평가하는 방법으로 다음과 같이 주가를 평가한다.

$$P_0^* = \left(\frac{P}{EPS}\right)^* \times EPS_0$$

10) 전체시장, 기업이 속한 산업, 그리고 유사기업의 주가 등을 고려하여 시장에서 평가하는 주가수익률을 말한다.

단, P_0^* : 현재시점의 이론주가

$\left(\dfrac{P}{EPS}\right)^*$: 적정주가수익률

EPS_0 : 평가대상기업의 현재시점의 주당이익

주가현금흐름비율법은 주가를 평가하는 요인으로 주당순이익 대신 현금흐름을 사용한 방법이며, 주가순자산비율법은 주가평가 요인으로 순장부금액을 사용한 방법이다.

상대적 가치평가방법은 전통적인 기본적 분석의 근간을 이루는 것으로 주가(주주지분)를 평가하는 모형이기는 하지만 적정비율이 어떻게 결정되는지에 대한 이론적 근거가 미약하다. 더욱이 기업의 내재가치와 회계정보가 어떻게 연결되는지에 대한 고려는 거의 하지 않고 있다.

초과이익모형

초과이익모형(residual income model : RIM)은 회계정보를 이용하여 기업의 내재가치를 평가하려는 모형으로, 규범적 이론 시대에 기본적 아이디어가 제시되었으나 가치평가적 관점의 시대에 일반화되었다.11) RIM은 배당할인모형에 순증관계(clean surplus relation)에서 계산되는 배당을 대입함으로써 도출된다. 계속기업은 기초장부금액과 기말장부금액 사이의 관계를 다음과 같이 표시할 수 있다.

$$BV_t = BV_{t-1} + X_t - d_t$$

단, BV_t : t기말의 순장부금액

X_t : t기의 회계이익

d_t : t기의 순배당으로 자본의 증감(증자, 감자)이 포함됨

이 식에서 t기의 순배당은 다음과 같다.

---

11) 초과이익모형의 기본적 아이디어는 다음 문헌에 제시되었다. E. Edwards and P. Bell, *The Theory of Measurement of Business Income,* University of California Press, 1961. 그리고 초과이익(residual income)은 기초투자에 대하여 기대하는 정상이익을 초과하여 발생한 이익이라는 개념에서 잔여이익으로 번역되기도 하며 다른 연구에서는 비정상이익(abnormal income)으로 불리기도 한다. 이 책에서는 초과이익, 잔여이익, 비정상이익을 같은 개념으로 사용한다.

$$d_t = BV_{t-1} + X_t - BV_t$$

여기에서 t기의 회계이익과 기대이익의 관계에 의하여 t기의 초과이익을 다음과 같이 정의할 수 있다.12)

$$X_t^a = X_t - r_e \cdot BV_{t-1}$$

단, X_t^a : t기의 초과이익 X_t : t기의 회계이익(보고이익)
r_e : 자기자본비용 BV_t : t기의 순장부금액

앞의 식을 X_t에 대하여 정리하여 앞의 순배당식에 대입한 다음 순배당식을 배당할인모형에 대입하여 정리하면 다음과 같은 주가결정모형이 도출된다.

$$P_t = BV_t + \sum_{\tau=1}^{T}(1+r_e)^{-\tau}E_t\left[X_{t+\tau}^a\right] - (1+r_e)^{-T}E_t\left[BV_{t+T}\right]$$

단, P_t : t기의 주식의 내재가치
BV_t : t기의 순장부금액
r_e : 자기자본비용
$E_t\left[X_{t+\tau}^a\right]$: t시점에서의 τ기에 대한 기대초과이익
$E_t\left[BV_{t+T}\right]$: t시점에서의 T기에 대한 기대순장부금액

순장부금액의 증가가 $(1+r_e)^{\tau}$보다 작다고 가정하면 위 식의 마지막 항목은 T가 무한히 커지면 "0"이 된다. 따라서 주식의 내재가치는 다음과 같이 된다.

$$P_t = BV_t + \sum_{\tau=1}^{\infty}(1+r_e)^{-\tau}E_t\left[X_{t+\tau}^a\right]$$

12) 초과이익은 기초에 투자한 자본에 대하여 기대하는 이익수준($r_e \cdot BV$)을 초과하여 창출한 이익을 말한다. Ohlson 모형에서는 할인율로 무위험이자율(r_f)을 사용하였다. 그런데 Ohlson은 실무적 의사결정에서는 기업위험이 주어진 것으로 간주하여 무위험이자율 대신에 기업의 위험이 반영된 자기자본비용(k_e)을 사용해도 된다고 하였다. 따라서 많은 문헌에서 할인율로 무위험이자율보다 자기자본비용을 많이 사용한다. 이 절의 초과이익모형에서는 자기자본비용을 할인율로 사용하고 Ohlson 모형에서는 논문 원문에 충실하여 무위험이자율을 사용한다.

결국 기업의 내재가치는 현재시점의 장부금액과 미래의 초과이익의 현재가치로 평가된다. 이것은 기업의 내재가치를 회계정보에 의하여 파악할 수 있음을 의미하며 내재가치는 배당이나 회계처리방법(순장부금액의 결정방법)에 의하여 영향을 받지 않음을 의미한다.[13] 이처럼 초과이익모형은 회계수치와 기업의 가치를 직접적으로 연결시키며, 기업의 회계처리방법에 영향을 받지 않고, 가치평가시점에서 현금흐름에 대한 예측 없이 미래의 초과이익만을 예측하면 된다는 장점을 가진다.

Ohlson 모형

앞에서 살펴본 초과이익모형에 의하여 기업의 가치를 평가하기 위해서는 미래의 초과이익을 예측해야 한다. Ohlson은 앞에서의 초과이익모형에 정보변수에 대한 선형시계열(linear information dynamics : LID)의 가정을 추가하여 현재시점에서 관찰가능한 회계수치로 기업가치를 평가하는 모형을 제시하였다. Ohlson 모형에 의하면 기업의 내재가치는 다음과 같이 결정된다.[14]

$$P_t = BV_t + \alpha_1 X_t^a + \alpha_2 \nu_t$$

단, BV_t : t기의 순자산장부금액(=총자산－총부채)
X_t^a : t기의 초과이익
ν_t : t기의 초과이익에 반영되지 않은 기타 가치관련 정보

Ohlson 모형은 다음과 같이 요약할 수 있다. 첫째, 기업의 내재가치는 관찰가능한 t시점의 장부금액과 초과이익에 의하여 측정될 수 있으며 미래의 초과이익이나 배당 및 현금흐름에 대한 예측이 요구되지 않는다. 둘째, 기업의 내재가치평가에 회계정보 이외에 비회계정보가 영향을 미칠 수 있는 가능성을 포함시켰다. 셋째, 미래의 초과이익은 현재의 초과이익과 지속성계수를 이용하여 추정할 수 있다. 넷째, 기업간 회계처리방법에 차이가 존재해도 기

---

13) 회계처리방법의 차이는 순장부금액에 차이를 가져온다. 그러나 순장부금액의 차이는 기대이익의 차이를 가져와서 결국 초과수익에 차이를 가져온다. 따라서 같은 가치의 기업이 서로 다른 회계처리방법을 사용하여 순장부금액의 차이가 발생할 경우 이 차이는 미래초과이익의 기대값의 현재가치의 차이에 의하여 조정된다. 그 결과 두 기업의 내재가치에는 차이가 없게 된다.

14) Ohlson 모형의 구체적 도출과정은 본 교재의 범위를 초과한다. 구체적 과정은 Ohlson의 논문을 참고하기 바란다.

업의 가치평가에 영향을 미치지 않는다. 한편, Ohlson의 초과이익모형은 초과이익성장할인모형(residual income growth model), EVA 모형(economic value added model) 등으로 확장되었다.[15]

하지만 Ohlson 모형에서 제시한 선형시계열 모형의 가정은 매우 제한적이고, 미래초과이익을 추정하기 위한 초과이익의 지속성계수 등의 추정이 어렵기 때문에 이 모형을 실무에서 활용하는 데에는 한계가 있을 수 있다.

4. 자본시장연구의 유용성과 한계

지금까지 알아본 바와 같이 자본시장연구는 경험적 연구의 대표적 형태로서 1960년대 후반부터 현재까지 회계학연구의 주류를 형성하며 회계이론의 정립에 많은 공헌을 하였다.[16] 종래의 회계이론은 규범적·연역적 관점에서 추상적 이론을 정립하는 데 중점을 두었던 반면, 자본시장연구는 실제 자료에 근거한 경험적 연구로 전환함으로써 현실에 바탕을 둔 연구를 수행하였다. 자본시장연구를 통해서 밝혀진 경험적 연구결과는 다음과 같다.[17]

(1) 회계이익은 정보효과를 가지며 주가에 영향을 주기 때문에 회계정보는 유용성을 가진다.
(2) 직접 또는 간접적으로 기업의 현금흐름에 영향을 주지 않는 회계대안들은 주가에 영향을 주지 않는다.
(3) 직접 또는 간접적으로 기업의 현금흐름에 영향을 주는 회계대안들은

---

15) 초과이익성장할인모형이나 EVA 모형은 본서의 범위를 초과한다. 여기에서는 초과이익모형의 확장발전을 소개하기 위해 확장발전모형에 대해 기술하였다. 흥미 있는 독자는 기업가치평가와 관련된 서적을 참고하기 바란다.

16) 한국의 자본시장관련 연구는 다음의 논문 등에 정리되어 있다. 송인만, "주식시장에 근거한 회계학연구에 대한 소고," 『회계학연구』, 제13권 제1호(1991), pp. 133-160; 서정우·홍창목, "우리나라 실증회계연구에 대한 검토," 『회계학연구』, 제17권 제1호(1993), pp. 125-150.

17) H. I. Wolk, J. R. Francis, and M. G. Tearney, *Accounting Theory: A Conceptual and Institutional Approach*, 2nd ed., Boston, Mass: Kent Publishing Co., 1989, p. 211.

주가에 영향을 준다. 예를 들어, 선입선출법에서 후입선출법으로 재고자산평가방법을 변경하는 경우, 절세효과가 발생하여 기업의 미래 현금흐름에 영향을 미친다면 주가에 영향을 주게 된다.

(4) 선택가능한 여러 가지 회계대안들 중에서 특정한 회계처리방법을 선택하는 이유는 기업에 간접적 현금흐름을 창출하는 요인이 있기 때문이다.

(5) 회계자료를 이용하여 측정한 위험측정치와 시장위험측정치가 상관관계가 있다는 결과는 회계자료를 이용하여 기업의 위험을 평가할 수 있다는 가능성을 나타낸다.

(6) 기업도산을 예측하는 데 회계수치와 재무비율을 이용할 수 있다.

지금까지 이루어진 자본시장연구의 유용성을 요약하면 다음과 같다.[18]

(1) 회계정보에 대한 주가의 반응을 연구함으로써 회계정보의 유용성을 평가할 수 있다.

(2) 회계정책을 평가하고 선택하는 근거를 제공한다.

(3) 자본시장에서 주식의 위험과 투자이익을 예측하는 데 이용될 수 있는 회계수치를 찾아내고 평가하는 데 유용하다.

(4) 이론적이고 비현실적인 과거의 이론과는 달리 실제 자료에 근거한 경험적인 연구로서 현실상황에 접목이 용이하다. 그리고 회계정보공시의 정보효과, 회계변경, 파산 등과 같이 연구의 주제가 다양하다.

자본시장에 근거한 회계학연구의 시작은 회계학자들과 회계정책담당자들에게 보다 적절한 회계방안을 제시해 줄 수 있을 것이라는 기대를 확산시켰다. 초기의 학자들은 회계학의 근본 문제인 회계규제의 타당성을 평가하고, 회계규제가 실행되는 경우 이해관계자 집단들의 경제적 부가 어떻게 변동할 것인지를 측정할 수 있을 것이라는 기대를 가지고 있었다. 회계규제로 인하여 이해관계자들 가운데 어느 하나라도 경제적 부에 손상을 입게 된다면, 그 회계규제는 사회적 타당성을 갖지 못하게 된다. 그러나 현재까지의 결

---

18) 남상오 · 정운오, 『회계이론』, 다산출판사, 2002, p. 159.

과들을 종합해 보면 회계규제의 근본 문제에 대한 해결은 난관에 부딪쳤으며, 단지 회계규제 및 회계정보에 대한 주가반응을 검증하는 수준에서 더 이상의 진전이 이루어지지 않고 있는 실정이다.

마지막으로 자본시장연구가 갖고 있는 한계점과 비판을 요약해 보면 다음과 같다.

(1) 주가에 영향을 줄 수 있는 정보는 매우 다양하며, 새로운 회계정보가 증권시장에 투입되어 주가에 지속적으로 영향을 주고 있는데, 특정 회계정보에 대한 주가반응만을 분리하여 연구하는 것은 현실적으로 어려운 문제이다. 그러므로 정보효과에 대한 해석은 항상 신중하게 내려져야 한다.

(2) 주로 자본시장에서의 실제 자료를 토대로 회계정보가 주가변동에 영향을 미치는지 여부를 연구하다 보니, 연구방법의 차이에 따라 다른 결과가 나오기도 하고 직접적인 인과관계를 규명할 수 없다는 한계가 있다.

(3) 자본시장연구가 주로 연구자들에 의해 회계학적 연구방법에 의한 자료분석과 결과해석에 치중하다 보니, 보다 실무적인 현상과 조화를 이루어 실무를 이끌어 나가는 실질적 효과가 부족하다는 비판이 제기되기도 한다.

익힘문제

1. 자본시장연구의 개념과 출현배경에 대해 설명하시오.

2. 효율적 시장가설의 의미와 형태에 대해 설명하시오.

3. 회계에서 사건연구를 사용한 이유에 대해 설명하시오.

4. 기본적 분석에 의한 기업가치평가모형을 설명하시오.

5. 초과이익할인모형에 대해 설명하시오.

6. 자본시장연구의 유용성과 한계에 대해 설명하시오.

CHAPTER **12**

회계정책에 대한 실증적 회계이론

1. 실증적 회계이론의 개요
2. 대리이론
3. 기타의 실증적 회계이론
4. 실증적 회계이론에 대한 비판과 한계

자본시장연구와 실증적 회계이론은 회계학연구에 있어서 새로운 패러다임을 제시함과 동시에 많은 연구주제를 제공하여 1970년대 이후 회계학연구의 커다란 흐름을 형성하고 있다. 본장에서는 실증적 회계이론의 개요와 그 주요 내용인 대리이론을 살펴본다. 아울러 회계정책에 영향을 미치는 신호화이론과 보수주의에 대해서도 설명하기로 한다. 마지막으로 실증적 회계이론에 대한 비판과 한계에 대해 살펴본다.

1. 실증적 회계이론의 개요

1.1 실증적 회계이론의 개념

회계연구의 목적 중 하나는 사건이 발생한 이유를 탐색함으로써 관찰된 회계현상을 설명하려는 실증적 이론을 개발하는 데 있다. 이는 사건을 묘사하는 데 중점을 두는 기술적 이론과 다르며, 또한 마땅히 발생되어야 하는 것을 규정한 규범적 이론과도 다르다.

회계학에서 실증적 이론이 본격적으로 논의되기 시작한 것은 1970년대 후반 이후이다. 특히 미국의 로체스터대학 교수들인 Watts와 Zimmerman 등을 중심으로 하는 로체스터학파들의 연구로 실증적 회계이론은 새로운 회계연구의 패러다임으로 자리를 잡았다. 이들의 연구는 비슷한 시기에 회계연구의 방법론으로서 주류를 형성하고 있던 대리이론의 확장으로 볼 수 있어 분석적 연구에 의한 새로운 측면의 연구라고 할 수 있다.

Watts와 Zimmerman은 그들의 저서 「실증적 회계이론」에서 다음과 같이 주장하였다.[1)]

> "대부분의 회계이론은 그것이 규범적 이론이기 때문에 비과학적이다. … (실증적) 회계이론의 목적은 회계실무를 설명하고 예측하려는 것이다. … 설명이란 관찰된 회계실무가 (왜 그렇게) 수행되고 있는가 하는 이유를 제시하는 것이다. 예컨대, 실증적 회계이론은 어떤 기업은 왜 취득원가회계를 그대로 계속하여 적용하고 있으며, 또 어떤 기업들은 왜 여러 가지 회계방법들 중에서 이런저런 방법을 선택하며 왔다갔다 하는가를 설명하려고 하는 이론이다. 회계실무를 예측한다는 것은 관찰되지 않은 현상을 이론을 통하여 예측한다는 것을 의미한다."

실증적 회계이론이란 현재의 상태 자체를 설명하는 이론으로서, 회계가

---

1) R. Watts and J. Zimmerman, *Positive Accounting Theory,* Englewood Cliffs, NJ: Prentice-Hall, 1986, p. 2.

어떻게 이루어져야만 한다는 당위적인 가치판단을 배제하고 "무엇"이 현재 상태인가, 또는 "왜" 현재 상태가 그렇게 되었는가를 설명하는 이론이다. 실증적 이론의 본질은 규범적 이론과 실증적 이론의 구별을 통하여 이해될 수 있다. 실증적 이론의 경우 현존하는 회계실무와 감사실무를 경험적으로 관찰하여 설명하려고 하는 반면, 규범적 이론은 당위적인 내용을 포함하고 있다. 따라서 과거의 규범이론에서는 정보이용자의 요구에 대해 규범적 처방방식의 이론이나 기준을 정립하였으나, 실증적 이론에서는 실제 세계에서의 경험적 타당성에 비추어 이론이나 기준을 정립하였다. Watts와 Zimmerman에 의하면 실증적 이론이 현실세계에서 회계실무가 어떻게 이루어지고 있는가를 "설명"하고 있으며, 또한 이해관계자들의 부(welfare)가 어떻게 영향을 받을까에 대한 "예측"을 가능하게 해준다고 주장하고 있다.

실증적 회계이론은 경제적인 면에 초점을 두고 있으며 다음과 같은 질문에 대한 답을 구하려고 한다.

- 대체적 회계처리방법의 원가와 효익은 무엇인가?
- 회계규제와 기준설정과정의 원가와 효익은 무엇인가?
- 보고된 재무제표가 기업의 주식가격에 미치는 영향은 무엇인가?
- 미래의 주식가격이나 이익 또는 현금흐름의 예측에 있어서 어떠한 회계모형이 더 우수한가?

이러한 질문에 대한 답을 얻기 위해 실증적 회계이론은 개인들의 행동에 대해 다음과 같은 가정을 한다.

- 경영자와 투자자, 채권자 및 기타 개인들은 합리적이며, 효용을 극대화하려고 한다.
- 경영자들은 그들의 효용을 직접적으로 극대화시킬 수 있는 회계정책을 선택하고, 그들의 이해관계를 간접적으로 극대화하기 위해 재무, 투자, 생산 정책 등을 변경할 수 있는 재량권을 가지고 있다.
- 경영자들은 기업의 가치를 극대화하는 행동을 취한다.

실증적 이론은 입증되지 않은 증거나 정치적 또는 학술적 처방을 그대로 수용하는 것에 근거한 규범적 주장을 배격한다. 실증주의자들은 그들의 이론이 방법론적 측면에서 보다 과학적이며, 명시적이든 혹은 묵시적이든 경제학에 있어서의 경험적 연구에 기초하고 있다고 주장한다. 실증적 회계이론은 발생하는 현상에 대한 실증적 설명과 예측에 근거를 두고 있다.

1.2 실증적 회계이론의 발달배경

1970년대의 자본시장연구는 주식투자에 대한 회계의 영향, 특히 주가와 주식거래량에 대한 회계정보의 효과를 설명하는 데 중점을 두었다. 하지만 이 당시의 연구들은 미약한 결과만을 제시하였다. 주식매매에 관한 의사결정을 할 때 투자자들은 회계정보를 체계적으로 이용하여 예측한다는 주장에 대해 상반된 증거를 제시하기도 했다. 이는 경영자가 회계보고서를 작성하는 이유와 특정한 회계정책을 선택하는 이유 등에 대한 강력한 이론이 없다면 회계정보에 대한 자본시장의 반응을 예측하기 어렵다는 것을 보여주었다.

회계정책 선택의 중요성을 이해하기 위해서는 배경에 있는 기본적인 경제학적 원칙과 전제를 이해하는 것이 필요하다. 이익의 정보내용과 기계적 가설 또는 무영향 가설을 조사한 문헌들은 효율적 시장가설(EMH)을 사실로 인정하였거나 적어도 현실세계가 효율적 시장가설이 의미하는 기능을 수행한다고 전제하였다.[2] 효율적 시장가설은 미시경제학의 고전모형으로부터 유래되었다. 전통적인 가격이론과 마찬가지로 효율적 시장가설은 거래비용과 세금이 없으며 독점적 통제가 없는(모든 참여자가 가격설정자가 되는) 완전시장의 가정에 근거하고 있다. 이러한 가정하에서 회계정보는 즉시, 그리고 비용 없이 가격에 반영된다. 그러나 이런 조건들이 주식시장을 전반적으로 묘사하고 있을지라도 현실에서는 다른 상황들이 있을 수 있다. 즉, 이상현상(aberrations 또는 anomalies)이 있을 수 있다.[3]

---

2) 기계적 가설(mechanistic hypothesis)은 회계변경이 현금흐름에 영향을 미치지 않지만 당기순이익에 영향을 미치는 경우, 투자자들이 순이익 정보에 기능적으로 고착(functional fixation)되어 주가에 영향을 미친다는 가설이다. 반면, 무영향 가설(no-effects hypothesis)은 현금흐름에 영향을 미치지 않는 회계변경의 경우, 투자자들은 그 상황을 파악하게 되어 회계변경이 주가에 영향을 미치지 않는다는 가설이다.

3) 여기에는 P/E효과, 기업규모효과 등 많은 현상이 있다. 자본시장이 효율적이라면 모든 투자자들이

초기 실증적 회계연구들이 엄격한 효율성 가정을 전제하였으므로 자본시장연구자들은 회계정보에 대해 주가가 예견된 대로 즉시 반응하지 않는 이유를 명확히 설명할 수 없었다. 비슷한 논리로 주가가 회계정보가 공시된 후 며칠간 이를 계속적으로 반영하고 있을 경우 거래비용이 없고 정보를 자유롭게 이용할 수 있다는 가정이 유지되지 못한다는 것은 명백하다. 이러한 상황을 검토한 연구자들은 경영자의 회계보고가 기업의 가치를 알리는 것 이외의 어떤 다른 경제적 동기가 있는가에 대해 연구하게 되었다. 즉, 연구자들은 기업의 회계실무와 이익 발표에 대한 시장의 반응을 조사함으로써 회계정책의 선택에 관한 실증적 이론을 발전시키는 데 도움을 주는 여러 관찰 결과를 제시하였다. 대표적인 관찰 결과들은 다음과 같다.

- 경영자들은 회계보고에 대한 규제가 존재하기 이전에도 회계보고서를 자발적으로 제공하고 감사를 받았다. 그런데 보고서의 작성과 감사는 실질적 자원을 소비한다. 그래서 합리적인 경영자들은 회계정보의 제공으로부터 순효익을 얻을 수 없다고 판단되면 그와 같은 비용을 발생시키지 않으려 한다. 이러한 관찰을 통해 연구자들은 경영자들이 비용을 투입하여 재무제표를 자발적으로 준비할 경우 어떤 점이 기업에 효익이 될 수 있는지에 대해 궁금증을 가지게 되었다.
- 기업은 회계기준 제정과정에서 로비를 한다. 로비는 비용을 발생시키는 활동이며, 합리적인 경영자는 효익이 비용을 초과할 경우에만 로비에 관여하게 될 것이다. 연구자들은 로비활동으로 얻는 효익이 무엇인가에 대해 의문을 가지게 되었다.
- 기업은 대체적 방법 중 회계정책의 선택에 있어 일관된 행태를 보여주고 있으며, 이러한 회계정책의 선택은 기업의 특성과 관련된 것으로 밝혀졌다. 연구자들은 이러한 관계가 존재하는 이유에 대해 호기심을 갖게 되었다.

알고 있는 변수를 이용하여 수립한 투자전략은 초과수익률을 얻을 수 없음에도 불구하고, 1960년대 이후 많은 연구에서는 P/E비율(가격/주당순이익 비율)이 낮은 低PER株에 투자할 경우, P/E비율이 높은 高PER株에 투자할 경우보다 높은 초과수익률을 얻을 수 있다는 사실을 실증결과로 제시하였는데, 이를 P/E효과라 한다. 또한, 위험을 조정한 이후의 비정상수익률이 기업규모와 음의 상관관계를 가지고 있다는 실증결과는 CAPM으로는 설명되지 않는데, 이러한 현상을 기업규모효과(size effect)라고 부른다.

- 일반적으로 기업들은 이익이나 자산의 측정에 있어서 보수적인 방법을 선택하는 경향이 있었다. 연구자들은 그 이유에 대해 의문을 갖게 되었다.

자본시장의 투자자들이 훌륭한 투자의사결정을 할 수 있게 하기 위해 회계정보를 생산한다는 정보가설은 위와 같은 관찰 결과들을 만족스럽게 설명할 수 없었다. 결과적으로 연구자들은 비용이 발생하는 계약과 감시기능에 기초한 이론(계약이론과 계약이론의 특수한 형태인 대리이론)을 개발하였다. 이러한 이론들은 회계보고서가 생산되는 또 다른 이론적 근거를 제공한다.

회계는 또한 정치적 과정이나 계약과정에서도 역할을 하고 있다. 실증적 회계이론가들은 정치적 시장이 자본시장보다는 덜 효율적이기 때문에 정부개입에 대한 정치적 로비를 통해 부를 이전할 기회가 발생한다고 주장한다. 회계정책의 선택에 관한 이론은 사람들이 자신의 이해관계를 위해 행동하고 경제적으로 합리적이며, 회계수치는 부의 배분에 중요한 역할을 수행한다고 가정한다.

1.3 실증적 회계이론의 강점

적절한 회계정책을 처방하기 위해서는 현실세계가 실제로 어떻게 운영되고 있는지를 아는 것이 필요하다. Jensen은 다음과 같은 예를 제시하였다.

> "회계담당자들이 일반물가수준회계가 회계수치에 미치는 영향에 대해 관심을 갖는 것은 당연하다. 그러나 기업가치를 극대화하는 데 관심을 갖고 있는 경영자는 명시적이든 묵시적이든 그러한 회계절차가 기업가치에 어떠한 영향을 미치는지를 추정해야 한다. 그리고 일반물가수준회계가 기업가치에 어떠한 영향을 미치는지는 순수한 실증적 문제이다."

Jensen은 사람들이 궁극적으로 관심을 갖고 있는 것은 규범적 문제라고 하였다. 그러나 규범적 회계이론을 처방하기 전에 현실세계가 어떻게 작동되는지를 알 필요가 있다.

규범적 회계이론에 대한 비판 중 하나는 확인되거나 경험적 관찰 또는 과학적 방법에 근거하지 않고 회계실무에 대해 어떤 처방을 내린다는 점이다. 규범적 회계이론은 회계실무에 대해 주관적으로 미리 정해진 목표에 근거한 처방을 내리고 있다. 규범적 회계이론의 목표는 주관적일 뿐만 아니라 목표의 서열도 주관적이기 때문에 그들의 목적에 대한 타당성을 평가할 수 있는 수단이 존재하지 않는다. 예를 들어 기업의 지급능력에 관한 정보를 자금대여자에게 제공하기 위하여 자산을 현행판매가격으로 측정해야 한다고 규정한 하나의 규범적 이론이 있다고 가정하자. 반면에 투자자금이 기업의 영업능력을 유지하기 위해 얼마나 잘 관리되고 있는가를 투자자들에게 보여주기 위해 자산을 현행원가로 측정해야 한다고 규정한 다른 규범적 이론이 있다고 가정하자. 이 두 이론 중에 어떤 것이 거짓인가를 판명하는 데에는 다음과 같은 어려움이 있다.

- 재무보고를 통해 기업의 지급능력 측정치를 자금대여자에게 제공해야 한다는 주장을 증명하거나 반박하는 것은 불가능하다. 왜냐하면 이는 가치판단의 문제이기 때문이다.
- 재무보고의 목적이 영업능력의 유지에 관한 내용을 투자자에게 보고하는 것이라는 주장을 증명하거나 반박하는 것은 불가능하다. 왜냐하면 이것 역시 가치판단의 문제이기 때문이다.

그러므로 규범적 이론들을 객관적으로 서열화하는 것은 불가능하다. 왜냐하면 어떠한 목적이 다른 목적에 비해 더 중요하다는 주장을 입증하거나 반박할 수 없기 때문이다. 결국 규범적 이론은 방법론적으로 불합리하다.

규범적 이론은 또 다른 방법론상의 문제점을 갖고 있다. 만약 우리가 회계보고에 있어서 정보의 질적특성의 개선과 같은 목적이 규범적 이론에 근거한 것이라면 그 처방들(회계처리방법)은 목적을 달성하는 데 공헌(질적특성의 개선)한다는 것을 보여주는 것이 필요하다. 예를 들면, 정보이용자들은 자산의 평가방법으로 현행현금등가액이나 현행원가와 같은 기준을 선택함으로써 회계보고서의 정보가치가 개선되었다는 것을 알고 있을까? 이러한 질문에 답하기 위해서는 취득원가를 기준으로 작성된 재무제표가 유용하다는 것을 확인하는 것이 필요하며, 또한 취득원가를 대신하는 대체회계모형이 보다 유용하다는 것을 보여주는 것이 필요하다. 즉, 규범이론은 해당 이론에 근거한 회계정보가 유용하다는 것을 실증적으로 보여줄 필요가 있다.

이처럼 실증적 회계이론은 규범적 회계이론의 한계를 극복하기 위한 목적으로 개발되었다. 실증적 회계이론은 새로운 패러다임이며 다음과 같은 이유로 형성되었다.

- 이론은 실증적 검증을 통해 참과 거짓을 밝힐 수 있는 가설을 도출할 수 있어야 한다.
- 무엇보다도 이론은 처방을 내린다기보다는 회계실무를 설명하고 예측하는 데 목표를 두는 것이 바람직하다.
- 규범적 회계이론이 시도하지 않았던 현존하는 회계실무를 체계적이고 경험적인 방법으로 평가하는 것이 필요하다.
- 회계수치와 기업 및 시장 간의 관계를 모형화하고 경제체계 내에서 문제들을 분석하려는 시도가 실증적 회계이론이 출현하게 된 동기 중의 하나이다.

1.4 실증적 회계이론의 범위

실증적 회계이론의 발전은 두 단계로 나눌 수 있다. 초기 단계에는 회계와 자본시장의 행태에 관한 연구가 포함된다. 이 단계에서는 회계실무보다는 회계자료의 발표와 주가반응 간의 관계를 조사하였다. 이때의 연구들은 취득원가원칙에 의해 작성된 재무제표가 자본시장에서 주식평가에 사용되는 정보를 제공하기는 하지만 회계가 주식평가에 사용되는 모든 정보를 제공하는 것은 아니라고 주장한다.

두 번째 단계에서는 기업들의 회계실무를 설명하거나 예측하려고 하였다. 회계실무의 선택에 대하여는 두 가지 관점이 존재한다. 하나는 기업의 청구권자(예로서 채권자나 소유주)로부터 경영자에게로 부가 이전되는 것과 같은 기회주의적인 이유 때문에 기업들이 특정한 회계절차를 선택하는지를 설명하려는 시도가 있었다. 이러한 기회주의적 관점은 경영자들이 그들의 부(이해관계)를 극대화하기 위해 경제적 사건(경영활동)이 이루어진 이후에 회계정책을 선택한다고 가정하고 있기 때문에 종종 사후적(*ex post*)이란 명칭이 붙는다. 다른 관점은 기업들이 효율적인 이유 때문에 회계절차를 선택한다고 가정한다. 즉, 회계정책은 기업과 기업에 대한 청구권자 간의 계약원가를 감소시키기 위해 경제적 사건(경영활동)이 이루어지기 이전에 사전적(*ex ante*)으로 선택된다. 물론 이러한 두 가지 관점은 상호 배타적이지 않다. 효율성에 의한 사전적 회계처리방법의 선택은 경영자의 기회주의적 선택인 사후적 회계처리방법의 선택을 배제하지 않는다. 그 이유는 경영자가 사전적으로 모든 잔여적 기회주의 행동을 제거하는 것이 불가능하거나 비효율적이기 때문이다. 유사한 논리로 효율적 관점은 회계정책이 실제로 사전적으로 선택되어야 한다는 것을 요구하지 않는다. 단지 회계정책의 선택이 기회주의적으로 이루어졌다기보다는 기업의 가치를 극대화하는 과정에서 사전적으로 결정된 것처럼 선택되었다는 것이다. 이 두 가지 관점은 모두 계약이론과 연관되어 있다.

1.5 계약이론

계약이론에서는 기업을 생산요소의 공급자와 소비자 사이의 계약적 관계에 대한 법적인 연계(결합, 집합)로 표현한다. 기업은 개인이 개별적으로 거래할 때보다 중심 조직을 통해 거래(또는 계약)를 할 때 비용이 적게 발생되기 때문에 존재한다. 예를 들어 피자가 필요한 경우 적어도 두 가지의 선택안을 가질 수 있다. 하나는 피자를 직접 제조하기 위해 밀을 재배하는 농부와 밀을 구매하기로 하는 계약을 맺은 다음, 밀을 가루로 만드는 제분업자(방앗간)와 계약을 맺어야 할 것이다. 또한 토핑 재료로 사용하는 치즈를 얻기 위해 낙농업자와 우유를 매입하는 계약을 체결해야 할 것이고, 버섯과 양파, 피망 등을 재배하는 업자와 일일이 독립된 계약을 맺어야 할 것이다. 이것뿐이 아니다. 피자를 굽기 위해 팬이 필요할 텐데 이를 위해서는 철광석을 구입하여 제련을 해야 할 것이고, 이를 주물에 구워 원하는 형태의 팬을 만들어야 하는 등 이루 말할 수 없이 많은 시간과 비용 및 정력을 소비해야 할 것이다. 이렇게 할 경우 피자 한 판을 얻기 위해서는 수십 년이 소요될 것이다. 어쩌면 이런 대안은 사실상 불가능할지도 모른다.

두 번째 방법은 지역의 피자가게에서 피자를 직접 구매하는 일이다. 피자제조업자들은 피자를 제조하기 위해 필요한 원료를 제공할 수 있는 공급자들과 직접적 혹은 간접적 계약을 이미 맺고 있다. 피자제조업자는 소비자와 다양한 공급자들 사이의 계약을 집중화시키고 연결시켜 주기 때문에 계약의 집합이라 한다.

보다 일반적인 의미에서 생산요소의 개별 공급자 모두가 그들의 산출물에 대해 소비자와 개별적으로 계약을 하기보다는 소비자와 여러 층의 공급자들 사이에 기업이 개입하여 집중적으로 계약하는 형식을 취한다. 계약의 예로는 다음과 같은 것들이 있다.

- 경영진의 고용조건과 기간에 관한 주주와의 계약
- 자금을 대여하는 채권자와 기업의 차입조건과 기간에 관한 계약
- 노동자나 기타 종업원과의 고용계약
- 재화를 공급하기 위한 계약
- 재화를 판매하거나 용역을 제공하는 계약

이와 같이 어떤 재화의 구매조건을 협상하는 데 소요되는 재무적 또는 비재무적 원가를 포함하여 계약에는 거래비용이 발생한다는 점을 인정해야 한다. 이는 기업이 존재하는 이유이기도 하다. 그 이유는 기업이 경제적인 행동들을 조정하고 조직하며, 거래비용을 축소시키는 데에 가장 효율적인 형태이기 때문이다.

비록 기업이 여러 복잡한 계약형태와 관련되어 있다는 것을 알아두는 것은 중요하나, 실증적 회계이론은 종종 두 가지 형태의 계약에 관심을 두고 있다. 하나는 주주와 경영자의 계약이고, 다른 하나는 주주를 대신한 경영자와 채권자의 계약이다. 이 두 가지의 계약은 모두 대리계약으로, 대리이론은 현존하는 회계실무를 설명하는 데 풍부한 자료를 제공하고 있다.

2. 대리이론

2.1 대리이론의 개요

과거 100여년 동안 기업들이 전문적 경영을 필요로 하는 거대한 주식회사로 발전됨에 따라 소유주(주주)와 경영자의 분리가 이루어졌다. Jensen과 Meckling은 대리관계를 주인을 위해 어떤 용역을 제공하도록 한쪽(주인 또는 위임자, principal)이 다른 쪽(대리인, agent)과 맺는 계약에서 발생되는 것으로 묘사하였다. 대리계약에 의해 주인은 대리인에게 의사결정권한을 위임한다.

이러한 상황에서 주인과 대리인 모두는 자신들의 효용을 극대화하려는 자들로서 대리인이 주인의 부를 최대화하기 위해 항상 최선을 다한다고 믿을 이유가 없다. 여기에서 발생하는 대리문제는 대리인이 주인의 부를 극대화하는 행동을 하도록 대리인을 유도하는 문제이다. 예를 들어 대리인이 기업의 경영자인 경우 경영자들은 주인(이런 경우엔 주주들)의 부담하에 기업 소유의 차를 이용하고 판공비를 지나치게 소모하거나 고액의 연봉을 받는 등 특권적 소비를 증가시킬 유인을 갖고 있다. 대리인인 경영자는 또한 과중한 업무로 인한 스트레스를 피하려고 할 것이며 기업의 가치를 극대화하기 위해 최선을 다하지 않으려 할 것이다. 대리인이 의사결정권한을 갖고 있기 때문에 주인이 개입하지 않는다면 대리인은 주인의 부를 대리인에게 이전할 수 있다.

결국 이러한 대리문제는 대리비용을 발생시킨다. 가장 일반적 수준에서의 대리비용은 주인과 대리인의 이해관계 차이 때문에 주인이 겪게 되는 부의 감소이다. Jensen과 Meckling은 대리비용을 다음과 같이 구분하였다.

- 감시비용(monitoring costs)
- 보증비용(bonding costs)
- 잔여손실(residual loss)

감시비용은 대리인의 행동을 감시하는 비용이다. 이는 대리인의 행동을 측정, 관찰, 조정하기 위해 주인이 지출하는 비용이다. 감시비용의 예로는 강제적인 감사비용, 경영자보상계획과 예산제한 및 운영규칙을 수립하는 데 소요되는 비용 등이 있다. 이러한 감시비용은 주인에 의해 발생되는 첫 번째 비용이다. 그러나 주인은 대리인에게 지급하는 보상을 조정함으로써 대리인이 그 비용을 부담하도록 하여 궁극적으로는 대리비용을 부담하지 않으려 한다. 예를 들면, 훌륭한 평판을 가진 경영자(대리인)는 주주(주인)의 이익을 위해 행동할 것으로 기대된다. 이런 경우에 주주들은 경영자의 성과를 거의 감시하지 않을 것이며, 경영자에게 보수를 후하게 지급할 것이다. 만약 경영자의 평판이 좋지 않거나 불확실하다면 주주들은 아마도 경영자의 성과를 보다 많이 감시하게 될 것이다. 또한 주주들은 훌륭한 평판을 갖고 주주들의 이익을 위해 행동하는 경영자에게 지급하는 보수금액보다 보수를 적게 지급할 수도 있다. 즉, 주주(주인)들은 감시비용이 증가함에 따라 경영자(대리인)에게 보수를 적게 지급한다. 주인이 대리비용의 부담으로부터 보호될 수 있는 방법은 기대되는 감시비용의 수준에 따라 경영자 보수를 조정하는 것이다. 이러한 것을 가격보호(price protection)라 한다.

만약 가격보호가 효율적이라면 궁극적으로 계약과 연계된 감시비용을 대리인들이 부담할지도 모른다. 그러므로 대리인들은 그들이 주인의 이해관계에 따라 행동할 것을 보장하거나, 만약 그들이 주인의 이해관계에 반하는 행동을 한다면 주인에게 배상할 것을 보장하는 메커니즘을 설정하려고 할 것이다. 즉, 대리인의 이해관계가 주인의 이해관계에 달려 있다는 것을 보증하는 메커니즘을 설정하고 확립하는 비용을 보증비용이라 한다. 이는 대리인의 이해관계를 주인의 이해관계에 구속(결합)시킨다는 의미를 갖고 있다. 보증비용 역시 대리인에 의해 생겨난다. 예를 들면, 경영자(대리인)는 분기보고서를 주주(주인)에게 자발적으로 제공할 수 있으며, 또는 경쟁업체에 특정한 정보를 공시하지 않겠다는 계약을 체결할 수도 있다. 이러한 보증활동과 관련하여 경영자에게 발생하는 비용에는 다음과 같은 것이 포함된다.

- 분기보고서처럼 연차보고서에 비해 보다 짧은 기간 규칙적으로 회계보고서를 작성하는 데 소요되는 시간과 노력
- 분기보고서를 통하여 경영자의 기회주의적 행동이 드러나기 때문에 발생하는 경영자의 활동에 대한 제약
- 기업비밀을 적대기업에 판매하지 못하게 금지함으로써 포기된 소득

감시와 보증 활동에도 불구하고 대리인의 이해관계는 여전히 주인의 이해관계와 정확하게 일치하지 않을 것이다. 더욱이 대리인은 주인의 이해관계에 완전히 배치되는 몇몇 의사결정을 하려고 할 것이다. 예를 들어, 경영자는 그의 성과급을 극대화하기 위해 회계처리방법의 선택을 변경할 수 있으며, 주주가 원하는 수준 이하로 경영활동을 수행할지도 모른다. 따라서 대리인 성과의 순가치는 대리인의 이해관계와 주인의 이해관계가 완전하게 일치되는 수준보다 더 적을 것이다. 이러한 손실을 잔여손실이라 한다. 그러므로 잔여손실은 감시와 보증 비용에도 불구하고, 대리인이 취한 행동(또는 사실상 대리인의 무대응)이 주인의 이해관계 또는 부를 극대화시키는 행동과 차이가 남으로써 발생하는 부의 감소이다.

대리이론은 전통적 수탁책임과 결부되어 회계가 보증과 감시 메커니즘의 일부로서의 역할을 담당한다는 사실을 알려준다. 실증적 회계이론에 포함되는 구체적인 대리관계로는 주주와 경영자 사이의 대리문제와 주주와 채권자 사이의 대리문제가 있다.

2.2 주주와 경영자 사이의 대리문제

소유와 경영의 분리는 주주의 대리인으로서 경영자가 자신의 이해관계를 위해 행동할 수 있다는 것을 의미한다. 따라서 대리인의 이해관계는 주주의 이해관계에 반할 수도 있다. 이는 1776년 Adam Smith의 「국부론(The Wealth of Nation)」에서 언급된 바 있는 오래된 문제이다. 경영자가 기업을 부분적으로 소유하거나 또는 전혀 소유하지 않을 경우에는 경영자가 주주의 이익에 반하는 행동을 할 유인이 있다. 그 이유는 역기능적 행동에 따른 비용 전체를 경영자가 부담하지 않기 때문이다. 예를 들어, 세금이 없으며 기업을 한 명(A)이 소유하고 있고, 그가 경영자라는 상황을 가정하자. 소유경영자인 A는 자신의 지출로 비금전적 효익을 구매하는 경우와 자신이 소유한 기업의 자금으로 동일한 효익을 구매하는 경우에 아무런 부의 차이를 느끼지 못할 것이다. 기업의 순현재가치가 ₩100,000이고 소유경영자인 A의 개인적 자산의 가치가 ₩50,000이라고 가정하자. 만약 기업이 보너스 등으로 A를 위해 ₩10,000 상당의 효익을 소비했다면 A의 부는 증가되지도 않고 감소되지도 않을 것이다.

왜냐하면 소유경영자인 A는 어차피 ₩150,000(기업의 자산 ₩90,000과 경영자 개인자산 ₩60,000)의 가치가 있는 자산을 보유하게 되기 때문이다.

이제 소유경영자인 A가 기업의 지분 30%를 처분했다고 가정하자. A는 70%의 지분을 소유하고 있으므로 A에게 귀속되는 효익은 더 이상 무차별적이지 않다. 즉, 기업이 구매하느냐 아니면 본인이 구매하느냐에 따라 A의 효익은 달라진다. 경영자인 A가 본인을 위하여 본인 소유의 자산으로 ₩10,000 상당의 효익을 구매하여 즉시 소비했다고 가정하자. 그러면 경영자인 A의 자산은 ₩110,000만큼의 가치가 남아 있게 될 것이다.[4] 그러나 기업이 소유주를 위해 ₩10,000 상당의 효익을 구매하였다면 A의 자산가치는 ₩113,000이 될 것이다.[5] 이런 경우 경영자는 기업이 자신을 위해 효익을 구매하는 것을 선호하게 된다. 왜냐하면 그러한 효익의 원가 중 일부분을 다른 소유주들이 부담하기 때문이다.

경영자의 소유지분율이 감소하게 되면 경영자가 부담하는 원가비율도 감소한다. 그러므로 경영자의 소유지분율이 적으면 적을수록 경영자는 특권적 소비(예, 기업 소유의 전세기나 호화 저택 등)를 더욱더 많이 지출하려 하고, 여러 다른 방법으로 책임을 회피하려고 한다. 이러한 역기능적 행위로 인해 경영자가 얻게 되는 한계효익이 이러한 행위를 막으려는 다른 소유주들의 가격보호활동에서 발생하는 한계비용을 초과하는 한 경영자가 역기능적 행동을 할 유인은 항상 존재한다. 이때, 다른 소유주들의 가격보호활동은 경영자의 한계비용을 증가시키게 되는데, 가격보호활동은 경영자들이 부담하는 감시비용을 증가시키거나 직장상실의 위험을 증가시킨다.

이러한 경우 가격보호활동은 경영자에게 감시비용의 전가와 경영자의 역기능적 행위의 제한이라는 두 가지 형태를 띤다. 소유경영자가 자신의 지분 일부를 처분할 때 소유경영자가 주식의 대가로 받는 금액은 경영자가 소유주의 이해관계에 반하는 행동을 할 것이라는 시장의 기대치 증가만큼 감소할 것이다. 따라서 소유경영자들은 궁극적으로 자신들의 성과를 감시하고 소유주의 부를 감소시키는 행동을 제한하는 데 소요되는 비용을 부담하게 된

---

4) 기업의 순가치 ₩100,000에 대한 70%와 본인의 부 ₩50,000에서 소비액 ₩10,000을 차감한 잔액을 합한 금액이다. ₩100,000×70%+(₩50,000－₩10,000)=₩110,000

5) ₩10,000의 효익을 구매하고 남은 기업의 순가치 ₩90,000에 대한 70%와 본인의 부 ₩50,000을 합한 금액이다. (₩100,000－₩10,000)×70%+₩50,000=₩113,000

다. 그러므로 경영자들은 자신들의 행동을 감시하고, 기업가치를 감소시키는 행동을 제한하는 계약에 참여할 유인을 갖는다. 이러한 계약에 동의하면 경영자가 지분을 처분할 때 받는 대가가 높아지기 때문이다.

기업정책에 관한 유인에 있어서 주주와 경영자 사이에 차이가 있다는 것은 여러 특수한 문제가 발생될 수 있다는 점을 의미한다. 이러한 문제에는 위험회피 문제, 배당금보유 문제, 기간 문제 등이 포함된다.

위험회피(risk-aversion) 문제는 경영자들이 주주의 바람과 달리 적은 위험을 선호한다는 것을 의미한다. 주주들이 어느 특정한 기업에 자신의 모든 자금을 투자할 경우 기업의 위험과 자신의 위험은 같아진다. 그런데 주주들이 투자 포트폴리오를 다양화하면 여러 투자안의 수익을 평균화시킬 수 있으므로 특정 기업의 위험을 줄이지 않고도 자신들의 위험을 감소시킬 수 있다. 즉, 주주들은 다양한 기업(즉, 블루칩이나 에너지기업, 첨단기업 등)에 투자하거나 다양한 형태의 투자(즉, 주식이나 채권, 부동산 등)를 통해 어느 한쪽에서 발생하는 위험을 회피할 수 있다. 그러나 경영자들이 소유한 가장 가치 있는 자산은 그들 자신의 인적자본(경영능력)이며, 이것 모두를 하나의 기업에 투자해야 한다. 경영자들은 보통 하나의 경영자 직위만 갖고 고용되기 때문에 이러한 위험이 완벽하게 방어되거나 분산되지도 않는다. 경영자의 인적자본은 어느 하나의 투자와 관련된 위험이 다른 투자에 관련된 위험들을 훨씬 초과할 만큼 매우 중요한 자산이기 때문에 다른 기업에 대한 투자를 통한 분산은 경영자의 위험을 부분적으로만 줄여줄 뿐이다. 따라서 경영자들은 주주의 기대와 달리 덜 위험한 프로젝트에 투자하는 것을 선호한다. 즉, 경영자들은 기업의 가치를 극대화한다기보다는 그들 자신의 위험을 극소화하려 한다.

배당금보유(dividend retention) 문제는 경영자들이 기업이익 중 주주들이 원하는 것보다 더 적은 양을 배당하기를 원할 때 발생한다. 이 문제는 경영자들이 재투자를 통하여 기업의 가치를 증가시키기 위해 자금을 유보시키기보다 자신의 급여와 효익을 지불하기 위하여, 그리고 그들이 경영하는 기업의 규모를 증가시키기 위하여 기업 내에 자금을 보유하려 하기 때문에 발생한다. 만약 기업의 투자는 주주들에게 8% 투자수익률을 제공해 주지만, 주주들은 개인적인 투자를 통해서 15%의 투자수익률을 낼 수 있는 경우가 있다고 가정해 보자. 이러한 상황이라면, 주주들은 자금을 기업에 유보하여 낮은 이익을 내는 투자에 쓰이도록 하는 것보다 배당금을 받아 더 높은 이익을 낼 수 있는 다른 데 투자하기를 원할 것이다. 그러나 경영자들은 자신들이 경영하는 기업의 규모를 늘리고 그들의 권한범위를 키우기 위해 그 자금을 보유하기를 원할 수도 있다. 만일 배당금으로 받을 수 있는 자금을 경영자들이 그대로 보유한다면, 주주들은 7%를 잃는 것이 된다.

기간(horizon) 문제는 기업에 대한 주주와 경영자 간 장·단기 관점의 차이에서 비롯된다. 주가는 이론적으로 그 주식에 영향을 미치는 미래현금흐름의 현재가치로 평가되므로, 주주는 그 기업에 대한 무수히 많은 미래기간 동안의 현금흐름에 관심을 가질 수밖에 없다. 비록 주주가 그 주식을 투기의 목적으로 보유하더라도 그 주식이 존재하는 한, 누가 주식을 소유하든 주식의 가치는 미래현금흐름의 현재가치인 것이다. 다른 투자자가 주식에 대해 얼마를 지불할 것인지에는 기업의 미래현금흐름이 영향을 미치기 때문에 투기적 투자자라 하더라도 기업에 대한 장기적 관점을 가지고 있다. 반면에 경영자는 오직 자신이 기업에 근무하는 기간 동안만 기업의 현금흐름에 관심을 가진다. 이러한 현상은 상황별로 서로 다르며, 경영자의 나이가 많거나 경영자가 다른 기업으로의 전직을 고려하고 있을 때 더 두드러진다는 것을 예상할 수 있다. 이러한 이유 때문에 경영자는 기업의 장기적 이익을 희생하여 단기적인 이익을 실현시키는 행동을 취한다. 이러한 행동들은 경영자의 성과지표가 되는 이익을 높게 보고함으로써 능력 있는 경영자라는 인상을 심어주게 된다.

이러한 문제점들은 경영자와의 계약을 통해 제거될 수 있다. 하나의 방법은 경영자의 보수를 주가와 연동시키는 것이다. 결국 효율적 시장가설하에서 주가는 투자에 대한 위험과 기업이 존속하는 동안 주주에게 귀속될 수 있는 미래 기업의 현금흐름에 대한 소유주(주인)의 관심과 예측을 반영한다. 따라서 주가는 경영자의 위험회피와 배당금보유 선호로 인하여 주주의 부에 얼마만큼의 영향을 미치는지에 대한 시장의 평가를 반영한다. 또한, 소유주는 단기적 관점의 이익극대화 인센티브보다 주가를 극대화하기 위한 장기적 관점의 인센티브를 제공한다. 물론 주가는 경영자가 통제할 수 없는 일반적인 시장 또는 산업의 상황에 의해 일부분 결정되기 때문에 경영자가 자신의 보수가 오직 주가에 연동되는 것을 승인할 가능성은 희박하다. 그렇더라도 경영자 보수를 주가에 일정 부분 연동시키는 것(주가변동에 기반한 보수 또는 스톡옵션의 지급)은 기간과 위험회피 문제를 감소시키는 데 도움이 된다.

그런데 최근에는 경영자와의 계약수단으로 회계수치(주로 회계이익)가 주가보다 더 많이 활용되고 있다. 이익은 종종 주가보다 경영자의 성과와 더 연관이 있는 것으로 간주된다. 따라서 경영자의 보수는 때로는 주가보다는(또는 주가와 함께) 회계적 이익에 따라 결정된다. 예를 들어 경영자의 보수는 기본급, 기업의 목표이익초과분의 일정 부분을 받는 보너스, 혹은 목표이익추가분의 일정 부분과 기업의 주가에 따른 보너스로 구성될 수 있다. 이 경우 회계수치는 경영자의 계약상 급여를 지불하는 데 매우 중요하게 사용된다.

경영자의 보상에 회계수치를 사용할 경우 경영자의 보상이 보고이익의 수준에 달려 있기 때문에 경영자들은 이익을 미래기간에서 현재기간으로 이전하는 회계절차를 선택할 것이라고 추정할 수 있다. 기간간 이익의 이전은 경영자보상의 현재가치와 그것의 확실성의 증가에 영향을 미친다. 이는 경영자보상가설이라고 지칭되어 왔다. 경영자보상가설에 따르면 상여급제를 적용하는 기업은 이익을 증가시키는 회계정책을 채택한다고 한다.

기업의 이익에 기반하여 경영자의 보상체계를 수립하는 것은 전 세계적으로 잘 정착되어 있으며 이와 동시에 주식이나 주식옵션을 제공하는 방법 또한 주식시장에 상장되어 있는 기업에서 많이 이용하고 있다. 그런데 이것은 몇 가지 회계상의 문제를 야기한다. 즉, 상여급제를 이용하는 것은 보고이익과 보고이익에 연동된 경영자의 보상에 영향을 미칠 수 있는 가능성을 야기한다.

2.3 주주와 채권자 사이의 대리문제

대리이론 관점에서 부채계약의 역할에 대해 논의할 때, 일반적으로 경영자는 기업의 유일한 소유주이거나 소유주의 이해관계와 완전히 일치되는 이해관계를 갖고 있다고 가정한다. 즉, 주인은 채권자(자금대여자)이며, 대리인은 주주 또는 다른 소유주를 대신하여 행동하는 경영자이다. 기업의 가치가 부채가치와 자본가치의 합으로 구성된다고 하면, 자본가치를 증가시키는 하나의 방법은 기업가치를 증가시키는 것이고 다른 하나의 방법은 채권자의 부를 주주에게 이전하는 것이다.

Smith와 Warner는 부채의 대리문제로 채권자의 부를 주주에게 이전하는

네 가지 주요 방법이 있다고 하였다.[6)]

- 과도한 배당금 지급
- 자산대체
- 과소투자
- 청구권 희석

과도한 배당금 지급(excessive dividend payments) 문제는 일정 수준의 배당금을 지급할 것이라는 가정하에 부채를 조달한 때 발생한다. 부채를 조달할 때에는 가정한 배당을 기초로 하여 채권의 가격이 결정된다. 그런데 기업은 부채조달 후 더 높은 수준의 배당금을 지급할 수 있다. 더 높은 수준의 배당금 지급은 부채상환을 보장하는 자산의 기반을 축소시켜 부채의 가치를 감소시킨다. 극단적으로 경영자는 자금을 빌려, 빌린 자금의 모두를 배당금으로 지급할 유인을 갖게 된다. 결국 채권자에게는 아무것도 남아 있지 않고, 자금은 주주에게로 이전된다. 주주들은 현금을 받기 때문에 그러한 행동으로부터 효익을 얻으며 그러한 행동의 결과로 기업이 파산해도 주주들은 유한책임제도로 인하여 기업의 부채에 대해 개인적으로 책임지지 않는다.

자산대체(asset substitution) 문제는 자금대여자가 위험회피적이라는 전제에 근거하고 있다. 자금대여자들은 기업이 그들이 허용하는 수준보다 더 높은 위험을 가진 자산이나 프로젝트에 투자하지 않을 것이라는 기대하에 자금을 빌려준다. 채권자는 원금과 이자 이상의 대가를 받지 않으므로, 높은 위험을 가진 프로젝트가 제공하는 높은 이익에 따른 추가적인 혜택은 없다. 하지만 높은 위험으로 인하여 커다란 손실이 발생하면 그들의 청구권(원금과 이자)을 확보하지 못할 수도 있다.[7)] 반면에 주주들은 어떤 특정한 기업의 투자와 관련해서는 리스크 선호자들이다. 왜냐하면 주주들은 위험이 높은 자산이 가져다주는 위험의 긍정적인 면(높은 이익)의 혜택을 받을 수 있는 반면, 유한책임으로 위험의 부정적인 면(손실에 대해 무한책임을 지는 것)에는 참여하지 않아

---

6) C. Smith and J. Warner, “On Financial Contracting: An Analysis of Bond Covenants,” *Journal of Financial Economics*(June 1979), pp. 117-161.

7) 위험이 높은 투자는 미래 수익의 변동폭(수익률의 표준편차)이 높다는 것으로 높은 이익이 발생할 수도 있고 매우 큰 손실이 발생할 수도 있다.

도 되기 때문이다. 위험이 높은 자산에 투자하는 것은 부실의 원인이 되어 채권자에게는 불리하지만 주주들은 주식에 투자할 금액한도의 책임으로 더 높은 수익을 기대할 수 있다. 그러므로 경영자는 부채를 통해 자금을 조달할 유인을 가지며, 주주들의 잠재적인 수익률을 높이기 위해 위험이 높은 자산에 투자한다.

과소투자(underinvestment) 문제는 소유주가 순현재가치가 양(+)인 투자안에 투자하지 않을 유인을 가질 때 발생한다. 순현재가치가 양인 투자안에 투자해도 소유주의 부가 아니라 채권자의 부만을 증가시키는 결과를 가져오는 경우가 있다. 이 경우 소유주는 과소투자의 유인을 가진다. 예를 들어, 파산에 직면한 기업을 가정하자. 주주의 자금은 ₩90,000의 손실 상태(자본이 모두 잠식되고 음의 순자산 상태)인데, 기업은 ₩50,000의 양의 순현재가치를 제공할 수 있는 투자안에 투자할 수 있다고 하자. 그러나 투자성과인 ₩50,000 전부는 주주가 아니라 기업의 채권자에게 귀속된다. 그것은 순부채를 ₩40,000으로 감소시킬 뿐이다. 주주의 부를 극대화하는 소유주의 입장에서 오직 ₩90,000을 초과하는 양의 순현재가치를 버는 투자안에 대해서만 투자안을 채택할 유인을 가진다. 반면에 채권자는 기업이 양의 순현재가치를 갖는 모든 투자안에 투자할 때 가장 유리하게 된다. 왜냐하면 양의 순현재가치 값을 갖는 어떠한 투자안도 최소한 부채의 일부를 상환하는 데 이용가능한 자금을 증가시키기 때문이다.

청구권 희석(claim dilution) 문제는 기업이 이전에 발행했던 부채보다 우선순위가 높은 부채를 발행할 때 발생한다. 선순위의 부채를 발행하게 되면 투자자금의 증가를 초래하여 기업의 가치와 소유주지분의 가치를 증가시킬 수도 있지만, 한편으로 기존 부채의 가치를 감소시킨다. 즉, 기존의 부채는 선순위의 부채로 인해 보다 위험해졌기 때문에 기존 부채의 가치를 희석시킨다. 이에 대한 하나의 대안은 부채계약서에 소유주(경영자)가 기존 부채보다 만기가 빠른 부채나 선순위의 부채를 발생시키지 못하게 하는 조항을 포함시키는 것이다.

경영자와의 계약에서 살펴본 것처럼 자본시장이 합리적인 기대를 반영한다면 주주들은 채권자로부터 부를 이전하려는 시도로 인한 대리비용을 부담하게 된다. 채권자는 이자율이나 자금을 미리 확보하는 등의 방법(채권의 가격을 낮추는 방법)으로 가격보호를 할 것이다. 따라서 경영자는 자발적으로 자신의 행동을 제한하는 계약(부채계약)을 체결할 유인을 가진다. 이러한 부채계약에는 종종 채권자의 재무적 이해관계를 보호하기 위해 고안된 제한(또는 약정)이 포함되며, 부채약정은 많은 경우 회계수치에 기초하여 작성된다.

부채약정은 기업의 경영활동에 있어서 특정 행위를 요구하거나 제한하도록 부채계약에 명시된 항목이나 조건을 의미한다. 이 약정항목들은 채권자의 이익을 보호하기 위해 설정된 것으로 기업이 채무상환을 위한 담보로 특정 수준의 자산을 유지하도록 요구하는 것 등이다. 부채약정의 위반은 계약에 대한 기술적 채무불이행으로 여겨지며, 채권자들에게 합의에 의해 담보물 압류와 같은 조치를 취할 수 있는 권한을 부여한다. 따라서 경영자들은 이러한 부채약정에 위반되지 않도록 보장하는 유인을 갖게 된다. 자금을 차입하는 기업의 경영자와 감사인은 부채계약의 어떠한 사항도 위반하지 않았다는 것을 보증할 것을 요구받는다. 부채계약에 포함되는 약정은 일반적으로 다음의 네 가지 범주 중 하나 이상의 항목을 포함하며 회계수치와 재무보고는 이러한 계약을 체결하는 데 광범위하게 이용된다.

- 기업의 생산-투자 기회를 제한하는 약정 : 이 약정은 자산대체와 과소투자를 감소시키기 위한 항목이다.
- 배당성향을 제한하는 약정으로 일반적으로 배당금 지급을 이익의 함수로 고정시키는 약정 : 이 약정은 과도한 배당금 지급을 저지하기 위한 것이다.
- 기업의 재무정책을 제한하는 약정 : 이 약정은 청구권 희석 문제에 초점을 둔 것으로 일반적으로 과도한 차입을 제한하는 형태를 띤다.
- 규제기구에 대한 재무제표 공시처럼 기업이 채권자에게 특정한 정보를 제공할 것을 요구하는 약정 : 이 약정은 기업이 약정을 위반하였거나 위반할 가능성이 있는지를 채권자들이 판단할 수 있도록 한다.

부채의 존재는 주주를 위해 행동하는 경영자들에게 채권자로부터 주주에게로 부를 이전시키도록 하는 유인을 제공한다. 그러한 행동들이 부채약정에 의해 제한받기 때문에 경영자들은 그들이 부채약정에서 합의한 약정의 위반을 회피할 수 있게 하는 회계절차를 채택할 유인을 갖는다.

2.4 기업과 기타 이해관계자 사이의 갈등

대리문제는 주주, 경영자, 채권자 사이의 갈등에 의해서만 발생하는 것은 아니다. 이는 기업을 구성하는 계약의 모든 당사자들 사이에서도 발생할 수 있다. 기업의 제품이 내구재이어서 부품 또는 수선에 대한 A/S가 필요한 제품이라면, 소비자는 제품 구매시에 제품의 소유권뿐만 아니라 미래 서비스에 대한 대가도 지불한다. 만약 기업이 도산하게 된다면 미래 서비스에 대한 혜택이 없어지게 되므로, 소비자들은 기업의 도산가능성을 고려하여 제품구입가격을 지불하려 한다. 따라서 부채의 증가로 인하여 기업의 도산가능성이 증가된다면, 그 제품의 수요는 감소될 것이다. 그러므로 내구재를 생산하여 판매하는 기업들은 다른 조건이 동일하다면 다른 기업들보다도 부채를 통한 자금조달을 피하려 할 것이다.

종업원들이 다른 직업에 쉽게 전용될 수 없는 전문적 기술을 보유하고 있는 경우, 기업이 도산하면 그 종업원들은 새로운 직업을 위한 새로운 기술 습득에 많은 비용과 노력을 들여야 한다. 또한 기업도산의 경우 위와 같은 종업원들의 손실은 기업으로부터 보상받을 수 없으므로, 노동시장이 경쟁적이라면 노동자들은 다른 기업보다 임금이 다소 낮더라도 도산가능성이 낮은 기업에 취직하려고 하게 된다. 따라서 다른 조건이 동일하다면, 비교적 많은 전문기술인력을 필요로 하는 기업은 도산가능성이 낮다는 것을 보여주기 위해서 부채를 덜 사용하여 낮은 부채비율을 유지하려 할 것이다.

3. 기타의 실증적 회계이론

3.1 정치적 비용과 규모가설

실증적 회계이론은 기업과 다른 부문(예컨대 정부나 노동조합, 지역공동체 간)의 관련성을 포함하는 정치적 과정을 모형화하였다. 회계는 기업에 관한 정보원천의 하나로서 정치적 과정에서 매우 중요한 역할을 한다. 정치적 시장과 자본시장 간의 주요 차이점은 정치적 시장에서는 정보생산에 대한 수요가 적고, 개인의 적극적 활동에 대한 동기부여가 적다는 점이다. 이는 정치적 과정에서 개인들의 한계효익을 낮아지게 한다. 왜냐하면 개인이나 집단들은 정치적 시장에서의 정보로부터 효익을 얻기 어렵기 때문이다. 또한 개인들은 다양한 이해관계를 갖고 있으며 조직화하는 데 많은 비용이 수반되므로 개인들의 정보원가는 클 수밖에 없다. 즉, 정치과정에서 개인들 각각의 정보원가가 정보로부터 얻는 효익보다 클 가능성이 높다. 따라서 정치적 시장에서는 정보의 수요와 공급이 많지 않게 될 가능성이 높다.

정치적 환경에서는 한 사람의 행위가 다른 사람들의 부에 영향을 미칠 가능성이 적기 때문에 효익에 비하여 정보원가가 크다. 각각의 개인은 정치적 무대에서 많은 투표권자 중 하나에 지나지 않으며, 수시로 많은 정치적 결정이 이루어지고 그중 많은 결정이 개인의 부에 영향을 미칠 가능성이 있다. 정치적 비용은 개인들에게 파급될 수 있다. 예를 들어 리터당 ₩1,000씩 우유가격을 올리는 정치적 결정이 있었다고 가정하자. 그 정책은 우유가공업자가 받는 금액을 매우 크게 하지만 개개인의 부담은 매우 적다. 따라서 개인들에게는 이를 막기 위한 로비비용이 효익(₩1,000의 우유가격 인상 철회로 인한 개인의 효익)보다 크다. 따라서 개인은 정치적 결정에 따른 불이익을 수용할 수밖에 없다. 이는 정치적 비용이 개인에게 파급되는 결과를 초래한다.

소비자들이 이해집단을 형성하여 집단적으로 로비행위를 하면 특정한 정치적 결과를 얻을 가능성은 증가한다. 하지만 집단 내 이해관계의 이질성 때문에 집단행동이 반드시 특정한 개인의 이해관계와 일치되는 것은 아니다. 더욱이 이해집단의 형성에는 비용이 수반된다. 집단을 형성하기 위해 서로를 확인하는 탐색비용을 발생시킬 뿐만 아니라 집단의 목표를 형성하거나 구성원들에게 알리기 위한 추가적 비용이 발생한다. 이러한 거래원가는 개인들이 이성적으로 무관심한 상태로 있게 할 수도 있다. 그런데 집단의 구성으로 인한 개인의 이득이 충분히 크다면, 개인들은 원가가 발생함에도 불구하고 정보를 발생시키는 과정에서 규모의 경제효과를 얻기 위해 이익집단을 형성할 수 있다.

정치적 또는 사회적 목표를 위해 생산되는 정보량은 정부정책의 파급효과(로비활동이나 집단구성을 통해 개인에게 돌아오는 이득)와 효과적인 로비에 소요되는 거래원가에 달려 있다. 그런데 비싼 정보원가 및 감사원가와 낮은 파급효과 때문에 잔여손실이 발생될 가능성이 크다. 이러한 가능성은 정치적 또는 사회적 목표를 위한 정보의 생산을 줄이게 한다.

실증적 회계이론가들은 정치적 비용이론의 대표적인 예로 1929년의 대공황으로 야기된 1930년대 초의 증권법 제정을 들고 있다. 미국 정부는 미래에 시장붕괴를 피하려는 민심을 반영하여 공개기업에 대해 정부의 통제권을 증가시키는 증권법을 통과시켰다. 그러나 실증적 증거는 이러한 증권법이 미래의 시장붕괴를 방지하는 데 아무런 기여도 하지 못한다는 것을 입증하고 있다. 기본적으로 일반대중으로 하여금 주식시장 붕괴에 대한 원인을 잘 알게 하고, 또한 이를 방지하기 위한 올바른 행동을 주지시키는 데에는 너무 많은 비용이 소요된다. 더욱이 일반대중이 그렇게 함으로써 얻으리라고 기대되는 개인의 이득은 매우 낮다. 따라서 합리적인 대중은 이에 대하여 관심이 없었다. 개인의 이득이 낮음에도 불구하고 공개기업에 대해 더 많은 정보를 요구하는 결과를 가져와 정보생산비용이 증가하였으며 이는 정치적 비용의 한 예가 될 수 있다.

정치가들과 다른 당사자들은 종종 자신들의 이익을 방어하기 위하여 회계수치를 사용한다. 따라서 회계는 정치적 비용의 배분 역할을 수행한다. 예를 들어, 어느 특정한 기업이나 산업이 비정상적으로 높은 이익을 보고한다면 종업원들은 비정상적인 성과가 자신들의 노력으로 인한 것임을 알게 된다. 따라서 보다 많은 연봉을 요구하기 위해 로비활동을 벌일 것이다. 그리고 기업들은 이러한 높은 이익이 부당한 경영활동(예를 들어 너무 높은 가격설정이나 협력업체에 대한 너무 낮은 납품가격 설정 등)의 결과로 인식될 수 있고, 정치가들이 정치헌금을 요구할 가능성이 있다고 생각하여 보고이익을 감소시키려는 유인을 갖게 된다. 이와 같이 종업원들과 정치가들은 그들의 보상을 증가시키기 위해 회계수치를 사용한다.[8] 이처럼 회계수치는 그들의 이해관계와 연결되어 있다. 반면, 앞서 언급한 바와 같이 거래원가 때문에 다른 참여자들은 정치적 무대에서 무관심하거나 보고이익이 일시적인 것으로 지속가능하지 않다는 주장을 펴지 않을 것이다. 이처럼 정치가들은 회계이익을 이용하여 기업들에게 정치적 비용을 발생시키는 결정을 하려 할 것이다. 하지만 개인들은 이에 대해 관심이 없거나 정치비용을 감소시키는 행동을 하려는 동기

8) 그러나 기업이 당기순손실을 보고할 때에는 본인들의 연봉 삭감을 감수하지 않으려 할 것이다.

가 없는 경우가 많다.

이처럼 정치적 과정은 부의 이전을 위한 경쟁과 관련되어 있기 때문에 정치적으로 민감한 기업들은 보고이익을 과소계상하려고 할 것이다. 반면, 낮은 이익을 보고하는 기업에 대해 공평하지 못한 수준의 과도한 정부보조를 받고 있다고 비난하는 경우는 거의 없다. 그러므로 보고이익의 감소는 정치가들에 의한 질책과 제품가격이나 요율 감소에 대한 일반대중의 요구, 임금 인상에 대한 노동조합의 압력을 감소시킨다.

회계학자들은 정치적 민감도의 대용변수로 규모(size)변수를 사용한다. 다른 조건이 동일한 경우 규모가 큰 기업일수록 정치적으로 보다 민감할 것이다. 규모가설은 규모가 큰 기업일수록 보고이익을 현재기간으로부터 미래기간으로 이연함으로써 보고이익을 감소시키는 회계절차를 선택할 가능성이 더 클 것이라고 예측한다. 또한 경영자들은 보고이익의 변동성을 감소시키는 회계절차를 선호할 것이라고 기대한다. 정치적 과정에 참여하는 자는 이익이 높은 것에만 관심을 두지 보고이익의 변동성이 높아 현재 이익이 높을지라도 나중에 이익이 감소될 것에 대하여는 고려하지 않기 때문에 이익의 변동성이 크면 정치가들에게 관심의 대상이 될 수 있다.

각 나라마다 특정한 산업이 높은 이익을 보고할 때에는 일반대중이나 정치가들로부터 비난을 받는 경우가 종종 있다. 예컨대 은행이나 항공사 또는 이동통신사들이 다른 산업에 비해 많은 이익을 보고하는 경우 이자율이나 항공료 또는 통신요금의 인하를 요구하는 목소리가 거세지는 것을 흔히 볼 수 있다.

3.2 신호화이론과 정보가설

Holthausen은 계약관점 이외에 회계정책의 선택에 관한 또 다른 시각을 제시하였다. 이른바 정보관점이다.[9] 이 관점에 따르면 경영자는 투자자의 의사결정을 돕기 위하여 자발적으로 정보를 제공한다. 경영자는 정보의 생산과 보급 측면에서 상대적 이점이 있기 때문에 정보를 제공하는 역할을 담당한다.

9) R. W. Holthausen, "Accounting method choice: Opportunistic behavior, efficient contracting and information perspectives," *Journal of Accounting and Economics*(January 1990), pp. 207-218.

경영자는 정보에 대하여 상대적인 이점을 갖고 있으며 자발적 정보공시를 통하여 감시비용 및 사후적인 정산비용을 감소시킬 수 있다. 이러한 이유로 경영자는 투자자에게 자발적으로 정보를 제공한다.

정보가설은 자본시장에 관한 초기 연구의 기초를 이룬다. 자본시장연구에 따르면 투자자들은 경영자들이 의사결정에 유용한 정보를 제공할 것이라고 가정한다. 따라서 회계정책에 있어서의 변화는 정보가 변경되었음을 의미하며 이는 곧 투자의사결정이 변화되어야 한다는 것을 의미한다. 투자의사결정의 변화는 주가 또는 거래량의 변동으로 나타난다.

경영자가 미래에 관련한 기대나 의도에 대한 신호를 발송하는 수단으로 회계를 이용한다는 점에서 정보가설은 신호화이론과 일맥상통한다. 신호화이론에 따르면, 향후 기업의 성장성이 높을 것으로 예상될 경우 경영자는 회계를 통하여 투자자들에게 그러한 내용에 대한 신호를 발송하고자 한다. 양호한 성과를 달성하고 있는 다른 기업의 경영자들 역시 같은 동기를 가지고 있을 것이다. 반면, 평범한 성과를 달성한 경영자들은 열악한 성과를 냈다는 의심을 받지 않기 위하여 되도록 긍정적인 정보를 보고하고자 할 것이다. 기업의 경영자들은 회사의 나쁜 소식(악재, bad news)을 보고하지 않고자 하는 유인을 갖는다. 그러나 동시에 그들은 나쁜 소식을 보고하고자 하는 유인 또한 지니게 되는데, 이는 주식이 거래되고 있는 효율적 시장에서 기업이 올바른 공시태도를 유지하고 있다는 신용도를 유지하기 위함이다. 자본시장에 정보를 공표하려는 이러한 동기를 고려할 때, 신호화이론에서는 기업들이 투자자들의 수요보다도 더 많은 정보를 공개할 것이라고 예측한다.

신호화이론의 논리에 따르면, 모든 경영자들에게는 미래수익에 관한 그들의 기대를 신호하려는(알리려는) 유인이 있다고 결론을 내릴 수 있다. 그 이유는, 만일 투자자들이 그 신호를 신뢰한다면 주가가 오를 것이며, 그로 인하여 주주들과 주주들의 이해관계를 위해 행동하는 경영자들이 이득을 보기 때문이다.

그러나 다른 기업들도 모두 좋은 소식(호재, good news)을 신호하려고 노력할 것이라는 점을 고려할 때, 기업들은 자신의 신호를 투자자들이 믿을 만한 것으로 여길 수 있게끔 어떻게 확신시킬 것인가라는 문제에 봉착한다. 회계정보를 통한 신호가 이용자들에게 신뢰성 있게 받아들여지려면, 그 신호는 다른 기업이 모방하기 어려우며 모방할 경우 많은 비용이 수반되는 것이어야 한다. 그 비용에는 실제의 기업성과가 회계적인 이익률(수익성, profitability)을 표시하는 방법을 통해 신호된 수준과 일치하지 않을 때(이익을 부풀렸을 때) 야기되는 장기적인 신뢰성 저하도 포함된다.

수익 신호에 추가적인 신뢰성을 부여하는 한 가지 방법은 배당금 신호를 사용하는 것이다. 이것은 주주들에게 현금을 지급해야 한다는 점에서 비용이 드는 신호이다. 더 나아가 기업들은 일반적으로 매년 배당금액에 큰 변화를 주지 않으려 하며, 경영자들은 배당금을 줄이는 데 상당히 주저하는 경향이 있다. 그러므로 경영자들은 배당금이 이후 줄어들지 않을 것이라는 상당한 확신이 있을 경우에만 배당금 지급을 증가시킬 것이다. 배당금의 증가는 앞으로 더 높은 수준의 배당을 충분히 뒷받침할 수 있을 만큼 미래수익이 증가할 것이라는 기대를 갖게 할 수 있다.

신호화 동기에 대한 연구에는 왜 기업들이 자발적으로 나쁜 소식을 공개하는지, 배당금을 증가시키거나 감소시키는지, 수익을 매년 고른 수준으로 유지하려 하는지, 자산을 재평가하고 손상차손을 인식하는지, 그리고 왜 내부적으로 창출된 자산을 인식하는지에 대한 연구 등이 있다.

3.3 보수주의와 대리비용

자본시장에서의 대리모형은 채권자와 주주를 위해 대리인(경영자)의 권한을 제한하는 대리인 통제모형과 관련된다. 경영자는 고용기간과 의무가 한정되어 있으므로 가치평가에 혼선을 야기시키려 한다. 대리인인 경영자가 독재적 권한을 가지고 자신의 이해관계를 위해 행동하려고 노력하는 극단적인 경우에는 경영자의 이익추구행위가 경제 전반에 영향을 미치는 파급효과가 발생할 수도 있다. 즉, Enron의 경우와 같이 자신의 보상을 극대화하기 위해 회계수치를 조작할 가능성도 있다.

앞서 언급한 바 있는 1930년대 미국의 증권법 제정 성과 중의 하나는 보수적 회계의 발전을 가져왔다는 점이다. 회계에 있어서 보수주의란 비용의 인식은 조기에 하고 수익의 인식은 미루자는 것이다. 즉, 기대되는 이익은 가급적 늦게 기록하고 기대되는 손실은 가급적 빨리 기록하자는 것이다. 보수주의는 비용보다 수익의 인식에 보다 높은 검증수준을 요구하는 비대칭적 규정 때문에 생겨난 것이다. 보수주의는 일반적으로 보고이익을 감소시키는 결과를 초래한다. 더욱이 보수주의는 취득원가에 근거한 평가시스템으로서, 미국의 경우 이에 근거하여 이익을 발생시키는 재평가를 금지해왔다. 또한, 보수적인 취득원가의 채택은 자산가치의 증가에 대해 그것들이 증가되자마자 즉시 이익이 된다기보다는 거래를 통해 실현됨에 따라 이익으로 인식한다는 것을 의미한다. 이는 1920년대 유행했던 공격적 회계처리방법(자산의 가치가 상승되면 이를 즉각 순이익에 포함시키는 방법)에 대한 반향이었다.

최근 IASB는 회계에 있어서 보수주의적 편향이 기업의 진정한 재무상태를 나타내지 못하며 투자자들에게 이용가능한 정보를 감소시킨다고 주장한다. IASB는 손실과 마찬가지로 이득의 즉각적 인식 역시 중요하다고 한다. 이에 대해 조건적 보수주의자들은 즉각적인 이득 인식에 대한 수요는 낮다고 주장한다.[10] 시장은 즉각적인 손실의 인식에 보다 높은 가치를 부여하고 있다고 주장한다. 이러한 주장의 논리는 외부보고가 기업의 소유·경영구조에서 수행하고 있는 역할에서 찾고 있다. 즉, 외부보고는 사전적으로는 전리품투자를 억제시키고 사후적으로는 부(−)의 현금흐름을 초래하는 투자를 중지시키는 역할을 수행한다.[11] 외부보고는 경영자의 이익을 위하여 손실을 발생시키는 경영의사결정을 사전 및 사후적으로 차단하는 역할을 수행한다. 만약, 경영자가 회계기준의 요구에 의하여 손실을 발생시키는 투자가치를 즉각적으로 감소시킬 수밖에 없다는 사실을 알고 있다면, 경영자의 투자행태는 신중해질 것이다. 즉, 보수주의에 의해 투자의 가치감소를 즉각 반영해야 한다면, 경영자는 전리품투자나 부의 현금흐름 대안에 대한 투자에 신중을 기할 것이다. 따라서 자본시장에서는 손실의 즉각적인 인식을 선호한다.

반면, 공정가치의 상승으로 인한 이득에 대한 정보의 수요는 높지 않다. 왜냐하면 공정가치의 상승을 인식한 후 공정가치의 급격한 하락이 발생하면 경영자는 은행과 채권자에 의한 계약 재협상의 단초를 제공하며 손실을 인식하지 않은 것에 대해 소송을 제기당할 가능성이 있기 때문이다. 또한 이득의

10) 조건적 보수주의는 손실이 예상되는 경우에는 모두 조기에 인식하고, 극히 일부의 이득에 대해서만 인식을 허용하는 방법으로 이해하면 된다. 반면, 앞서의 순수한 보수주의(전통적 보수주의)는 예상되는 이득은 어떤 경우이든 인식해서는 안 된다는 의미이다.

11) 전리품투자(trophy investments)란 경영자가 경영권을 확장하거나 자신의 명성을 높이기 위한 투자를 의미하며, 전리품투자의 경우에는 투자대안의 순현재가치가 양(+)이 아닐 때도 투자가 이루어진다.

인식을 제한함으로써 경영자가 이득에서 나타난 성과를 자신들의 성과급이나 주주에 대한 배당에 사용하지 못하게 할 수 있다. 공정가치의 급격한 하락 발생우려와 자원의 유출방지라는 측면에서 이득의 인식에 대한 수요는 높지 않다. Basu는 빈번한 소송과 계약에 근거한 보상에 대한 수요의 증가로 인해 조건적 보수주의에 대한 수요가 점차 증가하고 있다고 주장한다.[12] 감사인은 독립적으로 보다 쉽게 검증될 수 있는 보수적 회계수치를 선호한다. 이러한 맥락에서 검증되지 않은 미래현금흐름을 자본화할 것을 주장하는 규제자들은 이러한 것이 경영자의 행위에 영향을 미칠 수 있다는 것을 알고 있어야 한다. 요약하면, 보수주의 원칙의 손실 인식에 대한 비대칭적 요구는 경영자의 기회주의적 행위를 제한하게 된다.

보고이익을 감소시키는 회계원칙은 회계수치를 자신들의 입맛에 맞게 보고하려는 경영자의 의지를 감소시킨다. 따라서 경영자와 감사인이 불이익을 받을 가능성이 커지면 보고이익의 증가에 미온적일 것이다.

4. 실증적 회계이론에 대한 비판과 한계

실증적 회계이론은 널리 받아들여졌지만 모두에게 수용된 것은 아니다. 전통적으로 회계이론은 회계실무자들의 업무에 도움이 되는 회계기준의 형성에 공헌하는 것으로 생각되었다. 그런데 실증적 회계이론은 귀납적인 성격을 가지므로 규범이론에 비하여 회계기준의 발달에 커다란 도움을 주지는 못하였다. 이처럼 회계기준의 발달에 직접적으로 공헌하지 못하였다는 점이 실증적 회계이론에 대한 한계 중의 하나로 지적되고 있다.

그러나 실증적 회계이론이 회계기준의 발달에 공헌하였다는 주장도 있다. 실증적 회계이론은 대체적 회계기준의 경제적 및 사회적 영향을 이해하고 예측하게 하였으며, 경영자가 특정 회계정책을 선택하게 된 이유와 회계선택이 사후에 경영자의 기회주의적 선택에 의한 것인지 아니면 효율적 계약

12) S. Basu, "The Conservatism Principle and the Asymmetric Timeliness of Earnings," *Journal of Accounting and Economics*, Vol. 24(1997), pp. 3-37.

을 위한 사전적 선택의 결과인지에 대한 정보를 제공해 주었다. 이러한 대체적 회계선택과 경영자의 회계선택동기에 대한 연구결과는 회계기준의 설정에 매우 유용한 정보가 되었다. 따라서 실증적 회계이론이 회계기준의 발달에 공헌하였다는 반론도 존재한다. Schipper는 실증적 회계연구 결과가 회계기준 설정과정의 투입물로서 관심의 대상이 되어야 한다고 주장한다.13)

실증적 회계이론의 한계로 지적되는 부분은 크게 두 영역으로 대별할 수 있다. 하나는 방법론 및 통계적 관점에서의 한계이고 다른 하나는 철학적 관점에서의 한계이다.

4.1 방법론 및 통계적 관점에서의 한계

실증적 회계이론에 대한 주요 한계로 지적되는 것은 회계정책의 선택이 주가 및 기업의 계약에 미치는 영향에 대한 실증적 결과들이 강력하지 않으며, 서로 일치되지도 않는다는 점이다. 실증적 회계연구에 대해 방법론 및 통계적 관점에서 지적되는 한계는 다음과 같다.

(1) 일부 연구에서 사용된 설명변수(독립변수)들이 유의적이지 않고 예측하였던 부호(방향)를 나타내지 않는다.
(2) 가설에서 설정한 모형의 설명력(R^2)이 매우 낮다.14)
(3) 모형에서 설명변수 사이에 다중공선성(multicollinearity)이 존재한다.15)
(4) 일정 시점을 기준으로 연구하는 횡단면적 모형(cross-sectional model)이 정교하지 못하다.
(5) 정치적 비용을 측정하기 위한 측정치(예, 규모)의 정의가 이론적 측면

13) K. Schipper, "Academic Research and the Standard Setting Process," *Accounting Horizons,* Vol. 8, No. 4(1994), pp. 61-73.

14) R^2은 통계의 회귀분석에서 계산되는 것으로 독립변수(들)를 통하여 종속변수를 얼마나 설명하고 있는가를 나타내는 수치이다. 이 값이 높을수록 독립변수(들)가 종속변수를 잘 설명하고 있음을 의미한다.

15) 다중공선성은 모형의 설명변수 사이에 관련성(상관관계)이 높다는 것으로 설명변수 사이에 다중공선성이 높으면 모형(주로 회귀모형)이 올바로 예측되기 어려우며, 계수의 유의성 검정을 통한 독립변수의 영향력을 판단하는 데 문제가 발생한다.

과 측정방법 측면 모두에서 명확하지 않다.

실증적 회계이론은 계속 발전하고 있다. 초기에 실증적 회계이론을 지지하는 결과들이 제시되어 일반적으로 받아들여진 이후 이상현상의 발견에 의하여 이론과 연구방법이 발전되고 다듬어졌다. 일부의 연구에서 유의적이지 않은 결과가 나타났지만 상당한 정도의 실증적 규칙성이 발견되었다.

이처럼 특정 변수와 회계선택 사이에 중요한 관계가 발견되었지만 이론의 출발이 되었던 계약과 감시비용을 측정가능하도록 정의하거나 실제 측정하려는 시도는 많지 않았다.[16] 예를 들어 부채계약의 본질을 논의하는 연구는 많았지만 부채계약의 준수를 감시하는 비용이나, 지급불능상태가 되었을 때 재협상 등과 같은 비용의 결정에 관한 연구는 많지 않았다. 이러한 문제가 지적된 이후에 그와 관련된 연구도 점차 진행되고 있다.[17]

Watts와 Zimmerman은 회계선택 연구의 주류는 경영자의 기회주의와 효율성이라는 서로 상반되어 보이는 두 가지의 논리에 기초를 두고 있다고 주장한다. 그런데 이 두 가지 논리 중 어느 하나만 옳다고 말하기 어렵다. 각 논리의 상대적 능력은 확실하지 않으며 향후 연구를 통하여 확인할 필요가 있다. 오히려 회계선택은 두 가지 모두에 의하여 이루어진다고 할 수 있다.

4.2 철학적 관점에서의 한계

규범이론의 대안으로 대두된 실증적 회계이론은 처음부터 철학적 관점에서 비판의 대상이 되었다. Tinker 등은 실증적 회계이론이 이론의 주장과 달리 가치중립적이지 않다고 비판한다.[18] 실증적 회계이론에서 연구주제의 선택과 적용되는 연구방법 및 가정을 연구자가 선택하고 있으므로 가치중립적이지 않다고 주장한다. 연구자들은 연구주제를 선택하면서 연구할 가치가 있는 것

---

16) R. Leftwich, "Aggregation of Test Statistics: Statistics versus Economics," *Journal of Accounting and Economics*, Vol. 12(January 1990), pp. 37-44.

17) M. D. Beneish and E. Press, "Cost of Technical Violation of Accounting-Based Debt Covenants," *The Accounting Review*(April 1993), pp. 233-257.

18) T. Tinker, B. Merino, and M. Neimark, "The Normative Origins of Positive Theories: Ideology and Accounting Thought," *Accounting, Organizations and Society*, Vol. 7(1982), pp. 167-200.

이 무엇인지에 대해 연구자 나름의 가치판단을 하게 된다. 그런데 이러한 경향은 모든 연구에서 나타나는 것이다. 실증적 회계이론은 정보요구에 대한 연구를 하는 것이기 때문에, 정보요구에 대한 이론을 연구하는 사람들은 여러 선택가능한 주제 중에서 선택한다. 따라서 실증적 회계이론에 가치판단이 개입되는 것은 사실이다. 그러나 여러 이론이 서로 경쟁하므로 다양한 연구주제가 선택되어 연구되고 있다. 따라서 연구주제의 선택에 따른 가치중립의 훼손문제는 제한적이라 할 수 있다.

Christenson은 실증적 회계이론이 회계실체의 경제활동이나 그 활동의 측정보다는 인간의 행동에 초점을 두고 있다고 지적하면서 실증적 회계이론은 회계이론이라기보다는 회계의 사회학이라고 주장한다.[19] 이에 대하여 Watts와 Zimmerman은 회계실체는 기업과 관련된 개인(주주, 경영자, 감사인 등)의 행동의 관점에서만 파악될 수 있다고 주장한다. 즉, 회계실체의 활동에 대한 측정은 기업 이해관계자들의 행동으로 파악된다는 것이다. 이러한 주장은 기업은 계약의 산물이며 회계는 정치, 경제 그리고 사회의 산물이라는 인식에서 나온 것이다.

실증적 회계이론에 대한 또 다른 비판은 실증적 회계이론의 방법론이 회계의 목적에 적합하지 않다는 주장이다. Christenson은 실증적 회계이론을 19세기의 논리실증주의(logical positivism)와 연관짓는다. 논리실증주의는 자연과학의 방법만이 있는 그대로의 실증적 지식을 제공한다고 주장한다. 따라서 실증적 회계이론은 자연과학의 방법만을 사용해야 하고 사회적 산물로서의 회계에는 적합하지 않다고 주장한다. 더욱이 과학철학으로서의 실증주의는 더 이상 널리 인정되지 않고 있다고 비판한다. 이에 대하여 Watts와 Zimmerman은 이러한 비판이 잘못된 것이라고 주장한다. 실증적 회계이론의 방법론은 현실세계가 운용되는 방법을 설명하고 예측하는 실증경제(positive economics)에서 사용되는 이론에서 도출된 것으로 논리실증주의와는 거리가 있다고 주장한다. 그리고 '실증'이라는 단어는 실증적 회계이론이 대두될 때 주류를 이루었던 '규범적'이라는 명제에 대응되는 것으로서 실증이라는 명제를 구분하기 위하여 사용된 것이라고 주장한다.

이처럼 실증적 회계이론에 대한 방법론 및 통계적 한계와 철학적 한계가

---

19) C. Christenson, "The Methodology of Positive Accounting," *The Accounting Review*(January 1983), pp. 1-22.

지적되었지만 실증적 회계이론은 현재 회계현상을 설명하는 중요한 이론의 하나로 자리 잡고 있으며 계속 발전하고 있다. 이러한 현상은 회계학이 다른 사회과학의 학문적 특성과 커다란 차이가 없다는 점을 시사하고 있다. 즉, 사회과학의 다양한 학문분야에서는 하나의 절대적 이론이 존재하는 것이 아니라 다양한 이론이 상존하고 서로 경쟁하면서 발전하고 있다.

익힘문제

1. 실증적 회계이론의 개념과 출현배경에 대해 설명하시오.

2. 실증적 회계이론의 강점에 대해 설명하시오.

3. 대리이론에 대해 설명하시오.

4. 정치적 비용과 규모가설에 대해 설명하시오.

5. 보수주의와 대리비용에 대해 설명하시오.

6. 실증적 회계이론의 문제점과 그에 대한 반론을 설명하시오.

참고문헌

권수영 · 김문철 · 손성규 · 최관 · 한봉희, 『회계정보유용성』, 신영사, 2003.

남상오 · 정운오, 『회계이론』, 다산출판사, 2002.

서정우 · 홍창목, "우리나라 실증회계연구에 대한 검토," 『회계학연구』, 제17권 제1호, 한국회계학회, 1993.

송인만, "주식시장에 근거한 회계학연구에 대한 소고," 『회계학연구』, 제13권 제1호, 한국회계학회, 1991.

이정호, 『현대회계이론』, 경문사, 1984.

정종암, 『현대재무회계이론』, 박영사, 2000.

정혜영 · 김지홍 · 주진규 · 전성빈 · 윤성식, 『자본시장과 회계정보』, 양영각, 1993.

AAA, *A Statement of Basic Accounting Theory,* Evanston, IL: AAA, 1966.

AAA, *Accounting and Reporting Standards for Corporate Financial Statements*, Florida, 1957.

Abdel-Khalik, A. R. and B. B. Ajinkya, *Empirical Research in Accounting: A Methodological Viewpoint*, Florida: AAA, 1979.

Accounting Principles Board, "Basic Concepts and Accounting Principles underlying Financial Statements of Business Enterprises," *APB Statement No. 4,* New York: AICPA, 1970.

AICPA, "Review and Resume," *Accounting Terminology Bulletin*, No. 1, New York: AICPA, 1953.

Akerlof, G. A., "The market for 'Lemons' : Quality Uncertainty and the Market Mechanism," *The Quarterly Journal of Economics*, Vol. 84, No. 3, Aug. 1970.

Alchian, A. and H. Demsetz, "Production, Information Costs and Economic Organization," *American Economic Review*, Vol. 62, December 1972.

American Accounting Association, *A Statement of Basic Accounting Theory,* Evanston, IL: AAA, 1966.

American Accounting Association, *Accounting and Reporting Standards for Corporate Financial Statements*, Florida, 1957.

Amershi, A. and S. Sunder, "Failure of Stock Prices to Discipline Managers in A Rational Expectations Economy," *Journal of Accounting Research*, Vol. 25, Autumn 1987.

APB, "Basic Concepts and Accounting Principles Underlying Financial Statements of Business Enterprises," *APB Statement No. 4,* New York: AICPA, 1970.

Ball, R. and P. Brown, "An Empirical Evaluation of Accounting Income Numbers," *Journal of Accounting Research*, Autumn 1968.

Barton, A., "Reflections of an Australian Contemporary: The Complementarity of Entry and Exit Price Current Value Accounting System," *Abacus*, October 2000.

Basu, S., "The Conservatism Principle and the Asymmetric Timeliness of Earnings," *Journal of Accounting and Economics*, Vol. 24, 1997.

Beaver, W. H., "The Information Content of Annual Earnings Announcements," *Journal of Accounting Research*, Supplement 1968.

Beaver, W. H., *Financial Reporting: An Accounting Revolution*, 2nd ed., Englewood Cliffs, NJ: Prentice Hall, 1989.

Bedford, N., *Income Determination Theory: An Accounting Framework*, Kansas: Addison-Wesley, 1965.

Beneish, M. D. and E. Press, "Cost of Technical Violation of Accounting-Based Debt Covenants," *The Accounting Review*, April 1993.

Blazenko, G. and W. R. Scott, "A Model of Standard Setting in Auditing," *Contemporary Accounting Research*, Fall 1986.

Bonbright, J. C., *The Valuation of Property*, New York: McGraw-Hill, 1937.

Bowen, R. W., E. W. Noreen, and J. M. Lacey, "Determinants of the Corporate Decision to Capitalize Interest," *Journal of Accounting and Economics*, 1981.

Bowen, R., D. Burgstahler and L. Daley, "The incremental information content of accrual versus cash flows," *Accounting Review*, 1987.

Brown, S. J. and J. B. Warner, "Using Daily Stock Returns: The Case of Event Studies," *Journal of Financial Economics*, March 1985.

Buckley, J. and P. O'Sullivan, "Regulation and the Accounting Profession: What Are the Issues?" in *Regulation and the Accounting Profession*, J. W. Buckley and J. F. Weston(eds.), Belmont, Ca.: Lifetime Learning Publications, 1980.

Campbell, N., "Symposium: Measurement and Its Importance for Philosophy," *Proceedings of the Aristotelian Society*, 1938.

Canning, J. B., *The Economics of Accountancy*, New York: The Ronald Press Co., 1929.

Chambers, A. F., *What is This Thing Called Science?*, St. Lucia: University of Queensland Press, 1982.

Chambers, R., "Accounting for Inflation - Part or Whole," *Accountant's Magazine*, March 1976.

Chambers, R., *Accounting, Evaluation and Economic Behavior*, Englewood Cliffs, NJ: Prentice Hall, 1966.

Chatfield, M., *A History of Accounting Thought*, Illinois: Krieger, 1977.

Christenson, C., "The Methodology of Positive Accounting," *The Accounting Review*, January 1983.

Christie, A., "Aggregations of Test Statistics: An Evaluation of the Evidence on Contracting and Size Hypotheses," *Journal of Accounting and Economics*, Vol. 12, January 1990.

Clift, R., "The Fund Statements," *Discussion Paper No. 2*, Melbourne: AARF, 1979.

Collins, D. W. and W. K. Salatka, "Noisy Accounting Earnings Signals and Earnings Response Coefficients: The Case of Foreign Currency Accounting," *Contemporary Accounting Research*, Fall 1993.

Committee on Accounting Concepts and Standard, *Accounting and Reporting Standards for Corporate Financial Statement and Preceding Statements and Supplements*, Columbus, Ohio: AAA, 1957.

Coombes, R. and C. Martin, "The Definition and Recognition of Revenue under Historical Cost Accounting," *Theory Monograph No. 3*, Melbourne: AARF, 1982.

Darrough, M. N. and N. M. Stoughton, "Financial Disclosure Policy in an Entry Game," *Journal of Accounting and Economics*, January 1990.

Dhaliwal, D. S., G. L. Salamon, and E. D. Smith, "The Effect of Owner versus Management Control on the Choice of Accounting Methods," *Journal of Accounting and Economics*, 1982.

Diamond, D. W. and R. E. Verrecchia, "Disclosure, Liquidity, and the Cost of Capital," *The Journal of Finance*, September 1991.

Duncan, K. and K. Moores, "Usefulness of CCA Information for Investor Decision Making: A Laboratory Experiment," *Accounting and Business Research*, Spring 1988.

Dye, R. A., "Disclosure of Nonproprietary Information," *Journal of Accounting Research*, Spring 1985.

Ekern, S. and R. Wilson, "On the Theory of the Firm in an Economy with Incomplete Markets," *The Bell Journal of Economics and Management Science*, Spring 1974.

Edwards, E. and P. Bell, *The Theory and Measurement of Business Income*, Berkeley: University of California Press, 1961.

Elkington, J., "Triple Bottom Line Reporting: Looking for Balance," *Australian CPA*, March 1999.

Epstein, M. J., *Measuring Corporate Environmental Performance*, Chicago: Irwin, 1998.

Fama, E., "Efficient Capital Markets: A Review of Theory and Empirical Work," *Journal of Finance*, May 1970.

Fama, E., "Efficient Capital Markets," *Journal of Finance*, December 1991.

Fama, E., L. Fisher, M. Jensen, and R. Roll, "The Adjustment of Stock Prices to New Information," *The International Economics Review*, February 1969.

Fama, E. and K. French, "The Cross Section of Expected Stock Return," *Journal of Finance*, 1992.

FASB, "Elements of Financial Statements," *Statement of Financial Accounting Concepts No. 6*, December 1985.

FASB, "Objectives of Financial Reporting by Business Enterprises," *Statement of Financial Accounting Concepts No. 1*, November 1978.

Friedman, L., "Exit-price Liabilities: An Analysis of the Alternatives," *The Accounting Review*, October 1978.

Friedman, M., "The Methodology of Positive Economics," in M. Friedman(ed.), *Essays in positive economics*, Chicago: University of Chicago Press, 1953.

Gaver, J., K. Gaver, and J. Austin, "Additional Evidence on Bonus Plans and Income Management," *Journal of Accounting and Economics*, February 1995.

Gellein, O., "The Conceptual Framework: Needs and Uses," *FASB Viewpoints 19*, August 1980.

Godfrey, J. et al., *Accounting Theory*, 6th ed., Wiley, 2006.

Godfrey, J. et al., *Accounting Theory*, 7th ed., Wiley, 2010.

Goldberg, L., *An Inquiry into the Nature of Accounting*, Monograph No. 7, Florida: AAA, 1965.

Gordon, M. J., *The Investment, Financing, and Valuation of the Corporation*, Irwin, 1962.

Hagerman, R. and M. Zmijewski, "Some Economic Determinants of Accounting Policy Choice," *Journal of Accounting and Economics*, August 1979.

Hain, H. P., "Accounting Control in Zenon Papyri," *The Accounting Review*, October 1966.

Healy, P., "The Impact of Bonus Schemes on the Selection of Accounting Principles," *Journal of Accounting and Economics*, April 1985.

Henderson, S., G. Peirson, and R. Brown, *Financial Accounting Theory: Its Nature and Development*, 2nd ed., Melbourne: Longman Cheshire, 1992.

Hendriksen, E. S., *Accounting Theory*, 4th ed., Richard D. Irwin Inc., 1982.

Hicks, J., *Value and Capital*, Oxford: Clarendon Press, 1946.

Hirschleifer, J., "The Private and Social Value of Information and the Reward to Inventive Activity," *American Economic Review*, September 1971.

Holthausen, R., "Accounting method choice: Opportunistic behavior, efficient contracting and information perspectives," *Journal of Accounting and Economics*, January 1990.

Holthausen, R. and R. Leftwich, "The Economic Consequences of Accounting Choice: Implications of Costly Contracting and Monitoring," *Journal of Accounting and Economics*, Vol. 5, August 1988.

Horton, J. and R. Macve, "Fair Value' for Financial Instruments: How Erasing Theory is Leading to Unworkable Global Accounting Standards for Performance Reporting," *Australian Accounting Review*, Vol. 11, No. 2, 2000.

Hughes, P. J., "Signalling by Direct Disclosure Under Asymmetric Information," *Journal of Accounting and Economics*, June 1986.

Hughes, P. J. and E. S. Schwartz, "The LIFO/FIFO Choice: An Asymmetric Information Approach," *Journal of Accounting Research*, Supplement 1988.

IASB, "Qualitative Characteristics of Useful Financial Information(Chapter 3)," *Conceptual Framework for Financial Reporting*, September 2010.

Ijiri, Y., *The Foundation of Accounting Measurement*, Englewood Cliffs, NJ: Prentice Hall, 1967.

Ijiri, Y., "Theory of Accounting Management," *Studies in Accounting Research*, No. 10, Florida: AAA, 1975.

Jensen, M. and W. Meckling, "Theory of the Firm: Managerial Behaviour, Agency Costs and Ownership Structure," *Journal of Financial Economics*, Vol. 3, October 1976.

Johnson, W. R. and D. S. Dhaliwal, "LIFO Abandonment," *Journal of Accounting Research*, Autumn 1988.

Kimmel, P. and T. D. Warfield, "The Usefulness of Hybrid Security Classification: Evidence from Redeemable Preferred Stock," *The Accounting Review*, January 1995.

Larson, K. and R. Schattke, "Current Cash Equivalent, Additivity, and Financial Action," *The Accounting Review*, October 1966.

Latham, M., "If Only Men were Angels - Social Capital and the Third Way," *The Australian Institute of Family Studies*, 1999.

Leftwich, R., "Aggregation of Test Statistics: Statistics versus Economics," *Journal of Accounting and Economics*, Vol. 12, January 1990.

Leland, H. E. and D. H. Pyle, "Information Asymmetries, Financial Structure, and Financial Intermediation," *The Journal of Finance*, May 1977.

Lev, B., "Toward a Theory of Equitable and Efficient Accounting Policy," *The Accounting Review*, January 1988.

Lindahl, F. W., "Dynamic Analysis of Inventory Accounting Choice," *Journal of Accounting Research*, Autumn 1989.

Littleton, A. C., *Accounting Evolution to 1900*, New York: American Institute Publishing Co., 1933.

Littleton, A. C., "Significance of Invested Cost," *The Accounting Review*, April 1952.

MacNeal, K., *Truth in Accounting*, Houston, Texas: University of Pennsylvania, 1939.

Martin, C., *An Introduction to Accounting*, 2nd ed., New York: McGraw-Hill, 1987.

Mattessich, R., *Accounting and Analytical Methods*, Englewood Cliffs, NJ: Prentice Hall, 1966.

Mautz, R. K., "Accounting as a Social Science," *The Accounting Review*, April 1963.

May, G., "Business income," *Accountant*, September 1950.

May, R. G. and G. L. Sundem, "Cost of Information Security Prices: Market Association Tests for Accounting Policy Decisions," *The Accounting Review*, January 1973.

McKee, A. J., T. B. Bell, and J. R. Boatsman, "Management Performance over Accounting Standards: A Replication and Additional Test," *The Accounting Review*, Vol. 59, October 1984.

McKeown, J., "An Empirical Test of a Model Proposed by Chambers," *The Accounting Review*, January 1971.

Merton, R. C., "A Simple Model of Capital Market Equilibrium with Incomplete Market," *The Journal of Finance*, July 1987.

Miller, B. and A. G. Buckman, "Cost Allocation and Opportunity Costs," *Management Science*, May 1987.

Moonitz, M., "The Basic Postulates of Accounting," *Accounting Research Study*, No. 1, New York: AICPA, 1961.

Moses, O. D., "Income Smoothing and Incentives: Empirical Tests Using Accounting Changes," *The Accounting Review*, April 1987.

Mossin, J., "Equilibrium in a Capital Asset Market," *Econometrica* 34, October 1966.

Murphy, K. J. and J. L. Zimmerman, "Financial Performance Surrounding CEO Turnover," *Journal of Accounting and Economics*, January/April/July 1993.

Myers, J., "The Critical Event and Recognition of Net Profit," *The Accounting Review*, October 1959.

Niehaus, G. R., "Ownership Structure and Inventory Method Choice," *Journal of Accounting Research*, April 1989.

Nobes, C., "Rule Based Standards and the Lack of Principles in Accounting," *The Accounting Horizons*, Vol. 19, 2005.

Ohlson, J. A., "Earnings, Book Value, and Dividends in Security Valuations," *Contemporary Accounting Research* 11, 1995.

Ohlson, J. A., and B. Juettner-Nauroth, "Expected EPS and EPS Growth as Determinants of Value," *Review of Accounting Studies* 10, 2005.

Parker, J., "Testing Comparability and Objectivity of Exit Value Accounting," *The Accounting*

Review, July 1975.

Paton, W., *Accounting Theory*, New York: Scholars Book Company, 1962.

Paton, W., "Cost and Value in Accounting," *Journal of Accountancy*, March 1946.

Paton, W., *Essentials of Accounting*, 1949.

Paton, W. and A. C. Littleton, *An Introduction to Corporate Accounting Standards*, Florida: AAA, 1940.

Peirson, G., "ED 42 Proposed Statement of Accounting Concepts," *Australian Society of Certified Practising Accountants*, 1988.

Press, E. G. and J. B. Weintrop, "Accounting-Based Constraints in Public and Private Debt Agreements: Their Association with Leverage and Impact on Accounting Choice," *Journal of Accounting and Economics*, January 1990.

Riahi-Belkaoui, A., *Accounting Theory*, 5th ed., Thomson, 2007.

Ricks, W. E., "The Market's Response to the 1974 LIFO Adoption," *Journal of Accounting Research*, Autumn 1982.

Ryan, K., *Manual of the Law of Income Tax in Australia*, Melbourne: Law Book Co., 1980.

Samuelson, R., "Should Replacement Cost Change Be Included in Income?" *The Accounting Review*, April 1980.

Schipper, K., "Academic Research and the Standard Setting Process," *Accounting Horizons*, Vol. 8, No. 4, 1994.

Smith, C. and J. Warner, "On Financial Contracting: An Analysis of Bond Covenants," *Journal of Financial Economics*, June 1979.

Solomons, D., *Modern Accounting Theory*, New York: Prentice Hall, 1966.

Solomons, D., "The Political Implications of Accounting and Accounting Standard Setting," *Accounting and Business Research*, Spring 1983.

Spence, M., "Job Market Signalling," *Quarterly Journal of Economics*, August 1973.

Sprague, C., *The Philosophy of Accounts*, Kansas: Scholars Book Company, 1972.

Sprouse, R. T. and M. Moonitz, "A Tentative Set of Broad Accounting Principles for Enterprises," *Accounting Research Study*, No. 3, AICPA, 1962.

Staubus, G., *A Theory of Accounting to Investors*, Berkeley: University of California, 1961.

Sterling, R., "On Theory Construction and Verification," *The Accounting Review*, July 1970.

Sterling, R., *Toward a Science of Accounting*, Huston: Lawrence, 1979.

Sterling, R. and K. Lemke(eds.), *Maintenance of Capital: Financial vs. Physical*, Kansas: Scholars Book Company, 1982.

Stevens, S. S., "Mathematics, Measurement and Psychophysics," *Handbook of Experimental Psychology*, New York: John Wiley, 1951.

Stigler, G. J., "The Theory of Economic Regulation," *The Bell Journal of Economics and Management Science*, Spring 1971.

Stuhldreher, W. F., "Accounting: Art or Science," *Federal Accountant*, June 1973.

Sunder, S., "Relationship between Accounting Changes and Stock Prices: Problems of Measurement and Some Empirical Evidence," *Journal of Accounting Research*, Supplement 1973.

Suojanen, W., "Accounting Theory and the Large Corporation," *The Accounting Review*, July 1954.

Sweeney, A., "Debt-Covenant Violation and Manager's Accounting Response," *Journal of Accounting and Economics*, 1994.

Thomas, A., "The Allocation Problem," *Studies in Accounting Research*, No. 9, Florida: AAA, 1974.

Thomas, A. L., "The FASB and the Allocation Problem," *Journal of Accountancy*, November 1975.

Tinker, T., B. Merino, and M. Neimark, "The Normative Origins of Positive Theories: Ideology and Accounting Thought," *Accounting, Organizations and Society*, Vol. 7, 1982.

Tomkins, C. and R. Groves, "The Everyday Accountant and Researching His Reality," *Accounting, Organization and Society*, Vol. 8, No. 4, 1983.

Vatter, W., *Modern Accounting Theory*, New York: Prentice Hall, 1966.

Vatter, W. J., *The Fund Theory of Accounting and Its Implications for Financial Reports*, Chicago: University of Chicago Press, 1947.

Verrecchia, R. E., "Discretionary Disclosure," *Journal of Accounting and Economics*, December 1983.

Watts, R. and J. Zimmerman, *Positive Accounting Theory*, Englewood Cliffs, NJ: Prentice Hall, 1986.

Watts, R. and J. Zimmerman, "Toward a Positive Theory of the Determination of Accounting Standards," *The Accounting Review*, Vol. 53, January 1978.

Whitman, M. and M. Shubik, "Corporate Reality and Accounting for Investor," in S. Zeff and T. Keller(eds.), *Financial Accounting Theory 1*, New York: McGraw-Hill, 1973.

Whittington, G., *Inflation Accounting: An Introduction to the Debate*, Cambridge: Cambridge University Press, 1983.

Wilson, G. P., "The incremental information content of the accrual and funds components of earnings after controlling for earnings," *Accounting Reviews*, 1986.

Wolk, H. I., J. R. Francis, and M. G. Tearney, *Accounting Theory: A Conceptual and Institutional Approach*, 2nd ed., Boston, Mass: Kent Publishing Co., 1989.

Zimmerman, J., "Taxes and Firm Size," *Journal of Accounting and Economics*, August 1983.

Zimmerman, J., "The Costs and Benefits of Cost Allocation," *The Accounting Review*, July 1979.

Zmijewski, M. and R. L. Hagerman, "An Income Strategy Approach to the Positive Theory of Accounting Standard Setting/Choice," *Journal of Accounting and Economics*, Vol. 3, No. 2, August 1981.

찾아보기

ㅅ

ㅇ

저자약력

반 선 섭 (ssban@gwnu.ac.kr)

연세대학교 경영학과에서 경영학박사학위(회계학 전공)를 취득했다. 현재 국립강릉원주대학교 사회과학대학 회계학과 교수로, 중급회계와 고급회계 및 회계이론 등 주로 재무회계 분야를 강의하고 있으며, 각종 자격시험의 출제위원으로 위촉된 바 있다. 주요 논문으로 "상장기업의 자산재평가 동기에 관한 연구" 등이 있으며, 계약이론에 근거한 자본시장 연구를 주로 하고 있다. 저서로는 IFRS회계원리(신영사), K-IFRS중급회계(Fides), K-IFRS고급회계(Fides), 재무회계연습(Fides) 등이 있다.

박 창 래 (pcr@gwnu.ac.kr)

연세대학교 경영학과에서 경영학박사학위(회계학 전공)를 취득했다. 현재 국립강릉원주대학교 사회과학대학 회계학과 교수로, 기업가치평가와 경영분석 및 회계학연구방법론을 강의하고 있으며, 국회입법고시 출제위원 등으로 위촉된 바 있다. 주요 논문으로는 "지속적 이익과 사업활동 이익이 기업가치에 미치는 영향," "An analysis of the factors affecting the analysis' superiority in earnings forecast for the Korean stock market" 등이 있다.

여 은 정 (yeojung@gwnu.ac.kr)

연세대학교 경영학과에서 경영학박사학위(회계학 전공)를 취득했다. 현재 국립강릉원주대학교 사회과학대학 회계학과 교수로, 회계이론 및 회계원리 등 주로 재무회계 분야를 강의하고 있다. 논문으로는 "연간이익공시시점별 시장반응," "국제회계기준(IFRS)의 도입이 재무제표에 미치는 효과" 등이 있으며, 주로 자본시장과 회계정보 및 공시 분야에 대한 논문을 발표하고 있다.

제3판 재무회계이론

2013년 6월 15일 제 1 판 1쇄 발행
2021년 8월 5일 제 3 판 1쇄 인쇄
2021년 8월 10일 제 3 판 1쇄 발행

저 자 반선섭 · 박창래 · 여은정
발 행 인 권 영 섭
발 행 처 (주)신 영 사

경기도 파주시 심학산로 12(출판문화단지)
등 록 : 1988. 5. 2 / 제406-1988-000020호
전 화 : 031-946-2894(代)
F A X : 031-946-0799
e - mail : sys28945@naver.com
홈페이지 : http://www.shinyoungsa.co.kr

정가 26,000원 ISBN 978-89-5501-773-1